能源转型背景下的中国能源国际合作研究

胡 健 焦 兵 张文彬 等◎著

中国经济出版社
CHINA ECONOMIC PUBLISHING HOUSE
·北 京·

图书在版编目（CIP）数据

能源转型背景下的中国能源国际合作研究 / 胡健，焦兵，张文彬著．—北京：中国经济出版社，2023.8
ISBN 978-7-5136-7355-6

Ⅰ．①能…　Ⅱ．①胡…　②焦…　③张…　Ⅲ．①能源经济-经济合作-国际合作-研究-中国　Ⅳ．①F426.2

中国国家版本馆 CIP 数据核字（2023）第 111177 号

责任编辑　郭国玺
责任印制　马小宾
封面设计　任燕飞工作室

出版发行　中国经济出版社
印 刷 者　北京科信印刷有限公司
经 销 者　各地新华书店
开　　本　710mm×1000mm　1/16
印　　张　23
字　　数　338 千字
版　　次　2023 年 8 月第 1 版
印　　次　2023 年 8 月第 1 次
定　　价　128.00 元
广告经营许可证　京西工商广字第 8179 号

中国经济出版社　**网址**　www.economyph.com　**社址**　北京市东城区安定门外大街 58 号　**邮编**　100011
本版图书如存在印装质量问题，请与本社销售中心联系调换（联系电话：010-57512564）

本书为

中国（西安）丝绸之路研究院2023年科学研究专项课题

“能源转型背景下的中国能源国际合作研究”（2023ZD01）

直接研究成果

前　言

能源是经济和社会发展的重要物质基础，是一个国家经济发展的生命线，是一个国家综合国力强盛与否的关键性因素。能源安全是国家资源和经济安全的重要组成部分，充足的能源储备、能源进口渠道多元化以及能源可持续发展对能源资源相对匮乏的国家来说至关重要。中国的能源安全和能源合作面临的最大问题就是逐年增高的对外依存度，尽管现阶段我国通过大力发展新能源、开展煤炭清洁化利用和煤化工替代部分油气需求等措施在一定程度上缓解了能源短缺问题，但对国际油气资源的依赖短时间内不可能发生改变，这就要求我国基于国家能源安全的考虑，保障能源国际合作的稳定性和长效性。同时，能源国际合作也是共同应对生态环境问题的重要内容和应有之义。以温室气体排放为代表的气候变暖等生态环境问题危及全球生态安全和人类社会的生存与发展，这也是人类当前面临的最大自然威胁，合作应对生态环境问题已成为世界各国普遍共识和强烈的政治意愿。

2014 年 6 月，习近平总书记在中央财经领导小组第六次会议上提出推动能源消费革命、能源供给革命、能源技术革命、能源体制革命和全方位加强国际合作重大战略思想（简称“四个革命、一个合作”），为我国能源发展改革进一步指明了方向。“十四五”现代能源体系规划明确提出，要构建开放共赢能源国际合作新格局，以“一带一路”倡议为引领，积极参与全球能源治理，坚持绿色低碳转型发展，加强应对气候变化国际合作，实施更大范围、更宽领域、更深层次能源开放合作，实现开放条件下的能源安全。

针对能源国际合作，学术界基于不同视角进行了大量探讨，大致将能源国际合作分为以下两个方面：一是从地缘政治视角进行全球范围内的能源合作分析。能源地缘政治分析主要包括能源在各国之间的分布状态对比、基于能源的各大国间的竞争与协调以及国际政治格局对能源的影响和重新配置。

能源地缘政治视角的能源合作研究目的是分析全球能源格局或全球范围内国家发展不同战略目标对能源合作的影响，以及地缘政治的变化所导致的不同的能源合作机制，基于此，提出最优决策以保障本国能源安全，确保国家稳定发展。二是以能源贸易为合作切入点对国际能源合作进行解构。能源合作的出发点在于两国或多国之间具有经济上的互补性与依赖性，各自出于自身经济发展的需求进行合作。能源贸易是国际能源合作的基本形式，也是保障能源供应安全的基本路径，两国之间将资源禀赋的互补性作为合作的前提。能源贸易对于提高能源的供应安全，以及推动国家间的能源合作具有积极作用。

党的十八大之后，国内学者从如何更好地参与全球能源治理体系、提升中国国际能源合作话语权以及“双循环”背景下构建更高水平的能源对外开放格局方面对国际能源合作进行了探索。与一般意义上的工农业产品国际合作不同，笔者认为中国能源国际合作是“国内国际双循环并重”的高水平对外开放和国际合作。合理参与国际能源产能分工与合作，充分发挥超大规模市场和举国体制优势，保障我国能源产业链供应链安全稳定，是构建更高水平的能源对外开放格局的研究重点和热点。

本书基于现阶段国际能源合作存在的问题，将重点进行 10 个专题的研究：一是从化石能源上游的勘探开发、中游的储运和集中输送、下游的炼制和化工、技术服务与装备制造 4 个方面专题讨论传统化石能源领域的国际合作。二是从核能开发与利用、太阳能开发与利用、风能开发与利用、新能源产品 4 个方面专题讨论新能源领域的国际合作。三是从国际合作模式和能源价格变动 2 个方面专题讨论国际能源合作模式和价格变动趋势。通过对各能源领域的国际合作问题展开研究，系统讨论我国国际能源合作的发展历程、现状和趋势，为新时期“双碳”目标和“双循环”新发展格局背景下进一步深化国际能源合作和构建更高水平的能源对外开放格局提供经验参考和政策支撑。

目　录

第一章 能源转型背景下的石油天然气国际合作研究

第一节 石油和天然气国际贸易竞争力分析

一、分析方法与数据来源

（一）分析方法

1. 贸易竞争力指数

对外贸易竞争力是指建立在一国及地区国际竞争力基础上的保持对外贸易持续增长并获取利润的能力。贸易竞争力指数（TC）可度量一国某产品的国际贸易竞争力水平，计算公式如下：

$$TC_{ik} = \frac{X_{ik} - M_{ik}}{X_{ik} + M_{ik}} \tag{1-1}$$

其中，TC_{ik} 表示 i 国 k 产品的贸易竞争力指数；X_{ik} 表示 i 国 k 产品的出口额；M_{ik} 表示 i 国 k 产品的进口额。贸易竞争力指数即一国某产品的净出口额与进出口总额的比值，是从一国内部某产品的充盈程度上反映其国际竞争力的指标。贸易竞争力指数取值为-1~1，值越大表示其国际竞争力越强，$TC < 0$ 表示一国产品稀缺，进口大于出口；$TC = 0$ 表示一国产品供需平衡；$TC > 0$ 表示一国产品充足，出口大于进口。

2. 国际市场占有率

国际市场占有率（MOR）指一国某产品的出口额与世界该产品出口总额的比值，是从一国某产品的国际占比视角度量该产品贸易竞争力的指标，可反映一国某产品在国际贸易中的地位。计算公式如下：

$$MOR_{ik} = \frac{X_{ik}}{X_{wk}} \qquad (1-2)$$

其中，MOR_{ik} 表示 i 国 k 产品的国际市场占有率；X_{ik} 表示 i 国 k 产品的出口额；X_{wk} 表示世界 k 产品的出口总额。国际市场占有率取值范围为 0~1，数值越大，表示国际贸易竞争力越强。*TC* 指数立足于国内视角，从一国进出口相对大小上反映贸易竞争力的大小，但无法反映该国在国际市场上的地位，不同国家之间缺乏可比性，*MOR* 则很好地弥补了这一缺陷。

（二）数据来源

本书选取了世界主要国家（地区）2016—2020 年的石油进出口和天然气进出口数据，分别测算各国石油和天然气的贸易竞争力指数及国际市场占有率。各国的石油进出口和天然气进出口数据均来自联合国商品贸易统计数据库（UN Comtrade，https：//comtrade. un. org/）。

二、石油国际贸易竞争力分析

（一）研究范围

本章选取了表 1-1 所示的 116 个国家（地区），测算其石油贸易竞争力指数和国际市场占有率。

表 1-1 石油国际贸易竞争力分析的样本范围

国家（地区）	国家（地区）	国家（地区）	国家（地区）	国家（地区）
伊朗	阿塞拜疆	加纳	萨尔瓦多	巴拉圭
科威特	韩国	塞浦路斯	伯利兹	蒙古国
俄罗斯	比利时	法国	乌兹别克斯坦	黎巴嫩
巴林	克罗地亚	文莱	纳米比亚	卢森堡
伊拉克	新加坡	厄瓜多尔	基里巴斯	博茨瓦纳
沙特阿拉伯	丹麦	奥地利	贝宁	圭亚那
阿拉伯联合酋长国	马来西亚	牙买加	约旦	老挝
阿尔及利亚	立陶宛	以色列	印度尼西亚	巴勒斯坦

续表

国家（地区）	国家（地区）	国家（地区）	国家（地区）	国家（地区）
卡塔尔	塞舌尔	阿根廷	尼日利亚	哥斯达黎加
美国	尼日尔	巴巴多斯	摩洛哥	巴拿马
阿曼	爱沙尼亚	巴西	蒙特塞拉特岛	毛里求斯
加拿大	匈牙利	卢旺达	菲律宾	亚美尼亚
保加利亚	哥伦比亚	爱尔兰	缅甸	洪都拉斯
葡萄牙	秘鲁	拉脱维亚	圣卢西亚	莱索托
挪威	日本	印度	玻利维亚	阿鲁巴岛
希腊	埃及	多米尼加	阿尔巴尼亚	马拉维
芬兰	德国	肯尼亚	新西兰	科摩罗
中国	波兰	斯里兰卡	危地马拉	百慕大群岛
科特迪瓦	塞尔维亚	智利	莫桑比克	柬埔寨
荷兰	斯洛文尼亚	澳大利亚	尼加拉瓜	埃塞俄比亚
意大利	塞内加尔	吉尔吉斯斯坦	摩尔多瓦	
斯洛伐克	捷克	马达加斯加	布隆迪	
哈萨克斯坦	利比亚	黑山	巴基斯坦	
罗马尼亚	刚果（金）	冰岛	中国香港	

（二）石油国际贸易竞争力指数分析

根据式（1-1）计算得到的世界主要国家（地区）的石油国际贸易竞争力指数的测算结果如表1-2所示。贸易竞争力指数的取值为-1~1，越接近1，表明竞争力越强；反之，竞争力越弱。根据2016—2020年世界各国（地区）的石油贸易竞争力指数的均值进行排序，石油贸易竞争力指数排名前十的国家分别是伊朗、科威特、俄罗斯、巴林、伊拉克、沙特阿拉伯、阿拉伯联合酋长国、阿尔及利亚、卡塔尔和美国。中国石油贸易竞争力指数在世界排名第十八位。

表 1-2 2016—2020 年世界各国（地区）石油国际贸易竞争力指数及排名

排序	国家（地区）	2016 年	2017 年	2018 年	2019 年	2020 年	均值
1	伊朗	0. 986	0. 986	0. 968	0. 975	0. 985	0. 980
2	科威特	0. 973	0. 972	0. 974	0. 973	0. 962	0. 971
3	俄罗斯	0. 971	0. 973	0. 977	0. 974	0. 955	0. 970
4	巴林	0. 960	0. 951	0. 959	0. 976	0. 971	0. 963
5	伊拉克	0. 754	0. 644	0. 691	0. 937	0. 918	0. 789
6	沙特阿拉伯	0. 759	0. 802	0. 785	0. 729	0. 633	0. 742
7	阿拉伯联合酋长国	0. 534	0. 643	0. 714	0. 730	0. 636	0. 651
8	阿尔及利亚	0. 582	0. 602	0. 601	0. 593	0. 582	0. 592
9	卡塔尔	0. 624	0. 509	0. 637	0. 515	0. 529	0. 563
10	美国	0. 914	0. 900	0. 970	0. 961	−1. 000	0. 549
11	阿曼	0. 748	0. 486	0. 490	0. 466	0. 492	0. 536
12	加拿大	0. 590	0. 450	0. 545	0. 855	−0. 017	0. 484
13	保加利亚	0. 476	0. 471	0. 475	0. 475	0. 434	0. 466
14	葡萄牙	0. 463	0. 472	0. 461	0. 504	0. 316	0. 443
15	挪威	0. 515	0. 518	0. 476	0. 258	0. 402	0. 434
16	希腊	0. 285	0. 374	0. 456	0. 383	0. 310	0. 362
17	芬兰	0. 370	0. 391	0. 360	0. 391	0. 290	0. 360
18	中国	0. 305	0. 354	0. 366	0. 357	0. 317	0. 340
19	科特迪瓦	0. 270	0. 274	0. 281	0. 385	0. 368	0. 316
20	荷兰	0. 631	0. 052	0. 209	0. 349	0. 249	0. 298
21	意大利	0. 227	0. 222	0. 253	0. 294	0. 321	0. 263
22	斯洛伐克	0. 252	0. 305	0. 239	0. 254	0. 244	0. 259
23	哈萨克斯坦	0. 316	0. 280	0. 204	0. 171	0. 271	0. 249
24	罗马尼亚	0. 202	0. 237	0. 219	0. 171	0. 251	0. 216
25	日本	0. 276	0. 181	0. 207	0. 247	0. 067	0. 196
26	阿塞拜疆	0. 368	0. 095	0. 241	0. 077	0. 183	0. 193
27	比利时	0. 022	0. 057	0. 101	0. 417	0. 170	0. 153

续表

排序	国家（地区）	2016 年	2017 年	2018 年	2019 年	2020 年	均值
28	克罗地亚	0.116	0.091	0.112	0.169	0.152	0.128
29	新加坡	0.0001	0.068	0.138	−0.031	−0.062	0.022
30	丹麦	0.044	−0.011	−0.022	0.0001	−0.066	−0.011
31	德国	−0.116	−0.018	0.005	−0.047	−0.052	−0.045
32	波兰	−0.034	−0.115	−0.108	−0.080	−0.023	−0.072
33	塞舌尔	−0.152	−0.040	−0.157	−0.067	−0.073	−0.098
34	尼日尔	−0.126	−0.152	−0.184	0.146	−0.279	−0.119
35	爱沙尼亚	−0.149	−0.099	−0.086	−0.186	−0.166	−0.137
36	匈牙利	−0.186	−0.159	−0.078	−0.212	−0.192	−0.165
37	哥伦比亚	−0.299	−0.276	−0.046	−0.179	−0.126	−0.185
38	秘鲁	−0.150	−0.062	−0.100	−0.159	−0.502	−0.195
39	韩国	−0.106	−0.184	−0.266	−0.091	−0.330	−0.196
40	埃及	−0.725	−0.402	−0.256	−0.132	0.277	−0.248
41	马来西亚	−0.211	−0.245	−0.297	−0.317	−0.226	−0.259
42	立陶宛	−0.011	−0.319	−0.250	−0.340	−0.480	−0.280
43	塞尔维亚	−0.393	−0.311	−0.205	−0.315	−0.223	−0.289
44	斯洛文尼亚	−0.345	−0.338	−0.283	−0.305	−0.309	−0.316
45	塞内加尔	−0.329	−0.306	−0.417	−0.302	−0.309	−0.333
46	捷克	−0.397	−0.270	−0.349	−0.305	−0.365	−0.337
47	利比亚	−0.247	−0.407	−0.340	−0.404	—	−0.349
48	刚果（金）	−0.998	−0.994	−0.887	0.526	0.520	−0.367
49	加纳	0.508	−0.832	−0.661	−0.572	—	−0.389
50	塞浦路斯	−0.492	−0.447	−0.342	−0.464	−0.366	−0.422
51	法国	−0.370	−0.358	−0.392	−0.483	−0.555	−0.432
52	文莱	−0.998	−0.942	−0.972	0.128	0.600	−0.437
53	厄瓜多尔	−0.556	−0.392	−0.427	−0.420	−0.443	−0.448
54	奥地利	−0.495	−0.468	−0.409	−0.429	−0.446	−0.449

续表

排序	国家（地区）	2016 年	2017 年	2018 年	2019 年	2020 年	均值
55	牙买加	−0. 533	−0. 566	−0. 559	−0. 434	−0. 195	−0. 457
56	以色列	−0. 356	−0. 388	−0. 299	−0. 336	−1. 000	−0. 476
57	阿根廷	−0. 703	−0. 582	−0. 557	−0. 477	−0. 215	−0. 507
58	巴巴多斯	−0. 559	−0. 519	−0. 529	−0. 526	−0. 503	−0. 527
59	巴西	−0. 742	−0. 750	−0. 540	−0. 396	−0. 222	−0. 530
60	卢旺达	−0. 572	−0. 543	−0. 597	−0. 527	−0. 635	−0. 575
61	爱尔兰	−0. 552	−0. 560	−0. 607	−0. 630	−0. 536	−0. 577
62	拉脱维亚	−0. 454	−0. 541	−0. 621	−0. 681	−0. 688	−0. 597
63	印度	0. 855	−0. 997	−0. 998	−1. 000	−0. 986	−0. 625
64	多米尼加	−0. 617	−0. 593	−0. 651	−0. 665	−0. 969	−0. 699
65	肯尼亚	−0. 643	−0. 757	−0. 781	−0. 745	−0. 649	−0. 715
66	斯里兰卡	−0. 803	−0. 753	—	−0. 737	−0. 614	−0. 727
67	智利	−0. 790	−0. 756	−0. 768	−0. 776	−0. 783	−0. 775
68	澳大利亚	−0. 743	−0. 784	−0. 789	−0. 815	−0. 765	−0. 779
69	吉尔吉斯斯坦	−0. 792	−0. 844	−0. 808	−0. 780	−0. 803	−0. 805
70	马达加斯加	−0. 770	−0. 823	−0. 791	−0. 756	−0. 906	−0. 809
71	黑山	−0. 818	−0. 798	−0. 778	−0. 762	−0. 903	−0. 812
72	冰岛	−0. 816	−0. 855	−0. 810	−0. 801	−0. 826	−0. 821
73	萨尔瓦多	−0. 820	−0. 827	−0. 845	−0. 827	−0. 802	−0. 824
74	伯利兹	−0. 852	−0. 809	−0. 801	−0. 836	−0. 894	−0. 839
75	乌兹别克斯坦	—	−0. 811	−0. 864	−0. 836	−0. 907	−0. 854
76	纳米比亚	−0. 890	−0. 784	−0. 904	−0. 916	−0. 792	−0. 857
77	基里巴斯	−0. 860	−0. 817	−0. 838	—	−0. 958	−0. 869
78	贝宁	−0. 888	−0. 909	−0. 887	−0. 872	−0. 806	−0. 872
79	约旦	−0. 994	−0. 993	−0. 863	−0. 761	−0. 810	−0. 884
80	印度尼西亚	−0. 923	−0. 879	−0. 898	−0. 885	−0. 837	−0. 884
81	尼日利亚	−0. 892	−0. 905	−0. 905	−0. 896	−0. 849	−0. 889

续表

排序	国家（地区）	2016 年	2017 年	2018 年	2019 年	2020 年	均值
82	摩洛哥	−0.897	−0.904	−0.891	−0.866	−0.916	−0.895
83	蒙特塞拉特岛	−0.962	−0.855	−0.865	−0.857	−0.937	−0.895
84	菲律宾	−0.905	−0.868	−0.861	−0.943	−0.918	−0.899
85	缅甸	−0.925	−0.847	−0.863	−0.944	−0.983	−0.912
86	圣卢西亚	−0.957	−0.844	−0.939	−0.930	−0.918	−0.918
87	玻利维亚	−0.886	−0.905	−0.928	−0.946	−0.978	−0.929
88	阿尔巴尼亚	−0.969	−0.867	−0.997	−0.861	−0.999	−0.938
89	新西兰	−0.923	−0.903	−0.963	−0.944	−0.977	−0.942
90	危地马拉	−0.871	−0.940	−0.967	−0.960	−0.972	−0.942
91	莫桑比克	−0.972	−0.972	−0.970	−0.892	−0.914	−0.944
92	尼加拉瓜	−0.970	−0.948	−0.967	−0.952	−0.893	−0.946
93	摩尔多瓦	−0.965	−0.932	−0.941	−0.965	−0.929	−0.946
94	布隆迪	−0.959	−0.995	−0.914	−0.942	−0.957	−0.954
95	巴基斯坦	−0.974	−0.962	−0.933	−0.955	−0.967	−0.958
96	中国香港	−0.993	−0.959	−0.971	−0.969	−0.979	−0.974
97	巴拉圭	−0.949	−0.931	−1.000	−1.000	−0.997	−0.975
98	蒙古国	−0.977	−0.983	−0.982	−0.979	−0.996	−0.984
99	黎巴嫩	−0.992	−0.979	−0.988	−0.986	−0.993	−0.988
100	卢森堡	−0.992	−0.995	−0.994	−0.994	−0.993	−0.993
101	博茨瓦纳	−0.984	−0.995	−0.996	−0.996	−0.997	−0.994
102	圭亚那	−0.991	−0.998	−0.997	−0.996	−0.989	−0.994
103	老挝	−0.975	−0.997	−1.000	−1.000	−1.000	−0.994
104	巴勒斯坦	−0.992	−0.996	−0.997	−0.996	−0.993	−0.995
105	哥斯达黎加	−0.995	−0.995	−0.996	−0.998	−0.996	−0.996
106	巴拿马	−0.998	−0.998	−0.998	−0.997	−0.989	−0.996
107	毛里求斯	−0.999	−0.996	−0.999	−0.999	−0.997	−0.998
108	亚美尼亚	−1.000	−0.999	−1.000	−0.998	−0.997	−0.999

续表

排序	国家（地区）	2016 年	2017 年	2018 年	2019 年	2020 年	均值
109	洪都拉斯	-0.999	-0.999	-0.998	-1.000	-0.999	-0.999
110	阿鲁巴岛	-0.999	-0.998	-0.999	-1.000	-0.999	-0.999
111	莱索托	-1.000	-1.000	-0.999	-0.997	-1.000	-0.999
112	马拉维	-1.000	-0.999	-1.000	-0.999	-1.000	-0.999
113	科摩罗	—	—	—	-0.999	-1.000	-1.000
114	百慕大群岛	-1.000	-1.000	-1.000	-1.000	-1.000	-1.000
115	柬埔寨	-1.000	-1.000	-1.000	-1.000	—	-1.000
116	埃塞俄比亚	-1.000	-1.000	-1.000	-1.000	-1.000	-1.000

石油国际贸易竞争力指数世界排名前十的国家中，伊朗、伊拉克、科威特、巴林、沙特阿拉伯、阿拉伯联合酋长国和卡塔尔均位于中东地区，占比达 70%。中东国家是全世界重要的油气出口来源地，中东国家的油气出口量占世界总出口量的比重很大，特别是石油出口量。

由表 1-3 可知，2019 年中东国家的石油出口量占世界的比重高达 33.21%，天然气出口量占世界的比重为 13.87%。

表 1-3　2019 年中东国家的油气出口情况

出口量	中东地区	世界	占世界比重
原油出口量（万吨）	92302	223899	41.22%
油品出口量（万吨）	23298	124190	18.76%
总出口量（万吨）	115599	348089	33.21%
管道气出口量（亿立方米）	78.0	4993.5	1.56%
液化气出口量（亿立方米）	1287.9	4850.7	26.55%
总出口量（亿立方米）	1365.8	9844.2	13.87%

资料来源：《BP 世界能源统计年鉴 2020》。

中东国家的油气资源储量十分丰富，由表 1-4 可知，整个中东地区 2019 年已探明的石油剩余可采储量为 1129.1 亿吨，占世界比重高达 48.1%；已探明的天然气剩余可采储量为 75. 60 万亿立方米，占世界比重为 38. 0%。其中，沙特阿拉伯已探明的石油剩余可采储量占世界比重为 17. 2%，伊朗占比为 9. 0%，伊拉克占比为 8. 4%；伊朗已探明的天然气剩余可采储量占世界比重为 16. 1%。中东国家的油气产量同样有较高占比，2019 年中东国家的石油产量占世界比重为 31. 6%，其中，沙特阿拉伯的石油产量占比达 12. 4%；2019 年中东国家的天然气产量占世界的比重为 17. 4%，其中，伊朗的天然气产量占比为 6. 1%。2019 年，伊朗的石油产量约为 16083. 1 万吨，占世界总产量的 3. 6%，是欧佩克（OPEC）的重要成员国。伊朗的天然气产量为 2441. 6 亿立方米，占世界总产量的 6. 1%，位居世界第三。

表 1-4　2019 年中东国家的能源资源情况

能源	储量情况	中东地区	沙特阿拉伯	伊朗	伊拉克	科威特	阿拉伯联合酋长国
石油	剩余探明可采储量（亿吨）	1129. 1	408. 8	213. 7	195. 7	139. 8	129. 8
	储量占世界比重（%）	48. 1	17. 2	9. 0	8. 4	5. 9	5. 6
	储采比（%）	75. 3	68. 9	120. 6	83. 1	92. 8	67. 0
	产量（万吨）	141742. 8	55656. 4	16083. 1	23422. 1	14402. 8	18025. 0
	产量占世界比重（%）	31. 6	12. 4	3. 6	5. 2	3. 2	4. 0
天然气	剩余探明可采储量（万亿立方米）	75. 60	5. 98	32. 02	3. 54	1. 69	5. 94
	储量占世界比重（%）	38. 0	3. 0	16. 1	1. 8	0. 9	3. 0
	储采比（%）	>100. 0	52. 7	>100. 0	>100. 0	92. 1	95. 0
	产量（亿立方米）	6953. 2	1136. 4	2441. 6	—	—	625. 3
	产量占世界比重（%）	17. 4	2. 8	6. 1	—	—	1. 6

资料来源：《BP 世界能源统计年鉴 2020》。

俄罗斯的石油国际贸易竞争力指数在全球排名第三位。俄罗斯有丰富的能源资源，由表 1-5 可知，2019 年已探明的石油剩余可采储量为 146. 9 亿吨，世界占比为 6. 2%，位居世界第六；产量为 56809. 7 万吨，世界占比为 12. 7%，位居世界第二。2019 年俄罗斯已探明的天然气剩余可采储量为 37. 96 万亿立方米，世界占比为 19. 1%，位居世界第一；产量为 6790. 4 亿立方米，世界占比为 17.0%，位居世界第二。

表 1-5　2019 年俄罗斯的能源资源情况

储量及产量		石油	天然气	煤炭
储量	剩余探明可采储量	146.9 亿吨	37.96 万亿立方米	1621.7 亿吨
	占世界比重（%）	6.2	19.1	15.2
储采比（%）		25.5	55.9	369
产量	产量	56809.7 万吨	6790.4 亿立方米	22082.2 万吨油当量
	占世界比重（%）	12.7	17.0	5.5

资料来源：《BP 世界能源统计年鉴 2020》。

阿尔及利亚是非洲第三大石油生产国，也是欧佩克成员国之一。2022 年，阿尔及利亚的石油平均产量为 97 万桶/天，已探明的石油储量超过 120 亿桶，位居非洲第二。作为非洲面积最大的国家，阿尔及利亚油气资源颇为丰富——天然气储量排名世界第十位、石油储量排名世界第十五位、页岩气储量排名世界第三位。

美国的能源资源产储量均位于世界前列，由表 1-6 可知，2019 年已探明的石油剩余可采储量为 82.0 亿吨，世界占比为 4.0%；产量为 74671.6 万吨，世界占比为 16.7%，位居世界第一。2019 年美国已探明的天然气剩余可采储量为 12.87 万亿立方米，世界占比为 6.5%；产量为 9208.8 亿立方米，世界占比为 23.1%，位居世界第一。由表 1-7 可知，2019 年，美国的石油出口量占世界的比重高达 11%以上。

表 1-6　2019 年美国的能源资源情况

储量及产量		石油	天然气	煤炭
储量	剩余探明可采储量	82.0 亿吨	12.87 万亿立方米	2495.4 亿吨
	占世界比重（%）	4.0	6.5	23.3
储采比（%）		11.1	14.0	390
产量	产量	74671.6 万吨	9208.8 亿立方米	34322.2 万吨油当量
	占世界比重（%）	16.7	23.1	8.5

资料来源：《BP 世界能源统计年鉴 2020》。

表 1-7　2019 年美国油气出口情况

出口量	美国	世界	占世界比重
原油出口量（万吨）	13771	223899	6. 15%
油品出口量（万吨）	25115	124190	20. 22%
总出口量（万吨）	38886	348089	11. 17%
管道气出口量（亿立方米）	754. 0	4993. 5	15. 10%
液化气出口量（亿立方米）	475. 1	4850. 7	9. 79%
总出口量（亿立方米）	1229. 1	9844. 2	12. 49%

资料来源：《BP 世界能源统计年鉴 2020》。

（三）石油国际市场占有率分析

根据式（1-2）计算得到的世界主要国家（地区）的石油国际市场占有率如表 1-8 所示。排名前十的国家分别是美国、俄罗斯、科威特、伊朗、阿拉伯联合酋长国、沙特阿拉伯、伊拉克、中国、卡塔尔和阿尔及利亚。美国和俄罗斯的石油在国际市场的占比平均在 10%以上，中东国家的石油在国际市场的占比超三成，中国的石油国际市场占有率均值超过 4. 7%，阿尔及利亚的石油国际市场占有率均值超过 2. 2%。

表 1-8　2016—2020 年世界各国（地区）石油的国际市场占有率　　单位：%

排序	国家（地区）	2016 年	2017 年	2018 年	2019 年	2020 年	均值
1	美国	12. 052	12. 416	12. 756	12. 379	13. 291	12. 579
2	俄罗斯	11. 038	11. 334	10. 400	9. 470	9. 931	10. 435
3	科威特	7. 297	6. 999	7. 138	7. 620	7. 605	7. 332
4	伊朗	6. 997	7. 288	6. 917	6. 491	5. 997	6. 738
5	阿拉伯联合酋长国	3. 161	3. 855	4. 498	8. 595	10. 410	6. 104
6	沙特阿拉伯	5. 224	5. 551	6. 261	6. 021	5. 730	5. 757
7	伊拉克	4. 948	5. 343	5. 946	5. 557	5. 072	5. 373
8	中国	3. 759	4. 056	4. 772	5. 437	5. 604	4. 726
9	卡塔尔	2. 151	2. 105	2. 163	2. 110	2. 798	2. 266

续表

排序	国家（地区）	2016 年	2017 年	2018 年	2019 年	2020 年	均值
10	阿尔及利亚	2.235	2.080	2.311	2.205	2.225	2.211
11	意大利	2.042	2.293	2.174	2.012	1.896	2.084
12	德国	2.141	1.963	1.855	1.790	2.093	1.968
13	加拿大	1.578	1.805	1.633	1.727	1.573	1.663
14	希腊	1.410	1.528	1.681	1.562	1.519	1.540
15	荷兰	1.779	1.457	1.451	1.404	1.181	1.454
16	尼日利亚	2.849	3.188	1.198	0.000	0.000	1.447
17	阿曼	1.472	1.417	1.365	1.549	1.217	1.404
18	法国	1.362	1.396	1.413	1.186	1.033	1.278
19	巴林	0.748	0.881	0.918	0.843	0.754	0.829
20	芬兰	0.805	0.803	0.790	0.829	0.861	0.818
21	挪威	0.629	0.825	0.917	0.876	0.816	0.813
22	利比亚	0.783	0.845	0.863	0.736	0.600	0.765
23	印度尼西亚	3.630	0.001	0.000	0.000	0.006	0.728
24	巴西	1.400	0.589	0.580	0.381	0.417	0.673
25	尼日尔	0.529	0.768	0.998	0.718	0.000	0.603
26	葡萄牙	0.223	0.283	0.532	0.830	1.107	0.595
27	埃及	0.614	0.624	0.580	0.535	0.410	0.553
28	哈萨克斯坦	0.561	0.599	0.576	0.496	0.519	0.550
29	哥伦比亚	0.178	0.391	0.559	0.650	0.635	0.483
30	丹麦	0.981	1.028	0.000	0.000	0.000	0.402
31	罗马尼亚	0.389	0.327	0.393	0.412	0.339	0.372
32	秘鲁	0.369	0.359	0.384	0.370	0.305	0.357
33	保加利亚	0.347	0.331	0.358	0.349	0.289	0.335
34	澳大利亚	0.332	0.420	0.402	0.335	0.166	0.331
35	波兰	0.325	0.369	0.292	0.351	0.242	0.316
36	斯洛伐克	0.316	0.292	0.302	0.259	0.338	0.301

续表

排序	国家（地区）	2016 年	2017 年	2018 年	2019 年	2020 年	均值
37	奥地利	0. 428	0. 286	0. 339	0. 260	0. 184	0. 299
38	匈牙利	0. 307	0. 315	0. 265	0. 228	0. 274	0. 278
39	捷克	0. 209	0. 215	0. 248	0. 245	0. 246	0. 232
40	爱沙尼亚	0. 162	0. 198	0. 226	0. 185	0. 200	0. 194
41	斯洛文尼亚	0. 170	0. 175	0. 171	0. 170	0. 169	0. 171
42	比利时	0. 157	0. 171	0. 203	0. 148	0. 162	0. 168
43	克罗地亚	0. 140	0. 155	0. 185	0. 202	0. 159	0. 168
44	科特迪瓦	0. 158	0. 186	0. 167	0. 145	0. 141	0. 159
45	以色列	0. 144	0. 169	0. 177	0. 163	0. 134	0. 157
46	新加坡	0. 113	0. 113	0. 125	0. 152	0. 144	0. 129
47	厄瓜多尔	0. 159	0. 136	0. 181	0. 161	0. 000	0. 127
48	爱尔兰	0. 078	0. 145	0. 122	0. 113	0. 155	0. 123
49	日本	0. 074	0. 116	0. 126	0. 134	0. 123	0. 115
50	塞浦路斯	0. 112	0. 118	0. 113	0. 110	0. 114	0. 113
51	阿根廷	0. 075	0. 095	0. 138	0. 081	0. 102	0. 098
52	塞内加尔	0. 063	0. 086	0. 106	0. 093	0. 124	0. 094
53	智利	0. 051	0. 065	0. 071	0. 114	0. 134	0. 087
54	文莱	0. 078	0. 091	0. 094	0. 086	0. 084	0. 086
55	肯尼亚	0. 078	0. 075	0. 083	0. 088	0. 103	0. 085
56	阿塞拜疆	0. 000	0. 001	0. 001	0. 075	0. 341	0. 084
57	多米尼加	0. 081	0. 056	0. 051	0. 062	0. 088	0. 068
58	菲律宾	0. 079	0. 054	0. 069	0. 065	0. 065	0. 067
59	牙买加	0. 072	0. 076	0. 071	0. 068	0. 005	0. 058
60	摩洛哥	0. 038	0. 063	0. 061	0. 032	0. 043	0. 047
61	塞尔维亚	0. 034	0. 037	0. 037	0. 053	0. 052	0. 042
62	拉脱维亚	0. 037	0. 037	0. 044	0. 054	0. 029	0. 041
63	斯里兰卡	0. 030	0. 036	0. 042	0. 044	0. 046	0. 040

续表

排序	国家（地区）	2016 年	2017 年	2018 年	2019 年	2020 年	均值
64	韩国	0.058	0.044	0.032	0.025	0.027	0.037
65	塞舌尔	0.031	0.047	0.000	0.046	0.061	0.037
66	缅甸	0.029	0.041	0.030	0.031	0.040	0.034
67	巴基斯坦	0.025	0.024	0.021	0.043	0.021	0.027
68	卢旺达	0.012	0.045	0.038	0.014	0.005	0.023
69	立陶宛	0.015	0.023	0.031	0.017	0.015	0.020
70	萨尔瓦多	0.022	0.022	0.017	0.021	0.017	0.020
71	巴巴多斯	0.006	0.029	0.025	0.016	0.019	0.019
72	刚果（金）	0.017	0.015	0.015	0.017	0.017	0.016
73	加纳	0.013	0.015	0.015	0.015	0.018	0.015
74	约旦	0.000	0.000	0.001	0.034	0.038	0.015
75	冰岛	0.054	0.003	0.005	0.009	0.000	0.014
76	危地马拉	0.000	0.001	0.015	0.023	0.017	0.011
77	吉尔吉斯斯坦	0.011	0.009	0.015	0.012	0.007	0.011
78	纳米比亚	0.024	0.011	0.006	0.007	0.005	0.011
79	新西兰	0.009	0.013	0.006	0.006	0.014	0.009
80	马达加斯加	0.007	0.007	0.011	0.011	0.010	0.009
81	玻利维亚	0.011	0.007	0.010	0.011	0.004	0.009
82	乌兹别克斯坦	0.009	0.012	0.006	0.007	0.004	0.008
83	马来西亚	0.009	0.007	0.006	0.006	0.002	0.006
84	莫桑比克	0.000	0.009	0.005	0.008	0.006	0.005
85	黎巴嫩	0.002	0.002	0.003	0.009	0.007	0.005
86	贝宁	0.003	0.007	0.003	0.006	0.002	0.004
87	黑山	0.003	0.003	0.003	0.004	0.008	0.004
88	巴拉圭	0.003	0.003	0.004	0.004	0.001	0.003
89	摩尔多瓦	0.006	0.007	0.000	0.00002	0.0003	0.003
90	尼加拉瓜	0.001	0.003	0.002	0.001	0.003	0.002

续表

排序	国家（地区）	2016 年	2017 年	2018 年	2019 年	2020 年	均值
91	伯利兹	0. 0010	0. 0010	0. 0010	0. 0020	0. 0050	0. 0020
92	蒙古国	0. 0010	0. 0020	0. 0020	0. 0020	0. 0010	0. 0010
93	印度	0. 0010	0. 0010	0. 0010	0. 0020	0. 0003	0. 0010
94	阿尔巴尼亚	0. 0010	0. 0020	0. 0000	0. 0020	0. 00003	0. 0010
95	卢森堡	0. 0010	0. 0010	0. 0010	0. 0010	0. 0010	0. 0010
96	圣卢西亚	0. 0010	0. 0010	0. 0010	0. 0005	0. 0010	0. 0010
97	布隆迪	0. 0004	0. 0001	0. 0010	0. 0010	0. 0010	0. 0010
98	巴拿马	0. 0002	0. 0003	0. 0003	0. 0004	0. 0010	0. 0004
99	哥斯达黎加	0. 0010	0. 0010	0. 0000	0. 0000	0. 0000	0. 0004
100	中国香港	0. 0010	0. 0003	0. 0002	0. 0002	0. 0002	0. 0004
101	博茨瓦纳	0. 0010	0. 0001	0. 0000	0. 0000	0. 0000	0. 0003
102	老挝	0. 0003	0. 0001	0. 0001	0. 0001	0. 0005	0. 0002
103	圭亚那	0. 0003	0. 0002	0. 0001	0. 0001	0. 0002	0. 0002
104	巴勒斯坦	0. 0002	0. 0002	0. 0002	0. 0000	0. 0001	0. 0001
105	基里巴斯	0. 0001	0. 0002	0. 0001	0. 0000	0. 0002	0. 0001
106	毛里求斯	0. 0001	0. 0001	0. 0002	0. 0001	0. 0001	0. 0001
107	洪都拉斯	0. 0000	0. 0001	0. 0001	0. 0001	0. 0000	0. 00004
108	蒙特塞拉特岛	0. 0000	0. 00003	0. 0000	0. 00005	0. 00007	0. 00003
109	莱索托	0. 00001	0. 00003	0. 00001	0. 00001	0. 0000	0. 00001
110	亚美尼亚	0. 0000	0. 0000	0. 00001	0. 00004	0. 0000	0. 00001
111	马拉维	0. 0000	0. 0000	0. 0000	0. 0000	0. 00002	0. 00001
112	埃塞俄比亚	0. 00001	0. 00000	0. 00001	0. 0000	0. 0000	0. 000005
113	柬埔寨	0. 0000	0. 00001	0. 0000	0. 0000	0. 00001	0. 000004
114	阿鲁巴岛	0. 000003	0. 000003	0. 000002	0. 0000	0. 000002	0. 000002
115	百慕大群岛	0. 000001	0. 000001	0. 000002	0. 000002	0. 0000	0. 000001
116	科摩罗	0. 0000	0. 0000	0. 0000	0. 0000005	0. 0000	0. 0000001

三、天然气国际贸易竞争力分析

（一）研究范围

选取表 1-9 所示的 102 个国家（地区），测算其天然气的贸易竞争力指数和国际市场占有率。

表 1-9　天然气国际贸易竞争力分析的样本范围

国家（地区）	国家（地区）	国家（地区）	国家（地区）	国家（地区）
卡塔尔	中国	葡萄牙	塞内加尔	卢旺达
美国	乌兹别克斯坦	克罗地亚	哥伦比亚	丹麦
挪威	沙特阿拉伯	智利	肯尼亚	莱索托
阿拉伯联合酋长国	荷兰	新西兰	阿尔巴尼亚	阿鲁巴岛
马来西亚	利比亚	斯洛文尼亚	科特迪瓦	老挝
德国	秘鲁	萨尔瓦多	黎巴嫩	哥斯达黎加
加拿大	埃及	危地马拉	亚美尼亚	摩洛哥
印度尼西亚	匈牙利	拉脱维亚	加纳	蒙古国
澳大利亚	奥地利	菲律宾	尼日尔	厄瓜多尔
俄罗斯	韩国	芬兰	马达加斯加	埃塞俄比亚
阿尔及利亚	新加坡	巴西	中国香港	圭亚那
尼日利亚	阿根廷	刚果（金）	贝宁	科摩罗
比利时	捷克	塞尔维亚	卢森堡	圣卢西亚
缅甸	莫桑比克	保加利亚	约旦	塞浦路斯
伊朗	印度	毛里求斯	尼加拉瓜	黑山
文莱	希腊	以色列	巴拿马	冰岛
哈萨克斯坦	波兰	爱尔兰	纳米比亚	巴巴多斯
玻利维亚	日本	爱沙尼亚	巴林	土库曼斯坦
法国	立陶宛	洪都拉斯	吉尔吉斯斯坦	
科威特	斯洛伐克	多米尼加	摩尔多瓦	
阿塞拜疆	罗马尼亚	斯里兰卡	博茨瓦纳	

（二）天然气国际贸易竞争力指数

根据式（1-1）计算得到的各国（地区）天然气国际贸易竞争力指数如表1-10所示。结果显示，天然气国际贸易竞争力指数排名前十的国家分别是俄罗斯、卡塔尔、挪威、澳大利亚、美国、加拿大、土库曼斯坦、阿尔及利亚、尼日利亚和马来西亚。中国液化天然气进口来源国排名前三的是澳大利亚、卡塔尔、马来西亚。管道天然气进口来源国主要是土库曼斯坦、乌兹别克斯坦、哈萨克斯坦、俄罗斯等。其中，俄罗斯向我国输送的管道天然气量在不断增加，土库曼斯坦是我国最大的管道天然气进口来源国。土库曼斯坦作为中国进口天然气的主要来源，在中国进口中亚天然气中的地位不可替代。土库曼斯坦的天然气探明储量为24.6万亿立方米，位居世界第四。

表1-10　2016—2020年世界主要国家（地区）天然气国际贸易竞争力指数

排序	国家（地区）	2016年	2017年	2018年	2019年	2020年	均值
1	俄罗斯	0.99998	0.99997	0.99998	0.99999	0.99998	0.99998
2	卡塔尔	0.99995	0.99996	0.99998	0.99998	0.99996	0.99997
3	挪威	0.99995	0.99997	0.99994	0.99997	0.99996	0.99996
4	澳大利亚	0.99993	0.99998	0.99997	0.99999	0.99989	0.99995
5	美国	0.99986	0.99990	0.99988	0.99997	0.99993	0.99991
6	加拿大	0.99977	0.99973	0.99981	0.99974	0.99945	0.9997
7	土库曼斯坦	0.998	0.999	0.999	0.998	0.997	0.999
8	阿尔及利亚	0.999	0.999	0.999	0.939	0.978	0.983
9	尼日利亚	0.999	0.999	0.989	0.971	0.951	0.982
10	马来西亚	0.956	0.972	0.997	0.987	0.989	0.980
11	乌兹别克斯坦	0.977	0.965	0.973	0.987	0.990	0.978
12	伊朗	0.987	0.990	0.981	0.980	0.911	0.970
13	缅甸	—	1.000	1.000	1.000	0.841	0.960
14	哈萨克斯坦	0.984	0.988	0.989	0.671	0.677	0.862
15	阿拉伯联合酋长国	0.916	0.895	0.635	0.826	0.995	0.853

续表

排序	国家（地区）	2016 年	2017 年	2018 年	2019 年	2020 年	均值
16	秘鲁	0. 826	0. 828	0. 797	0. 705	0. 841	0. 799
17	阿塞拜疆	0. 837	0. 816	0. 814	0. 733	0. 667	0. 773
18	荷兰	0. 805	0. 758	0. 666	0. 645	0. 563	0. 687
19	利比亚	0. 572	0. 730	0. 489	0. 697	0. 718	0. 641
20	中国	0. 610	0. 549	0. 583	0. 561	0. 603	0. 581
21	印度尼西亚	0. 617	0. 525	0. 553	0. 534	0. 353	0. 516
22	科威特	0. 999	—	—	—	−0. 103	0. 448
23	沙特阿拉伯	0. 213	0. 343	0. 431	0. 502	0. 641	0. 426
24	德国	0. 975	0. 976	0. 314	−0. 070	−0. 137	0. 412
25	刚果（金）	−0. 155	0. 807	0. 902	0. 234	−0. 526	0. 252
26	莫桑比克	0. 927	0. 921	−0. 444	−0. 865	−0. 442	0. 019
27	文莱	—	0. 024	−0. 613	—	—	−0. 295
28	比利时	−0. 280	−0. 255	−0. 289	−0. 304	−0. 365	−0. 299
29	新西兰	−0. 323	−0. 277	−0. 487	−0. 550	−0. 418	−0. 411
30	尼日尔	−0. 643	−0. 651	−0. 315	−0. 513	−0. 323	−0. 489
31	洪都拉斯	−0. 608	−0. 539	−0. 506	−0. 397	−0. 421	−0. 494
32	玻利维亚	−0. 857	−0. 833	−0. 563	0. 121	−0. 423	−0. 511
33	芬兰	−0. 533	−0. 532	−0. 527	−0. 557	−0. 531	−0. 536
34	埃及	−0. 439	−0. 515	−0. 549	−0. 680	−0. 686	−0. 574
35	萨尔瓦多	−0. 601	−0. 395	−0. 519	−0. 764	−0. 693	−0. 595
36	克罗地亚	−0. 351	−0. 494	−0. 660	−0. 669	−0. 810	−0. 597
37	罗马尼亚	−0. 559	−0. 581	−0. 589	−0. 652	−0. 651	−0. 606
38	毛里求斯	−0. 490	−0. 480	−0. 877	−0. 591	−0. 769	−0. 641
39	危地马拉	−0. 753	−0. 597	−0. 637	−0. 613	−0. 639	−0. 648
40	斯洛文尼亚	−0. 757	−0. 751	−0. 719	−0. 599	−0. 416	−0. 648
41	立陶宛	−0. 862	−0. 717	−0. 633	−0. 623	−0. 480	−0. 663
42	拉脱维亚	−0. 726	−0. 693	−0. 847	−0. 503	−0. 572	−0. 668

续表

排序	国家（地区）	2016 年	2017 年	2018 年	2019 年	2020 年	均值
43	匈牙利	-0.757	-0.693	-0.704	-0.637	-0.660	-0.690
44	阿根廷	-0.225	-0.454	-0.936	-0.983	-0.977	-0.715
45	法国	-0.788	-0.781	-0.756	-0.723	-0.551	-0.720
46	阿鲁巴岛	0.110	-0.998	-0.999	-1.000	—	-0.722
47	希腊	-0.736	-0.743	-0.667	-0.711	-0.754	-0.722
48	加纳	-0.550	-0.824	-0.785	-0.776	-0.704	-0.728
49	波兰	-0.768	-0.759	-0.776	-0.720	-0.685	-0.741
50	捷克	—	-1.000	—	-0.289	-0.955	-0.748
51	奥地利	-0.776	—	—	—	-0.758	-0.767
52	巴林	-0.830	-0.881	-0.909	-0.752	-0.502	-0.775
53	阿尔巴尼亚	-0.837	-0.791	-0.824	-0.882	-0.800	-0.827
54	爱沙尼亚	-0.657	-0.714	-1.000	-0.977	—	-0.837
55	新加坡	-0.827	-0.735	-0.765	-0.886	-0.987	-0.840
56	哥伦比亚	-0.592	-0.821	-0.957	-0.944	-0.965	-0.856
57	菲律宾	-0.984	-0.907	-0.807	-0.753	—	-0.862
58	卢森堡	-0.901	-0.899	-0.884	-0.827	-0.817	-0.865
59	以色列	-0.911	-0.854	-0.807	-0.846	-0.942	-0.872
60	马达加斯加	-0.875	-0.897	-0.878	-0.844	-0.873	-0.873
61	斯洛伐克	-0.821	-0.856	-0.897	-0.927	-0.914	-0.883
62	葡萄牙	-0.857	-0.877	-0.877	-0.944	-0.908	-0.892
63	塞尔维亚	-0.873	-0.897	-0.938	-0.938	-0.947	-0.919
64	智利	-0.846	-0.949	-0.949	-0.908	-0.950	-0.920
65	塞内加尔	—	-1.000	—	-0.933	-0.871	-0.934
66	斯里兰卡	-0.973	-0.968	-0.946	-0.907	-0.900	-0.939
67	保加利亚	-0.911	-0.960	-0.944	-0.948	-0.978	-0.948
68	肯尼亚	-0.864	-0.929	-0.963	-0.996	-0.997	-0.950
69	贝宁	-0.956	-0.961	-0.963	-0.964	-0.957	-0.960

续表

排序	国家（地区）	2016 年	2017 年	2018 年	2019 年	2020 年	均值
70	韩国	—	-0.977	—	-0.943	—	-0.960
71	科摩罗	-0.990	-0.971	-0.971	-0.939	-0.944	-0.963
72	纳米比亚	-0.964	-0.966	-0.967	-0.977	-0.957	-0.966
73	爱尔兰	-0.967	-0.966	-0.971	-0.968	-0.969	-0.968
74	印度	-0.999	-0.991	-0.988	-0.887	-0.999	-0.973
75	黎巴嫩	-0.966	-0.950	-0.964	-0.998	-0.991	-0.974
76	科特迪瓦	-0.938	-0.964	-1.000	-1.000	-0.973	-0.975
77	巴西	-0.918	-0.982	-0.998	-0.999	-0.996	-0.978
78	卢旺达	-0.990	-0.998	-0.974	-0.973	-0.969	-0.981
79	多米尼加	-0.977	—	—	—	-0.992	-0.984
80	亚美尼亚	—	—	-1.000	-0.997	-0.958	-0.985
81	摩尔多瓦	-0.985	-0.990	-0.991	-0.994	-0.988	-0.990
82	博茨瓦纳	-0.982	-0.993	-0.991	-0.987	-0.996	-0.990
83	尼加拉瓜	-0.982	-0.991	-0.995	-0.998	-0.996	-0.992
84	巴拿马	-0.989	-0.990	-0.996	-1.000	—	-0.993
85	莱索托	—	—	—	-0.990	-0.997	-0.994
86	老挝	-0.994	-0.993	-0.994	-0.995	-0.994	-0.994
87	日本	-0.999	-0.999	-0.988	-0.987	-0.999	-0.994
88	吉尔吉斯斯坦	-0.997	—	-0.999	—	—	-0.998
89	蒙古国	—	—	—	-0.997	-1.000	-0.998
90	约旦	-0.996	-1.000	-1.000	—	—	-0.999
91	埃塞俄比亚	-0.999	-0.999	-1.000	-0.999	-0.999	-0.999
92	中国香港	-1.000	-1.000	-0.997	-1.000	-1.000	-0.999
93	丹麦	-0.999	-1.000	—	-1.000	-0.999	-0.999
94	冰岛	-0.999	-1.000	-1.000	-1.000	-0.999	-1.000
95	圭亚那	-1.000	-1.000	-0.999	—	—	-1.000
96	圣卢西亚	—	—	-1.000	-1.000	—	-1.000

续表

排序	国家（地区）	2016 年	2017 年	2018 年	2019 年	2020 年	均值
97	塞浦路斯	-1.000	-1.000	-1.000	-1.000	-1.000	-1.000
98	哥斯达黎加	-1.000	-1.000	-1.000	-1.000	-1.000	-1.000
99	黑山	—	-1.000	—	-1.000	-1.000	-1.000
100	厄瓜多尔	-1.000	-1.000	-1.000	-1.000	-1.000	-1.000
101	巴巴多斯	—	-1.000	—	-1.000	-1.000	-1.000
102	摩洛哥	-1.000	-1.000	-1.000	-1.000	-1.000	-1.000

截至 2020 年，美国的天然气储量达到 13.8 万亿立方米，虽然美国天然气储量排名全球第五位，但是由于其在页岩气方面技术实力的提升，美国的天然气产量位居世界第一。

俄罗斯天然气储量位居世界第一，根据《BP 世界能源统计年鉴 2020》，截至 2020 年，俄罗斯天然气储量达 37.8 万亿立方米，约占全球天然气已探明总储量的 28%。同时，俄罗斯是全球最大的天然气出口国之一，欧洲的天然气主要由俄罗斯提供。欧洲消耗的主要能源是天然气，每年有超过 30% 的天然气需要从俄罗斯输出，俄罗斯已修建了 7 条通往欧洲的天然气管道。

加拿大天然气资源丰富。根据加拿大自然资源部数据，已探明的天然气储量约为 2.2 万亿立方米，技术可开采量为 25 万亿~50 万亿立方米，可开采 200 年以上。其天然气产地主要分布在不列颠哥伦比亚省、阿尔伯塔省和萨斯喀彻温省的西部沉积盆地，另外在安大略省、新不伦瑞克省和努纳武特地区有少量开采。加拿大为世界第五大天然气生产国，约占全球产量的 5%，一半以上出口至美国市场。加拿大国家能源局和能源研究所及英国石油公司（BP）等机构均预计未来加拿大天然气产量和出口量呈增长趋势，但出口格局将发生变化：通过管道对美国出口量将会减少，开拓亚洲液化天然气（LNG）市场将是必然选择。

卡塔尔的天然气储量为 25 万亿立方米，位居世界第三。卡塔尔能源事务国务大臣兼卡塔尔能源公司首席执行官萨阿德·卡比表示，全球最大的天然气田之一——卡塔尔北部天然气田的扩建工作正在按计划进行。卡方将在此增建6条液化天然气生产线，到2027年，卡塔尔的液化天然气产能将从目前的7700万吨/年增至1.26亿吨/年。

挪威是欧洲天然气储量最丰富的国家，据统计，截至2020年，挪威的天然气出口量达1129.51亿立方米。澳大利亚是全球最大的液化天然气出口国之一。购买力与投资能力强大的中国，是澳大利亚在世界范围内的第一大贸易伙伴，也是其液化天然气的主要进口国之一。澳大利亚虽然距离中国较远，但是海运天然气具有价格上的优势。现阶段，澳大利亚天然气储量最丰富的地区，是西澳大利亚海域和澳大利亚北部，其储量约占总量的82%。阿尔及利亚有丰富的天然气资源，欧洲长期以来都是阿尔及利亚主要的天然气出口市场，土耳其是阿尔及利亚液化天然气出口最主要的目的地，占比37%左右，其次是法国、西班牙、意大利、英国等，占比分别约为20%、14%、6%、6%。尼日利亚也是欧洲天然气市场的潜在供应商，截至2020年，尼日利亚的天然气出口量达500.92亿立方米。但是，尼日利亚仍缺乏足够的基础设施来发展其油气产业，这也为中国进入尼日利亚油气市场提供了机会。

天然气行业是马来西亚国民经济重要支柱产业之一，发展潜力巨大。2018年，马来西亚已探明天然气储量约为2.4万亿立方米，其中大部分天然气为伴生气，主要分布在马来盆地、沙巴盆地以及沙捞越盆地等地区。从天然气使用方面来看，马来西亚政府高度重视天然气应用，早在20世纪90年代便开展了半岛天然气输送管道（Peninsular Gas Utilization，PGU）架设项目，仅此一项便为马来西亚国内架设约1600英里①天然气管道。此外，随着近些年吉利地（Kertih）、沙捞越和沙巴地区相继开展天然气管道架设，马来西亚天然气输送能力进一步增强，成为亚洲天然气管道铺设最为广泛的国家之一。从天然气出口方面来看，马来西亚仅次于卡塔尔和澳大利亚，是全球第三大液化天然气出口国，平均每年液化天然气出口量超过1万亿立方英尺（约为0.03万亿立方米），出口市场包括中国、日本、韩国、中国台湾等国家（地区），其中，日本是马来西亚液化天然气主要出口国，出口量占其国内液

① 1英里约为1.6千米。

化天然气出口总量的60%以上。

中国的天然气贸易竞争力指数位居世界第二十。中国是全球第六大天然气储量国，截至2021年，我国已经探明的天然气储量为12.4万亿立方米。我国的天然气主要分布在中西部地区，大部分在四川，以及塔里木盆地、松辽、陕甘青等地区，海上天然气主要分布在南海及东海。

（三）天然气国际市场占有率

根据式（1-2）计算得到的世界各国（地区）天然气国际市场占有率如表1-11所示。结果显示，天然气国际市场占有率排名前十的国家分别是俄罗斯、卡塔尔、美国、澳大利亚、土库曼斯坦、加拿大、马来西亚、尼日利亚、哈萨克斯坦和阿尔及利亚。俄罗斯的天然气国际市场占有率均值超过19%，卡塔尔和美国的天然气国际市场占有率均值分别超过12%和10%。中国的天然气国际市场占有率均值为0.732%，位居世界第二十二。

表1-11　2016—2020年世界各国（地区）天然气国际市场占有率

单位：%

排序	国家（地区）	2016年	2017年	2018年	2019年	2020年	均值
1	俄罗斯	19.206	17.445	20.712	19.510	19.505	19.276
2	卡塔尔	7.258	9.747	11.266	13.202	18.644	12.023
3	美国	11.301	11.473	14.190	9.576	7.927	10.893
4	澳大利亚	3.292	3.245	5.732	10.710	11.456	6.887
5	土库曼斯坦	4.530	4.462	4.545	4.726	4.266	4.506
6	加拿大	3.127	3.129	4.433	5.850	5.386	4.385
7	马来西亚	4.255	4.409	4.061	3.973	3.911	4.122
8	尼日利亚	3.844	3.788	4.257	3.573	3.018	3.696
9	哈萨克斯坦	7.535	8.752	0.238	0.064	0.081	3.334
10	阿尔及利亚	2.220	2.045	2.997	4.109	4.385	3.151
11	印度尼西亚	7.689	5.105	0.000	0.000	0.000	2.559
12	阿拉伯联合酋长国	2.481	2.672	2.778	2.349	2.514	2.559

续表

排序	国家（地区）	2016 年	2017 年	2018 年	2019 年	2020 年	均值
13	文莱	2.368	2.669	3.014	1.699	1.213	2.193
14	乌兹别克斯坦	1.732	1.418	1.292	1.841	1.882	1.633
15	伊朗	2.893	2.423	2.109	0.000	0.000	1.485
16	德国	1.315	1.200	1.310	1.293	1.360	1.296
17	秘鲁	0.950	0.991	1.207	1.496	1.380	1.205
18	玻利维亚	1.142	1.142	1.208	1.194	1.128	1.163
19	法国	0.809	0.994	1.138	1.290	0.944	1.035
20	科威特	0.860	0.986	1.096	0.960	1.020	0.985
21	阿塞拜疆	0.605	0.544	0.611	1.029	1.228	0.803
22	中国	0.853	0.774	0.608	0.735	0.691	0.732
23	比利时	0.000	0.606	0.981	0.995	0.328	0.582
24	沙特阿拉伯	2.344	0.000	0.000	0.000	0.005	0.470
25	荷兰	0.415	0.394	0.495	0.475	0.383	0.432
26	利比亚	0.000	0.862	0.909	0.000	0.000	0.354
27	缅甸	0.306	0.348	0.418	0.270	0.297	0.328
28	埃及	0.134	0.139	0.271	0.593	0.278	0.283
29	匈牙利	0.059	0.155	0.212	0.253	0.322	0.200
30	奥地利	0.188	0.177	0.181	0.203	0.242	0.199
31	挪威	0.185	0.164	0.205	0.194	0.235	0.197
32	新加坡	0.132	0.201	0.208	0.131	0.200	0.174
33	阿根廷	0.165	0.175	0.081	0.243	0.182	0.170
34	捷克	0.288	0.088	0.115	0.106	0.111	0.142
35	莫桑比克	0.153	0.158	0.111	0.117	0.129	0.134
36	印度	0.089	0.098	0.114	0.123	0.134	0.111
37	希腊	0.047	0.064	0.070	0.110	0.125	0.083
38	波兰	0.057	0.064	0.092	0.070	0.058	0.068
39	日本	0.053	0.060	0.063	0.048	0.056	0.056

续表

排序	国家（地区）	2016 年	2017 年	2018 年	2019 年	2020 年	均值
40	立陶宛	0.036	0.063	0.061	0.068	0.044	0.054
41	斯洛伐克	0.033	0.055	0.079	0.073	0.026	0.053
42	罗马尼亚	0.046	0.063	0.067	0.043	0.042	0.052
43	葡萄牙	0.043	0.039	0.052	0.068	0.055	0.051
44	克罗地亚	0.060	0.051	0.045	0.029	0.031	0.043
45	智利	0.052	0.044	0.049	0.022	0.039	0.041
46	韩国	0.006	0.042	0.113	0.014	0.003	0.036
47	新西兰	0.058	0.056	0.008	0.038	0.016	0.035
48	斯洛文尼亚	0.033	0.036	0.038	0.029	0.037	0.035
49	萨尔瓦多	0.039	0.038	0.038	0.027	0.027	0.034
50	危地马拉	0.024	0.029	0.034	0.035	0.045	0.033
51	拉脱维亚	0.022	0.042	0.035	0.021	0.003	0.024
52	菲律宾	0.009	0.012	0.034	0.017	0.029	0.020
53	芬兰	0.052	0.021	0.000	0.000	0.014	0.017
54	巴西	0.006	0.013	0.022	0.012	0.030	0.017
55	刚果（金）	0.020	0.017	0.014	0.012	0.013	0.015
56	塞尔维亚	0.005	0.006	0.010	0.018	0.016	0.011
57	保加利亚	0.018	0.014	0.008	0.007	0.002	0.010
58	毛里求斯	0.001	0.007	0.015	0.021	0.000	0.009
59	以色列	0.008	0.007	0.009	0.005	0.010	0.008
60	爱尔兰	0.006	0.004	0.003	0.008	0.017	0.007
61	爱沙尼亚	0.000	0.017	0.005	0.000	0.000	0.004
62	洪都拉斯	0.002	0.000	0.004	0.004	0.005	0.003
63	多米尼加	0.000	0.000	0.000	0.004	0.011	0.003
64	斯里兰卡	0.003	0.001	0.001	0.002	0.002	0.002
65	塞内加尔	0.004	0.003	0.000	0.001	0.000	0.002
66	哥伦比亚	0.002	0.001	0.002	0.002	0.001	0.002

续表

排序	国家（地区）	2016 年	2017 年	2018 年	2019 年	2020 年	均值
67	肯尼亚	0. 0020	0. 0000	0. 0000	0. 0000	0. 0034	0. 0011
68	阿尔巴尼亚	0. 0008	0. 0015	0. 0015	0. 0001	0. 0005	0. 0009
69	科特迪瓦	0. 0000	0. 0003	0. 0004	0. 0036	0. 0000	0. 0009
70	黎巴嫩	0. 0022	0. 0000	0. 0000	0. 0000	0. 0010	0. 0007
71	亚美尼亚	0. 0030	0. 0000	0. 0000	0. 0000	0. 0000	0. 0006
72	加纳	0. 0008	0. 0012	0. 0002	0. 0000	0. 0001	0. 0005
73	尼日尔	0. 0003	0. 0002	0. 0003	0. 0003	0. 0004	0. 0003
74	马达加斯加	0. 0002	0. 0002	0. 0001	0. 0003	0. 0005	0. 0003
75	中国香港	0. 0007	0. 0004	0. 0001	0. 0000	0. 0000	0. 0002
76	贝宁	0. 0007	0. 0003	0. 0001	0. 0001	0. 0000	0. 0002
77	卢森堡	0. 0000	0. 0000	0. 0000	0. 0007	0. 0001	0. 0002
78	约旦	0. 0003	0. 0001	0. 0001	0. 0001	0. 0001	0. 0001
79	尼加拉瓜	0. 0002	0. 0001	0. 0001	0. 0001	0. 0001	0. 0001
80	巴拿马	0. 0000	0. 0001	0. 0001	0. 0002	0. 0002	0. 0001
81	纳米比亚	0. 0000	0. 0000	0. 0000	0. 0004	0. 0000	0. 0001
82	巴林	0. 0000	0. 0000	0. 0001	0. 0002	0. 0000	0. 0001
83	吉尔吉斯斯坦	0. 0000	0. 0000	0. 0000	0. 0000	0. 0003	0. 0001
84	摩尔多瓦	0. 0000	0. 0000	0. 0000	0. 0000	0. 0001	0. 0000
85	博茨瓦纳	0. 0001	0. 0000	0. 0000	0. 0000	0. 0000	0. 0000
86	卢旺达	0. 0000	0. 0000	0. 0001	0. 0000	0. 0000	0. 0000
87	丹麦	0. 00004	0. 00003	0. 00001	0. 0000	0. 0000	0. 00002
88	莱索托	0. 00005	0. 00002	0. 0000	0. 0000	0. 0000	0. 00001
89	阿鲁巴岛	0. 0000	0. 0000	0. 0000	0. 00003	0. 00002	0. 00001
90	老挝	0. 0000	0. 00001	0. 0000	0. 0000	0. 00001	0. 0000
91	哥斯达黎加	0. 0000	0. 0000	0. 00001	0. 0000	0. 0000	0. 0000
92	摩洛哥	0. 00001	0. 0000	0. 0000	0. 0000	0. 0000	0. 0000
93	蒙古国	0. 00001	0. 0000	0. 0000	0. 0000	0. 0000	0. 0000

续表

排序	国家（地区）	2016 年	2017 年	2018 年	2019 年	2020 年	均值
94	厄瓜多尔	0.00001	0.0000	0.0000	0.0000	0.0000	0.0000
95	埃塞俄比亚	0.000003	0.000001	0.0000	0.0000	0.000004	0.000002
96	圭亚那	0.0000	0.000001	0.0000	0.000004	0.000000	0.000001
97	科摩罗	0.000001	0.0000	0.000001	0.0000	0.000001	0.000001
98	圣卢西亚	0.0000	0.0000	0.000003	0.0000	0.0000	0.000001
99	塞浦路斯	0.0000	0.0000	0.0000	0.0000	0.000001	0.0000
100	黑山	0.0000001	0.0000001	0.0000003	0.0000	0.0000	0.0000001
101	冰岛	0.0000	0.0000001	0.0000	0.0000	0.0000001	0.0000
102	巴巴多斯	0.0000	0.00000004	0.0000	0.00000003	0.0000	0.00000001

第二节　国内外油气合作的典型案例

一、中国与中东国家的油气合作

中东地区处于“一带一路”交会地带，是连接东方和西方的枢纽，包括沙特阿拉伯、伊朗、伊拉克、科威特、阿拉伯联合酋长国、阿曼、卡塔尔等国家。中国与中东国家的油气合作成果显著。中国石油、中国石化、中国海油在伊朗和伊拉克建设了多个大型油田项目，部分已投入运营。伊朗与中国的油气合作更是潜力巨大，包括数十个大型油气田项目和配套的工程建设、工程技术服务等。“一带一路”倡议的提出为中国与中东国家的能源合作提供了机遇。

（一）与沙特阿拉伯的油气项目合作

中国石油企业早在 2003 年就与沙特阿拉伯国家石油公司（以下简称沙特阿美）签订了第一份勘探合同，此后先后中标并安全高效运作了 20 多个地震采集项目。中国石油企业逐渐打开了沙特阿拉伯的石油市场。目前，中国石油企业已成为沙特阿拉伯石油市场上一支不容忽视的队伍。

2012 年 11 月 12 日，沙特阿美成立了下属的亚洲公司，总部设在北京。沙特阿美在上海和厦门设有两家办事处，在福建投资了两个合资项目。沙特基础工业公司是全球市值最大的石化企业之一。2012 年 4 月 6 日，公司投资入户上海，建立了一个新技术中心。2019 年 2 月 22 日，沙特阿美与中方合作，成立了华锦阿美石油化工有限公司，项目总投资约 100 亿美元，目标是建设一个世界级的石化工业基地，目标产能为炼油 1500 万吨/年、乙烯 150 万吨/年、二甲苯 130 万吨/年。中沙能源合作由来已久并卓有成效，过去主要体现在中国进口沙特阿拉伯的原油及中国公司投资沙特阿拉伯国内经济领域两个方面。这次沙特阿拉伯公司转身投资中国国内，被媒体视作“2030 愿景”和“一带一路”倡议无缝对接的表现。沙特阿拉伯投资中国是出于国家经济发展战略的考虑，此番与中国的能源合作，是沙特阿拉伯发展外向型经济的新尝试。

从地理位置上看，中国的“21 世纪海上丝绸之路”正好途经沙特阿拉伯发展蓝图中的新经济中心。根据“一带一路”倡议，只要双方愿意，中国的资金以及大量的基建和工业产能完全可以被投放到这一地区，沙特阿拉伯可以安全受益而无后顾之忧。

鉴于以往国际交往的经历，沙特阿拉伯的“向东看”战略包括经济、能源领域的合作，也涉及政治交往。在沙特阿拉伯看来，加强与东方文明的联系，增进对中国的了解和信任，是当前的最佳选择。中沙经济具有很强的互补性。2016 年，中沙两国建立了全面战略伙伴关系，并取得了一系列积极的成果。中国“一带一路”倡议遇上沙特“2030 愿景”，合作是必然的，且中沙两国的成功合作案例，可以发挥示范作用，进一步促进中国“一带一路”倡议的推广和实施。

（二）与伊朗的石油贸易与投资合作

2019 年，伊朗的石油产量为 1.608 亿吨，占世界总产量的 3.6%，是欧佩克的重要成员国。伊朗天然气产量为 2441.6 亿立方米，占世界总产量的 6.1%，位居世界第三。中伊两国皆为世界文明古国，长期保持着密切的沟通与交往，从古丝绸之路开始，两国之间的友好往来连绵不断。中国石油企业走出国门后，伊朗一直是中国开展能源合作的重要伙伴。加强中伊能源合作，有助于维护中伊能源共同安全和实现能源合作共赢。

中伊能源合作主要集中在石油贸易和油气投资两大方面。在石油贸易方面，中国是伊朗最大的进口贸易伙伴国和最大的原油需求国。2017 年，中伊贸易额为 370 亿美元，比上年增加 40 亿美元，增幅达 20.4%，伊朗实现贸易顺差 2 亿美元。2018 年，从伊朗出口到中国的原油达 2927.4 万吨，在西亚北非国家中排第四位。在油气投资方面，自进入 21 世纪起，中国石油、中国石化等油企陆续同伊朗的国家石油公司、国家天然气公司进行了油气勘探开发方面的项目合作。据不完全统计，中资企业在伊朗已完工和在建的项目共计 136 个，合同金额达 327.44 亿美元。其中，投资合作类项目金额约为 60 亿美元，包括中国石化的雅达油田一期和中国石油的北阿扎德甘油田一期等项目。

中伊能源合作有两个显著的特点：一是互补性较强，二是有利于战略对接。在互补性方面，中国自 1993 年成为石油净进口国后，中国的石油对外依存度不断上升。这使得确保石油进口安全上升为关系国家经济政治安全的战略性问题。伊朗的油气资源虽然丰富，但由于长期受西方制裁，其在国际石油市场上的份额被其他产油国瓜分。并且，近些年世界石油价格低迷，也使伊朗的能源出口受到影响和制约。从油气生产方面来看，由于地区动乱和西方制裁，伊朗的生产设备老旧，油气开发、冶炼等技术落后，而以中国石油、中国石化为龙头的中国石油企业则有先进的油气开发、冶炼技术和比较完善的生产设备与设施，双方合作的互补性强、潜力大。此外，能源合作能够缓解中国能源需求的压力并促进伊朗能源收入的稳定，有利于维护和保障中伊两国的能源共同安全。在实现战略利益对接方面，能源收入是伊朗最主要的经济收入，其地处亚欧大陆心脏地带，是中国“一带一路”倡议下连接亚、非、欧三大洲的重要国家，是通向西方的“窗口”。“一带一路”倡议强调合作共赢，不断寻求与沿线国家和地区利益共享的机制与路径，促进全球化的良性发展。坚持加强中伊能源合作，不仅有助于维护伊朗能源出口的稳定和促进中国“一带一路”倡议的稳步发展，也有助于中伊两国维护自身国家主权和国家利益，促进国际社会与秩序的良性发展与运作。

然而，中伊能源合作实际上并非一帆风顺。伊朗本身对外企投资的限制较多，中国石油企业曾先后与其达成多项价值较高的油气合作项目，却都因西方国家对伊朗的制裁不断“加码”而未能实施下去。在投资环境限制方面，中国石油企业也是备尝艰辛。2006 年 12 月，中国海油与伊方签署了价值 160 亿美元的液化天然气合作谅解备忘录，计划用 8 年时间开发伊朗北帕斯气田，建设液化天然气工厂和输送设施。该项目后因遭遇地缘政治风险进展缓慢，最后被伊方叫停。2012 年 12 月 26 日，伊朗石油部单方面终止了中国在伊朗南帕斯气田的投资项目，理由是中国石油企业对这一世界级气田区块始终不能进行实质性的开发。同伊朗进行能源合作，地缘政治风险是一个不可避免的问题。

（三）与伊拉克的油气项目合作

2008 年，中国石油在伊拉克获得了首个重要的油气项目——鲁迈拉油田项目。以此为开端，中国石油随后又拿下了一系列油气开发与技术服务项目，被媒体评价为“中国特色的油企运营模式促成了中国油企在西亚北非合作区跨越式发展的战略格局”。

2012 年 8 月 5 日，中国石油的三大项目——艾哈代布项目、鲁迈拉项目、哈法亚项目，日产原油达到 160 万桶以上，创下历史新高。其中，艾哈代布项目是伊拉克 20 多年来首个新建投产的油田，其建设工程无先例可参照；鲁迈拉项目走出了与国际大石油公司合作的成功之路；哈法亚项目被伊拉克政府称为“速度最快、执行最好的项目”。中国石油在伊拉克取得的能源合作佳绩，可谓中国与西亚北非能源合作中的典范，也使中国在西亚北非国家获得了较多的经济话语权。

（四）与科威特的油气投资合作

中国与科威特的油气投资合作充分体现了中国对外能源合作的“请进来”策略。2011 年 11 月，科威特石油公司与中国石化签署供油协议，协议中表明科威特向中国供应原油 30 万桶/日，期限为 10 年。与此配套的是一个中科合资项目，该项目计划在中国广东湛江兴建一家炼油厂和一家石化厂，建成后科威特供油增至50万桶/日。该项目投资总额达93亿美元。同年12月19日，科威特对外石油勘探公司（KUFPEC）以3.08亿美元的价格，收购了英国石油公司在中国南海崖城天然气田34.3%的股份，参与中国天然气的开发与勘探。KUFPEC是科威特国家石油公司的子公司，收购完成后，在合作开发崖城气田的股权分配中，KUFPEC占股49%，中国海油占股51%。中国与科威特的油气投资合作对促进中国能源资源的勘探开发、稳定中国的能源供应具有重要意义。

（五）与阿拉伯联合酋长国的石油贸易合作

2012年7月16日，由中国石油总承包、年输油能力达7500万吨的阿拉伯联合酋长国哈卜善至富查伊拉输油管线建成投产。该管线总长424千米，其中陆线约长410千米，其余为海底管线。该管线是阿拉伯联合酋长国的国家级战略项目，其最大功能是使阿拉伯联合酋长国70%的原油绕过霍尔木兹海峡，直接输往富查伊拉港，然后再从阿曼湾向外输出。这条输油管线大大提升了阿拉伯联合酋长国的石油出口能力。

2014—2016年，中国连续3年在阿拉伯联合酋长国的主要贸易伙伴排名中位居榜首。阿拉伯联合酋长国的前五大贸易伙伴依次是中国、印度、美国、沙特阿拉伯和德国。2015年，中阿贸易额达548亿美元，其中，中国同迪拜的贸易额约为490亿美元，占阿拉伯联合酋长国和中国双边贸易总额的89%。2016年双边贸易额为400.6亿美元，其中，中国自阿拉伯联合酋长国的进口总额为99.9亿美元，出口总额为300.7亿美元。阿拉伯联合酋长国希望通过深化与中国的能源伙伴关系，寻求在能源价值链上互利共赢的投资机会，促进两国发展。在上游业务领域，阿布扎比国家石油公司和中国石油于2014年合资创立了阿尔亚萨特石油作业公司，中国石油持有该公司40%的股份。2016年，中国成为阿布扎比第六大原油出口伙伴。双方曾考虑在中国国内储存阿布扎比原油，并在中国这个全球最大的能源市场内进行销售。2017年2月19日，中国石油与阿布扎比国家石油公司签署了《阿布扎比陆上油田开发合作协议》。阿拉伯联合酋长国希望能进入中国市场，特别是在炼油和石化业务等领域开拓新的合作空间，为满足中国不断扩大的能源需求竭尽所能。

（六）与阿曼的石油项目合作

2013 年 8 月 5 日，中国石油在阿曼的石油项目——达利勒油田 F 块的 3 口水平井经注水开发后日产原油千桶左右，超出了全油田平均单井日产 230 桶的水平。据报道，中国石油在阿曼的石油项目已累计产油 1000 万吨以上，本土化率达 90%以上。

（七）与卡塔尔的油气项目合作

2010 年，中国石油和卡塔尔签署了一项勘探与产量分成协议，中方获得 25%的项目股份。两年后，中国石油收购了法国苏伊士环能集团在卡塔尔的部分勘探开发权益。该项目规定，如果勘探活动获得商业发现，由中国石油和卡塔尔石油公司联合进行油气资源的开发。

2011 年 1 月 15 日，中卡两国达成长期供应液化天然气协议，并于当年 11 月开始实施。同年 5 月，卡塔尔、中国、法国三国的油气公司签署了《卡塔尔 BC 区块胡夫以下地层天然气勘探及生产分成协议》。该协议规定，法国道达尔（卡塔尔）能源公司在该项目中持有 25%的股份，中国海油西亚北非（卡塔尔）有限公司持股 75%，并继续承揽该项目的生产作业。

2018 年 9 月，中国石油与卡塔尔再度联手，达成年均 340 万吨的液化天然气供应协议。这次交易合作由卡塔尔天然气二期项目供货，该二期项目由卡塔尔石油、埃克森美孚和道达尔等公司合资组建，年产 780 万吨液化天然气。

中东产油国可以分为两种类型：一种是高资金需求资源国，即拥有优质石油资源且资金需求大的资源国，如伊拉克和伊朗。这些国家受地缘政治影响，石油生产曾受到不同程度的损害，现在虽想大力发展油气产业，但资金比较紧缺。对于中国企业而言，高资金需求资源国是比较理想的合作伙伴，因为只有这样的国家才会向投资企业让渡部分收益。这些国家因资金不充裕，所以想通过开采更多的油气资源来改善国家经济状况。由此可见，中东乱局虽给中国企业带来了较大的消极影响，但也带来了新的投资机会。另一种是低资金需求资源国，即那些拥有丰富油气资源且不缺乏投资资金的国家，如沙特阿拉伯、科威特、阿拉伯联合酋长国等海湾资源国。中国企业在这些国家的投资机会明显小得多。在高油价市场环境下，这些国家大多反对提高石油产量，因为市场一旦供过于求，油价就会下跌，油价下跌显然不符合油气生产国的利益。在互利共赢的基础上，双方应寻找更多的合作空间，如共同实施双向投资战略等。

二、中国与俄罗斯的油气合作

中俄最主要的能源合作项目是石油贸易，中国海关总署公布的数据显示，俄罗斯于 2016 年首次取代沙特阿拉伯，成为中国最大的原油供应国。中俄能源投资与技术合作方式已从直接贸易升级为共同勘探、共同开发、共同分享利益模式。通过合资成立新公司、购买股权等方式，中国正逐步进入俄罗斯的原油提炼等领域，未来还将拓展至科技研发、装备制造、技术服务等领域（张金萍等，2017；翟立强等，2013）。

虽然俄罗斯油气出口最大的市场仍在欧洲，但受美国等西方国家制裁和欧洲深度低碳转型的影响，俄罗斯油气出口战略东移趋势逐渐明显。2016—2020 年，俄罗斯出口至欧洲的原油和管道天然气量整体呈下降趋势，相较于 2016 年，2020 年俄罗斯出口至欧洲的原油和管道天然气量分别下降 11.5%和 2.3%。同期，亚太地区油气需求猛增。2020 年俄罗斯向亚太地区出口原油 10260 万吨，较 2016 年增加 2950 万吨，增加 40.4%。其中，出口至中国 8340 万吨，占原油出口总量的 32.1%，较 2016 年增加 58.9%。管道天然气方面，2019 年俄罗斯开始向欧洲、独联体以外的国家或地区输送管道气。2020 年，俄罗斯依托中俄天然气管道东线向中国输送管道天然气 39 亿立方米，占当年管道天然气出口总量的 2%。液化天然气（LNG）方面，基于 LNG 的运输灵活性，俄罗斯 LNG 出口市场基本呈现欧洲与亚太平分的格局。由表 1-12 可知，2020 年，俄罗斯向亚太地区出口 LNG 225 万吨，占 LNG 出口总量的 55.7%，其中向中国的出口量增长迅速，达 69 万吨，较 2016 年增长了 22 倍。

表 1-12 2016—2020 年俄罗斯油气出口亚太地区情况

年份	出口地区		原油（万吨）	管道气（亿立方米）	液化气（万吨）
2016	亚太	出口量	7310	—	139
		占比（%）	26.7	—	99.3
	中国	出口量	5250	—	3
		占比（%）	19.2	—	2.1
2017	亚太	出口量	8040	—	154
		占比（%）	29	—	99.3
	中国	出口量	5980	—	6
		占比（%）	21.6	—	3.9
2018	亚太	出口量	9510	—	172
		占比（%）	34.5	—	69.1
	中国	出口量	7160	—	13
		占比（%）	26	—	5.2
2019	亚太	出口量	10120	3	179
		占比（%）	35.4	0.1	45.4
	中国	出口量	7770	3	34
		占比（%）	27.2	0.1	8.6
2020	亚太	出口量	10260	39	225
		占比（%）	39.5	2	55.7
	中国	出口量	8340	39	69
		占比（%）	32.1	2	17.1

资料来源：《BP 世界能源统计年鉴 2020》。

俄罗斯对亚太地区（尤其是中国）的管道气、LNG 出口量均在上升。在需求侧，受“碳达峰”“碳中和”政策推动，中国天然气消费量将继续增长。2021 年，中国主要从中亚、俄罗斯和缅甸等地进口管道天然气，从澳大利亚、卡塔尔、马来西亚等地进口 LNG。在价格方面，中国从俄罗斯进口的管道天然气和 LNG，均低于其他国家的价格，有利于中国降低天然气进口成本，符合中国能源进口多元化需求。而且，相较于从中东、非洲进口油气资源，中国和俄罗斯国土相邻，油气运输便利，地缘政治风险较小，能源交易更为安全。在供给侧，俄罗斯向亚太地区出口天然气，除经中俄天然气管道东线运输至中国外，其他均采用 LNG 形式。截至 2022 年 1 月，俄罗斯仅有萨哈林 2 号和亚马尔项目 2 个 LNG 项目投产。萨哈林 2 号 LNG 项目位于萨哈林岛（库页岛），地处亚欧大陆东北部，南隔宗谷海峡与日本北海道相邻，LNG 产品主要出口至日本、韩国和中国台湾地区。根据埃信华迈（IHS Markit）公司 LNG 船运数据统计，2020 年萨哈林 2 号项目至日本、韩国和中国台湾地区的 LNG 出口量达 965.98 万吨，占萨哈林 2 号项目总出口量的 86.1%。但随着日本的氢能发展，日本对 LNG 进口的需求正逐渐降低，未来除非有新增 LNG 需求，萨哈林 2 号项目产能将处于供大于求的局面。北极丰厚的油气资源禀赋是俄罗斯重要的国家战略投资与经济复苏点，地处北极圈内的亚马尔 LNG 项目，产品主要出口至中国。2020 年，亚马尔项目出口至中国的 LNG 量为 333.75 万吨，占亚马尔 LNG 项目总出口量的 67.0%。按照北极 LNG-2 等在建项目规划，到 2023 年，俄罗斯新增 LNG 出口产能将达到 4980 万吨/年。根据《2035 年前俄罗斯联邦北极地区发展和国家安全保障战略》，到 2035 年北极 LNG 产量将增长 10 倍，亚马尔半岛等地区成为俄罗斯经济发展的重要区域。此外，俄罗斯政府积极推进的新北海航线，将为 LNG 资源进一步出口至亚洲市场提供便利条件。

俄罗斯的《2035 年前俄罗斯联邦北极地区发展和国家安全保障战略》与中国的振兴东北、京津冀协同发展、长三角一体化等国家战略高度契合。截至 2021 年 9 月底，依托中俄东线天然气管道，中国以最低进口管道天然气成本引进俄罗斯管道天然气 54.33 亿吨，较上年同期增长 168%。黑龙江省黑河市毗邻俄罗斯，紧邻中俄东线天然气管道、俄阿穆尔天然气处理厂和周边以天然气为原料的各类化工项目，是与俄罗斯交流合作的重要窗口，是“一带一路”中蒙俄经济走廊的重要节点。未来有望以黑河自贸区建设为立足点，以引进天然气资源为重要合作方式，不断深化基础设施的互联互通，进一步推动中俄合作战略升级。

然而，俄罗斯国内的低碳战略会降低原油和天然气的出口量，对中国和俄罗斯的能源合作产生潜在的不利影响。2020 年，俄罗斯原油和天然气的产量、出口量全面下降，其中，原油产量降至 1070 万桶/日，同比下降 8.7%，出口量降至 730 万桶/日，同比下降 11%；天然气产量降至 6380 亿立方米，同比下降 6.2%，出口量降至 2380 亿立方米，同比下降 8.7%。即便如此，俄罗斯仍然是全球最大的原油和天然气净出口国。从短期来看，受国际油气价格持续高位以及西方国家能源结构失衡的影响，俄罗斯国内减产限制出口的可能性不大。从长期来看，俄罗斯作为联邦半总统制共和国，很多联邦地方政策不明朗，不利于开展国际能源合作。现阶段，中俄油气合作的方式主要是两国油气企业投资成立合资公司，进行天然气开发、加工、运输等低层次、单一性的合作，合作程度仍处于初级阶段，对建立全方位的油气合作格局不利。未来需要进一步做好两国的能源政策对接、文化融合、科技交流合作，推动中俄能源合作向更高水平发展。

三、中国与中亚国家的油气合作

中亚五国（哈萨克斯坦、土库曼斯坦、乌兹别克斯坦、吉尔吉斯斯坦、塔吉克斯坦）是世界重要的油气资源生产国。由表 1-13 可知，2019 年，哈萨克斯坦的石油储量达 39.3 亿吨，天然气储量达 2.65 万亿立方米，占世界的比重分别为 1.7%和 1.3%。2019 年，土库曼斯坦的天然气储量达 19.49 万亿立方米，占世界的比重为 9.8%。中亚五国同样是世界重要的油气资源出口国，其原油出口量占产量的比重达 70%以上。中国是哈萨克斯坦的第三大石油进口国，是土库曼斯坦和乌兹别克斯坦的第一大天然气进口国。中国从中亚国家进口的主要是初级能源产品，而中国出口中亚国家的能源产品主要是能源加工和制造品，如石油管材、石油机械及化学产品等。中国与中亚国家的能源合作正逐步由上游能源勘探开发走向全产业链合作。

表 1-13　2019 年中亚国家能源资源情况

能源	储量	哈萨克斯坦	乌兹别克斯坦	土库曼斯坦
石油	剩余探明可采储量（亿吨）	39.3	—	—
	占世界比重（%）	1.7	—	—
	储采比（%）	42.6	—	—

续表

能源	储量	哈萨克斯坦	乌兹别克斯坦	土库曼斯坦
天然气	剩余探明可采储量（万亿立方米）	2.65	1.21	19.49
	占世界比重（%）	1.3	0.6	9.8
	储采比（%）	>100.0	21.5	>100.0
煤炭	剩余探明可采储量（亿吨）	256.1	—	—
	占世界比重（%）	2.4	—	—
	储采比（%）	222	—	—

资料来源：《BP 世界能源统计年鉴 2020》。

目前，我国石油、天然气、煤炭、铀矿等能源矿产进口主要分布在“一带一路”沿线国家，能源国际合作在“一带一路”建设过程中居于重要地位，“一带一路”国家政治、经济的安全稳定对我国能源安全供给影响巨大。中亚地区是“一带一路”的核心地区，哈萨克斯坦作为中亚地区的主要国家，有丰富的油气、煤炭、铀矿等能源矿产资源。据《BP 世界能源统计年鉴 2021》数据，截至 2020 年底，哈萨克斯坦石油探明剩余可采储量为 39.3 亿吨，分别占中亚地区、世界石油探明储量的 96.0%和 1.6%，居中亚地区第一位、世界第十二位；天然气探明剩余可采储量为 2.3 万亿立方米，分别占中亚地区、世界天然气探明储量的 13.5%和 1.2%，仅次于土库曼斯坦，居中亚地区第二位、世界第十六位；煤炭探明剩余可采储量为 256.1 亿吨，分别占中亚地区、世界煤炭探明储量的 94.9%和 2.4%，居中亚地区第一位、世界第十位。根据国际原子能机构（IAEA）数据，截至 2019 年 1 月 1 日，哈萨克斯坦已查明铀可采资源量为 90.68 万吨，占世界总资源量的 14.7%，仅次于澳大利亚，居世界第二位。

中亚地区是“一带一路”能源矿产勘探开发投资的重点地区，尤其哈萨克斯坦和土库曼斯坦，是“一带一路”重要的油气、铀等能源供给国。进入 21 世纪以来，哈萨克斯坦进一步加强能源资源勘探开发，能源产量呈较快增长态势，石油产量从 2000 年的 3532 万吨增至 2020 年的 8611 万吨，天然气产量从 2000 年的 82 亿立方米增至 2020 年的 317 亿立方米，煤炭产量从 2000 年的 7487 万吨增至 2020 年的 11317 万吨。根据哈萨克斯坦能源部数据，2021

年哈萨克斯坦石油产量 8588 万吨，石油出口量 6760 万吨，其中，田吉兹、卡沙甘和卡拉恰甘纳克三大主力油田石油产量分别为 2650 万吨、1590 万吨和 1160 万吨，占总产量的 62.9%。2021 年，中国从中亚地区、“一带一路”国家进口石油分别为 449 万吨和 36392 万吨，分别占总进口量的 0.9% 和 71.0%；进口天然气分别为 439 亿立方米和 1018 亿立方米，分别占总进口量的 26.2%和 60.8%；进口煤炭分别为 54 万吨和 27793 万吨，分别占总进口量的 0.2%和 86.0%。

根据哈萨克斯坦能源部数据，里海水域的卡拉姆卡斯海区块和哈扎尔区块是哈萨克斯坦未来 10 年油气领域最具潜力的项目，计划开发投资 45 亿美元，预计 2028 年起年产油约 400 万吨。随着田吉兹、卡沙甘和卡拉恰甘纳克油气的扩产、稳产项目实施，以及新油气区块按期投产，到 2030 年，哈萨克斯坦石油产量有望超过 1 亿吨，天然气产量（包括企业自用量）将由 2021 年的 540 亿立方米增至 871 亿立方米。根据世界核协会（WNA）数据，2020 年哈萨克斯坦铀产量为 19477 吨，占世界铀生产总量的 40.8%，居世界第一位。另外，中亚地区的乌兹别克斯坦铀产量为 3500 吨，占世界铀生产总量的 7.3%，居世界第五位。

中国石油企业在中亚地区的投资主要涉及勘探开发、油气管道建设、工程技术服务等。主要油气勘探开发合作项目有卡沙甘油田、阿姆河右岸的天然气勘探开发、阿克纠宾油气项目、北布扎奇油田、哈萨克斯坦石油公司、KAM 项目（哈萨克斯坦克孜勒奥尔达州的南图尔盖盆地的油气勘探项目）、ADM 项目（哈萨克斯坦南部克孜勒奥尔达州的油气勘探项目）等。中国石油自 1997 年正式进入哈萨克斯坦以来，取得了良好的发展成效。1997 年，中国石油与哈萨克斯坦政府控股的哈油气集团合资建立了中油国际阿克纠宾油气股份公司，享有 70.4%的经营权益。2005 年，中国石油以 41.8 亿美元收购了哈萨克斯坦石油公司。2013 年，中国石油以约 50 亿美元收购了哈萨克斯坦国家石油和天然气公司所持的卡沙甘油田权益，中国石油持有该油田 8.33%的权益。卡沙甘油田的地质储量高达 48 亿吨，石油总储量约为 380 亿桶，可开采储量为 100 亿桶，天然气储量超过 10 亿立方米。但在里海北部严酷的气候条件下，开发卡沙甘油田需要异常复杂的技术，致使其他国家对该油田“望而却步”。我国凭借自身优越的基础设施建设能力，通过一系列创造性的技术开发，最终于2016年在卡沙甘油田成功开采出了石油，并且成功运输到中国境内。按照中国对卡沙甘油田的开采计划，一共可以分为3个阶段：第一阶段已经实现，也就是实验开发阶段，日产量在37万桶左右；第二阶段要求日产量达到100万桶；第三阶段的日产量为150万桶，到时会在海上建设240口油井，30多个自动钻井中心，再加上6个技术运营装置以及输气系统。哈萨克斯坦已经成为中国的主要石油进口国之一，是中国能源的重要来源渠道，为中国的能源安全提供了保障。

随着卡沙甘油田的开发进展越来越顺利，中国与哈萨克斯坦的交流与合作也越来越多，这不仅使中国受益，和中国达成石油及天然气的贸易关系并且铺设管道以后，哈萨克斯坦每年都会获得大量的资金，同时为当地人提供了就业岗位，带动了当地的发展。中国这一巨大的能源市场对于哈萨克斯坦等以能源出口为主的国家来说是难以被替代的，此后必然会更加依赖中国市场，而该油田也会成为中国与哈萨克斯坦的重要经济支点。这样的合作是“双赢”的，同时也为中国的能源安全增添了一份保障。

四、中国与美国的油气合作

2016年，中美第一次开展天然气贸易合作，中国从美国进口了约20万吨天然气。2017年，中国从美国进口的天然气量保持增长状态。之后的中美贸易摩擦在一定程度上影响了中美之间的天然气合作，但中国从美国进口的天然气量始终保持着增长趋势。2018年2月9日，中国石油与美国切尼尔能源公司正式签署了中美首个天然气长期贸易合同。同年，中国从美国进口的天然气达226万吨。从数量来看，中国从美国进口的天然气量有所增加，但是从中国境外进口天然气的总量来看，这一占比仅为4.2%，仍具有较大的增长空间。从2020年的中美天然气贸易数据来看，中国已经成为美国的第三大天然气出口国。2021年10月21日，中国石化与美国维吉液化天然气公司签署了为期20年的天然气协议，这是迄今为止中美双方签署的规模最大的LNG

合同。该协议将使美国对中国的天然气出口量在原有的基础上每年追加 400 万吨，总贸易量超 700 万吨。这次中美双方签订的为期久、数额大的天然气贸易合同是中美两国能源合作中具有重要意义的标志性事件。综合来看，中美两国在天然气领域的合作潜力巨大。中国传统的天然气供给国包括澳大利亚、卡塔尔等，在世界经济波动的大背景下，中国与这些国家的天然气合同的签署过程较为曲折。而中国与美国签署了如此大规模的天然气进口协议，在一定程度上保证了中国国内天然气的稳定供给，增强了中国与其他国家进行天然气贸易时的话语权和议价能力。

中美在石油领域的合作多集中在墨西哥湾附近，合作形式由最初单一的原油贸易朝多元化方向发展，增设了对油田的勘探开发、原油管道的基础设施建设等多种合作模式。中国石化在美国的投资不仅限于墨西哥湾的管道建设，还包括储运设施建设、油田开发等项目。

然而，中美能源贸易容易受到政治因素的影响。中美两国亟待构建新的能源合作机制，从而打起维护国际能源安全的大旗。该合作机制应将能源安全与环境保护相结合，促进能源稳定，寻找双方利益的交叉点，促使中美两国能源合作的利益最大化。以 19 世纪 90 年代为缓解亚洲经济危机的衰败局势而设立的能源稳定委员会为参考，设立既符合两国利益又不违背能源交易市场规则的标准，纵向加深两国合作，拓宽合作范围，调解两国因能源贸易往来而产生的矛盾与冲突。

五、中国与非洲国家的油气合作

（一）与阿尔及利亚的能源合作

阿尔及利亚是北非重要的油气生产国，其天然气生产尤为突出。2019 年，阿尔及利亚已探明的石油剩余可采储量为 15.4 亿吨，世界排名第十六位；产量为 6431.6 万吨，世界排名第十七位，主要为撒哈拉轻质油，开采成本低廉。已探明的天然气储量约为 4.34 万亿立方米，世界排名第十一位；产量为 862.4 亿立方米，世界排名第十位，世界占比 2.2%。从资源禀赋来看，阿尔及利亚的天然气资源较富裕。但无论是天然气还是石油，其资源条件与海湾地区相比，差距都不小。目前，阿尔及利亚主要通过老油田的深入挖潜和不断改进技术以提高采收率，才使产量得以保持稳定并有所增长。

阿尔及利亚最大的油气合作伙伴除西方国家的一些老牌石油公司如美国瓦莱罗能源公司（Valero）、意大利埃尼集团（Eni）、法国煤气公司（Gaz de France）以外，还有中国的中国石油和中国石化。中国油气企业参与阿尔及利亚的能源合作起步较晚。阿尔及利亚与西方石油公司特别是美国的石油公司开展能源合作较早，阿尔及利亚和美国的能源合作起步于 20 世纪 90 年代。从实际情况来看，阿尔及利亚现在几乎就是美国在非洲的重要石油来源地。

从能源合作的法律法规方面来看，阿尔及利亚的投资环境较差，各种条款严苛，不利于投资方。进入 21 世纪，中国石化和中国石油开始跻身阿尔及利亚的油气市场，先后获得了多个合作项目。中国油气企业获得的第一个合作项目是扎尔扎亭（Zarzaitine）老油田的提高采收率项目。合同期限为 20 年，分两期进行，总投资额为 5. 25 亿美元。合同要求采用地下注水和注气方式，把油田采收率从 40%提高到 50%，中方在合同期内的累计产量至少达到 1. 62 亿桶。扎尔扎亭油田项目是中国石化在海外进行勘探开发的重点项目之一。第二个项目是阿德拉尔油田的综合性开发项目，包括上游资源开发和下游石化厂建设两部分，由中国石油承包，合同价值为 3. 7 亿美元，合同期限为 23 年。该项目的石化产品行销阿尔及利亚南方四省。第三个项目是油气风险勘探项目，这是中国石油企业在阿尔及利亚首次获得油气风险勘探项目。第四个项目是 438B 地块油气勘探项目，该项目由中国石油中标获得。地块面积约 4400 平方千米，合同模式为产品分成。第五个项目是奥克塔特油田技术服务项目。第六个项目是斯基克达凝析油炼油厂建设项目，该项目包括兴建和升级改造两家石化厂。

2012 年 11 月，中国石油与阿尔及利亚国家石油公司、泰国国家石油勘探与开采有限公司（PTTEP）组建联合公司，共同开发巴尔津盆地（面积为 5378 平方千米）的两处新油田。在新组建的联合公司中，中国石油占股 24. 5%，阿尔及利亚国家石油公司占股 51%，泰国国家石油勘探与开采有限公司占股 24. 5%。

2014 年 4 月，阿尔及利亚政府采取了一系列改革措施，努力改善国内政治环境和投资环境。国内恐怖主义活动随之逐渐减少，安全形势得以较快改善，并迅速推动经济发展。这也为中国石油企业进行工程项目投标、参与阿尔及利亚经济建设创造了有利条件。《新油气法》的通过为中国石油企业参与阿尔及利亚油气资源的勘探和开发提供了更多法律保障。

（二）与埃及的油气投资合作

2019 年，埃及已探明的石油剩余可采储量为 4.0 亿吨，产量为 3355 万吨，已探明的天然气剩余可采储量为 2.14 万亿立方米，虽不及伊朗、沙特阿拉伯、阿拉伯联合酋长国、卡塔尔、阿尔及利亚，但也超过了科威特、阿曼、利比亚、巴林等重要的阿拉伯油气资源国。2011 年 1 月以来，埃及国内局势的持续动荡对其油气生产和周边地区的油气供需格局产生了较大影响。为了解决国内人口迅速增长和能源供应不足的问题，埃及加强对外合作，吸引外国投资者，拉开了与中国能源合作的序幕。

在埃及投资开发油气资源的外国公司原先多达数十家，但由于埃及的政局动荡，一些外国能源公司投资埃及的热情受到抑制，如英国石油公司、英国燃气公司和意大利埃尼集团等纷纷从埃及撤离员工。趁外国公司试图撤离之机，中国石化国际石油勘探开发有限公司果断接手介入，并于 2013 年 8 月 30 日出资并购了美国阿帕奇石油公司。按照协议，中国石化国际石油勘探开发有限公司以 31 亿美元收购价，收购美国阿帕奇公司在埃及的 1/3 油气资产权益。这是中国石化首次进入埃及油气资源市场。

中埃两国都是文明古国，友好关系源远流长。两国又都是发展中国家，都曾遭受殖民主义国家的欺凌，因而拥有较多的共同语言。中方提出的一些发展理念，均得到了埃方的积极回应，埃及从各方面表现出更愿意同中国开展战略合作。

资源民族主义和保护主义在西亚北非油气资源国或多或少地存在，这也是中埃能源合作中一个不可忽视的消极因素。2011 年以后，埃及局势持续动荡，余波不息，安全环境一度很差。但在能源合作方面，对中国油企仍具有一定的吸引力。埃及虽缺乏外汇储备与资金，几成危机，但对中国投资者来说，资金不成问题。因此，打破资源保护主义桎梏、适度开放资源、促进经济发展，成为埃及的选择。与此同时，西方油企不堪忍受埃及政局动荡，纷纷撤离，而中国油企正好可以有所作为。2016 年 1 月，中国国家主席习近平对埃及的访问进一步推动了中埃之间的全面合作，可谓中埃合作步入“快车道”的助推剂，有助于实现中埃两国产业的优势互补与对接，助推埃及人民实现振兴国家的梦想。

第三节　国内外油气合作存在的问题

一、境外能源投资尚处于起步阶段

中国能源企业的国际化经营能力较弱。不同于国内市场，国际市场在政治、经济、法律、社会环境等方面存在很多不确定性。中国能源企业的海外投资和并购仍处于起步阶段，知识和经验不足，在产业布局、资本运作、技术设备、国际项目竞标、盈利能力等方面与大型跨国能源企业差距较大。油气资源大国通常已形成成熟的国际能源开发市场，发达国家凭借强大的国际化经营能力和雄厚的实力占据市场优势，并通过多样化的竞争手段形成相对垄断的地位和战略合作关系，使这些油气资源国的进入条件苛刻、竞争激烈，中国企业难以进入。

中国以直接的经济合作方式获得能源的规模较小，除与能源相关的项目外，在基础设施建设及制造业方面的直接投资过多，在其他经济合作领域乏善可陈，资本运作手段单一，境外能源投资领域较窄。但近年来，中国的境外石油投资领域正逐步由最初的油田生产管理和技术服务，向油田开发、工程建设、风险勘探、石油贸易、油气资产收购等业务发展。

此外，中国对国际化人才的储备不足，在一定程度上限制了能源国际合作（马方方等，2015；樊瑛等，2008）。

二、中国在国际石油定价上缺少话语权

中国缺乏国际大宗能源商品贸易的经验，对国际油价缺乏调节能力。中

国没有完善的石油期货市场，未能建立以风险采购为核心的进口石油价格形成机制，在国际石油定价上缺少话语权。在油价高涨的情况下，原油进口成本居高不下，造成石油产品竞争力的削弱和企业利润空间的压缩。

三、能源外交面临复杂的国际政治环境

中国巨大的石油需求和过高的石油进口依存度给国际石油市场带来很大压力。中国在南海、东海开发石油资源导致地区性的资源冲突。

各国在能源领域对如何化解冲突、推进对话与合作存在不同观念，这在很大程度上限制和阻碍了中国对能源治理机制的参与。并且，参与全球能源治理的各方主体之间的矛盾与利益冲突也在很大程度上给能源治理机制带来负面影响。例如，中美之间长期的结构性冲突，致使中国对由美国主导的国际能源组织是否可靠心存疑虑；由于中俄在中亚能源合作上存在分歧，上海合作组织能源俱乐部难以顺利建立；中日之间的历史恩怨和矛盾阻碍了东北亚的能源合作进程（潘锐等，2010）。更有甚者，个别国家将能源问题泛政治化，利用能源来支配或控制他国外交和国际对话议程（赵庆寺，2010）。

中国与油气资源国的跨国油气开发合作面临诸多风险和挑战。亚非拉的油气资源国是中国国际能源合作的重要对象，但由于不少国家尤其是中东、北非的阿拉伯国家长期面临各种不安全局势和争端，社会政治动荡时常发生，国际合作环境严峻。中国与这些国家的能源贸易合作面临巨大风险。

四、能源合作缺乏制度性保障

中国目前参与的国际能源合作大多为对话性合作与一般性合作，参与实质性国际能源合作组织较少，鲜有加入具有法律规则的同盟型或协作型国际能源组织的案例。区域能源合作缺少法律制度上的框架和相应的能源合作组织。

中国的国际能源合作缺少一系列制度性保障，包括跨国能源合作长远战略规划的制定、高层次的统一协调机制和国际合作风险担保机制的建立。

五、能源贸易存在同构竞争

中国与周边国家在能源消费和进口结构上存在一定的趋同性，与日本、印度、韩国等国家在国际能源市场上有较大的同构竞争。由于一些历史遗留问题和某些政治障碍，目前东亚各国能源安全合作的启动和深化受到一定阻碍，区域合作机制难以完善（余建华，2011）。

第四节　国内外油气合作的战略构想

国内外油气合作虽已取得一定成效，但仍面临合作对象固定、合作方式简单、合作形式单一、合作内容过窄等问题。未来需进一步扩大合作对象范围，拓宽合作方式与形式，丰富合作内容。

一、多层次的合作对象

国际能源活动的主体不仅包括能源出口国、进口国和过境国，还包括国际能源组织和跨国能源公司。中国在国际能源合作中需要有多层次的合作对象，除与各国政府加强合作外，还应与超国家组织、政府间组织、跨国非政府组织以及跨国能源公司建立合作关系。目前主要的能源出口国包括俄罗斯、波斯湾国家、拉美国家和北非国家等。由于能源出口国在国际能源合作中通常处于强势地位，要加强与能源出口国之间的合作，通过并购、参股、投标等方式与能源生产国进行能源项目合作。目前主要的能源进口国包括美国、西欧国家、日本等。中国和能源进口国之间的竞争与合作潜力并存，因此要与原油消费大国（如美国、日本、印度等）加强沟通与合作，减少或避免摩擦。加强与国际石油输出和消费组织，尤其是国际能源署（IEA）和欧佩克（OPEC）的合作，积极参与国际能源论坛、联合国会议等。与大型跨国能源公司开展国际能源合作，整合国际能源市场上的石油资源和渠道，深化与跨国公司的原油资源合作，与国际石油公司建立战略联盟，提升资源和项目的获取能力。

二、多渠道的合作方式

中国在国际能源合作中应采取多边、区域、双边等多渠道的合作方式。多边能源合作是目前最重要的国际能源合作方式。中国要在国际能源秩序中争取更多话语权和更大影响力，必须广泛参与国际能源组织，加强多边能源合作与安全，推进多边能源合作法律规则的制定，充分利用既有的于己有利的规则，保障自身能源安全，谋求合理化利益。推动与能源输出国、消费国和过境国的广泛全球对话，建立与完善国际多边能源外交机制，实现全球能源利益的平衡和能源市场的稳定。

中国应加强区域能源合作，推动区域能源市场一体化进程。亚洲既是世界重要的能源供应地，又是快速增长的能源消费市场，在国际能源供需格局中占有重要地位，能源供需具有良好的互补性，这为亚洲能源合作的可持续性奠定了资源和市场基础。中国作为亚太经合组织（APEC）成员，应在能源活动框架内积极开展亚洲区域能源合作。中国未来应推动成立东亚能源合作组织，与东亚国家积极协调能源政策，将俄罗斯远东油气开发纳入东亚能源合作框架，维护东亚能源安全，谋求和拓展共同利益。中国应推进上海合作组织框架下的能源合作，保障各成员国的能源安全和经济可持续发展。

此外，中国应开展与各国的双边能源合作，建立良好的能源双边关系，为中国的国际能源合作奠定战略基础。石油和天然气外部供应的多样化是中国的能源战略要求，中国要发展与波斯湾、北非、黑海—里海、地中海等不同地区主要石油生产国的能源双边关系，加强能源对话，参与能源开发，提升这些地区国家与中国的相互依存度，通过签订自由贸易协定等方式加强经贸联系，保障向中国市场的石油安全输送。

三、多元化的合作形式

中国的国际能源合作应采取能源贸易、协议合作、投资合作等多元化的合作形式。在国际能源贸易方面，中国应实施积极的能源进口战略，广泛参与石油资源丰富地区的能源开发与合作项目，实现石油进口来源多元化，开辟质优、价廉、稳定的多元化进口渠道。积极参与国际石油期货市场交易，发挥进口大国优势，抑制价格波动的风险和影响，提高国内企业对外谈判水平，降低进口成本，争取国际石油定价权、话语权。国际能源协议合作涉及能源技术和服务贸易、能源勘探和开采、能源与环境等多方面内容，是国际能源合作的重点。中国应通过矿费税收制协议、产品分成协议、风险服务、联合经营等模式，积极参与国际能源协议合作，在广度和深度上不断推进与有关国家的良好合作。探索具体的能源合作项目，采取贸易与投资项目相结合、合作项目与劳务输出相结合等多种形式，在油气领域探索签订政府能源合作协议。中国企业可以发挥人力和技术优势，通过工程承包等方式，对产油国的石油进行勘探、开发和工程设计，按投入比例获取份额石油。在国际能源投资合作方面，中国应鼓励国内企业通过直接投资的方式，努力开拓海外能源市场，扩大国际能源份额。通过与能源生产国签订双边投资协定，建立企业海外风险勘探基金，为国内企业开拓国际能源渠道提供保障。加快海外投资审批改革，完善海外投资的法律法规，切实保障企业的海外投资权和境外经营自主权。

四、多领域的合作内容

国际能源上游合作的内容涉及油气资源的勘探开发、环保等领域。中国可以在能源使用、环保、节能、管理体制、法律法规等方面与世界展开广泛合作。能源的可持续发展要求中国提高能源的开发和利用效率，保障能源供给和保护环境。在对国际能源市场的依赖和影响不断增强的同时，中国给国际能源及环保产业带来巨大的发展机遇。

中国在与油气资源国共同开发油气资源的同时，应积极培育世界级跨国油气公司和国际石油天然气交易中心，深度参与全球油气资源定价体系。同时，推动装备和服务“走出去”，加强能源装备制造、能源服务和工程建设领域的国际合作，积极参与“一带一路”沿线国家页岩气、煤层气和海洋油气等勘探开发项目的设备招标。

总之，中国应成为国际能源合作的积极参与者，通过国际能源合作促进未来全球能源供求的平衡。中国应积极主动开展能源外交，从国家利益出发采取灵活的能源外交政策，与各类国际能源活动主体发展广泛的能源关系，保障中国的能源安全，维护国际能源市场的稳定。

第二章　能源转型背景下的油气管道国际合作研究

第一节　油气管道国际合作现状分析

据 BP 统计数据，2020 年我国进口原油第一大来源国是沙特阿拉伯，为 8490 万吨；第二大来源国是俄罗斯，为 8340 万吨。海关总署数据显示，2021 年，我国进口天然气 1249 亿立方米，第一大来源国是澳大利亚（326 亿立方米），第二大来源国是土库曼斯坦（251 亿立方米），第三大来源国是俄罗斯（132 亿立方米）。

为了保障我国能源进口的多元化和稳定性，我国已建和在建 4 条原油进口通道，其中包括传统的海上进口通道和三大已经建成的陆地原油进口通道：中哈原油管道、中俄原油管道、中缅原油管道。

一、中亚油气管道合作

（一）中哈原油管道合作

为了保障中国与中亚国家油气资源贸易的安全与发展，2004 年 7 月，中国与哈萨克斯坦开始合作修建中哈原油管道。中国石油天然气勘探开发公司（CNODC）和哈萨克斯坦国家石油运输股份公司（KTO）各自参股 50%共同成立了“中哈管道有限责任公司”（KCP），负责中哈原油管道的项目投资、工程建设、管道运营管理等业务。

中哈原油管道起于哈萨克斯坦西部的阿特劳，途经阿克纠宾、肯基亚克，止于我国新疆距国境线 2.2 千米的阿拉山口末站之后与我国的西气东输工程相连。管道全长超过 2800 千米，年设计输油能力 2000 万吨，一期工程和二期工程先后于 2006 年和 2009 年实现全线通油，成为中国最重要的跨国输油管道之一。自 2009 年管道投入使用以来，2010—2021 年连续 12 年每年输油超 1000 万吨，截至 2022 年 4 月，该管道累计向我国输送原油达 1.56 亿吨，保证了我国能源的平稳供应。

（二）中亚天然气管道

2007 年 8 月，中国与土库曼斯坦、哈萨克斯坦和乌兹别克斯坦开始合作修建中国—中亚天然气管道，该管道是由中国石油主导建设、运营的连接中亚多国与中国的天然气管道，管道包括 A、B、C、D 4 条线，2009 年管道 A 线建成投产，2010 年、2014 年管道 B 线、C 线相继通气，目前正在兴建 D 线。

中国—中亚天然气管道由一期和二期工程组成。一期起点设在土乌边界的乌兹别克斯坦一侧，与土库曼斯坦境内拟建的出口天然气管道衔接，接收来自土库曼斯坦的 300 亿立方米天然气；二期起点设在哈萨克斯坦境内，与已建中国—中亚输气管道别依涅乌压气站的管道衔接，接收来自哈萨克斯坦的 100 亿立方米天然气。来自两个方向的管道在哈萨克斯坦境内的奇姆肯特会合，向西北最终到达我国西部边境口岸霍尔果斯。管道的线路总长度为 3298 千米，其中乌兹别克斯坦境内的线路长度为 525 千米，哈萨克斯坦境内的线路长度为 2773 千米。

中国—中亚天然气管道进入中国后，A 线、B 线与西气东输二线管道相连，C 线与国内的西气东输三线相连，总长度超过 1 万千米，是迄今为止世界上距离最长的天然气大动脉。西气东输二线在我国境内首站为新疆的霍尔果斯，途经新疆、湖北、浙江等省份，向东抵达上海，向南抵达广州，并最终到达我国香港。

D 线走向与 A、B、C 三线不同，由我国新疆南部入境，这对于保障我国能源安全、发展南疆经济具有重要意义。D 线以土库曼斯坦复兴气田为气源，途经乌兹别克斯坦、塔吉克斯坦、吉尔吉斯斯坦进入中国，止于新疆乌恰的末站，与国内西气东输五线贯通。D 线全长 1000 千米，其中境外段 840 千米，设计年输气量 300 亿立方米，投资总额约 67 亿美元。

中国—中亚天然气管道自 2009 年 12 月投产以来，实现累计安全平稳运行近 5000 天，单日最高输量超 1.6 亿立方米，每年从中国—中亚天然气管道输送到中国的天然气，占中国同期天然气消费总量的 15%以上。截至 2022 年 6 月，累计输气量逾 4000 亿立方米，通过管道运输，土库曼斯坦的天然气输送到我国包括中西部、京津冀、长三角、珠三角地区的 24 个省份。

自 2013 年“一带一路”倡议提出之后，能源合作已经成为“一带一路”建设的先行产业和重要引擎。中国—中亚天然气管道 D 线首次途经塔吉克斯坦和吉尔吉斯斯坦两个国家，与已建成的连接土库曼斯坦、乌兹别克斯坦、哈萨克斯坦的 A 线、B 线、C 线一道，形成中国—中亚天然气管道网，把中亚五国与中国紧密联系在一起。

二、中俄油气管道合作

俄罗斯是全球最大的天然气出口国、第二大石油出口国。我国与俄罗斯陆上接壤，两国关系融洽，通过管道进口油气资源运输量大且相对安全。

（一）中俄原油管道

中俄原油管道是东西伯利亚—太平洋石油管道中国支线，起自俄罗斯远东管道斯科沃罗季诺分输站，经中国黑龙江省和内蒙古自治区的 13 个市、县、区，止于大庆站。

中俄原油管道全长约 1000 千米，俄罗斯境内为 73 千米，中国境内约为 930 千米。中俄原油管道工程于 2010 年 9 月 27 日竣工，根据两国达成的“贷款换石油”协议，2011 年 1 月到 2030 年，中国每天将接获 30 万桶石油，总供应量达到 3 亿吨。相应地，中国将向俄罗斯提供 250 亿美元长期贷款。2016 年 8 月 13 日，与中俄原油管道（后称“中俄原油管道一线”）并行的中俄原油管道二线工程开工，2018 年 1 月 1 日正式投入运行。两条并行管线输油能力均为 1500 万吨/年，合计 3000 万吨/年。截至 2021 年 1 月，中俄原油管道一线、二线已累计向我国输送 2 亿吨俄罗斯原油，这条管道使得俄罗斯与沙特阿拉伯和安哥拉一道，成为中国的三大原油供应国。

（二）中俄天然气管道

2014 年 5 月 21 日，中俄两国政府签署《中俄东线天然气合作项目备忘录》，中国石油和俄罗斯天然气工业股份公司签署《中俄东线供气购销合同》。合同约定，中俄分段共同建设中俄东线天然气管道，建成投运后输气量逐年增长，最终达到380亿立方米/年，累计30年。

2014年9月1日，中俄东线天然气管道俄罗斯境内段开工；2015年6月29日，中俄东线天然气管道中国境内段开工；2019年12月2日，中俄东线天然气管道正式投产通气。

中俄东线天然气管道目前在建的是中国境内段管道。中俄天然气管道是各自建设，“西伯利亚力量”是俄罗斯境内管道。俄罗斯境内的“西伯利亚力量”管道起自科维克金气田和恰扬金气田，沿途经过伊尔库茨克州、萨哈共和国和阿穆尔州3个联邦主体，直达布拉戈维申斯克市的中俄边境，管道全长约3000千米，管径1420毫米。

中俄天然气管道东线一期工程建设自恰扬金气田至中俄边境管段，长度约2200千米，之后还将建设连接科维克金气田与恰扬金气田的管道二期工程，长度约800千米。中俄东线天然气管道年设计输气能力380亿立方米，2021年输气量大约为100亿立方米，预计2025年前达到设计输气能力。

中俄天然气管道东线国内段从黑龙江省黑河市入境，途经黑龙江、吉林、内蒙古、辽宁、河北、天津、山东、江苏、上海9个省份，全长5111千米。其中，新建管道3371千米，利用在役管道1740千米。全线分黑河—吉林长岭、长岭—河北永清、永清—上海的北、中、南三段核准和建设。其中北段已于2019年12月2日在中俄两国领导人见证下正式投产通气，一年内将引进50亿立方米天然气，之后逐渐增至380亿立方米/年的输气量，供气年限达30年。2020年12月3日，历时500余天紧张施工建设的中俄东线中段工程也正式投产运营。2021年12月，中俄东线天然气管道已安全平稳运行两年，记者了解到，中俄东线天然气管道已累计向我国输送俄罗斯天然气近136亿立方米。

三、中缅油气管道合作

2009年12月，中国石油与缅甸能源部签署了《东南亚原油管道有限公司股东协议》《东南亚天然气管道有限公司权利与义务协议》和《东南亚天然气管道有限公司股东协议》，明确了中国石油作为控股方的东南亚原油管道有限公司在中缅原油管道建设运营上所承担的权利和义务。该协议规定，缅甸联邦政府授予东南亚原油管道有限公司对中缅原油管道的特许经营权，并由其负责管道的建设及运营等。东南亚原油管道有限公司同时享有税收减免、原油过境、进出口清关和路权作业等相关权利。该协议还规定，缅甸政府保证东南亚原油管道有限公司对管道的所有权和独家经营权，保障管道安全。

中缅油气管道是继中亚油气管道、中俄原油管道、海上通道之后的第四大能源进口通道。它包括原油管道和天然气管道，可以使原油运输不经过马六甲海峡，从西南地区输送到中国。中缅油气管道项目于 2010 年 6 月正式开工建设，包括原油管道项目和天然气管道项目，其中天然气管道于 2013 年投产运行，原油管道于 2017 年正式投产运行。

2015 年 1 月 30 日，经过近 5 年建设的中缅原油管道工程，在缅甸皎漂马德岛举行试运行仪式，马德岛港同时正式开港。两项工程总投资约为 24.5 亿美元，由中国石油、缅甸国家油气公司共同出资建设，所占股份分别为 50.9%、49.1%，项目运营期 30 年，设计年输送量为 2200 万吨。根据缅甸能源部与中国石油达成的关于开发、运营和管理中缅油气管道的协议，缅甸石油天然气公司（MOGE）在中缅原油和天然气管道项目中分别享有 49.1%和 7.37%的股权收益，缅甸政府每年收取 1360 万美元的油气管道路权费、每吨 1 美元的原油管道过境费。中缅原油管道已安全平稳运行 1177 天，马德岛港靠泊大型油轮 104 艘，累计接卸原油 2613.25 万吨，向中国输油 2571.11 万吨。

中缅油气管道是保障中国能源安全的关键渠道。中国的大部分外国能源供应来自中东、非洲等政治不稳定地区，且必须经过狭窄的海峡和竞争激烈的水路才能到达中国。确保安全、有保证地获得进口能源对中国的持续发展和经济增长至关重要。在中缅油气管道修建之前，中国约有 4/5 的进口原油必须途经马六甲海峡。而中缅油气管道的最大优势之一，在于其可以将来自中东地区的原油避开马六甲海峡，从缅甸经陆路直接输送到中国，使中国能够拥有原油供应的多重安全保障。

第二节 跨国油气管道工程建设模式的分析

跨国油气管道由于涉及多个国家和利益相关方，具有关系协调复杂、建设环境恶劣、项目实施难度大等特点，因此对于跨国油气管道工程的建设管理，需要借鉴国际经验，同时结合工程需要，探索创新大型跨国管道项目建设管理模式。

一、跨国管道工程建设管理主要模式及特点

（一）设计采购施工总承包（Engineering，Procurement，Construction，EPC）

EPC 是指承包商负责工程项目的设计、采购、施工全过程的总承包，并负责试运行服务（由业主进行试运行）。EPC 又可分为两种类型：EPC（Max s/c）和 EPC（Self-perform Construction）。

EPC（Max s/c）是 EPC 总承包商最大限度地选择分承包商来协助完成工程项目，通常采用分包的形式将施工分包给分承包商。其合同结构形式见图 2-1。

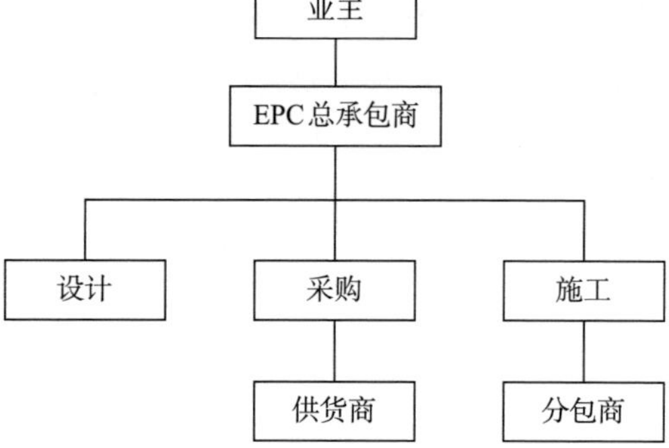

图 2-1 EPC（Max s/c）模式示意图

EPC（Self-perform Construction）是指 EPC 总承包商除选择分承包商完成少量工作外，自己还要承担工程的设计、采购和施工任务。其合同结构形式见图 2-2。

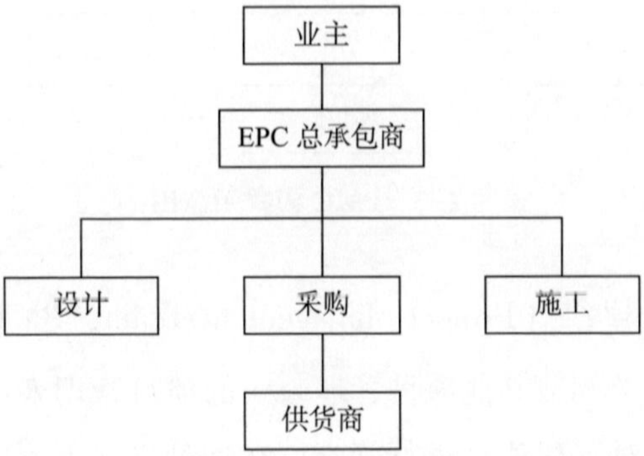

图 2-2　EPC（Self-perform Construction）模式示意图

（二）项目管理承包（Project Management Contractor，PMC）

PMC 是指项目管理承包商代表业主对工程项目进行全过程、全方位的项目管理，包括进行工程的整体规划、项目定义、工程招标、选择 EPC 总承包商，并对设计、采购、施工过程进行全面管理，一般不直接参与项目的设计、采购、施工和试运行等阶段的具体工作。PMC 的费用一般按“工时费用+利润+奖励”的方式计取。

对于大型项目而言，由于项目组织比较复杂，技术、管理难度比较大，需要整体协调的工作比较多，业主往往会选择 PMC 承包商进行项目管理承包。作为 PMC 承包商，一般更注重根据自身经验，以系统与组织运作的手段，对项目进行多方面的计划管理。比如，有效地完成项目前期阶段的准备工作；协助业主获得项目融资；对技术来源方进行管理，对各装置间的技术进行统一和整合；对参与项目的众多承包商和供应商进行管理，确保各工程包之间的一致性和互动性，力求项目整个生命周期内的总成本最低。其合同结构形式见图 2-3。

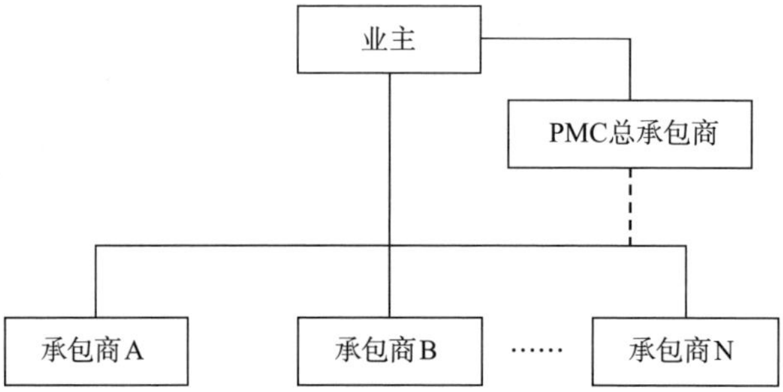

图 2-3 PMC 模式示意图

（三）项目管理组（Project Management Team，PMT）

PMT 是指工程公司或其他项目管理公司的项目管理人员与业主共同组成一个项目管理组，对工程项目进行管理。在这种方式下，项目管理服务方更多的是作为业主的顾问，工程的进度、费用和质量控制的风险较小。PMT 的合同结构形式见图 2-4。

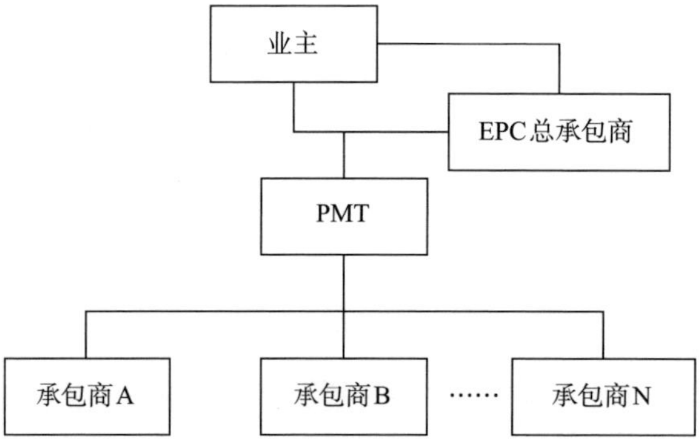

图 2-4 PMT 模式示意图

在世界范围内，不同地区油气管道建设管理模式受当地的管道产业发展水平、国家法规政策和市场特性等影响，采用的建设管理模式各有不同。经过多年的建设实践与总结，对于大型油气管道项目的建设管理，业界基本形成“PMT（项目业主）+PMC+EPC”“PMT+TPI（监理）+EPC”等项目管理模式。

其中，“PMT+TPI+EPC”建设管理模式主要适用于项目业主在类似建设项目上管理经验丰富、管理人员配置充足，并且在设计、采购、施工、监理等一方面或多方面具有较强资源，有能力提供工程服务的项目的建设管理。“PMT+PMC+EPC”建设管理模式实质是EPC模式的灵活运用，适用于业主自身管理资源比较少、承包商（服务商）市场发育较好、市场竞争机制比较完善、信誉体制健全的情景，有利于减轻业主负担，优化资源配置，降低业主建设风险，更好地进行工程投资控制。在“PMT+PMC+EPC”建设管理模式下，PMT采取“严格选择、严格考核、严格奖惩”市场化承包商机制和质量责任追究机制，对承包商管理以招投标文件、合同为依据，约束甲乙双方行为，并及时追责和索赔；PMC受业主委托对项目进行有效管理和控制，参与项目各个关键环节，对项目前期、初步设计、施工、试运行等全生命周期的质量、进度、投资、费用进行管理，并在关键环节起主导作用；EPC则可更好地发挥设计、采购和施工一体化的优势。

二、国际跨国管道工程建设模式案例分析

在美国、加拿大等北美地区，当地油气管道法律法规、政策健全，油气管道业务发达，市场开放。油气管道建设项目一般由专业的管道公司牵头，由于管道公司自身技术实力强大、资源丰富，对项目控制能力较强。为了加强对项目的管控以节省投资，管道项目的建设管理大多采用项目业主领导的“PMT+TPI+EPC”模式。

在中东地区，项目业主资金一般较充裕，但项目管理资源比较少或管理经验有限，若仅靠业主的技术和管理力量很难承担项目的管理工作。这种情况下，油气管道项目建设管理趋向采用“PMT+PMC+EPC”模式，即业主只保留较小规模的管理团队，通过聘请专业公司作为PMC，对工程进行具体管理工作。

（一）巴库—第比利斯—杰伊汉（Baku-Tbilisi-Ceyhan，BTC）石油管道

BTC石油管道是从阿塞拜疆的巴库经过格鲁吉亚的第比利斯到土耳其杰伊汉的一条石油输送管道。该管道穿过阿塞拜疆首都巴库，经格鲁吉亚首都

第比利斯至土耳其南部港口杰伊汉，把原油从里海送至地中海。管道全长1768千米，其中443千米在阿塞拜疆境内，249千米在格鲁吉亚境内，1076千米在土耳其境内。

BTC石油管道从2002年9月开工建设。2006年7月开始运营，建设经费超过30亿美元。BTC石油管道设计运力为0.5亿~1.6亿吨/年，初期管道运输石油40万桶/日，稳定后输油量将增至100万~180万桶/日。自2010年开始，BTC石油管道每天将阿塞拜疆的120万桶原油经土耳其境内运送到地中海杰伊汉港（5000万吨/年），再在港口装船运往意大利、以色列、美国、印度等国。每年土耳其从管道运输及各项税收中获益2亿美元，格鲁吉亚可以收取6500万美元/年的石油过境运输费。BTC石油管道强化了美国对中亚—外高加索地区的影响力，俄罗斯里海石油传统过境国的地位被削弱。

BTC管道财团由11家股东组成：BP（30.1%）、阿塞拜疆SOCAR（25%）、美国Unocal（8.90%）、挪威Statoil（8.71%）、土耳其TPAO（6.53%）、意大利Eni（5%）、法国Total（5%）、日本Itochu（3.4%）和INPEX（2.5%）、美国Conoco Phillips（2.5%）和Amerada Hess（2.36%）。

由于管道过境国阿塞拜疆、格鲁吉亚和土耳其缺乏资金及大型管道工程的建设管理经验，因此BTC石油管道采用BOOT方式运作。① 英国石油公司是负责建造和运营BTC石油管道项目的国际财团领导者。BTC石油管道途经的3个国家选定了不同的承包商，阿塞拜疆境内管道部分由希腊的承包商负责，格鲁吉亚境内管道部分由法国Spiecapag（万喜集团子公司）和英国Petrofac（派特法石油工程公司）承担，土耳其境内管道部分则由BOTAS（土耳其国有石油管道公司）承担，美国Bechtel（柏克德公司）负责采购和施工等主承包工程。

由于承包商较多，涉及利益复杂，单凭业主的力量很难完成对EPC的有效管理，因此，为减少业主的协调工作，控制项目高效有序运行，BTC石油管道业主聘请BP公司作为PMC对整个工程进行全过程管理，在建设阶段采

① BOOT即建设（Build）—拥有（Own）—经营（Operate）—转让（Transfer），是私人合伙或某国际财团融资建设基础产业项目。项目建成后，在规定的期限内拥有所有权并进行经营，期满后将项目移交给政府。

用的建设管理模式是“PMT+PMC+EPC”。

（二）北溪天然气管道（Nord Stream）

北溪天然气管道是俄罗斯向欧洲输送天然气的主要管道，主要由两条平行的管道组成，分别是“北溪1号”和“北溪2号”。

“北溪1号”是一条海底天然气管道，自俄罗斯维堡至德国格赖夫斯瓦尔德。“北溪1号”于2011年11月建成投产，年输送能力为550亿立方米，管道长约1224千米，海底部分约1222千米，是世界上最长的海底管线。俄罗斯天然气通过德国与中欧、西欧天然气管网连接，向法国、英国、丹麦、荷兰等欧洲国家输送天然气。

“北溪2号”也是一条海底天然气管道，为原有管道“北溪1号”的平行线。自俄罗斯乌斯季卢加至德国赖夫斯瓦尔德，它是俄罗斯天然气工业股份公司和5家欧洲公司的合作项目，俄罗斯天然气公司独家持股。“北溪2号”管线年输送能力为550亿立方米，项目耗资95亿欧元，约合665亿元人民币，俄罗斯和相关欧洲国家各承担一半的费用。2021年1月，“北溪2号”项目超过90%已铺设完成；2021年8月，“北溪2号”管道第一条支线调试工作已基本完成；2021年9月，北溪天然气管道全段铺设完成，按计划通气后每年可输送550亿立方米天然气。不过，其因政治争端至今尚未通气。

俄罗斯国有企业俄气Gazprom是北溪天然气管道唯一所有者。该公司承担总成本95亿欧元中的一半，其余的一半由奥地利的OMV、英国的荷兰皇家壳牌公司、法国的Engie、德国公司Wintershall Dea和Uniper进行投资。北溪天然气管道由俄罗斯Nord Stream AG（北溪公司）负责运营，承建方是俄罗斯天然气工业股份公司。考虑欧洲地区PMC和EPC承包商市场化资源多，而且具有丰富的项目管理与服务经验，为优化资源配置，提高整个项目的管理水平，北溪天然气管道建设期采用“PMT+PMC+EPC”管理模式。

三、中国跨国油气管道建设管理模式创新

（一）中亚天然气管道运营的“PMT+PMC+TPI+EPC”管理模式

“PMT+PMC+TPI+EPC”的项目管理模式（PPTE），是以业主管理团队

PMT 为决策主体，PMC 承包商为项目管理主体，TPI 为项目质量监督管理主体，EPC 总承包商为实施主体的项目运作模式。

PMT 与 PMC 之间、PMT 与 TPI 之间、PMT 与 EPC 之间是合同关系，PMC、TPI 和 EPC 之间没有合同关系，但 PMC 能够对 TPI 和 EPC 实施项目管理，这是由 PMC 合同、TPI 合同和 EPC 合同确定的。在项目实施阶段，PMC 以业主代表的身份出现，代表业主行使明示或隐含在 TPI 合同和 EPC 合同中的业主权利，依据合同中约定的标准规范以及其他文件，监督承包商的施工活动。同时，PMC 行使的权利又限定在 TPI 合同和 EPC 合同规定的业主权利框架内。通常来说，PMC 对 EPC 项目的管理深浅程度由 PMT 的能力决定，PMT 人员充足，管理和技术能力强，则由 PMT 承担绝大多数项目管理工作和技术管理工作，PMC 提供必要的支持即可。否则，由 PMC 承担绝大多数工作。TPI 也作为业主管理职能上的延伸，对 EPC 总承包商进行监督管理，但两者之间并没有合同关系。

在项目的决策阶段，PMT 负责主要的工作，例如，PMT 项目管理手册的编制、PMC 的组建、各项文件和程序的审批、可研报告和投资估算的审核等。在项目的计划阶段，PMC 负责主要的工作，例如，进度计划、初步勘探报告、初步设计、项目概算等文件的编制，EPC 总承包商的招标等。PMT 主要负责对 PMC 编制的各个文件的审批，TPI 负责甲供物资驻厂监造，EPC 总承包商负责编制一些基本设计、HAZOP 评价（危险与可操作性评价），以及配合协调的工作。在项目的实施阶段，EPC 总承包商负责实施和完成各项主要工作，例如，项目执行计划、开工报告、QHSE 管理体系、应急预案、变更报告、试运计划等文件的编制，以及项目的具体采购和施工。TPI 在项目实施过程中对工程进行施工监理，PMT 和 PMC 负责对 EPC 总承包商各项申报和文件的审批，并且对项目进行总体管理。

在项目的收尾阶段，PMT 负责工程后评价、专项验收、工程结算三个方面的工作。同时，这三方在进行各自所负责的工作过程中，其他方应给予相应的配合。

1. PMT 的组建

中亚天然气管道公司分别与哈萨克斯坦的公司和乌兹别克斯坦的公司成

立合资公司，作为相应国家管道工程的业主，负责管道工程的建设和运营。PMT 管理团队由合资公司的专业人员组成，直接对项目实施进行管理。

PMT 通过对 EPC 合同、采购合同和服务合同的管理，实现对各责任方所负责管道工程的管理和运作。PMT 先通过公开招标的方式分别确定线路、站场、通信及 SCADA 系统（数据采集与监控系统）的 EPC 总承包商，然后借助合同文本、程序文件和办法对工程的质量、进度、成本、HSE 等方面进行全方位的综合管理。

2. PMC 的选择

中亚天然气管道公司选择德国 ILF 公司作为 PMC 承包商，为业主团队提供咨询服务，协助业主进行项目管理，使得业主无须长期雇用大量的专业管理人员。

在中亚天然气管道工程中，PMC 作为业主管理队伍的延伸，不承担工程实质性的工作和风险。德国 ILF 公司作为项目的 PMC 承包商，需要协助中哈和中乌的 PMT 准备各类采办合同和招标文件，协助 PMT 进行项目进度和成本控制管理。除此之外，德国 ILF 公司还要负责项目实施过程中的详细设计审查、设计评估、施工程序文件审查等工作。

3. TPI 的选择

中亚天然气管道工程通过国际竞标的方式，选择英国 Moody 公司作为第三方监理。Moody 公司是国际上知名的咨询公司，有近百年的工程咨询历史，在世界各地有众多的分支机构，涉及诸多工业领域，尤其在长输管道方面有优秀业绩。作为项目的第三方监理，Moody 公司主要负责所供物资的驻厂监造、施工监督。在施工阶段，每个合同包配备一个监理工作组，每个工作组由总监、技术员、工艺、土建、机械、防腐、阴极保护、无损检测（NDT）等各专业工程师组成，作为第三方负责监督质量、进度、成本和 HSE 控制管理。

4. EPC 的选择

EPC 总承包商承担中亚天然气管道工程的主要建设任务，对项目的顺利完工起着重要的作用。EPC 承包商来自中国、乌克兰、哈萨克斯坦三方：中方承包商主要负责乌国段首站、哈国段压缩站、乌哈部分管道线路，以及哈国通信和 SCADA 系统的建设；乌方承包商负责乌国段部分管道线路以及乌国段通信和 SCADA 系统的建设；哈方承包商负责哈国段部分管道线路、压缩机站，以及哈国段通信和 SCADA 系统的建设。

在中亚天然气管道工程架设和运营过程中，“PMT+PMC+TPI+EPC”的项目管理模式有助于提高管道工程建设期整个项目的管理水平。PMC 从项目开始介入，直至项目收尾退出，确保了项目的成功实施。PMT 所选用承担 PMC 的公司大多是国内外知名的工程公司，有丰富的项目管理经验和多年从事 PMC 的背景，其技术实力和管理水平均优于业主的项目管理部门和 EPC 总承包商，可以保证项目的有效实施。同时该模式有助于项目节约投资。PMC 一般会在确保项目质量工期等目标的前提下，从设计、采办、施工各环节控制投资，预防并减少 EPC 索赔事件的发生，从而降低项目成本，达到节约投资的目的。此外，EPC 将项目设计、采购、施工一体化，降低了工作衔接以及工作分歧产生的成本。

（二）中缅油气管道运营的“PMT+PMC+EPC”管理模式

中缅油气管道途经缅甸若开邦、马圭省、曼德勒省、掸邦 4 个省邦，由瑞丽进入中国，与国内油气管网相连。其中，中缅原油管道由中国石油和缅甸油气公司合资建设，起点位于缅甸西海岸马德岛，全长 771 千米，设置站场 5 座，缅甸境内设计年输量 2200 万吨，缅甸原油下载量 200 万吨，并建设一座规模为 30 万吨级的原油码头。中缅天然气管道由中国石油、韩国浦项制铁大宇公司、印度石油海外公司、缅甸油气公司、韩国燃气公司、印度燃气公司 6 家公司共同出资建设，起点位于若开邦皎漂兰里岛，铺设 22 千米后与原油管道并行或同沟铺设，全长 793 千米，设置站场 6 座。

2009 年 7 月，中国石油组建东南亚管道有限公司（以下简称东南亚管道公司），注册资金为 75 亿元人民币，主要负责中缅油气管道项目缅甸境内的设计、建设、运营和管理。经营范围包括交通运输、仓储、项目投资、管理、工程总承包、投资管理和咨询，以及进出口等业务。同时，两个合资公司在中国香港注册，即东南亚原油管道有限公司（SEAOP），股本比例为中国石油 50.9%，缅甸油气公司 49.1%；东南亚天然气管道有限公司（SEAGP），股本比例为中国石油 50.9%、韩国浦项制铁大宇公司 25.041%、印度石油海外公司 8.347%、缅甸油气公司 7.365%、韩国燃气公司 4.1735%、印度燃气公司 4.1735%。两个合资公司均在缅甸设立分公司。中缅油气管道在中国石油领导下，采用“PMT+PMC+EPC”的项目管理模式，具体见图 2-5。

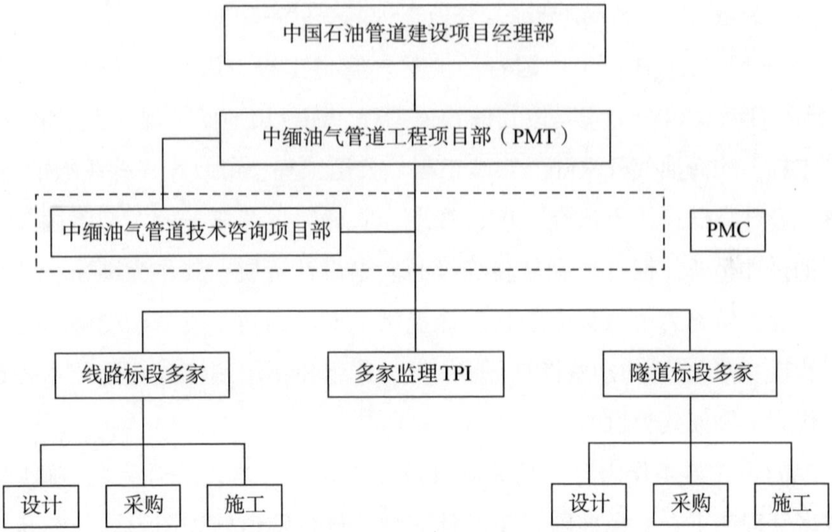

图 2-5　中缅油气管道项目管理模式示意图

1. PMT 的选择

中缅油气管道业主方中国石油东南亚管道公司（SEAOP/SEAGP）由中国石油天然气管道局（PMT）承担，签订了 EPC 总承包合同。管道局承担了中缅油气管道工程（缅甸段）367 千米的工程，PMT 作为 EPC 总承包商需要全面负责该项目的一体化工作，包括设计、建设、运营、扩建和维护等。中缅油气管道工程管道项目（缅甸段）出资方为中国和缅甸、印度、韩国。

中国石油管道建设项目经理部代表业主进行项目定义、项目可行性研究、项目融资、项目建设，以及项目完成后移交给管道公司投产运营。具体到中缅油气管道，就是管道建设项目经理部成立中缅项目部（PMT），与中缅油气管道工程技术咨询项目部（PMC）共同对 12 个标段的 9 家 EPC 承包商进行管理和提供技术咨询。

2. PMC 承包商的选择

中缅油气管道项目涉及 12 个标段、9 家 EPC 承包商（线路标段 4 家，隧道标段 5 家），同时还包括通信 PC、压缩机 EPC 及 SCADA 系统 PC 承包商，单凭业主的力量完成对 EPC 的管理是极其困难的。所以，必须委托专业的、有资质的 PMC 进行整个中缅油气管道工程的全过程管理。

中缅油气管道选择了中国石油天然气管道工程有限公司（CPPE）作为 PMC 承包商。CPPE 公司是以长输管道工程、油气田地面工程、大型油（气）储库工程、滩海油气开发陆上终端工程、公用工程、市政工程等领域的咨询、勘察、设计、储运技术研究、项目管理、监理为主营业务的大型跨国工程勘察咨询设计企业，拥有国家最高等级的勘察设计资质。其作为国家行业指导设计企业，始终为中国管道勘察设计提供最前沿的技术支持，能够承担国内长输管道 70% 以上的勘察设计任务。CPPE 组建了中缅油气管道技术咨询项目部作为中缅油气管道的 PMC。

PMC 的主要工作内容包括编制《施工图设计技术统一规定》，施工图设计进度管理，审查、批准施工图设计文件，进行隧道施工图设计与初步设计的符合性审查，甲供资料管理，审查及批准乙供物资采办技术文件，组织及审查设计变更，组织及参加重大技术问题的评审。

3. EPC 承包商的选择

中缅油气管道的 EPC 施工承包商超过 10 家，检测承包商有 4 家，监理服务商有 9 家，分别来自中国、缅甸、印度、阿拉伯联合酋长国、德国等多个国家。在设计阶段，各 EPC 承包商按照设计计划，编制项目详细的四级计划，编制图纸文件清单计划、数据单文件清单提交计划，报 PMT 审批后执行。在采购管理阶段，项目采购工作一般有采买、催交和检验 3 个步骤，采购阶段项目管理工作的实质就是物资管理和控制，并通过对物资的有效管理和控制实施对项目质量、进度和工期三大目标的管理。在工程总承包项目管理模式下，施工过程是受控于设计和采购过程的，因为设计没有进行到一定阶段或者设备、主材料没有采购到位，是不可能进行施工的。但施工过程本身又是完全独立的，因为施工方要根据设计方制定的设计方案来进行加工设计，具体施工要以加工设计为蓝本。对于总承包项目，总承包商一般把施工分段承包给施工分包商。因此，总承包商在施工阶段的任务是对施工分包商的管理，对施工的关键环节进行有效控制。

第三节　油气管道国际合作存在的问题

一、地缘政治问题

（一）中亚油气管道的地缘政治问题

美国对中国介入中亚地区始终采取遏制态度，对中国与中亚国家的油气合作采取打压政策。2003 年中国海油并购北里海卡沙干油田时，就遭到由埃尼—阿基普、埃克森美孚、壳牌等 7 家国际能源公司组成的国际投资联盟的排挤，最终导致并购失败。目前，美国已经获得中亚里海地区 16%的原油资源和 11.4%的天然气资源的控制权，再加上美英合资公司在这一地区的投资，美英两国控制着里海地区 27%的原油资源和 40%的天然气资源。

俄罗斯对中国与中亚的能源合作顾虑重重。俄罗斯将中亚地区视为南部边界的天然屏障。中亚成本较低的优质油气资源输出，势必会与俄罗斯争夺国际市场，对俄罗斯的油气出口、经济发展乃至国家复兴明显不利。作为世界油气出口大国，能源外交是俄罗斯振兴经济和重塑大国地位的主要方式。俄罗斯能源外交的目标是使俄罗斯从单纯的原料供应者转变为可在国际能源市场执行独立政策的重要参与者。因此，俄罗斯必须最大限度地掌控中亚的能源，一方面扩大自己在中亚的经济利益，另一方面加强对中亚的政治影响力。此外，俄罗斯以建立“欧亚经济共同体”、能源一体化为由，对哈萨克斯坦等国的原油出口采取了种种限制措施，鼓励中亚地区的能源出口仍然沿用过境俄罗斯的油气管道。俄罗斯在中亚能源外交的主要目的是利用传统影响和地缘优势来掌控油气资源的开发和输出。

欧盟力图将中亚油气西引，是我国与中亚油气合作的潜在竞争者。供应与运输路线的多元化是欧盟实现能源供应安全目标的基础。欧盟作为国际油气的消耗大户，希望引进哈萨克斯坦、土库曼斯坦、乌兹别克斯坦的能源以避免对俄罗斯油气的过度依赖，并积极推动主要由里海周边国家参与的“欧亚能源走廊”计划。例如，意大利、德国、希腊、保加利亚等分别参与了美国主导的“巴杰线”、俄罗斯主导的“北溪”和“南溪”等管线建设。随着新兴大国尤其是中国参与中亚地区的能源开发，欧盟的能源安全危机感不断增强。

中亚国家政权转接的平稳性以及在特殊时期当地民众对中国的友好度等方面对中亚油气管道有一定影响。从外部威胁来说，中亚国家面临着“被颜色革命”的威胁，在已经发生政权更迭的国家内部，缺乏有效的交接机制，政权更迭带来的社会动荡是中亚国家面临的最大政治风险。由于外国投资者无法预测这种政治风险的破坏力，因此这种不确定性在中亚国家内部还有不断扩大的趋势，给外国设施和人员安全带来不可预知的风险。例如，吉尔吉斯斯坦的政权更迭引发了部分当地民众对中国人员与商铺的侵犯，造成了财产的巨额损失和人员伤亡。因此，很难保证在社会动荡时期，普通民众的过激行为不会被别有用心的人利用，以“第三方”破坏、偷窃，甚至“群体性事件”等形式威胁中国的油气管道安全。

（二）中缅油气管道合作的地缘政治问题

印度是世界第五大能源消费国，但印度油气资源相对匮乏，自给率低，能源严重依赖进口。为了获取经济发展所需要的能源，印度积极发展海外能源供应地。而缅甸油气资源丰富、距离印度近，自然成为印度能源外交和能源战略的重点。近年来，印度加大了在缅甸的能源投资和开发力度，同中国在缅甸展开激烈的能源竞争与博弈，给中国的能源安全带来了不小的考验。中缅两国通过油气管道建设促进了双方在能源领域的深入合作，提高了中国在东南亚地区的影响力，动摇了印度在该地区的地位，这使印度感到不安，迅速以政治、外交等手段接近缅甸，牵制中国在缅甸的发展。

针对中国与缅甸的能源合作，美国以缅甸人权等问题为借口，批评中国同独裁国家开展石油交易，限制中国力量在缅甸的发展。美国多次以中国做一个负责任的大国为由，要求中国向缅甸施压，使中国陷入进退两难的困境。美国的对缅政策和行动不仅对中缅关系及中国国家安全产生重要影响，也将间接影响中国油气运输通道的安全。同时，美国通过联合印度的外交战略，限制中国在亚洲的强势崛起。在美国的支持和鼓动下，印度通过“东进”战略和能源外交同中国在缅甸能源领域展开激烈的竞争和博弈，影响了中国与缅甸发展能源合作的利益和油气管道的安全。

（三）中俄油气管道合作的地缘政治问题

俄罗斯是国家经济单一、高度依赖油气资源出口的国家，而且大部分油气出口到欧洲。据统计，2010—2020 年，俄罗斯油气资源出口产值占全国 GDP 的比重从 17.3%上升到 36.9%，由此可见油气资源出口对俄罗斯经济贡献的重要性之大。目前俄罗斯通过“北溪”和“南溪”两条天然气管道向欧洲地区年输气达 1180 亿立方米，而与之形成对比，中俄天然气管道东线预计年输气 300 亿立方米。因此欧洲才是俄罗斯最大的油气出口国，而中国居于次要地位。

日本一直将油气资源当成自己的最高利益，也一直在积极寻求与俄罗斯进行油气资源合作。2003 年中俄石油管道“安大线”的夭折就是中国、日本、俄罗斯三方在东北亚油气利益博弈的结果。近年来，日方更是积极寻求与俄罗斯展开天然气合作。2014 年日俄签订了液化天然气购销合同，约定自 2019 年始，俄罗斯每年向日本供应 225 万吨液化天然气。2015 年以后，日俄双方高层积极互访，双方都极希望继续加大日俄两国在油气方面的合作力度。同处于东北亚的韩国，其油气资源几乎全部来自进口，近年来也一直在积极推动韩俄油气资源合作。2011 年随着中俄石油管道一线的成功修建，韩国也在不断向俄方示好，希望韩俄之间也可以进行油气管道方面的合作。截至 2014 年，韩俄两国在多次协商讨论中初步达成韩俄将共同修建跨西伯利亚和跨朝鲜的半岛铁路干线的协议，同时达成修建“萨哈林 1 号”及“萨哈林 2 号”韩俄天然气海底协议。

俄罗斯在中俄油气资源合作中显得有些举棋不定。一方面，担忧中国借远东油气资源合作之机，在“中俄力量对比失衡”中出现“领土要求”或把控俄罗斯重要的经济部门，对俄罗斯远东地区逐步实行“经济殖民”。另一方面，担忧中国对远东地区实行“人口扩张”，远东地区与中国东北地区人口数量对比悬殊，而且历史上就具有极好的民族情谊基础。

二、管输天然气价格厘定问题

在国际天然气交易里，买卖双方考虑到开发投资金额巨大，多签署时限为20~30年的长期合约，而且会加上照付不议条款。① 天然气长期合同大多包含照付不议条款，照付不议条款在大型能源项目中很常见，主要是为了平抑投资风险，保证供应方在项目里的收益，也是供应方在有限追索权条件下的融资手段。在一般天然气交易里，供应方主要关注两个风险：市场需求风险和市场价格风险。照付不议条款把前者转移给买方，供应方只管理市场价格风险，无论市场环境对供应商是否有利，都能每年获得稳定收益。换句话说，即便市场价格跌至低于合同约定价格水平，或者合同约定气量远超买方需求，买方仍然有责任按合同付款收货。需要指出的是，照付不议条款的最低合同购买量并不是固定的，可以根据是年情况做出调整。可以调整的情况包括供应方未能供气，或者供应方的天然气不符合质量标准，或者买家因不可抗力接收不了天然气。如出现以上情况，买方不用为该部分气量付款。

同时，天然气年购买量一般有约10%的浮动空间，价格由定价公式厘定，并与国际油价挂钩，每3年根据国际市场情况进行复议。这种长期合同，对投资者有利有弊。首先，长期天然气合同能确保天然气长远供应，尤其是偏远地区。长期天然气合同也有助于消费者在一般情况下抑制气价波动。同时，长期天然气合同大多附带基础设施建设，也能降低建筑费用，有利地方发展。不过，长期天然气合同也存在风险。它可能会令买方长期面对天然气供过于求的问题，或者导致买家在未来所支付的气价高于市场水平，被逼调整己身市场制度和销售方案。

其次，就天然气供应合同而言，随着天然气市场供求条件和监管结构产生变化，照付不议条款可能衍生重大责任问题。在天然气市场，与10多年前签订长期合同的环境有很大分别：一方面，当时政府对治理市场的参与比较

① 照付不议条款指无论用户是否需要合同约定的天然气，或者市场价格出现变动，付费不得更改，仍得按合同金额和最低合同量付款，供应方也需按合同约定气量供应。

多，现在的市场主要由各方竞争力主导，长期合同里照付不议条款使巨大负债问题进一步恶化，将买家暴露于市场波动中。另一方面，天然气商品化之下，短期合同的收益率更高，长期合同的回报率可能不足以抵消投资者的投入。现在市场比以往更加复杂和波动，零售公司的崛起加大了长期合同的监管风险，投资者的风险承受能力下降，加上市场越来越难做长远预测，同时气源越来越充足，所以投资者大多转向短期合同。

最后，签订长期合同的出发点大多是确保长远天然气供应，不过在现今市场，天然气不存在短缺问题。从商业角度来看，长期合同价值不大。从经济效益角度来看，现在天然气市场更加金融化，相关金融产品也比过去 10 年多，这意味着天然气公司可以利用金融对冲解决未来的需求，而不是长期合同。相较于前者涉及的付现成本，长期合同更有可能成为债务。金融产品一般成本不低，但较长期合同对资产负债表的影响温和。

因此，当前我国油气管道价格如果过度依赖长期合同和照付不议条款，会提高投资者的负债水平，更可能会导致市场失衡。缩短合同期限或者转向指数定价，虽然价格波动幅度变大，但能减少负债和相关风险。天然气交易一般采取投资组合方法，以降低出现极端风险的可能性。以美国跨州天然气市场为例，长期合同已经不再主导天然气市场，短期合同正在刺激天然气流动增强，并惠及行业和消费者。不过，在投资组合里仍有理由考虑少量天然气的长期合同，用作对冲价格波动的工具，以降低交易成本，并通过组合管理风险。

三、生态环境保护问题

管道工程的整个建设过程分为勘察设计期、建设期和营运期 3 个阶段。在勘察设计期，主要进行实地调查、测量及地质勘探等活动，对生态环境影响轻微。在建设期，人员、机械活动最频繁，不仅要进行植被剔除、地表开挖、施工便道的挖高垫低、穿跨越河道、隧道钻掘、管道埋设、生态恢复，还要修建许多工艺站场，对周围环境影响最大。在营运期，对生态环境的影响主要来自工程事故风险隐患。滑坡、地震、泥石流等地质灾害，海水、盐浸地、湿地对管线的侵蚀，人为、机械破坏都会导致管线破裂、螺纹口断裂、闸门破裂以及管线放空，引起油气泄漏，污染土壤、水系和大气环境。

首先，长输管道工程属于线形工程，通常要穿越复杂的地质环境、不同的气候带、多种生态类型，因此管道沿线的地形、地貌、工程地质与水文地质条件等会有所差异。例如，中俄管道沿线多年冻土区位于欧亚大陆多年冻土区南界附近，其属于生态系统保护型多年冻土——兴安型多年冻土。兴安型多年冻土温度高（从南向北，冻土温度为-1.8～-0.7℃）、含冰量大（多年冻土上限附近，多年冻土最大体积含冰量达 80%～90%）且分布不连续（从南向北，多年冻土分布面积从 0～20% 到 60%～70%变化）；冻土热稳定性差，对冻土赋存环境（如茂密植被、有机土盖层等）扰动（如工程活动、垦殖、火灾等）非常敏感，这导致多年冻土保护变得更为困难。此外，管道穿越北方原始森林和湿地等，多年冻土退化问题可能会引发一系列冻土生态地质环境问题。例如，会引发森林和湿地的生态服务功能退化、水土流失、环境污染和生态系统异化与退化等。因此，需重点关注管道施工和运行热扰动带来的环境保护问题。

其次，长输管道工程建设所经地区较多，管沟开挖及施工作业带占用的土地面积较大。其中管沟开挖、施工作业带及施工便道为临时性占地，工艺站场的建设及修筑伴生公路为永久占地，对地表植被的破坏严重。例如，中缅管道修建面临复杂的生态环境问题。第一，环境敏感点多。沿途地域山高林密，环境保护区、风景名胜区、水源地、宗教场所和墓地多，而且穿越瑞丽江、澜沧江和怒江等多条国际河流，对环保设计提出更高要求。第二，地势险要，地质复杂。管道所经地区处于印度洋板块和欧亚板块碰撞接合部，地壳活动剧烈，沿线地质环境复杂，地质灾害类型众多，具有“三高四活跃”的不良地质特点，即高地震烈度、高地应力、高地热，活跃的新构造运动、活跃的地热水环境、活跃的外动力地质条件、活跃的岸坡再造过程。第三，地质灾害点多。沿线 80%以上为山区，滑坡、泥石流、崩塌等地质灾害多发、频发，地质灾害数量多、类型多，严重危害管道安全。

最后，跨国油气管道修建会改变土壤结构。管道开挖部分的土壤团粒结构和耕作层受到直接破坏，挖土堆放、弃土的混合和扰动改变了耕作土的性质。土体构型的破坏，将明显改变土体中物质和能量的运动变化规律，降低表层土透气透水性，减弱亚表层土保水保肥性，进而影响农作物的生长发育和产量。同时，地表植被遭破坏后地表填筑物对阳光热能的吸收量增加，对热量的反射率也随之变化，这将导致管道埋设地段地表热量平衡状态的改变。管道开挖、剥离土壤，会加速管道附近土壤的退化过程。土壤一旦退化，很难自然恢复。某些地区土壤多以沙土为主，土质疏松，在风力、水力及重力作用下，造成的土壤侵蚀也会随之加剧。土地退化和土壤侵蚀已成为日益严峻的生态问题。

第四节　油气管道国际合作的未来发展展望

跨国油气管道安全问题涉及经济、安全、外交等领域，是反映国家间关系的“晴雨表”。因此，中国维护跨国管道安全的策略谋划必须立足于他国特殊的投资环境，探索实现“双赢”的合作模式。

一、强化文化沟通，着眼民生工程

首先，跨国管道所属国大多处于社会转型期，社会经济的某些管理体制还不完善。中国在与之进行能源合作的过程中，应深入了解各国的历史、文化、政治、投资环境、法律体系等背景，在开展新的能源合作项目前，应充分考虑对方的市场风险、地质风险、政治风险、合作风险和税收风险等因素，尽可能减少国家利益的损失。在政府引导、社会承办、群众参与的基础上，搭建起文化交流与互动的平台，推进中国与跨国油气管道所属国经济与文化的融合。对于跨国油气管道所属国，应借助文化交流的有利时机，展现中国的和平外交理念以及负责任的大国形象。此外，还要注重加强与各国民间组织和社会团体的沟通与交流，进而赢得社会舆论的支持。

其次，我们的能源企业在与跨国油气管道所在地区的能源合作中不仅需要当地的资源，更需要双方通过在能源领域的合作收获友谊，提高中国在当地的国际形象与影响力，并且要尽可能地帮助当地居民提高生活水平。在资源开发的同时，要完善资源所在地区的基础设施建设，并且要解决好当地居民的就业问题，加强当地居民的就业培训，提升居民的整体素质，帮助当地居民走上致富的道路。

最后，中国主导跨国油气管道建设的落实与推进，不仅需要各国政府的扶持，还需要民众的支持与配合。加大中国在相关地区进行合作的宣传力度，保障民众的知情权，推动民间外交，提升当地民众对中国的信任度，确保跨国油气管道建设和运营的顺利开展，继续深化中国与中亚、俄罗斯以及缅甸等国家（地区）的能源合作。

二、构建安全稳定的跨国油气管网安全管理体系

经过多年的发展，我国的油气管道行业已构建起涵盖设计、施工、验收、运行管理等全生命周期近 20 个专业技术领域的技术标准体系，这些体系在管道建设和运营安全方面发挥着重要作用。但是随着我国油气管道企业进入国际市场进行投资和运营，如何避免复杂的政治风险给国家石油经济和企业利益带来损失，如何建立合理完善的国际石油法律法规体系来保障国家和企业的利益，如何与资源国达成协作建立完善、统一的协调机制，如何在海外企业项目管理过程中做到零事故规避损失、保障人员安全，如何做到与资源国政府及人民相互尊重、相互协作、互惠互利，这是我国保证国家资源供给和提高油气管道企业效益亟须解决的问题。

由于油气管道项目的建设周期长、投资大、有风险、不确定因素和突发紧急情况多，因此宜采取区域性或国家间的双边与多边合作机制，加强国际互利合作，建立长期稳定的石油天然气安全保障机制。中国既需要与能源国加强合作，也需要在基础设施建设和设备、施工及维护等方面加强国际合作，构建高质量、高效益的跨国油气管网运输体系。在管道和储气调配设施建设等领域加大合作力度，构建符合各国利益的全方位能源合作格局。

首先，由于国家之间的监管部门各自存在差异，我国油气管道企业海外业务的监管机制不能达成一致，因此，我国政府应尽快与各国当地政府协商，

建立统一的监管、协调和应急机制，加强管道安全监管和提升事故应急速度。监管机制的建立要求我国监察机构与当地监察机构进行沟通协作，形成协同一致的标准和统一的监察体系，同时不断发展当地管道安全监测技术，建立当地管道安全监管信息体系。对于油气管道保护问题的决策和处理，需要建立在对监管信息的分析和自身的反应机制上，其关键点在于：建立我国政府、当地政府、监察机构以及我国管道企业之间的联动协调机制，明确当地政府、管道企业各自的职责，充分利用安全信息共享机制和突发公共安全事故的快速响应机制。

其次，在国家层面，应制定完善的国际石油合作法律体系。在社会快速发展的背景下，为确保国际油气管道企业在合作中获得较高的经济利益，需要根据实际情况快速完善国际石油合作法律体系，从而确保我国油气管道企业在发展过程中有法可依。同时，政府还应该与资源国签订保护协议，有效避免对我国油气管道企业征收双重税，减小油气管道企业的发展压力。然后在这个基础上建立共同发展的战略，推动油气管道企业更好地发展。在企业层面，企业应熟悉资源国法律法规，同时加入有声望的国际机构，维护自身合法权益。在海外的经营过程中，为了确保自身海外经营业务的利益受到合法保障，油气管道企业需要学习和熟悉资源国相关法律法规，严格遵守海外经营业务所在国家和地区的法律法规，并同当地政府和工商界建立良好的关系，如在企业利益受到不利影响时能以法律法规保护自身权益。加入双边投资协定和参与一些有声望的国际机构，可以保证我国油气管道企业的海外经营业务得到保护和公平待遇。

再次，构筑多元化的战略联盟。石油是世界的敏感产业，各国对石油的交易和运营都非常谨慎，并很容易引起资源国民众的抵制和政府的警惕。我国油气管道企业可以联合其他企业组建新的国际石油公司，以新的跨国公司名义去收购资源国的油气管道企业。同时，我国加强了与重要资源国的经济和政治合作，我方为资源国提供巨额贷款发展其经济，资源国为我国提供稳定、长期石油和天然气供应，并为我国油气管道企业在资源国的投资和运营提供保障。

最后，建立高效的国际协调机制。中国可利用上海合作组织的协商平台，积极开展能源外交，为跨国油气管道顺利建设和运营提供法律保障。对于自然与人为造成的突发性事件，能够保持信息畅通，反应及时，措施得当。构建完善的危机管理预案，以应对跨国管道建设与运营过程中发生的各项安全问题。

三、加强跨国油气管道建设运营的生态环境管理

自1994年《能源宪章条约》实施以来的30多年中，与跨国能源管道运输有关的环境管理制度，对跨国能源管道运输项目的实施产生了重要的影响。在环境管理制度的发展过程中，出现了很多新的利益相关方，它们有时能对跨国能源管道运输项目的实施产生决定性的影响。同时各国的能源法律政策以及能源开发合同，都确立了“环境影响评估机制”等环境控制程序。因此，随着国际社会环保意识的增强，跨国能源管道运输项目的投资条件将更加严格。

与跨国能源管道运输有关的环境管理制度，导致了能源公司的结构和管理的变化，以适应环境保护的要求。为此，许多石油公司颁布了公司内部的环境政策或行动指南等，风险预防原则①日益受到重视。当能源企业在环境脆弱地区实施的能源开发项目，未能达到有关的环境保护标准，该项目就有可能被推迟实施甚至被取消，而正在进行的能源开发项目，则有可能被暂时中止甚至被吊销许可证。因此，环境保护问题已经成为并将继续成为影响能源开发利用包括跨国能源管道运输的重要因素之一。

首先，加强对林业生态系统的保护。施工道路尽量利用林业项目区内现有的道路，若由于管道建设需要新修施工道路，应尽量缩短其长度，尽量采用人工开挖管沟的方式；针对林业项目区内需要特别保护或珍稀的树种，可在施工前安排人员对其进行移栽；对林业项目区整个施工用地面积进行严格

---

① 风险预防原则（the Precautionary Principle）是指“为了保护环境，各国应按照本国的能力，广泛适用预防措施；遇有严重或不可逆转损害的威胁时，不得以缺乏科学充分确实证据为理由，延迟采取符合成本效益的措施防止环境恶化”。

控制，减少林木的砍伐量等。

其次，加强对野生动物的保护。良好的植被生长条件是野生动物生存的基础，因此在管道工程建设完成后，应开展树木或草木种植工作，改善项目区域的植被条件，为野生动物的生长与繁衍创造一个良好的环境；在河流穿越施工中，应避免施工活动所产生的污水或汽油等污染物进入河流，以减少对水生生物的影响。

最后，加强土壤保护。在土壤项目区内，应将施工带宽度严格控制在规定的标准值内，以减少土壤表层裸露的面积，避免出现水土流失现象；在管道工程建设完成后，需组织有关人员对施工活动中产生的防腐材料废弃物等进行清理，避免因这些材料的难降解性对土壤环境造成不利影响；在管道工程建设前，需对项目区内的土壤土质情况等进行勘察，以明确表层熟土的厚度，计算各层土壤开挖量，划定堆放点，在管道下沟作业完成后，分别填回深层生土和表层熟土，以保证土壤内部的营养含量。

第三章　能源转型背景下的能源化工产业国际合作研究

第一节　能源化工产业贸易竞争力分析数据与方法

能源化工产业对一国的工业经济发展至关重要，贸易竞争力是一国在产业链中位势的直接反映，其国际比较结果也是各国合作位势在贸易中的显性化，能源化工产业不同环节竞争力测度和比较结果直接关联现有油气产业链合作位势引致的合作方向和潜力。因此，本章先对世界主要国家的能源化工产业贸易竞争力进行比较分析。

一、主要数据

能源化工产业主要包括以烯烃和芳烃为主的有机化学品和以合成树脂、合成橡胶、合成纤维为主的三大合成材料。本书基于 HS2022 编码的 2015—2020 年贸易数据展开研究。所有数据均来源于联合国商品贸易统计数据库（UN Comtrade，https：//comtrade. un. org/）。

研究范围包括以烯烃和芳烃为代表的主要有机化学品、合成树脂及其加工产品——塑料及其制品、合成橡胶以及合成纤维。主要国家（地区）的编码如表 3-1 所示。

二、研究方法

（一）贸易竞争力指数

对外贸易竞争力指建立在一国及地区国际竞争力基础上的保持对外贸易持续增长并获取利润的能力。贸易竞争力指数（TC）可度量一国某产品的国

表 3-1　主要国家（地区）编码

国家（地区）	编码	国家（地区）	编码	国家（地区）	编码	国家（地区）	编码	国家（地区）	编码	国家（地区）	编码
阿富汗	004	斯里兰卡	144	加纳	288	拉脱维亚	428	尼日尔	562	南非	710
阿尔巴尼亚	008	智利	152	基里巴斯	296	立陶宛	440	尼日利亚	566	津巴布韦	716
安哥拉	024	中国	156	希腊	300	卢森堡	442	挪威	578	西班牙	724
安提瓜和巴布达	028	哥伦比亚	170	格林纳达	308	中国澳门	446	巴基斯坦	586	苏里南	740
阿塞拜疆	031	科摩罗	174	危地马拉	320	马达加斯加	450	巴拿马	591	斯威士兰	748
阿根廷	032	刚果	178	圭亚那	328	马拉维	454	巴拉圭	600	瑞典	752
澳大利亚	036	刚果（金）	180	洪都拉斯	340	马来西亚	458	秘鲁	604	瑞士	756
奥地利	040	哥斯达黎加	188	中国香港	344	马尔代夫	462	菲律宾	608	塔吉克斯坦	762
巴林	048	克罗地亚	191	匈牙利	348	马耳他	470	波兰	616	泰国	764
亚美尼亚	051	塞浦路斯	196	冰岛	352	毛里塔尼亚	478	葡萄牙	620	多哥	768
巴巴多斯	052	捷克	203	印度尼西亚	360	毛里求斯	480	卡塔尔	634	特立尼达和多巴哥	780
比利时	056	贝宁	204	爱尔兰	372	墨西哥	484	罗马尼亚	642	阿拉伯联合酋长国	784
百慕大群岛	060	丹麦	208	以色列	376	亚洲其他地区	490	俄罗斯	643	突尼斯	788
玻利维亚	068	多米尼加	214	意大利	380	蒙古国	496	卢旺达	646	土耳其	792
波黑	070	厄瓜多尔	218	科特迪瓦	384	摩尔多瓦	498	圣卢西亚	662	乌干达	800
博茨瓦纳	072	萨尔瓦多	222	牙买加	388	黑山	499	圣文森特和格林纳丁斯	670	乌克兰	804
巴西	076	埃塞俄比亚	231	日本	392	蒙特塞拉特岛	500	圣多美和普林西比	678	北马其顿	807

续表

国家（地区）	编码	国家（地区）	编码	国家（地区）	编码	国家（地区）	编码	国家（地区）	编码	国家（地区）	编码
伯利兹	084	爱沙尼亚	233	哈萨克斯坦	398	摩洛哥	504	沙特阿拉伯	682	埃及	818
文莱	096	斐济	242	约旦	400	莫桑比克	508	塞内加尔	686	英国	826
保加利亚	100	芬兰	246	肯尼亚	404	阿曼	512	塞尔维亚	688	坦桑尼亚	834
缅甸	104	法国	251	韩国	410	纳米比亚	516	塞舌尔	690	美国	842
布隆迪	108	法属波利尼西亚	258	科威特	414	尼泊尔	524	印度	699	布基纳法索	854
白俄罗斯	112	格鲁吉亚	268	吉尔吉斯斯坦	417	荷兰	528	新加坡	702	乌拉圭	858
柬埔寨	116	冈比亚	270	老挝	418	阿鲁巴岛	533	斯洛伐克	703	萨摩亚	882
加拿大	124	巴勒斯坦	275	黎巴嫩	422	新西兰	554	越南	704	赞比亚	894
佛得角	132	德国	276	莱索托	426	尼加拉瓜	558	斯洛文尼亚	705		

际贸易竞争力水平，计算公式如下：

$$TC_{ik} = \frac{X_{ik} - M_{ik}}{X_{ik} + M_{ik}} \tag{3-1}$$

其中，TC_{ik} 表示 i 国 k 产品的贸易竞争力指数；X_{ik} 表示 i 国 k 产品的出口额；M_{ik} 表示 i 国 k 产品的进口额。贸易竞争力指数即一国某产品的净出口额与进出口总额的比值，是从一国内部某产品的充盈程度上反映其国际竞争力的指标。贸易竞争力指数取值为-1~1，值越大表示其国际竞争力越强，$TC < 0$ 表示一国产品稀缺，进口大于出口；$TC = 0$ 表示一国产品供需平衡；$TC > 0$ 表示一国产品充足，出口大于进口。

（二）国际市场占有率

国际市场占有率（MOR）指一国某产品的出口额与世界该产品出口总额的比值，是从一国某产品的国际占比视角度量该产品贸易竞争力的指标，可反映一国某产品在国际贸易中的地位。计算公式如下：

$$MOR_{ik} = \frac{X_{ik}}{X_{wk}} \tag{3-2}$$

其中，MOR_{ik} 表示 i 国 k 产品的国际市场占有率；X_{ik} 表示 i 国 k 产品的出口额；X_{wk} 表示世界 k 产品的出口总额。国际市场占有率取值范围为 0~1，数值越大，表示国际贸易竞争力越强。TC 指数立足于国内视角利用一国进出口相对大小反映贸易竞争力大小，但无法反映该国在国际市场上的地位，不同国家之间缺乏可比性，MOR 则很好地弥补了这一缺陷。

（三）显性比较优势指数

比较优势指在竞争或合作过程中一方具有相对优势地位，常用显性比较优势指数度量。显性比较优势指数（RCA）利用区位熵的思想，用一国某产品出口额占其出口总额的比例与世界该产品出口贸易额占世界出口贸易总额的比例的比值表示，可度量一国某产品在国际贸易中的专业水平与竞争强度。计算公式如下：

$$RCA_{ik} = \frac{X_{ik}/X_i}{W_k/W} \tag{3-3}$$

其中，RCA_{ik} 表示 i 国 k 产品的显性比较优势指数；X_{ik} 表示 i 国 k 产品的出口额；X_i 表示 i 国所有产品的出口总额；W_k 表示世界 k 产品的出口总额；W 表示世界所有产品的出口总额。显性比较优势指数取值大于或等于 0，值越大表示在国际贸易中的比较优势越明显，$0<RCA<1$ 表示一国某产品出口比例小于世界总体比例，说明该国此产品在国际贸易中处于相对劣势地位；$RCA>1$ 表示该国某产品在国际贸易中具有相对优势。

第二节　有机化学品国际竞争力分析

一、贸易竞争力指数（TC）

丰富的油气资源可以为有机化学品生产提供低成本的原材料，石油、天然气资源丰裕的国家和地区在有机化学品生产与贸易方面具有先天优势，而油气资源贫瘠的国家和地区处于相对劣势。贸易竞争力指数如表 3-2 和表 3-3 所示。

表 3-2　2015—2020 年有机化学品 TC 指数最大的 10 个国家和中国的情况

地区	国家	2015 年	2016 年	2017 年	2018 年	2019 年	2020 年	均值
北美洲	特立尼达和多巴哥	0.94	0.92	0.96	0.96	0.94	0.94	0.94
亚洲	文莱	0.81	0.83	0.81	0.79	0.59	0.78	0.77
亚洲	科威特	0.74	0.70	0.70	0.78	0.74	0.70	0.73
亚洲	沙特阿拉伯	0.71	0.71	0.67	0.74	0.73	0.69	0.71
欧洲	爱尔兰	0.68	0.67	0.67	0.75	0.73	0.62	0.69
亚洲	卡塔尔	0.80	0.68	0.53	0.59	0.63	0.63	0.64
亚洲	阿曼	0.17	0.71	0.78	0.81	0.87	0.13	0.58
亚洲	巴林	0.55	0.40	0.45	0.50	0.42	0.33	0.44
亚洲	新加坡	0.46	0.47	0.43	0.42	0.28	0.23	0.38
欧洲	丹麦	0.35	0.34	0.28	0.34	0.41	0.39	0.35
亚洲	中国	-0.05	-0.02	-0.06	-0.06	0.00	0.11	-0.01

表 3-3　全球 155 个国家（地区）有机化学品的 TC 指数

国家（地区）代码	2015 年	2020 年	均值	国家（地区）代码	2015 年	2020 年	均值	国家（地区）代码	2015 年	2020 年	均值	国家（地区）代码	2015 年	2020 年	均值	国家（地区）代码	2015 年	2020 年	均值
780	0.94	0.94	0.94	710	-0.18	-0.09	-0.13	152	-0.84	-0.52	-0.62	222	-0.87	-0.91	-0.90	108	-0.99	-1.00	-0.99
096	0.81	0.78	0.77	246	-0.09	-0.17	-0.16	642	-0.64	-0.71	-0.62	558	-0.89	-0.96	-0.90	308	-0.99	-0.94	-0.99
414	0.74	0.70	0.73	842	-0.14	-0.24	-0.17	340	-0.59	-0.58	-0.64	807	-0.90	-0.90	-0.91	834	-0.98	-0.99	-0.99
682	0.71	0.69	0.71	276	-0.12	-0.21	-0.18	804	-0.81	-0.57	-0.65	404	-0.91	-0.91	-0.92	144	-0.99	-0.99	-0.99
372	0.68	0.62	0.69	233	-0.26	-0.09	-0.20	440	-0.73	-0.46	-0.65	768	-0.88	-0.99	-0.93	499	-0.99	-0.99	-0.99
634	0.80	0.63	0.64	703	-0.15	-0.21	-0.20	076	-0.62	-0.77	-0.66	480	-0.86	-0.98	-0.93	500	-1.00	-0.99	-0.99
512	0.17	0.13	0.58	428	-0.18	-0.12	-0.23	036	-0.80	-0.65	-0.68	051	-0.89	-0.90	-0.93	275	-0.98	-0.99	-0.99
048	0.55	0.33	0.44	470	-0.29	-0.12	-0.26	484	-0.70	-0.73	-0.70	504	-0.95	-0.93	-0.93	084	-1.00	-0.95	-0.99
702	0.46	0.23	0.38	620	-0.24	-0.29	-0.28	418	-0.56	-0.89	-0.71	068	-0.98	-0.93	-0.93	426	-0.97	-0.99	-0.99
208	0.35	0.39	0.35	124	-0.30	-0.31	-0.29	740	-0.83	-0.92	-0.71	604	-0.94	-0.94	-0.94	204	-0.99	-1.00	-0.99
757	0.21	0.54	0.27	381	-0.36	-0.38	-0.35	516	-0.71	-0.77	-0.72	188	-0.94	-0.94	-0.94	454	-0.97	-1.00	-0.99
410	0.21	0.12	0.23	196	-0.27	-0.47	-0.36	858	-0.84	-0.68	-0.75	646	-0.94	-1.00	-0.94	270	-1.00	-0.97	-0.99
031	0.47	0.18	0.19	554	0.14	-0.57	-0.38	320	-0.73	-0.75	-0.76	178	-0.94	-0.99	-0.94	008	-1.00	-0.96	-0.99
579	0.12	0.25	0.16	724	-0.36	-0.44	-0.39	214	-0.80	-0.70	-0.76	300	-0.93	-0.97	-0.94	586	-0.99	-0.99	-0.99
528	0.09	0.09	0.11	251	-0.38	-0.39	-0.40	498	-0.93	-0.43	-0.77	800	-0.91	-0.95	-0.95	231	-1.00	-1.00	-1.00
376	-0.17	0.50	0.10	360	-0.47	-0.41	-0.41	818	-0.92	-0.80	-0.78	508	-0.99	-0.96	-0.95	296	-1.00	-1.00	-1.00

续表

国家（地区）代码	2015 年	2020 年	均值	国家（地区）代码	2015 年	2020 年	均值	国家（地区）代码	2015 年	2020 年	均值	国家（地区）代码	2015 年	2020 年	均值	国家（地区）代码	2015 年	2020 年	均值
826	0. 16	0. 13	0. 08	616	−0. 48	−0. 43	−0. 43	894	−0. 96	−0. 96	−0. 79	024	−0. 99	−0. 86	−0. 95	496	−1. 00	−0. 99	−1. 00
348	0. 04	0. 01	0. 07	344	−0. 35	−0. 46	−0. 44	268	−0. 86	−0. 87	−0. 79	180	−0. 99	−0. 92	−0. 96	478	−1. 00	−0. 98	−1. 00
392	0. 12	−0. 03	0. 05	450	−0. 37	−0. 26	−0. 44	704	−0. 87	−0. 73	−0. 81	788	−0. 97	−0. 97	−0. 96	524	−1. 00	−0. 99	−1. 00
748	0. 24	0. 18	0. 04	112	−0. 44	−0. 52	−0. 47	442	−0. 86	−0. 68	−0. 81	384	−0. 97	−0. 97	−0. 96	060	−1. 00	−1. 00	−1. 00
764	0. 01	−0. 06	0. 03	784	−0. 74	−0. 29	−0. 47	032	−0. 75	−0. 93	−0. 81	600	−0. 97	−0. 97	−0. 97	566	−1. 00	−0. 99	−1. 00
458	0. 05	0. 02	0. 03	705	−0. 46	−0. 57	−0. 47	028	−0. 89	−0. 92	−0. 84	662	−0. 94	−0. 99	−0. 97	670	−1. 00	−1. 00	−1. 00
490	0. 03	0. 01	0. 02	040	−0. 45	−0. 46	−0. 48	686	−0. 87	−0. 81	−0. 84	218	−0. 98	−0. 98	−0. 97	258	−1. 00	−1. 00	−1. 00
056	−0. 02	0. 07	0. 01	608	−0. 30	−0. 59	−0. 49	242	−0. 82	−0. 87	−0. 86	562	−1. 00	−0. 99	−0. 97	690	−1. 00	−1. 00	−1. 00
156	−0. 05	0. 11	−0. 01	004	0. 00	−1. 00	−0. 50	328	−0. 92	−0. 79	−0. 86	072	−0. 99	−0. 96	−0. 97	446	−1. 00	−1. 00	−1. 00
591	0. 00	−0. 25	−0. 05	100	−0. 53	−0. 47	−0. 51	417	−0. 94	−0. 96	−0. 87	854	−0. 98	−0. 99	−0. 97	462	−1. 00	−1. 00	−1. 00
643	0. 07	−0. 30	−0. 07	191	−0. 48	−0. 52	−0. 51	792	−0. 88	−0. 86	−0. 88	288	−0. 93	−0. 98	−0. 98	762	−1. 00	−1. 00	−1. 00
203	−0. 13	−0. 09	−0. 10	352	−0. 80	−1. 00	−0. 56	170	−0. 87	−0. 90	−0. 89	716	−0. 91	−1. 00	−0. 98	678	−1. 00	−1. 00	−1. 00
699	−0. 17	−0. 02	−0. 11	116	−0. 93	−0. 52	−0. 57	533	−0. 84	−0. 99	−0. 89	052	−0. 97	−0. 97	−0. 98	132	−1. 00	−1. 00	−1. 00
688	−0. 36	−0. 18	−0. 12	070	−0. 53	−0. 65	−0. 59	422	−0. 90	−0. 92	−0. 89	388	−0. 98	−0. 97	−0. 98	174	−1. 00	−1. 00	−1. 00
752	−0. 08	−0. 21	−0. 12	398	−0. 68	−0. 30	−0. 60	400	−0. 92	−0. 88	−0. 90	104	−1. 00	−0. 99	−0. 98	882	−1. 00	−1. 00	−1. 00

注：“2015 年”指 2015 年的贸易竞争力指数，“2020 年”同义；“均值”指 2015—2020 年的平均值。下同。

可以看到，特立尼达和多巴哥、文莱、科威特、沙特阿拉伯 4 个国家的有机化学品贸易竞争力指数位居前四，其指数都在 0.7 以上。中华人民共和国外交部 2020 年对特立尼达和多巴哥与文莱概况的更新数据显示，特立尼达和多巴哥为世界最大的天然沥青产地，重要液化天然气、氨肥、甲醇生产国，为英语加勒比地区重要石油输出国。天然沥青湖面积约 47 公顷，已探明储量为 1200 万吨。已探明可开采天然气储量为 4361 亿立方米，石油储量为 7.3 亿桶。能源产品产值占国内生产总值的 40%左右，能源出口约占出口总收入的 80%，是加勒比地区重要的石油输出国。文莱是一个以原油和天然气为主要经济支柱的国家，占整个国家国内生产总值的 50%。已探明原油储量为 14 亿桶，天然气储量为 3900 亿立方米。

有机化学品贸易竞争力较差的国家和地区为萨摩亚、科摩罗、佛得角、圣多美和普林西比、塔吉克斯坦、马尔代夫以及中国澳门等，贸易竞争力指数均值为-1，完全依赖进口。

中国的有机化学品贸易竞争力指数由 2015 年的-0.05 增至 2020 年的 0.11，尽管贸易竞争力指数仍然较小，但已经实现了有机化学品由进口国向出口国的改变，初步具备了产业竞争优势。

2015—2020 年有机化学品贸易竞争力指数变动最大的 10 个国家和中国的情况如表 3-4 所示，增长幅度最大的 5 个国家分别是以色列、摩尔多瓦共和国、阿拉伯联合酋长国、柬埔寨、哈萨克斯坦，其年增长均值都在 18%以上，特别是以色列，其年均增幅高达 33.54%。下降幅度最大的 5 个国家分别是新西兰、俄罗斯、老挝、菲律宾、阿塞拜疆，其年均降幅都在 14%以上，而新西兰的贸易竞争力指数年均降幅高达 35.73%。中国有机化学品贸易竞争力指数变动实现了由负增长向正增长的转变，其年均增幅为 8.39%。

表 3-4　2015—2020 年有机化学品 TC 指数变动最大的 10 个国家和中国的情况

单位:%

地区	国家	2015 年	2016 年	2017 年	2018 年	2019 年	2020 年	年均变动率
亚洲	以色列	-0. 17	-0. 03	-0. 10	-0. 07	0. 49	0. 50	33. 54
欧洲	摩尔多瓦共和国	-0. 93	-0. 88	-0. 91	-0. 75	-0. 71	-0. 43	24. 99
亚洲	阿拉伯联合酋长国	-0. 74	-0. 68	-0. 47	-0. 37	-0. 27	-0. 29	22. 88
亚洲	柬埔寨	-0. 93	-0. 65	-0. 23	-0. 56	-0. 52	-0. 52	20. 45
亚洲	哈萨克斯坦	-0. 68	-0. 72	-0. 76	-0. 75	-0. 40	-0. 30	18. 90
大洋洲	新西兰	0. 14	-0. 33	-0. 48	-0. 47	-0. 53	-0. 57	-35. 73
欧洲	俄罗斯	0. 07	-0. 06	-0. 04	0. 02	-0. 09	-0. 30	-18. 08
亚洲	老挝	-0. 56	-0. 60	-0. 71	-0. 68	-0. 81	-0. 89	-16. 29
亚洲	菲律宾	-0. 30	-0. 45	-0. 39	-0. 60	-0. 62	-0. 59	-14. 75
亚洲	阿塞拜疆	0. 47	0. 08	0. 13	0. 09	0. 21	0. 18	-14. 07
亚洲	中国	-0. 05	-0. 02	-0. 06	-0. 06	0. 00	0. 11	8. 39

二、国际市场占有率（MOR）

155 个国家和地区有机化学品的国际市场占有率如表 3-5 和表 3-6 所示。可以看出，与贸易竞争力指数不同，有机化学品市场占有率高的国家和地区更多地集中在消费大国和发达国家。市场占有率位居前五的国家分别为中国、美国、爱尔兰、德国、比利时，特别是中美两国的有机化学品市场占有率均值都在 10%以上，而市场占有率最高的 10 个国家的合计市场占有率超过了 65%。

表 3-5　2015—2020 年有机化学品 MOR 最大的 10 个国家　　单位：%

地区	国家	2015 年	2016 年	2017 年	2018 年	2019 年	2020 年	均值
亚洲	中国	12.78	12.90	13.77	14.12	14.51	15.57	13.94
北美洲	美国	11.61	10.38	10.04	9.52	10.04	9.28	10.15
欧洲	爱尔兰	7.64	8.47	6.60	7.83	9.10	11.12	8.46
欧洲	德国	7.26	6.99	6.85	6.34	6.52	6.68	6.78
欧洲	比利时	2.97	6.12	5.71	6.83	5.92	5.61	5.53
亚洲	韩国	5.46	5.48	6.28	5.99	5.36	4.20	5.46
欧洲	瑞士	5.15	5.60	5.25	4.60	5.39	6.77	5.46
亚洲	日本	5.36	4.88	4.95	4.47	4.56	4.08	4.72
欧洲	荷兰	4.32	4.17	4.57	4.56	3.90	3.62	4.19
亚洲	印度	3.38	3.44	3.75	4.20	4.66	4.76	4.03
	合计	65.93	68.43	67.77	68.46	69.96	71.69	68.71

2015—2020 年有机化学品国际市场占有率指数变动最大的 10 个国家如表 3-7 所示，增长幅度最大的 5 个国家分别为爱尔兰、中国、比利时、瑞士、印度，其增长值都在 1.3 个百分点以上，特别是爱尔兰，其增长幅度高达 3.48 个百分点。下降幅度最大的 5 个国家分别是美国、新加坡、日本、韩国、荷兰，都集中在发达国家，其下降幅度都在 0.7 个百分点以上，美国的有机化学品国际市场占有率下降最为明显，其下降幅度高达 2.33 个百分点。

表 3-6　全球 155 个国家（地区）有机化学品的国际市场占有率

单位：%

国家（地区）代码	2015 年	2020 年	均值	国家（地区）代码	2015 年	2020 年	均值	国家（地区）代码	2015 年	2020 年	均值	国家（地区）代码	2015 年	2020 年	均值	国家（地区）代码	2015 年	2020 年	均值
156	12.78	15.57	13.94	484	0.41	0.31	0.38	233	0.02	0.03	0.02	068	0.00	0.00	0.00	854	0.00	0.00	0.00
842	11.61	9.28	10.15	512	0.34	0.22	0.31	470	0.03	0.02	0.02	516	0.00	0.00	0.00	072	0.00	0.00	0.00
372	7.64	11.12	8.46	579	0.29	0.32	0.31	031	0.02	0.02	0.02	384	0.00	0.00	0.00	454	0.00	0.00	0.00
276	7.26	6.68	6.78	780	0.35	0.22	0.29	428	0.01	0.03	0.02	418	0.00	0.00	0.00	052	0.00	0.00	0.00
056	2.97	5.61	5.53	710	0.30	0.29	0.29	398	0.01	0.03	0.02	800	0.00	0.00	0.00	562	0.00	0.00	0.00
410	5.46	4.20	5.46	203	0.24	0.26	0.26	196	0.02	0.01	0.01	024	0.00	0.00	0.00	499	0.00	0.00	0.00
756	5.15	6.77	5.46	620	0.21	0.26	0.23	320	0.01	0.01	0.01	498	0.00	0.00	0.00	496	0.00	0.00	0.00
392	5.36	4.08	4.72	634	0.35	0.14	0.23	300	0.01	0.01	0.01	807	0.00	0.00	0.00	008	0.00	0.00	0.00
528	4.32	3.62	4.19	246	0.23	0.15	0.19	748	0.01	0.01	0.01	558	0.00	0.00	0.00	028	0.00	0.00	0.00
699	3.38	4.76	4.03	784	0.04	0.22	0.15	858	0.01	0.01	0.01	144	0.00	0.00	0.00	204	0.00	0.00	0.00
702	4.68	3.13	4.01	036	0.08	0.14	0.12	214	0.01	0.01	0.01	288	0.00	0.00	0.00	108	0.00	0.00	0.00
826	3.87	3.40	3.11	608	0.13	0.08	0.11	604	0.00	0.00	0.00	104	0.00	0.00	0.00	662	0.00	0.00	0.00
682	3.13	2.65	2.99	704	0.05	0.16	0.10	400	0.00	0.01	0.00	417	0.00	0.00	0.00	478	0.00	0.00	0.00
490	2.57	1.97	2.43	792	0.09	0.11	0.09	504	0.00	0.00	0.00	180	0.00	0.00	0.00	426	0.00	0.00	0.00
381	1.96	2.01	1.98	096	0.04	0.30	0.09	442	0.00	0.01	0.00	566	0.00	0.00	0.00	084	0.00	0.00	0.00
251	2.06	1.77	1.81	705	0.07	0.10	0.08	116	0.00	0.01	0.00	480	0.00	0.00	0.00	308	0.00	0.00	0.00

续表

国家（地区）代码	2015 年	2020 年	均值	国家（地区）代码	2015 年	2020 年	均值	国家（地区）代码	2015 年	2020 年	均值	国家（地区）代码	2015 年	2020 年	均值	国家（地区）代码	2015 年	2020 年	均值
724	1. 32	1. 19	1. 25	032	0. 12	0. 02	0. 07	340	0. 00	0. 00	0. 00	768	0. 00	0. 00	0. 00	060	0. 00	0. 00	0. 00
764	1. 24	0. 97	1. 22	703	0. 09	0. 06	0. 07	070	0. 00	0. 00	0. 00	740	0. 00	0. 00	0. 00	270	0. 00	0. 00	0. 00
458	1. 01	0. 88	1. 01	344	0. 10	0. 05	0. 07	894	0. 00	0. 00	0. 00	834	0. 00	0. 00	0. 00	258	0. 00	0. 00	0. 00
124	1. 03	0. 84	0. 93	152	0. 02	0. 07	0. 06	404	0. 00	0. 00	0. 00	328	0. 00	0. 00	0. 00	500	0. 00	0. 00	0. 00
643	0. 89	0. 68	0. 85	818	0. 02	0. 05	0. 06	586	0. 00	0. 00	0. 00	242	0. 00	0. 00	0. 00	296	0. 00	0. 00	0. 00
360	0. 61	0. 57	0. 66	112	0. 06	0. 04	0. 05	218	0. 00	0. 00	0. 00	508	0. 00	0. 00	0. 00	670	0. 00	0. 00	0. 00
376	0. 34	1. 13	0. 61	688	0. 03	0. 05	0. 05	188	0. 00	0. 00	0. 00	178	0. 00	0. 00	0. 00	690	0. 00	0. 00	0. 00
076	0. 67	0. 39	0. 55	642	0. 05	0. 05	0. 05	686	0. 00	0. 00	0. 00	051	0. 00	0. 00	0. 00	446	0. 00	0. 00	0. 00
040	0. 57	0. 43	0. 49	554	0. 11	0. 02	0. 04	222	0. 00	0. 00	0. 00	716	0. 00	0. 00	0. 00	462	0. 00	0. 00	0. 00
752	0. 58	0. 41	0. 47	048	0. 05	0. 04	0. 04	788	0. 00	0. 00	0. 00	646	0. 00	0. 00	0. 00	004	0. 00	0. 00	0. 00
208	0. 39	0. 58	0. 44	440	0. 03	0. 07	0. 04	422	0. 00	0. 00	0. 00	231	0. 00	0. 00	0. 00	762	0. 00	0. 00	0. 00
348	0. 40	0. 42	0. 44	804	0. 02	0. 05	0. 04	450	0. 00	0. 00	0. 00	533	0. 00	0. 00	0. 00	678	0. 00	0. 00	0. 00
414	0. 41	0. 31	0. 39	170	0. 04	0. 03	0. 03	352	0. 00	0. 00	0. 00	388	0. 00	0. 00	0. 00	132	0. 00	0. 00	0. 00
616	0. 38	0. 35	0. 39	191	0. 03	0. 03	0. 03	600	0. 00	0. 00	0. 00	275	0. 00	0. 00	0. 00	174	0. 00	0. 00	0. 00
591	0. 61	0. 07	0. 39	100	0. 03	0. 03	0. 03	268	0. 00	0. 00	0. 00	524	0. 00	0. 00	0. 00	882	0. 00	0. 00	0. 00

表 3-7　2015—2020 年有机化学品 MOR 变动最大的 10 个国家　　单位：%

地区	国家	2015 年	2016 年	2017 年	2018 年	2019 年	2020 年	变动值（个百分点）
欧洲	爱尔兰	7. 64	8. 47	6. 60	7. 83	9. 10	11. 12	3. 48
亚洲	中国	12. 78	12. 90	13. 77	14. 12	14. 51	15. 57	2. 79
欧洲	比利时	2. 97	6. 12	5. 71	6. 83	5. 92	5. 61	2. 64
欧洲	瑞士	5. 15	5. 60	5. 25	4. 60	5. 39	6. 77	1. 62
亚洲	印度	3. 38	3. 44	3. 75	4. 20	4. 66	4. 76	1. 38
北美洲	美国	11. 61	10. 38	10. 04	9. 52	10. 04	9. 28	-2. 33
亚洲	新加坡	4. 68	4. 69	4. 30	3. 99	3. 29	3. 13	-1. 55
亚洲	日本	5. 36	4. 88	4. 95	4. 47	4. 56	4. 08	-1. 28
亚洲	韩国	5. 46	5. 48	6. 28	5. 99	5. 36	4. 20	-1. 26
欧洲	荷兰	4. 32	4. 17	4. 57	4. 56	3. 90	3. 62	-0. 70

三、显性比较优势指数（RCA）

155 个国家和地区有机化学品的显性比较优势指数如表 3-8 和表 3-9 所示。可以看出，显性比较优势高的国家和地区同样集中在油气资源富集国家和地区。显性比较优势位居前五的国家分别为文莱、特立尼达和多巴哥、爱尔兰、瑞士、斯威士兰，特别是排名前三的国家，其显性比较优势指数均值均高于 3。中国有机化学品显性比较优势指数长期位于 0. 9 以上，2016 年甚至超过了 1，初步具有比较优势，但与其他比较优势高的国家和地区相比还有较大差距。

表 3-8　2015—2020 年有机化学品 RCA 指数最大的 10 个国家和中国的情况

地区	国家	2015 年	2016 年	2017 年	2018 年	2019 年	2020 年	均值
亚洲	文莱	3. 20	3. 25	3. 29	3. 12	3. 18	3. 30	3. 22
北美洲	特立尼达和多巴哥	3. 22	3. 13	3. 25	3. 07	3. 09	3. 11	3. 14

续表

地区	国家	2015 年	2016 年	2017 年	2018 年	2019 年	2020 年	均值
欧洲	爱尔兰	3.14	3.17	3.13	2.99	3.08	3.14	3.11
欧洲	瑞士	2.53	2.58	2.58	2.40	2.55	2.69	2.55
非洲	斯威士兰	2.51	2.55	2.56	1.82	2.67	2.79	2.48
北美洲	巴拿马	2.69	2.64	2.71	2.52	2.19	1.42	2.36
亚洲	塞浦路斯	2.58	2.41	2.21	2.10	2.09	1.92	2.22
欧洲	挪威	2.15	2.21	2.15	2.11	2.32	2.26	2.20
亚洲	科威特	2.03	2.11	2.18	2.29	2.25	2.18	2.17
亚洲	阿曼	2.00	2.44	2.29	2.02	2.22	1.21	2.03
亚洲	中国	0.91	1.05	0.98	0.97	0.93	0.92	0.96

2015—2020 年有机化学品显性比较优势指数变动最大的 10 个国家和中国的情况如表 3-10 所示，增长幅度最大的 5 个国家分别为安哥拉、伯利兹、以色列、马达加斯加、哈萨克斯坦，其增长值都在 0.6 以上，特别是安哥拉，其增长幅度高达 2.10。下降幅度最大的 5 个国家分别是巴拿马、新西兰、阿鲁巴岛、阿曼、塞浦路斯，其下降幅度都在 0.6 以上，巴拿马、新西兰的有机化学品显性比较优势指数下降最为明显，其下降幅度都超过了 1。中国有机化学品显性比较优势指数有所增长但变动较小，其增长幅度仅为 0.01。

表 3-9　全球 155 个国家（地区）有机化学品的 RCA 指数

国家（地区）代码	2015 年	2020 年	均值	国家（地区）代码	2015 年	2020 年	均值	国家（地区）代码	2015 年	2020 年	均值	国家（地区）代码	2015 年	2020 年	均值	国家（地区）代码	2015 年	2020 年	均值
096	3. 20	3. 30	3. 22	036	0. 65	1. 22	0. 94	705	0. 33	0. 44	0. 36	716	0. 40	0. 02	0. 13	788	0. 02	0. 02	0. 03
780	3. 22	3. 11	3. 14	554	1. 65	0. 59	0. 87	112	0. 37	0. 30	0. 35	308	0. 05	0. 56	0. 13	188	0. 03	0. 03	0. 03
372	3. 14	3. 14	3. 11	490	0. 85	0. 76	0. 84	428	0. 32	0. 46	0. 35	704	0. 09	0. 16	0. 12	052	0. 04	0. 05	0. 02
756	2. 53	2. 69	2. 55	608	1. 08	0. 62	0. 82	516	0. 39	0. 07	0. 34	498	0. 04	0. 31	0. 12	442	0. 02	0. 04	0. 02
748	2. 51	2. 79	2. 48	276	0. 84	0. 81	0. 79	484	0. 36	0. 27	0. 34	500	0. 00	0. 27	0. 11	426	0. 11	0. 00	0. 02
591	2. 69	1. 42	2. 36	533	0. 99	0. 08	0. 77	688	0. 26	0. 30	0. 33	214	0. 11	0. 13	0. 11	204	0. 03	0. 00	0. 02
196	2. 58	1. 92	2. 22	894	0. 14	0. 17	0. 76	818	0. 12	0. 26	0. 31	417	0. 03	0. 02	0. 11	768	0. 03	0. 00	0. 02
578	2. 15	2. 26	2. 20	634	0. 89	0. 64	0. 75	328	0. 16	0. 55	0. 31	218	0. 05	0. 07	0. 11	296	0. 00	0. 00	0. 01
414	2. 03	2. 18	2. 17	752	0. 81	0. 64	0. 70	558	0. 30	0. 10	0. 28	422	0. 10	0. 09	0. 10	478	0. 00	0. 06	0. 01
512	2. 00	1. 21	2. 03	724	0. 74	0. 69	0. 70	203	0. 26	0. 28	0. 27	116	0. 01	0. 12	0. 10	072	0. 00	0. 02	0. 01
699	1. 65	1. 92	1. 74	024	0. 10	2. 21	0. 69	616	0. 29	0. 23	0. 27	600	0. 08	0. 09	0. 10	060	0. 00	0. 00	0. 01
702	1. 69	1. 43	1. 56	178	1. 09	0. 53	0. 67	180	0. 05	0. 60	0. 26	792	0. 09	0. 11	0. 10	288	0. 03	0. 01	0. 01
056	1. 03	1. 58	1. 52	381	0. 67	0. 70	0. 67	740	0. 06	0. 19	0. 26	604	0. 08	0. 08	0. 09	104	0. 00	0. 00	0. 01
826	1. 54	1. 56	1. 41	251	0. 72	0. 66	0. 65	646	0. 35	0. 00	0. 25	051	0. 08	0. 11	0. 09	454	0. 01	0. 01	0. 01
450	1. 55	2. 44	1. 40	246	0. 77	0. 55	0. 64	320	0. 29	0. 26	0. 25	300	0. 07	0. 10	0. 09	384	0. 01	0. 01	0. 01
048	1. 25	1. 17	1. 31	458	0. 65	0. 46	0. 61	170	0. 29	0. 20	0. 25	562	0. 01	0. 08	0. 08	275	0. 01	0. 01	0. 00

续表

国家（地区）代码	2015 年	2020 年	均值	国家（地区）代码	2015 年	2020 年	均值	国家（地区）代码	2015 年	2020 年	均值	国家（地区）代码	2015 年	2020 年	均值	国家（地区）代码	2015 年	2020 年	均值
376	1. 02	1. 92	1. 31	348	0. 57	0. 56	0. 59	858	0. 19	0. 29	0. 24	854	0. 13	0. 04	0. 08	144	0. 00	0. 00	0. 00
682	1. 35	1. 21	1. 27	804	0. 41	0. 63	0. 58	440	0. 19	0. 33	0. 23	496	0. 00	0. 37	0. 07	524	0. 00	0. 01	0. 00
842	1. 11	1. 03	1. 26	152	0. 24	0. 86	0. 58	686	0. 17	0. 27	0. 21	231	0. 00	0. 02	0. 07	008	0. 00	0. 02	0. 00
710	1. 19	1. 27	1. 20	124	0. 59	0. 55	0. 57	784	0. 08	0. 27	0. 21	344	0. 08	0. 07	0. 06	270	0. 00	0. 01	0. 00
643	1. 27	0. 91	1. 14	360	0. 51	0. 55	0. 57	100	0. 24	0. 20	0. 20	388	0. 08	0. 12	0. 06	258	0. 00	0. 01	0. 00
528	1. 15	1. 02	1. 13	508	0. 04	0. 45	0. 56	400	0. 13	0. 32	0. 20	566	0. 01	0. 34	0. 06	670	0. 00	0. 00	0. 00
208	1. 08	1. 29	1. 12	032	0. 82	0. 30	0. 55	800	0. 21	0. 16	0. 17	418	0. 08	0. 02	0. 05	690	0. 00	0. 00	0. 00
470	1. 43	1. 02	1. 10	040	0. 60	0. 50	0. 53	242	0. 21	0. 14	0. 17	480	0. 09	0. 01	0. 04	446	0. 00	0. 00	0. 00
031	1. 16	0. 85	1. 05	340	0. 53	1. 07	0. 52	703	0. 20	0. 15	0. 16	499	0. 07	0. 02	0. 04	462	0. 00	0. 00	0. 00
410	1. 05	0. 89	1. 05	352	0. 55	0. 00	0. 52	070	0. 21	0. 09	0. 16	807	0. 05	0. 05	0. 04	004	0. 00	0. 00	0. 00
068	0. 31	0. 93	1. 03	620	0. 46	0. 55	0. 48	084	0. 00	0. 95	0. 16	834	0. 05	0. 05	0. 04	762	0. 00	0. 00	0. 00
392	1. 10	0. 95	1. 03	191	0. 61	0. 42	0. 48	268	0. 09	0. 15	0. 16	222	0. 05	0. 03	0. 04	678	0. 00	0. 00	0. 00
398	0. 91	1. 55	1. 00	764	0. 46	0. 36	0. 43	504	0. 16	0. 11	0. 16	586	0. 03	0. 04	0. 03	132	0. 00	0. 00	0. 00
156	0. 91	0. 92	0. 96	233	0. 34	0. 56	0. 42	404	0. 11	0. 19	0. 14	108	0. 00	0. 00	0. 03	174	0. 00	0. 00	0. 00
076	1. 03	0. 86	0. 94	028	0. 17	0. 37	0. 41	642	0. 14	0. 12	0. 13	662	0. 05	0. 02	0. 03	882	0. 00	0. 00	0. 00

表 3-10 2015—2020 年有机化学品 RCA 指数变动最大的 10 个国家和中国的情况

地区	国家	2015 年	2016 年	2017 年	2018 年	2019 年	2020 年	变动值
非洲	安哥拉	0. 10	0. 29	0. 15	0. 21	1. 21	2. 21	2. 10
北美洲	伯利兹	0. 00	0. 00	0. 00	0. 02	0. 00	0. 95	0. 95
亚洲	以色列	1. 02	1. 07	0. 98	0. 96	1. 89	1. 92	0. 90
非洲	马达加斯加	1. 55	1. 65	1. 22	0. 52	1. 03	2. 44	0. 81
亚洲	哈萨克斯坦	0. 91	0. 79	0. 76	0. 65	1. 33	1. 55	0. 64
北美洲	巴拿马	2. 69	2. 64	2. 71	2. 52	2. 19	1. 42	-1. 27
大洋洲	新西兰	1. 65	0. 89	0. 73	0. 70	0. 63	0. 59	-1. 06
北美洲	阿鲁巴岛	0. 99	0. 00	0. 75	1. 19	1. 58	0. 08	-0. 91
亚洲	阿曼	2. 00	2. 44	2. 29	2. 02	2. 22	1. 21	-0. 79
亚洲	塞浦路斯	2. 58	2. 41	2. 21	2. 10	2. 09	1. 92	-0. 66
亚洲	中国	0. 91	1. 05	0. 98	0. 97	0. 93	0. 92	0. 01

第三节 合成树脂国际竞争力分析

一、贸易竞争力指数（TC）

合成树脂的贸易竞争力指数如表 3-11 和表 3-12 所示。可以看到，沙特阿拉伯、卡塔尔、韩国、新加坡 4 个亚洲国家的合成树脂贸易竞争力指数位居前四，竞争力指数都在 0. 3 及以上，特别是油气资源富集的沙特阿拉伯和卡塔尔，其合成树脂贸易竞争力指数在 0. 6 左右，具有较大的国际贸易竞争力优势。但与有机化学品的国际竞争力比较优势相比，合成树脂的国际贸易竞争力比较优势相对较小。中国的合成树脂贸易竞争力指数由 2015 年的 0. 00 增至 2020 年的 0. 15，尽管贸易竞争力指数仍然较小，但已经实现了初步的正增长，贸易竞争力相对提高。合成树脂贸易竞争力较差的国家和地区为刚果（金）、圣多美和普林西比、马尔代夫、阿富汗以及佛得角等，其贸易竞争力指数均值都为-1，完全依赖进口。

表 3-11　全球 155 个国家（地区）合成树脂 TC 指数

国家（地区）代码	2015 年	2020 年	均值	国家（地区）代码	2015 年	2020 年	均值	国家（地区）代码	2015 年	2020 年	均值	国家（地区）代码	2015 年	2020 年	均值	国家（地区）代码	2015 年	2020 年	均值
682	0.62	0.66	0.68	124	-0.09	-0.13	-0.11	788	-0.50	-0.37	-0.44	586	-0.74	-0.73	-0.75	646	-0.95	-0.92	-0.93
634	0.64	0.56	0.59	768	-0.18	-0.08	-0.12	446	-0.36	-0.71	-0.46	498	-0.76	-0.77	-0.76	882	-0.98	-1.00	-0.94
410	0.48	0.47	0.48	703	-0.14	-0.16	-0.16	400	-0.42	-0.54	-0.47	144	-0.82	-0.54	-0.76	716	-0.93	-0.91	-0.94
490	0.47	0.42	0.47	203	-0.17	-0.15	-0.17	384	-0.44	-0.61	-0.47	196	-0.79	-0.77	-0.77	566	-0.94	-0.99	-0.94
702	0.34	0.28	0.30	688	-0.22	-0.20	-0.20	275	-0.49	-0.40	-0.47	218	-0.77	-0.78	-0.78	388	-0.98	-0.94	-0.94
392	0.24	0.26	0.24	208	-0.22	-0.17	-0.20	642	-0.50	-0.44	-0.48	352	-0.74	-0.79	-0.79	662	-0.94	-0.96	-0.95
528	0.26	0.20	0.23	112	-0.20	-0.21	-0.20	643	-0.54	-0.43	-0.51	834	-0.86	-0.88	-0.80	524	-0.92	-0.96	-0.95
056	0.25	0.24	0.23	300	-0.22	-0.22	-0.22	360	-0.51	-0.47	-0.52	418	-0.95	-0.62	-0.80	096	-0.95	-0.99	-0.96
764	0.20	0.17	0.20	826	-0.21	-0.26	-0.23	320	-0.54	-0.49	-0.53	454	-0.55	-0.89	-0.80	690	-0.99	-0.88	-0.97
276	0.16	0.16	0.16	170	-0.25	-0.23	-0.24	116	-0.63	-0.46	-0.53	504	-0.85	-0.77	-0.82	178	-1.00	-0.97	-0.97
784	-0.05	0.24	0.11	048	-0.16	-0.16	-0.25	188	-0.52	-0.50	-0.53	748	-0.84	-0.82	-0.82	478	-1.00	-0.87	-0.97
440	0.10	0.08	0.10	100	-0.27	-0.20	-0.25	807	-0.56	-0.51	-0.54	051	-0.80	-0.83	-0.83	024	-0.99	-1.00	-0.98
156	0.00	0.15	0.05	372	-0.23	-0.27	-0.26	704	-0.58	-0.51	-0.56	800	-0.79	-0.86	-0.83	533	-0.98	-0.96	-0.98
842	0.09	-0.02	0.05	222	-0.30	-0.21	-0.27	422	-0.67	-0.50	-0.59	052	-0.86	-0.86	-0.84	496	-0.96	-1.00	-0.98
442	0.07	0.09	0.04	233	-0.28	-0.26	-0.28	608	-0.51	-0.60	-0.60	398	-0.86	-0.83	-0.84	028	-0.97	-0.99	-0.98
344	0.02	0.06	0.03	288	-0.34	-0.28	-0.29	604	-0.60	-0.56	-0.60	204	-0.85	-0.90	-0.84	508	-0.98	-0.98	-0.98

续表

国家（地区）代码	2015 年	2020 年	均值	国家（地区）代码	2015 年	2020 年	均值	国家（地区）代码	2015 年	2020 年	均值	国家（地区）代码	2015 年	2020 年	均值	国家（地区）代码	2015 年	2020 年	均值
381	0.01	0.04	0.02	710	−0.33	−0.25	−0.30	480	−0.63	−0.56	−0.60	008	−0.90	−0.84	−0.85	258	−0.98	−0.98	−0.98
458	0.02	0.01	0.01	858	−0.33	−0.25	−0.30	554	−0.61	−0.64	−0.63	242	−0.84	−0.85	−0.87	296	−0.99	−0.98	−0.98
040	0.02	0.01	0.01	428	−0.34	−0.29	−0.31	600	−0.64	−0.66	−0.63	268	−0.92	−0.88	−0.88	068	−0.98	−0.98	−0.98
376	0.00	0.02	0.01	792	−0.38	−0.26	−0.33	780	−0.68	−0.62	−0.65	670	−0.90	−0.86	−0.88	500	−0.99	−1.00	−0.99
752	0.02	0.00	0.00	699	−0.38	−0.29	−0.35	072	−0.59	−0.68	−0.66	740	−0.85	−0.89	−0.88	762	−0.99	−0.99	−0.99
724	0.01	−0.02	0.00	818	−0.42	−0.27	−0.36	804	−0.72	−0.61	−0.67	104	−0.95	−0.89	−0.89	231	−0.99	−0.98	−0.99
246	0.00	−0.02	−0.01	076	−0.40	−0.46	−0.38	686	−0.64	−0.72	−0.68	894	−0.92	−0.87	−0.89	270	−0.94	−1.00	−0.99
348	0.00	−0.03	−0.03	591	0.01	−0.60	−0.40	152	−0.64	−0.71	−0.68	084	−0.86	−0.99	−0.89	308	−1.00	−0.99	−0.99
414	0.09	−0.14	−0.07	470	−0.51	−0.34	−0.41	579	−0.68	−0.70	−0.68	426	−0.97	−0.83	−0.90	060	−1.00	−0.99	−0.99
620	−0.06	−0.09	−0.08	214	−0.45	−0.38	−0.41	340	−0.63	−1.00	−0.69	328	−0.90	−0.93	−0.90	174	−1.00	−1.00	−1.00
251	−0.09	−0.08	−0.08	191	−0.44	−0.39	−0.42	404	−0.63	−0.72	−0.69	450	−0.92	−0.97	−0.91	180	−1.00	−1.00	−1.00
705	−0.11	−0.06	−0.10	070	−0.50	−0.33	−0.43	417	−0.76	−0.61	−0.72	854	−0.96	−0.98	−0.92	678	−0.99	−1.00	−1.00
616	−0.10	−0.11	−0.10	031	−0.30	−0.36	−0.43	108	−0.39	−0.76	−0.72	499	−0.95	−0.90	−0.92	462	−1.00	−1.00	−1.00
512	−0.08	0.25	−0.10	032	−0.47	−0.50	−0.43	516	−0.85	−0.52	−0.72	562	−0.95	−0.92	−0.93	004	−1.00	−0.99	−1.00
757	−0.10	−0.12	−0.11	484	−0.46	−0.41	−0.44	036	−0.74	−0.80	−0.75	558	−0.88	−0.94	−0.93	132	−1.00	−1.00	−1.00

表 3-12　2015—2020 年合成树脂 TC 指数最大的 10 个国家和中国的情况

地区	国家	2015 年	2016 年	2017 年	2018 年	2019 年	2020 年	均值
亚洲	沙特阿拉伯	0. 62	0. 66	0. 70	0. 74	0. 70	0. 66	0. 68
亚洲	卡塔尔	0. 64	0. 59	0. 59	0. 60	0. 59	0. 56	0. 59
亚洲	韩国	0. 48	0. 47	0. 48	0. 49	0. 48	0. 47	0. 48
亚洲	新加坡	0. 34	0. 32	0. 31	0. 29	0. 26	0. 28	0. 30
亚洲	日本	0. 24	0. 25	0. 25	0. 21	0. 22	0. 26	0. 24
欧洲	荷兰	0. 26	0. 25	0. 25	0. 23	0. 20	0. 20	0. 23
欧洲	比利时	0. 25	0. 21	0. 22	0. 23	0. 24	0. 24	0. 23
亚洲	泰国	0. 20	0. 18	0. 19	0. 21	0. 23	0. 17	0. 20
欧洲	德国	0. 16	0. 16	0. 17	0. 14	0. 15	0. 16	0. 16
亚洲	阿拉伯联合酋长国	−0. 05	0. 21	0. 06	0. 06	0. 12	0. 24	0. 11
亚洲	中国	0. 00	0. 01	0. 01	0. 03	0. 08	0. 15	0. 05

合成树脂贸易竞争力指数变动最大的 10 个国家和地区如表 3-13 所示，贸易竞争力指数增长幅度最大的 5 个国家分别是老挝、纳米比亚、阿曼、阿拉伯联合酋长国、斯里兰卡，其年增长均值都在 13%以上。贸易竞争力指数下降幅度最大的 5 个国家和地区分别是巴拿马、洪都拉斯、布隆迪、中国澳门、马拉维，其年均下降幅度都在 17%以上，而巴拿马的贸易竞争力指数下降幅度高达 30. 60%，合成树脂国际贸易竞争力指数显著下降。近年来，随着中国能源化工产业的发展，合成树脂国际贸易竞争力取得了一定的提高，其年均增幅为正，指数年增长率为 7. 48%。

表 3-13　2015—2020 年合成树脂 TC 指数变动最大的 10 个国家和地区与中国的情况

单位：%

地区	国家(地区)	2015 年	2016 年	2017 年	2018 年	2019 年	2020 年	变动值	年均涨幅
亚洲	老挝	-0.95	-0.94	-0.98	-0.85	-0.49	-0.62	0.33	16.57
非洲	纳米比亚	-0.85	-0.90	-0.83	-0.62	-0.63	-0.52	0.33	16.51
亚洲	阿曼	-0.08	-0.30	-0.16	-0.11	-0.23	0.25	0.33	16.40
亚洲	阿拉伯联合酋长国	-0.05	0.21	0.06	0.06	0.12	0.24	0.29	14.71
亚洲	斯里兰卡	-0.82	-0.80	-0.79	-0.80	-0.80	-0.54	0.28	13.80
北美洲	巴拿马	0.01	0.11	-0.65	-0.64	-0.61	-0.60	-0.61	-30.60
北美洲	洪都拉斯	-0.63	-0.57	-0.57	-0.56	-0.80	-1.00	-0.37	-18.40
非洲	布隆迪	-0.39	-0.68	-0.66	-0.88	-0.95	-0.76	-0.37	-18.30
亚洲	中国澳门	-0.36	-0.13	-0.45	-0.76	-0.37	-0.71	-0.35	-17.50
非洲	马拉维	-0.55	-0.76	-0.87	-0.89	-0.86	-0.89	-0.34	-17.20
亚洲	中国	0.00	0.01	0.01	0.03	0.08	0.15	0.15	7.48

二、国际市场占有率（MOR）

155 个国家和地区合成树脂的国际市场占有率如表 3-14 和表 3-15 所示。可以看出，合成树脂市场占有率高的国家和地区较多地集中在消费大国和工业发达国家。市场占有率位居前五的国家分别为中国、美国、德国、韩国、日本，特别是中国、美国和德国的合成树脂市场占有率均值都在 10%以上，且市场占有率最高的 10 个国家的合计市场占有率超过了 60%。

表 3-14　全球 155 个国家（地区）合成树脂的国际市场占有率

单位：%

国家（地区）代码	2015 年	2020 年	均值	国家（地区）代码	2015 年	2020 年	均值	国家（地区）代码	2015 年	2020 年	均值	国家（地区）代码	2015 年	2020 年	均值	国家（地区）代码	2015 年	2020 年	均值
156	12. 26	16. 20	13. 08	643	0. 43	0. 63	0. 49	233	0. 06	0. 08	0. 07	104	0. 00	0. 01	0. 01	499	0. 00	0. 00	0. 00
842	11. 27	10. 15	10. 70	634	0. 61	0. 35	0. 47	188	0. 07	0. 07	0. 07	686	0. 01	0. 01	0. 01	204	0. 00	0. 00	0. 00
276	10. 11	9. 80	10. 24	376	0. 42	0. 46	0. 45	222	0. 06	0. 06	0. 06	480	0. 01	0. 01	0. 01	108	0. 00	0. 00	0. 00
410	5. 25	5. 28	5. 31	208	0. 44	0. 46	0. 45	428	0. 05	0. 07	0. 06	498	0. 00	0. 01	0. 01	646	0. 00	0. 00	0. 00
392	4. 19	4. 29	4. 23	703	0. 44	0. 41	0. 43	554	0. 06	0. 05	0. 06	446	0. 01	0. 00	0. 01	084	0. 00	0. 00	0. 00
528	4. 18	4. 03	4. 09	360	0. 42	0. 44	0. 42	320	0. 06	0. 06	0. 06	516	0. 00	0. 01	0. 01	508	0. 00	0. 00	0. 00
380	3. 47	3. 44	3. 52	246	0. 39	0. 38	0. 39	586	0. 05	0. 06	0. 05	800	0. 01	0. 00	0. 00	426	0. 00	0. 00	0. 00
251	3. 38	3. 29	3. 45	440	0. 26	0. 32	0. 30	288	0. 05	0. 04	0. 05	196	0. 00	0. 00	0. 00	096	0. 00	0. 00	0. 00
490	3. 45	3. 12	3. 35	372	0. 29	0. 30	0. 29	400	0. 06	0. 03	0. 04	072	0. 01	0. 00	0. 00	562	0. 00	0. 00	0. 00
056	3. 33	2. 98	3. 18	818	0. 26	0. 29	0. 27	858	0. 04	0. 04	0. 04	417	0. 00	0. 01	0. 00	496	0. 00	0. 00	0. 00
682	2. 84	2. 73	2. 94	642	0. 23	0. 31	0. 27	070	0. 03	0. 05	0. 04	352	0. 00	0. 00	0. 00	178	0. 00	0. 00	0. 00
702	2. 51	2. 17	2. 42	170	0. 26	0. 22	0. 24	048	0. 05	0. 04	0. 04	418	0. 00	0. 01	0. 00	478	0. 00	0. 00	0. 00
764	2. 22	2. 02	2. 18	705	0. 21	0. 25	0. 24	504	0. 03	0. 05	0. 03	268	0. 00	0. 00	0. 00	662	0. 00	0. 00	0. 00
124	2. 32	2. 08	2. 17	442	0. 23	0. 25	0. 22	116	0. 01	0. 05	0. 03	894	0. 00	0. 00	0. 00	670	0. 00	0. 00	0. 00
724	2. 02	1. 93	2. 02	710	0. 23	0. 21	0. 22	384	0. 03	0. 02	0. 03	008	0. 00	0. 00	0. 00	762	0. 00	0. 00	0. 00
826	2. 17	1. 83	2. 01	300	0. 21	0. 22	0. 21	422	0. 02	0. 02	0. 02	558	0. 00	0. 00	0. 00	258	0. 00	0. 00	0. 00

续表

国家（地区）代码	2015 年	2020 年	均值	国家（地区）代码	2015 年	2020 年	均值	国家（地区）代码	2015 年	2020 年	均值	国家（地区）代码	2015 年	2020 年	均值	国家（地区）代码	2015 年	2020 年	均值
616	1. 66	2. 00	1. 86	112	0. 16	0. 17	0. 17	404	0. 03	0. 02	0. 02	454	0. 01	0. 00	0. 00	180	0. 00	0. 00	0. 00
344	2. 31	1. 35	1. 78	032	0. 18	0. 12	0. 16	031	0. 02	0. 03	0. 02	051	0. 00	0. 00	0. 00	533	0. 00	0. 00	0. 00
484	1. 55	1. 54	1. 54	100	0. 14	0. 19	0. 16	591	0. 03	0. 02	0. 02	524	0. 00	0. 00	0. 00	690	0. 00	0. 00	0. 00
458	1. 32	1. 37	1. 38	688	0. 12	0. 17	0. 15	218	0. 02	0. 02	0. 02	748	0. 00	0. 00	0. 00	882	0. 00	0. 00	0. 00
040	1. 27	1. 20	1. 25	608	0. 14	0. 14	0. 14	398	0. 02	0. 02	0. 02	716	0. 00	0. 00	0. 00	028	0. 00	0. 00	0. 00
699	0. 94	1. 10	1. 08	036	0. 15	0. 11	0. 14	768	0. 02	0. 02	0. 02	242	0. 00	0. 00	0. 00	060	0. 00	0. 00	0. 00
203	1. 04	1. 08	1. 07	414	0. 16	0. 10	0. 12	807	0. 01	0. 02	0. 02	388	0. 00	0. 00	0. 00	004	0. 00	0. 00	0. 00
792	1. 05	1. 17	1. 06	512	0. 14	0. 22	0. 12	144	0. 01	0. 03	0. 02	450	0. 00	0. 00	0. 00	462	0. 00	0. 00	0. 00
784	0. 64	1. 17	0. 92	214	0. 09	0. 10	0. 10	600	0. 02	0. 01	0. 02	024	0. 00	0. 00	0. 00	308	0. 00	0. 00	0. 00
752	0. 93	0. 88	0. 90	604	0. 09	0. 09	0. 09	275	0. 01	0. 02	0. 01	052	0. 00	0. 00	0. 00	270	0. 00	0. 00	0. 00
757	0. 92	0. 85	0. 88	804	0. 06	0. 10	0. 08	470	0. 01	0. 02	0. 01	740	0. 00	0. 00	0. 00	296	0. 00	0. 00	0. 00
348	0. 74	0. 83	0. 79	788	0. 07	0. 10	0. 08	340	0. 02	0. 00	0. 01	068	0. 00	0. 00	0. 00	174	0. 00	0. 00	0. 00
704	0. 49	0. 87	0. 65	579	0. 08	0. 07	0. 08	834	0. 01	0. 00	0. 01	231	0. 00	0. 00	0. 00	678	0. 00	0. 00	0. 00
620	0. 53	0. 53	0. 55	191	0. 07	0. 09	0. 08	566	0. 01	0. 00	0. 01	854	0. 00	0. 00	0. 00	500	0. 00	0. 00	0. 00
076	0. 60	0. 43	0. 55	152	0. 09	0. 06	0. 08	780	0. 01	0. 01	0. 01	328	0. 00	0. 00	0. 00	132	0. 00	0. 00	0. 00

表 3-15　2015—2020 年合成树脂 MOR 最大的 10 个国家　　单位：%

地区	国家	2015 年	2016 年	2017 年	2018 年	2019 年	2020 年	均值
亚洲	中国	12.26	11.79	11.97	12.43	13.83	16.20	13.08
北美洲	美国	11.27	11.11	10.61	10.40	10.70	10.15	10.70
欧洲	德国	10.11	10.51	10.79	10.24	10.00	9.80	10.24
亚洲	韩国	5.25	5.20	5.36	5.42	5.33	5.28	5.31
亚洲	日本	4.19	4.41	4.29	4.07	4.14	4.29	4.23
欧洲	荷兰	4.18	4.12	4.12	4.11	3.99	4.03	4.09
欧洲	意大利	3.47	3.57	3.57	3.53	3.52	3.44	3.52
欧洲	法国	3.38	3.42	3.67	3.51	3.43	3.29	3.45
欧洲	比利时	3.33	3.32	3.26	3.13	3.07	2.98	3.18
亚洲	沙特阿拉伯	2.84	2.79	2.90	3.25	3.10	2.73	2.94
	合计	60.28	60.24	60.54	60.09	61.11	62.19	60.74

2015—2020 年合成树脂国际市场占有率变动最大的 10 个国家和地区如表 3-16 所示，增长幅度最大的 5 个国家分别为中国、阿拉伯联合酋长国、越南、波兰、俄罗斯，其增长值都在 0.2 个百分点以上，特别是中国，其增长幅度高达 3.94 个百分点。下降幅度最大的 5 个国家和地区分别是英国、新加坡、比利时、中国香港、美国，其下降幅度都在 0.34 个百分点以上，美国的合成树脂国际市场占有率下降最为明显，其下降幅度高达 1.12 个百分点。

表 3-16　2015—2020 年合成树脂 MOR 变动最大的 10 个国家和地区

单位：%

地区	国家（地区）	2015 年	2016 年	2017 年	2018 年	2019 年	2020 年	变动值（个百分点）
亚洲	中国	12.26	11.79	11.97	12.43	13.83	16.20	3.94
亚洲	阿拉伯联合酋长国	0.64	1.02	0.83	0.85	0.99	1.17	0.53
亚洲	越南	0.49	0.53	0.57	0.65	0.80	0.87	0.38

续表

地区	国家（地区）	2015 年	2016 年	2017 年	2018 年	2019 年	2020 年	变动值（个百分点）
欧洲	波兰	1. 66	1. 73	1. 76	2. 04	1. 93	2. 00	0. 34
欧洲	俄罗斯	0. 43	0. 43	0. 48	0. 49	0. 50	0. 63	0. 20
欧洲	英国	2. 17	2. 09	2. 05	1. 95	1. 97	1. 83	-0. 34
亚洲	新加坡	2. 51	2. 48	2. 49	2. 49	2. 40	2. 17	-0. 34
欧洲	比利时	3. 33	3. 32	3. 26	3. 13	3. 07	2. 98	-0. 35
亚洲	中国香港	2. 31	2. 09	1. 83	1. 58	1. 50	1. 35	-0. 96
北美洲	美国	11. 27	11. 11	10. 61	10. 40	10. 70	10. 15	-1. 12

三、显性比较优势指数（RCA）

155 个国家和地区合成树脂的显性比较优势指数如表 3-17 和表 3-18 所示。可以看出，显性比较优势位居前五的国家和地区分别为中国澳门、多哥、萨摩亚、黑山、塔吉克斯坦，特别是排名前三的国家和地区，其显性比较优势指数均值均不小于 2。中国合成树脂显性比较优势指数长期位于 0. 85 以上，年均值为 0. 9，初步具有比较优势，但与其他比较优势高的国家和地区相比还存在较大差距。

表 3-17　全球 155 个国家（地区）合成树脂的 RCA 指数

国家（地区）代码	2015 年	2020 年	均值	国家（地区）代码	2015 年	2020 年	均值	国家（地区）代码	2015 年	2020 年	均值	国家（地区）代码	2015 年	2020 年	均值	国家（地区）代码	2015 年	2020 年	均值
446	2.04	2.01	2.05	288	1.70	1.59	1.67	428	1.28	1.26	1.35	320	1.12	1.16	1.13	116	0.60	0.99	0.84
768	1.98	2.00	2.02	352	1.69	1.95	1.65	124	1.32	1.36	1.34	036	1.31	0.95	1.13	704	0.83	0.88	0.84
882	1.86	2.06	2.00	807	1.68	1.59	1.65	233	1.17	1.34	1.33	724	1.12	1.12	1.13	458	0.85	0.71	0.84
499	1.89	1.98	1.98	222	1.59	1.68	1.63	784	1.22	1.44	1.33	004	0.00	2.51	1.12	178	0.29	0.82	0.83
762	2.82	1.81	1.96	417	1.19	1.91	1.61	218	1.33	1.34	1.33	048	1.19	1.11	1.12	496	1.50	0.43	0.81
072	2.01	1.91	1.94	478	0.00	1.84	1.60	191	1.34	1.34	1.33	376	1.27	0.77	1.12	764	0.82	0.74	0.78
108	1.86	1.87	1.90	634	1.53	1.62	1.60	032	1.23	1.46	1.32	112	1.10	1.14	1.11	512	0.80	1.22	0.75
084	2.03	1.41	1.90	858	1.39	1.79	1.59	646	1.29	1.12	1.32	705	1.07	1.09	1.11	470	0.58	0.82	0.73
422	1.85	1.79	1.87	051	1.15	1.53	1.59	442	1.29	1.38	1.31	528	1.11	1.14	1.10	642	0.66	0.79	0.72
070	1.76	1.85	1.87	604	1.56	1.57	1.58	554	0.92	1.39	1.30	608	1.14	1.04	1.09	152	0.96	0.79	0.71
670	1.78	1.88	1.87	818	1.68	1.53	1.56	308	0.46	1.29	1.30	348	1.06	1.11	1.07	414	0.81	0.68	0.68
214	1.83	1.82	1.85	480	1.54	1.63	1.56	662	1.15	0.95	1.29	792	1.07	1.12	1.07	268	0.63	0.80	0.68
400	1.91	1.65	1.85	242	1.61	1.61	1.55	842	1.08	1.13	1.27	410	1.01	1.12	1.03	643	0.61	0.85	0.66
788	1.74	1.89	1.84	008	1.58	1.29	1.55	616	1.24	1.29	1.27	068	1.53	0.83	1.02	196	0.45	0.80	0.65
275	1.87	1.89	1.82	328	1.95	0.95	1.54	398	1.34	0.96	1.27	686	1.12	0.86	1.00	579	0.61	0.53	0.57
462	2.08	2.04	1.80	558	1.85	1.23	1.53	426	1.28	1.08	1.26	566	0.85	0.46	0.98	699	0.46	0.45	0.47

续表

国家（地区）代码	2015 年	2020 年	均值	国家（地区）代码	2015 年	2020 年	均值	国家（地区）代码	2015 年	2020 年	均值	国家（地区）代码	2015 年	2020 年	均值	国家（地区）代码	2015 年	2020 年	均值
258	1.77	1.98	1.79	562	1.68	1.84	1.51	500	1.20	0.95	1.26	688	1.09	0.97	0.98	757	0.45	0.34	0.42
740	1.96	1.65	1.78	052	1.73	1.63	1.49	682	1.23	1.25	1.25	703	0.95	0.99	0.97	748	0.31	0.24	0.42
300	1.78	1.76	1.78	678	2.08	1.88	1.48	504	1.18	1.24	1.23	586	0.93	0.95	0.96	384	0.53	0.19	0.39
296	1.81	1.71	1.78	690	0.14	2.01	1.48	100	1.22	1.28	1.23	076	0.92	0.97	0.95	360	0.35	0.42	0.36
204	1.88	1.55	1.76	800	1.70	1.08	1.43	251	1.18	1.22	1.23	702	0.91	0.99	0.95	132	2.08	0.00	0.35
834	1.75	1.76	1.75	498	1.22	1.49	1.40	516	1.41	1.28	1.22	894	0.81	1.44	0.94	104	0.20	0.24	0.32
344	1.73	1.73	1.74	174	2.08	0.00	1.39	188	1.22	1.24	1.20	710	0.92	0.91	0.94	144	0.17	0.32	0.19
170	1.73	1.71	1.74	028	1.47	1.31	1.39	276	1.17	1.18	1.20	392	0.86	1.00	0.93	524	0.33	0.14	0.18
404	1.76	1.67	1.74	031	1.34	1.48	1.39	381	1.19	1.19	1.19	024	0.69	0.18	0.92	591	0.12	0.36	0.17
060	2.05	2.01	1.73	804	1.46	1.39	1.38	508	1.45	1.18	1.18	826	0.86	0.84	0.92	418	0.06	0.31	0.17
716	1.40	1.92	1.71	040	1.34	1.37	1.37	388	0.51	1.63	1.17	056	1.16	0.84	0.90	372	0.12	0.08	0.11
600	1.73	1.66	1.70	454	1.67	1.29	1.37	490	1.14	1.20	1.17	156	0.87	0.96	0.90	180	0.09	0.08	0.09
440	1.71	1.61	1.70	752	1.31	1.36	1.36	620	1.14	1.13	1.15	450	0.81	0.40	0.89	780	0.08	0.11	0.09
340	1.72	1.34	1.69	484	1.36	1.36	1.36	203	1.12	1.15	1.14	533	0.65	1.93	0.87	096	0.02	0.00	0.01
854	1.33	1.48	1.68	246	1.29	1.40	1.36	208	1.23	1.02	1.14	231	0.78	0.89	0.87	270	0.01	0.00	0.00

表 3-18　2015—2020 年合成树脂 RCA 指数最大的 10 个国家和地区与中国的情况

地区	国家（地区）	2015 年	2016 年	2017 年	2018 年	2019 年	2020 年	均值
亚洲	中国澳门	2.04	2.07	2.05	2.03	2.07	2.01	2.05
非洲	多哥	1.98	2.00	2.02	2.06	2.06	2.00	2.02
大洋洲	萨摩亚	1.86	1.99	1.93	2.09	2.08	2.06	2.00
欧洲	黑山	1.89	1.99	2.01	2.01	2.01	1.98	1.98
亚洲	塔吉克斯坦	2.82	2.07	1.31	1.95	1.79	1.81	1.96
非洲	博茨瓦纳	2.01	2.01	1.97	1.90	1.85	1.91	1.94
非洲	布隆迪	1.86	2.05	2.04	1.88	1.72	1.87	1.90
北美洲	伯利兹	2.03	1.96	2.06	1.96	1.95	1.41	1.90
亚洲	黎巴嫩	1.85	1.87	1.85	1.94	1.93	1.79	1.87
欧洲	波黑	1.76	1.91	1.89	1.92	1.89	1.85	1.87
亚洲	中国	0.87	0.96	0.85	0.86	0.89	0.96	0.90

2015—2020 年合成树脂显性比较优势指数变动最大的 10 个国家和中国的情况如表 3-19 所示，增长幅度最大的 5 个国家分别为阿富汗、塞舌尔、毛里塔尼亚、阿鲁巴岛、牙买加，其增长值都在 1 以上，特别是阿富汗，其增长幅度高达 2.51。下降幅度最大的 5 个国家分别是圭亚那、塔吉克斯坦、蒙古国、科摩罗、佛得角，其下降幅度都在 1 及以上，科摩罗、佛得角的合成树脂显性比较优势指数下降最为明显，其下降幅度都超过了 2。中国的合成树脂显性比较优势指数有所增长但变动较小，其增长幅度仅为 0.09。

表 3-19　2015—2020 年合成树脂 RCA 指数变动最大的 10 个国家和中国的情况

地区	国家	2015 年	2016 年	2017 年	2018 年	2019 年	2020 年	变动值
亚洲	阿富汗	0.00	0.00	2.07	0.60	1.56	2.51	2.51
非洲	塞舌尔	0.14	1.31	2.02	2.03	1.37	2.01	1.87
非洲	毛里塔尼亚	0.00	2.01	2.02	1.84	1.88	1.84	1.84
北美洲	阿鲁巴岛	0.65	0.00	1.08	0.68	0.90	1.93	1.28
北美洲	牙买加	0.51	1.01	0.90	1.08	1.91	1.63	1.12

续表

地区	国家	2015 年	2016 年	2017 年	2018 年	2019 年	2020 年	变动值
南美洲	圭亚那	1.95	1.37	1.72	1.97	1.29	0.95	-1.00
亚洲	塔吉克斯坦	2.82	2.07	1.31	1.95	1.79	1.81	-1.01
亚洲	蒙古国	1.50	0.47	0.92	0.36	1.20	0.43	-1.07
非洲	科摩罗	2.08	0.99	1.98	1.91	1.36	0.00	-2.08
非洲	佛得角	2.08	0.00	0.00	0.00	0.00	0.00	-2.08
亚洲	中国	0.87	0.96	0.85	0.86	0.89	0.96	0.09

第四节　合成橡胶国际竞争力分析

一、贸易竞争力指数（TC）

合成橡胶的国际贸易竞争力指数如表 3-20 和表 3-22 所示。可以看到，合成橡胶国际贸易竞争力较大的国家为科特迪瓦、泰国、印度尼西亚，其贸易竞争力指数均值均在 0.5 以上。尼泊尔、毛里塔尼亚、科摩罗、佛得角、阿富汗、马尔代夫等国家合成橡胶的贸易竞争力指数均值为-1，完全依赖进口。中国合成橡胶贸易竞争力指数由 2015 年的 0.18 降至 2020 年的 0.17，波动比较平稳，年均值为 0.14，相较于其他国家，贸易竞争力指数仍然较小，发展较为缓慢。

表 3-20　2015—2020 年合成橡胶 TC 指数最大的 10 个国家和中国的情况

地区	国家	2015 年	2016 年	2017 年	2018 年	2019 年	2020 年	均值
非洲	科特迪瓦	0.65	0.73	0.80	0.79	0.80	0.81	0.76
亚洲	泰国	0.71	0.70	0.73	0.70	0.72	0.73	0.71
亚洲	印度尼西亚	0.56	0.54	0.58	0.46	0.49	0.52	0.52
欧洲	马耳他	0.50	0.47	0.46	0.50	0.47	0.44	0.47
亚洲	韩国	0.47	0.49	0.47	0.49	0.45	0.42	0.47
亚洲	老挝	0.37	0.35	0.45	0.43	0.57	0.59	0.46

续表

地区	国家	2015年	2016年	2017年	2018年	2019年	2020年	均值
亚洲	斯里兰卡	0.33	0.34	0.39	0.42	0.46	0.51	0.41
亚洲	日本	0.42	0.42	0.38	0.39	0.38	0.34	0.39
欧洲	塞尔维亚	0.27	0.34	0.38	0.42	0.40	0.38	0.37
亚洲	马来西亚	0.34	0.33	0.30	0.34	0.33	0.50	0.36
亚洲	中国	0.18	0.15	0.05	0.14	0.18	0.17	0.14

2015—2020年合成橡胶贸易竞争力指数变动最大的10个国家和中国的情况如表3-21所示，增长幅度最大的5个国家分别是缅甸、加纳、纳米比亚、菲律宾、克罗地亚，其年增长均值都在13%以上，特别是缅甸，其年增长幅度高达29.75%。下降幅度最大的5个国家分别是乌拉圭、吉尔吉斯斯坦、摩尔多瓦共和国、塞舌尔、爱沙尼亚，其年均下降幅度都在11%以上，而乌拉圭的贸易竞争力指数年均下降幅度高达32.74%。中国合成橡胶贸易竞争力指数呈现缓慢下降的趋势。

表3-21　2015—2020年合成橡胶TC指数变动最大的10个国家和中国的情况

单位:%

地区	国家	2015年	2016年	2017年	2018年	2019年	2020年	变动值	年均涨幅
亚洲	缅甸	-0.16	0.04	0.23	0.18	0.23	0.43	0.59	29.75
非洲	加纳	-0.81	-0.53	-0.40	-0.53	-0.46	-0.38	0.43	21.09
非洲	纳米比亚	-0.89	-0.97	-0.67	-0.64	-0.67	-0.52	0.37	18.70
亚洲	菲律宾	-0.49	-0.63	-0.27	-0.21	-0.25	-0.16	0.33	16.39
欧洲	克罗地亚	-0.75	-0.57	-0.54	-0.51	-0.52	-0.49	0.26	13.03
南美洲	乌拉圭	-0.20	-0.33	-0.37	-0.44	-0.57	-0.85	-0.65	-32.74
亚洲	吉尔吉斯斯坦	-0.62	-0.89	-0.81	-0.97	-0.95	-0.97	-0.35	-17.31
欧洲	摩尔多瓦共和国	-0.63	-0.66	-0.93	-0.96	-0.93	-0.94	-0.31	-15.53
非洲	塞舌尔	-0.69	-0.99	-1.00	-1.00	-0.97	-1.00	-0.31	-15.33
欧洲	爱沙尼亚	-0.15	-0.25	-0.33	-0.34	-0.31	-0.37	-0.22	-11.04
亚洲	中国	0.18	0.15	0.05	0.14	0.18	0.17	-0.01	-0.70

表 3-22　全球 155 个国家（地区）合成橡胶的 TC 指数

国家（地区）代码	2015 年	2020 年	均值	国家（地区）代码	2015 年	2020 年	均值	国家（地区）代码	2015 年	2020 年	均值	国家（地区）代码	2015 年	2020 年	均值	国家（地区）代码	2015 年	2020 年	均值
384	0. 65	0. 81	0. 76	699	-0. 11	0. 07	-0. 05	268	-0. 61	-0. 68	-0. 58	052	-0. 90	-0. 84	-0. 89	740	-0. 98	-0. 97	-0. 98
764	0. 71	0. 73	0. 71	251	-0. 05	-0. 07	-0. 06	032	-0. 64	-0. 64	-0. 58	894	-0. 93	-0. 92	-0. 89	340	-0. 97	-1. 00	-0. 98
360	0. 56	0. 52	0. 52	100	-0. 13	-0. 06	-0. 09	372	-0. 65	-0. 48	-0. 59	586	-0. 94	-0. 86	-0. 90	854	-0. 96	-0. 99	-0. 98
470	0. 50	0. 44	0. 47	643	-0. 04	-0. 16	-0. 10	218	-0. 74	-0. 69	-0. 71	662	-0. 86	-0. 86	-0. 90	028	-0. 96	-0. 98	-0. 98
410	0. 47	0. 42	0. 47	784	-0. 19	-0. 05	-0. 11	454	-0. 59	-0. 80	-0. 71	400	-0. 88	-0. 90	-0. 90	031	-0. 98	-0. 98	-0. 98
418	0. 37	0. 59	0. 46	112	-0. 02	-0. 16	-0. 11	516	-0. 89	-0. 52	-0. 73	480	-0. 90	-0. 90	-0. 91	508	-0. 98	-0. 99	-0. 98
144	0. 33	0. 51	0. 41	320	-0. 14	-0. 11	-0. 12	807	-0. 80	-0. 64	-0. 73	422	-0. 94	-0. 77	-0. 92	716	-0. 95	-1. 00	-0. 98
392	0. 42	0. 34	0. 39	591	0. 02	-0. 16	-0. 13	788	-0. 62	-0. 76	-0. 74	404	-0. 87	-0. 96	-0. 92	426	-0. 99	-0. 99	-0. 98
688	0. 27	0. 38	0. 37	344	-0. 19	-0. 13	-0. 16	512	-0. 83	-0. 69	-0. 76	070	-0. 93	-0. 92	-0. 93	450	-0. 97	-1. 00	-0. 99
458	0. 34	0. 50	0. 36	246	-0. 15	-0. 26	-0. 18	504	-0. 79	-0. 69	-0. 77	214	-0. 93	-0. 95	-0. 93	308	-0. 97	-1. 00	-0. 99
490	0. 35	0. 36	0. 35	752	-0. 25	-0. 27	-0. 28	566	-0. 72	-0. 88	-0. 77	242	-0. 94	-0. 94	-0. 94	600	-0. 98	-0. 98	-0. 99
704	0. 23	0. 27	0. 24	233	-0. 15	-0. 37	-0. 29	579	-0. 75	-0. 80	-0. 77	328	-0. 99	-0. 87	-0. 94	084	-0. 99	-1. 00	-0. 99
703	0. 29	0. 19	0. 22	076	-0. 31	-0. 37	-0. 31	818	-0. 79	-0. 73	-0. 78	780	-0. 95	-0. 96	-0. 94	296	-0. 99	-0. 99	-0. 99
642	0. 26	0. 18	0. 21	124	-0. 31	-0. 36	-0. 32	300	-0. 68	-0. 79	-0. 79	690	-0. 69	-1. 00	-0. 94	446	-0. 97	-0. 99	-0. 99
203	0. 19	0. 19	0. 18	608	-0. 49	-0. 16	-0. 34	008	-0. 86	-0. 68	-0. 79	646	-0. 95	-0. 90	-0. 94	231	-0. 99	-0. 99	-0. 99
702	0. 10	0. 17	0. 18	826	-0. 30	-0. 44	-0. 35	686	-0. 79	-0. 82	-0. 80	533	-0. 93	-1. 00	-0. 94	258	-0. 99	-1. 00	-0. 99

续表

国家（地区）代码	2015年	2020年	均值	国家（地区）代码	2015年	2020年	均值	国家（地区）代码	2015年	2020年	均值	国家（地区）代码	2015年	2020年	均值	国家（地区）代码	2015年	2020年	均值
104	-0.16	0.43	0.16	440	-0.36	-0.36	-0.36	604	-0.82	-0.74	-0.80	178	-0.97	-0.93	-0.94	762	-1.00	-0.99	-0.99
616	0.16	0.13	0.15	842	-0.34	-0.44	-0.37	682	-0.95	-0.73	-0.80	634	-0.95	-0.94	-0.95	678	-1.00	-1.00	-0.99
156	0.18	0.17	0.14	040	-0.34	-0.39	-0.38	180	-0.83	-0.85	-0.80	222	-0.96	-0.95	-0.95	060	-1.00	-1.00	-0.99
620	0.18	0.10	0.14	484	-0.44	-0.31	-0.39	804	-0.78	-0.84	-0.81	204	-0.97	-0.94	-0.95	558	-1.00	-1.00	-0.99
116	0.15	0.20	0.14	208	-0.44	-0.43	-0.43	554	-0.84	-0.81	-0.83	496	-0.98	-0.99	-0.95	499	-0.99	-1.00	-0.99
348	0.14	0.12	0.13	710	-0.40	-0.44	-0.44	800	-0.90	-0.70	-0.83	398	-0.96	-0.97	-0.95	270	-0.98	-0.99	-0.99
705	0.15	0.12	0.13	428	-0.45	-0.35	-0.45	498	-0.63	-0.94	-0.84	051	-0.98	-0.91	-0.96	882	-0.99	-1.00	-0.99
442	0.12	0.16	0.12	858	-0.20	-0.85	-0.46	170	-0.86	-0.78	-0.84	024	-0.92	-0.99	-0.96	068	-1.00	-0.99	-0.99
188	0.06	0.09	0.08	275	-0.52	-0.61	-0.49	768	-0.80	-0.88	-0.85	072	-0.98	-0.96	-0.96	500	-0.99	-1.00	-0.99
276	0.03	0.04	0.03	288	-0.81	-0.38	-0.52	096	-0.77	-0.97	-0.86	352	-0.98	-0.97	-0.96	524	-0.99	-1.00	-1.00
381	0.00	0.00	0.01	757	-0.51	-0.56	-0.53	414	-0.94	-0.95	-0.87	196	-0.97	-0.95	-0.96	478	-1.00	-0.99	-1.00
724	-0.02	-0.01	-0.01	376	-0.49	-0.59	-0.54	417	-0.62	-0.97	-0.87	108	-0.87	-0.95	-0.96	174	-1.00	-0.99	-1.00
056	-0.02	0.01	-0.01	048	-0.51	-0.27	-0.56	036	-0.87	-0.89	-0.87	562	-0.98	-1.00	-0.97	132	-1.00	-0.99	-1.00
528	-0.01	-0.03	-0.02	152	-0.51	-0.62	-0.56	388	-0.80	-0.96	-0.87	670	-0.96	-0.96	-0.97	004	-1.00	-1.00	-1.00
792	-0.07	-0.01	-0.03	191	-0.75	-0.49	-0.56	748	-0.86	-0.91	-0.88	834	-0.98	-0.98	-0.98	462	-1.00	-1.00	-1.00

二、国际市场占有率（MOR）

合成橡胶的国际市场占有率指数如表 3-23 和表 3-25 所示。可以看出，与贸易竞争力指数不同，合成橡胶占有率高的国家和地区主要集中在制造业大国和原料来源地。市场占有率位居前五的国家分别为中国、德国、泰国、美国、日本，特别是中国的合成橡胶市场占有率均值在 10%以上，合成橡胶的市场占有率最高的 10 个国家的合计市场占有率均值超过了 60%。

表 3-23　2015—2020 年合成橡胶 MOR 最大的 10 个国家　　单位：%

地区	国家	2015 年	2016 年	2017 年	2018 年	2019 年	2020 年	均值
亚洲	中国	12.32	11.62	11.18	11.70	12.00	12.90	11.96
欧洲	德国	9.26	9.61	9.27	9.46	9.01	8.67	9.21
亚洲	泰国	7.54	7.60	8.82	8.22	8.34	8.95	8.24
北美洲	美国	8.27	7.82	7.28	7.35	7.16	6.39	7.38
亚洲	日本	6.23	6.08	5.58	5.59	5.61	4.88	5.66
亚洲	马来西亚	3.78	3.58	3.92	3.95	3.88	6.49	4.26
亚洲	韩国	4.14	4.27	4.21	4.17	3.95	3.71	4.07
亚洲	印度尼西亚	3.58	3.52	4.19	3.36	3.27	3.22	3.52
欧洲	法国	3.67	3.51	3.52	3.54	3.45	3.17	3.48
欧洲	波兰	2.70	2.83	2.83	3.06	2.85	2.93	2.87
合计		61.49	60.44	60.80	60.40	59.52	61.31	60.65

2015—2020 年合成橡胶国际市场占有率指数变动最大的 10 个国家如表 3-24 所示，增长幅度最大的 5 个国家分别为马来西亚、泰国、越南、中国、科特迪瓦，特别是马来西亚，其增长幅度高达 2.71 个百分点，市场占有率不断提高，2020 年已位居世界第四。下降幅度最大的 5 个国家分别是美国、日本、德国、法国、加拿大，都集中在发达国家，其下降幅度都在 0.4 个百分点以上，美国的合成橡胶国际市场占有率下降最为明显，其下降幅度高达 1.88 个百分点。

表 3-24　2015—2020 年合成橡胶 MOR 变动最大的 10 个国家　　单位：%

地区	国家	2015 年	2016 年	2017 年	2018 年	2019 年	2020 年	变动值（个百分点）
亚洲	马来西亚	3. 78	3. 58	3. 92	3. 95	3. 88	6. 49	2. 71
亚洲	泰国	7. 54	7. 60	8. 82	8. 22	8. 34	8. 95	1. 41
亚洲	越南	1. 54	1. 77	2. 07	2. 02	2. 31	2. 68	1. 14
亚洲	中国	12. 32	11. 62	11. 18	11. 70	12. 00	12. 90	0. 58
非洲	科特迪瓦	0. 31	0. 34	0. 45	0. 40	0. 49	0. 59	0. 28
北美洲	美国	8. 27	7. 82	7. 28	7. 35	7. 16	6. 39	-1. 88
亚洲	日本	6. 23	6. 08	5. 58	5. 59	5. 61	4. 88	-1. 35
欧洲	德国	9. 26	9. 61	9. 27	9. 46	9. 01	8. 67	-0. 59
欧洲	法国	3. 67	3. 51	3. 52	3. 54	3. 45	3. 17	-0. 50
北美洲	加拿大	1. 99	1. 96	1. 72	1. 73	1. 78	1. 52	-0. 47

三、显性比较优势指数（RCA）

合成橡胶的显性比较优势指数如表 3-26 和表 3-28 所示。可以看出，显性比较优势位居前五的国家分别为老挝、刚果（金）、斯里兰卡、科特迪瓦共和国、缅甸，这 5 个国家合成橡胶的显性比较优势指数均值均高于 5。中国合成橡胶显性比较优势指数长期位于 0. 76 以上，2016 年最大为 0. 94，初步具有比较优势，但与其他比较优势高的国家和地区相比还存在较大差距。

表 3-25　全球 155 个国家（地区）合成橡胶的国际市场占有率

单位：%

国家（地区）代码	2015 年	2020 年	均值	国家（地区）代码	2015 年	2020 年	均值	国家（地区）代码	2015 年	2020 年	均值	国家（地区）代码	2015 年	2020 年	均值	国家（地区）代码	2015 年	2020 年	均值
156	12.32	12.90	11.96	144	0.48	0.50	0.49	804	0.04	0.05	0.05	008	0.00	0.01	0.00	068	0.00	0.00	0.00
276	9.26	8.67	9.21	688	0.30	0.51	0.43	604	0.05	0.06	0.05	454	0.00	0.00	0.00	204	0.00	0.00	0.00
764	7.54	8.95	8.24	384	0.31	0.59	0.43	191	0.02	0.06	0.05	070	0.00	0.00	0.00	662	0.00	0.00	0.00
842	8.27	6.39	7.38	040	0.43	0.42	0.41	170	0.05	0.05	0.04	388	0.00	0.00	0.00	558	0.00	0.00	0.00
392	6.23	4.88	5.66	442	0.42	0.37	0.40	504	0.03	0.05	0.04	417	0.01	0.00	0.00	740	0.00	0.00	0.00
458	3.78	6.49	4.26	705	0.36	0.40	0.37	470	0.04	0.03	0.04	422	0.00	0.00	0.00	450	0.00	0.00	0.00
410	4.14	3.71	4.07	344	0.37	0.27	0.32	288	0.03	0.04	0.04	024	0.00	0.00	0.00	533	0.00	0.00	0.00
360	3.58	3.22	3.52	246	0.31	0.26	0.29	858	0.06	0.00	0.03	096	0.00	0.00	0.00	690	0.00	0.00	0.00
251	3.67	3.17	3.48	710	0.30	0.21	0.25	300	0.04	0.03	0.03	222	0.00	0.00	0.00	562	0.00	0.00	0.00
616	2.70	2.93	2.87	757	0.24	0.23	0.23	218	0.03	0.02	0.03	834	0.00	0.00	0.00	108	0.00	0.00	0.00
381	2.77	2.63	2.77	152	0.25	0.16	0.20	566	0.04	0.01	0.03	480	0.00	0.00	0.00	524	0.00	0.00	0.00
528	2.41	2.38	2.40	112	0.19	0.20	0.20	554	0.02	0.03	0.02	496	0.00	0.00	0.00	446	0.00	0.00	0.00
724	2.23	2.17	2.24	608	0.09	0.26	0.19	512	0.02	0.03	0.02	780	0.00	0.00	0.00	426	0.00	0.00	0.00
203	2.15	2.03	2.13	100	0.16	0.22	0.19	268	0.01	0.01	0.02	600	0.00	0.00	0.00	084	0.00	0.00	0.00
704	1.54	2.68	2.06	208	0.16	0.19	0.17	586	0.01	0.02	0.02	768	0.00	0.00	0.00	499	0.00	0.00	0.00
056	1.84	1.90	1.88	188	0.14	0.13	0.14	414	0.00	0.00	0.01	072	0.00	0.00	0.00	670	0.00	0.00	0.00

续表

国家（地区）代码	2015 年	2020 年	均值	国家（地区）代码	2015 年	2020 年	均值	国家（地区）代码	2015 年	2020 年	均值	国家（地区）代码	2015 年	2020 年	均值	国家（地区）代码	2015 年	2020 年	均值
124	1.99	1.52	1.78	032	0.14	0.09	0.14	048	0.01	0.02	0.01	051	0.00	0.00	0.00	762	0.00	0.00	0.00
643	1.51	1.50	1.66	104	0.07	0.19	0.12	788	0.02	0.01	0.01	196	0.00	0.00	0.00	258	0.00	0.00	0.00
484	1.56	1.70	1.63	116	0.10	0.16	0.12	516	0.00	0.02	0.01	340	0.00	0.00	0.00	478	0.00	0.00	0.00
699	1.43	1.70	1.60	036	0.12	0.11	0.12	398	0.01	0.01	0.01	748	0.00	0.00	0.00	028	0.00	0.00	0.00
490	1.50	1.59	1.50	682	0.04	0.16	0.11	807	0.00	0.01	0.01	231	0.00	0.00	0.00	308	0.00	0.00	0.00
826	1.69	1.27	1.47	591	0.12	0.10	0.11	275	0.00	0.00	0.01	352	0.00	0.00	0.00	004	0.00	0.00	0.00
792	1.35	1.52	1.46	320	0.10	0.10	0.10	894	0.01	0.00	0.01	242	0.00	0.00	0.00	132	0.00	0.00	0.00
348	1.44	1.36	1.43	376	0.09	0.08	0.09	180	0.01	0.00	0.00	031	0.00	0.00	0.00	060	0.00	0.00	0.00
642	1.29	1.34	1.36	418	0.04	0.12	0.08	404	0.01	0.00	0.00	052	0.00	0.00	0.00	882	0.00	0.00	0.00
703	1.38	1.22	1.34	440	0.07	0.10	0.08	800	0.00	0.01	0.00	646	0.00	0.00	0.00	296	0.00	0.00	0.00
702	0.97	0.89	1.03	233	0.10	0.05	0.06	634	0.00	0.00	0.00	328	0.00	0.00	0.00	678	0.00	0.00	0.00
076	0.99	0.73	0.92	372	0.05	0.10	0.06	214	0.00	0.00	0.00	178	0.00	0.00	0.00	270	0.00	0.00	0.00
620	0.75	0.70	0.76	818	0.06	0.07	0.06	498	0.01	0.00	0.00	716	0.00	0.00	0.00	462	0.00	0.00	0.00
784	0.67	0.81	0.75	579	0.06	0.05	0.05	686	0.00	0.00	0.00	508	0.00	0.00	0.00	174	0.00	0.00	0.00
752	0.60	0.59	0.57	428	0.05	0.07	0.05	400	0.00	0.00	0.00	854	0.00	0.00	0.00	500	0.00	0.00	0.00

表 3-26　2015—2020 年合成橡胶 RCA 指数最大的 10 个国家和中国的情况

地区	国家	2015 年	2016 年	2017 年	2018 年	2019 年	2020 年	均值
亚洲	老挝	6. 37	6. 44	6. 33	6. 38	5. 26	5. 76	6. 09
非洲	刚果（金）	6. 42	6. 08	6. 17	5. 98	5. 58	5. 35	5. 93
亚洲	斯里兰卡	5. 80	5. 74	5. 72	5. 83	5. 95	5. 24	5. 71
非洲	科特迪瓦共和国	5. 02	4. 95	5. 18	5. 88	6. 01	6. 13	5. 53
亚洲	缅甸	5. 24	5. 08	5. 21	5. 37	5. 33	5. 86	5. 35
亚洲	蒙古国	1. 89	5. 15	3. 66	5. 56	2. 17	4. 68	3. 85
亚洲	格鲁吉亚	4. 41	3. 85	3. 69	3. 84	3. 35	3. 46	3. 77
亚洲	柬埔寨	4. 45	3. 74	3. 86	3. 56	3. 14	3. 10	3. 64
欧洲	罗马尼亚	3. 73	3. 71	3. 48	3. 67	3. 52	3. 45	3. 59
非洲	尼日利亚	3. 96	3. 38	2. 71	2. 59	3. 35	4. 60	3. 43
亚洲	中国	0. 87	0. 94	0. 80	0. 81	0. 77	0. 76	0. 83

2015—2020 年合成橡胶显性比较优势指数变动最大的 10 个国家和中国的情况如表 3-27 所示，增长幅度最大的 5 个国家分别为科摩罗、佛得角、蒙古国、圭亚那、巴拿马，特别是科摩罗、佛得角，其增长幅度均高达 6. 92。下降幅度最大的 5 个国家分别是塞舌尔、牙买加、格林纳达、塔吉克斯坦、安哥拉，其下降幅度都在 3. 5 以上，塞舌尔、牙买加的显性比较优势指数下降最为明显，其下降幅度都超过了 3。中国合成橡胶显性比较优势指数有所下降但变动较小，其下降幅度仅为 0. 11。

表 3-27　2015—2020 年合成橡胶 RCA 指数变动最大的 10 个国家和中国的情况

地区	国家	2015 年	2016 年	2017 年	2018 年	2019 年	2020 年	变动值
非洲	科摩罗	0. 00	3. 57	0. 28	0. 61	2. 39	6. 92	6. 92
非洲	佛得角	0. 00	0. 00	0. 00	0. 00	0. 00	6. 92	6. 92
亚洲	蒙古国	1. 89	5. 15	3. 66	5. 56	2. 17	4. 68	2. 79
南美洲	圭亚那	0. 09	1. 83	0. 77	0. 16	1. 25	2. 51	2. 42
北美洲	巴拿马	0. 52	0. 68	0. 54	0. 62	0. 99	1. 98	1. 46
非洲	塞舌尔	6. 25	2. 50	0. 17	0. 21	2. 36	0. 05	-6. 20
北美洲	牙买加	4. 94	3. 33	3. 67	3. 34	0. 51	1. 06	-3. 88
北美洲	格林纳达	4. 12	3. 66	0. 69	1. 21	0. 77	0. 24	-3. 88
亚洲	塔吉克斯坦	4. 44	6. 83	2. 04	0. 49	0. 82	0. 72	-3. 72
非洲	安哥拉	4. 28	2. 17	1. 82	2. 22	1. 50	0. 77	-3. 51
亚洲	中国	0. 87	0. 94	0. 80	0. 81	0. 77	0. 76	-0. 11

表 3-28　全球 155 个国家（地区）合成橡胶的 RCA 指数

国家（地区）代码	2015 年	2020 年	均值	国家（地区）代码	2015 年	2020 年	均值	国家（地区）代码	2015 年	2020 年	均值	国家（地区）代码	2015 年	2020 年	均值	国家（地区）代码	2015 年	2020 年	均值
418	6. 37	5. 76	6. 09	678	0. 01	0. 49	1. 96	428	1. 27	1. 23	1. 12	242	0. 64	0. 57	0. 69	480	0. 31	0. 27	0. 27
180	6. 42	5. 35	5. 93	348	2. 05	1. 81	1. 94	784	1. 28	1. 00	1. 11	826	0. 67	0. 58	0. 67	834	0. 23	0. 34	0. 26
144	5. 80	5. 24	5. 71	320	1. 99	1. 89	1. 94	854	2. 17	1. 70	1. 11	275	0. 54	0. 41	0. 66	300	0. 37	0. 25	0. 24
384	5. 02	6. 13	5. 53	690	6. 25	0. 05	1. 92	328	0. 09	2. 51	1. 10	528	0. 64	0. 67	0. 65	084	0. 18	0. 02	0. 23
104	5. 24	5. 86	5. 35	894	3. 31	1. 44	1. 86	124	1. 13	0. 99	1. 10	051	0. 12	1. 29	0. 61	376	0. 28	0. 14	0. 21
496	1. 89	4. 68	3. 85	218	1. 59	1. 82	1. 81	060	0. 11	0. 04	1. 08	807	0. 49	0. 76	0. 60	882	0. 45	0. 06	0. 21
268	4. 41	3. 46	3. 77	152	2. 53	2. 03	1. 80	276	1. 07	1. 04	1. 08	554	0. 32	0. 69	0. 56	499	0. 42	0. 09	0. 18
116	4. 45	3. 10	3. 64	308	4. 12	0. 24	1. 78	858	1. 86	0. 17	1. 06	056	0. 64	0. 54	0. 53	422	0. 20	0. 31	0. 17
642	3. 73	3. 45	3. 59	705	1. 80	1. 76	1. 73	710	1. 20	0. 93	1. 06	490	0. 50	0. 61	0. 52	450	0. 24	0. 08	0. 16
566	3. 96	4. 60	3. 43	076	1. 54	1. 62	1. 59	748	0. 22	0. 11	1. 02	398	0. 49	0. 28	0. 52	558	0. 08	0. 07	0. 15
360	2. 97	3. 13	3. 04	620	1. 62	1. 50	1. 59	246	1. 01	0. 95	1. 01	686	0. 46	0. 52	0. 49	462	0. 00	0. 14	0. 15
703	3. 00	2. 94	3. 00	008	1. 55	2. 29	1. 57	036	1. 03	0. 99	1. 00	716	1. 26	0. 15	0. 48	070	0. 14	0. 11	0. 14
764	2. 77	3. 29	2. 96	792	1. 38	1. 46	1. 48	417	2. 40	0. 19	0. 95	108	0. 73	0. 51	0. 46	512	0. 10	0. 15	0. 13
688	2. 65	2. 93	2. 84	100	1. 42	1. 48	1. 48	204	0. 59	1. 41	0. 94	440	0. 44	0. 48	0. 45	400	0. 15	0. 18	0. 13
388	4. 94	1. 06	2. 81	504	1. 47	1. 49	1. 46	381	0. 94	0. 91	0. 94	040	0. 45	0. 48	0. 45	096	0. 26	0. 00	0. 12
704	2. 61	2. 71	2. 69	608	0. 76	1. 90	1. 44	842	0. 79	0. 71	0. 91	208	0. 44	0. 42	0. 43	757	0. 12	0. 09	0. 11

续表

国家（地区）代码	2015 年	2020 年	均值	国家（地区）代码	2015 年	2020 年	均值	国家（地区）代码	2015 年	2020 年	均值	国家（地区）代码	2015 年	2020 年	均值	国家（地区）代码	2015 年	2020 年	均值
178	3.62	2.91	2.65	484	1.37	1.50	1.44	296	0.88	1.06	0.90	740	0.28	0.88	0.42	196	0.07	0.15	0.10
188	2.49	2.34	2.57	508	1.61	1.29	1.42	591	0.52	1.98	0.89	702	0.35	0.41	0.40	768	0.14	0.06	0.09
762	4.44	0.72	2.56	028	1.66	1.70	1.36	752	0.84	0.91	0.87	048	0.35	0.75	0.40	600	0.12	0.13	0.09
458	2.42	3.35	2.55	288	1.10	1.58	1.31	258	0.98	0.11	0.84	072	0.21	0.34	0.39	340	0.08	0.09	0.09
662	2.86	3.69	2.47	112	1.28	1.34	1.27	231	1.23	0.65	0.84	068	0.24	0.40	0.38	214	0.09	0.05	0.08
500	2.89	3.12	2.46	724	1.24	1.25	1.25	604	0.81	1.00	0.83	579	0.43	0.35	0.37	414	0.02	0.02	0.07
442	2.40	2.06	2.33	233	2.00	0.90	1.25	156	0.87	0.76	0.83	404	0.50	0.22	0.35	682	0.02	0.07	0.05
174	0.00	6.92	2.30	251	1.28	1.18	1.24	498	1.99	0.31	0.82	818	0.41	0.36	0.34	222	0.03	0.03	0.03
454	1.27	2.47	2.27	392	1.28	1.14	1.24	804	0.97	0.66	0.80	344	0.28	0.34	0.31	031	0.02	0.03	0.03
203	2.32	2.15	2.27	646	1.79	1.53	1.23	562	1.25	0.02	0.79	170	0.30	0.38	0.31	372	0.02	0.03	0.02
643	2.16	2.02	2.22	533	2.68	0.13	1.20	410	0.80	0.79	0.79	426	0.48	0.05	0.31	446	0.03	0.04	0.02
024	4.28	0.77	2.13	032	0.97	1.15	1.19	191	0.35	0.95	0.77	478	0.00	0.50	0.30	270	0.00	0.06	0.02
516	1.38	2.39	2.08	800	0.55	1.98	1.18	052	0.98	1.23	0.71	352	0.15	0.25	0.30	634	0.01	0.02	0.01
470	1.92	1.81	2.00	132	0.00	6.92	1.15	670	0.99	0.66	0.70	586	0.18	0.38	0.30	524	0.02	0.01	0.01
616	2.03	1.89	1.97	004	0.00	0.00	1.14	699	0.70	0.69	0.69	788	0.50	0.19	0.30	780	0.01	0.01	0.01

第五节　合成纤维国际竞争力分析

一、贸易竞争力指数（TC）

合成纤维贸易竞争力指数如表 3-29 和表 3-31 所示。合成纤维贸易竞争力指数较大的国家为中国、奥地利、爱尔兰，这 3 个国家的贸易竞争力指数均值均大于 0.5。中国合成纤维的国际贸易竞争力指数最大，合成纤维也是中国在所有能源化工产品中最具国际竞争力的产业。塔吉克斯坦、基里巴斯、科摩罗、蒙特塞拉特、圣多美和普林西比等国家和地区合成纤维的贸易竞争力指数均值均为-1，完全依赖进口。

表 3-29　2015—2020 年合成纤维 TC 指数最大的 10 个国家

地区	国家	2015 年	2016 年	2017 年	2018 年	2019 年	2020 年	均值
亚洲	中国	0.67	0.42	0.70	0.71	0.74	0.76	0.67
欧洲	奥地利	0.58	0.59	0.59	0.59	0.61	0.57	0.59
欧洲	爱尔兰	0.52	0.50	0.51	0.52	0.50	0.56	0.52
亚洲	印度	0.50	0.50	0.49	0.38	0.34	0.32	0.42
亚洲	韩国	0.42	0.40	0.43	0.45	0.43	0.40	0.42
亚洲	日本	0.46	0.42	0.40	0.37	0.38	0.40	0.41
亚洲	泰国	0.28	0.27	0.31	0.30	0.29	0.25	0.28
亚洲	新加坡	0.24	0.18	0.26	0.30	0.32	0.22	0.25
欧洲	斯洛文尼亚	0.22	0.21	0.26	0.26	0.26	0.27	0.25
亚洲	马来西亚	0.21	0.10	0.15	0.17	0.22	0.15	0.17

2015—2020 年合成纤维贸易竞争力指数变动最大的 10 个国家和地区如表 3-30 所示，增长幅度最大的 5 个国家分别是丹麦、阿曼、塞内加尔、南非、英国，特别是丹麦，其年增长幅度高达 26.53%。下降幅度最大的 5 个

国家和地区分别是冈比亚、阿富汗、中国澳门、阿塞拜疆、亚美尼亚，其下降幅度都在 12%以上，而冈比亚的贸易竞争力指数下降幅度高达 80.21%。中国合成纤维贸易竞争力指数变动呈现缓慢增长趋势，其年均增幅为 4.38%。

表 3-30　2015—2020 年合成纤维 TC 指数变动最大的 10 个国家和地区与中国的情况

单位：%

地区	国家（地区）	2015 年	2016 年	2017 年	2018 年	2019 年	2020 年	变动值	涨幅
欧洲	丹麦	-0.36	0.13	0.16	0.19	0.17	0.17	0.53	26.53
亚洲	阿曼	-0.76	-0.77	-0.66	-0.67	-0.60	-0.54	0.22	10.97
非洲	塞内加尔	-0.42	-0.40	-0.28	-0.29	-0.42	-0.23	0.19	9.44
非洲	南非	-0.71	-0.68	-0.65	-0.63	-0.61	-0.57	0.14	7.30
欧洲	英国	-0.32	-0.34	-0.12	-0.32	-0.19	-0.18	0.14	7.22
非洲	冈比亚	0.76	-0.77	-0.61	-0.46	-0.81	-0.85	-1.61	-80.21
亚洲	阿富汗	0.00	0.00	0.00	0.00	-1.00	-1.00	-1.00	-50.00
亚洲	中国澳门	-0.51	-1.00	-0.83	-0.66	-1.00	-1.00	-0.49	-24.65
亚洲	阿塞拜疆	-0.65	-0.94	-0.93	-0.93	-0.95	-0.94	-0.29	-14.32
亚洲	亚美尼亚	-0.73	-0.99	-0.97	-0.91	-0.98	-0.98	-0.25	-12.75
亚洲	中国	0.67	0.42	0.70	0.71	0.74	0.76	0.09	4.38

表 3-31 全球 155 个国家（地区）合成纤维的 TC 指数

国家（地区）代码	2015 年	2020 年	均值	国家（地区）代码	2015 年	2020 年	均值	国家（地区）代码	2015 年	2020 年	均值	国家（地区）代码	2015 年	2020 年	均值	国家（地区）代码	2015 年	2020 年	均值
490	0.78	0.70	0.76	826	-0.32	-0.18	-0.24	320	-0.77	-0.67	-0.71	748	-0.83	-0.91	-0.88	634	-0.98	-0.96	-0.98
156	0.67	0.76	0.67	300	-0.32	-0.29	-0.26	780	-0.75	-0.74	-0.74	031	-0.65	-0.94	-0.89	462	-1.00	-1.00	-0.98
040	0.58	0.57	0.59	348	-0.26	-0.27	-0.27	604	-0.67	-0.78	-0.74	384	-0.83	-0.96	-0.89	072	-0.99	-0.99	-0.99
372	0.52	0.56	0.52	191	-0.30	-0.30	-0.29	070	-0.74	-0.73	-0.76	404	-0.89	-0.91	-0.91	662	-0.98	-1.00	-0.99
699	0.50	0.32	0.42	620	-0.28	-0.27	-0.30	562	-0.99	-0.96	-0.77	504	-0.91	-0.88	-0.91	008	-0.99	-0.98	-0.99
410	0.42	0.40	0.42	376	-0.27	-0.34	-0.31	170	-0.77	-0.79	-0.77	418	-0.98	-0.92	-0.92	496	-1.00	-1.00	-0.99
392	0.46	0.40	0.41	004	0.00	-1.00	-0.33	818	-0.80	-0.69	-0.77	400	-0.92	-0.87	-0.93	178	-1.00	-0.99	-0.99
764	0.28	0.25	0.28	686	-0.42	-0.23	-0.34	268	-0.94	-0.82	-0.78	051	-0.73	-0.98	-0.93	204	-1.00	-0.98	-0.99
702	0.24	0.22	0.25	124	-0.30	-0.34	-0.34	048	-0.86	-0.75	-0.79	196	-0.95	-0.96	-0.93	508	-0.99	-0.99	-0.99
705	0.22	0.27	0.25	100	-0.39	-0.32	-0.34	643	-0.83	-0.78	-0.80	516	-0.96	-0.98	-0.94	690	-0.96	-1.00	-0.99
458	0.21	0.15	0.17	442	-0.35	-0.44	-0.34	554	-0.84	-0.74	-0.81	414	-0.95	-0.88	-0.94	108	-1.00	-1.00	-0.99
112	0.29	0.14	0.14	440	-0.41	-0.47	-0.44	275	-0.83	-0.92	-0.81	242	-0.96	-0.93	-0.94	499	-0.98	-1.00	-0.99
208	-0.36	0.17	0.08	270	0.76	-0.85	-0.46	422	-0.84	-0.69	-0.81	288	-0.81	-0.99	-0.95	566	-1.00	-1.00	-0.99
381	0.08	0.08	0.07	188	-0.50	-0.39	-0.46	498	-0.86	-0.81	-0.81	068	-0.97	-0.88	-0.95	258	-1.00	-1.00	-0.99
528	0.01	0.10	0.06	642	-0.52	-0.43	-0.46	579	-0.83	-0.81	-0.82	104	-0.86	-0.97	-0.95	096	-1.00	-1.00	-0.99
056	0.13	0.19	0.05	222	-0.56	-0.49	-0.53	144	-0.83	-0.74	-0.82	646	-1.00	-0.89	-0.96	533	-1.00	-1.00	-1.00

续表

国家（地区）代码	2015年	2020年	均值	国家（地区）代码	2015年	2020年	均值	国家（地区）代码	2015年	2020年	均值	国家（地区）代码	2015年	2020年	均值	国家（地区）代码	2015年	2020年	均值
360	0.13	0.03	0.04	752	−0.59	−0.54	−0.56	834	−0.79	−0.92	−0.82	231	−0.97	−0.96	−0.96	028	−1.00	−1.00	−1.00
757	0.06	−0.02	0.02	616	−0.59	−0.55	−0.56	688	−0.87	−0.80	−0.83	398	−0.96	−0.93	−0.96	478	−1.00	−1.00	−1.00
591	0.08	−0.07	0.01	682	−0.56	−0.46	−0.57	446	−0.51	−1.00	−0.83	558	−0.98	−0.90	−0.96	084	−0.99	−1.00	−1.00
344	−0.02	0.03	0.00	704	−0.60	−0.55	−0.58	036	−0.85	−0.86	−0.84	450	−0.95	−0.99	−0.96	328	−1.00	−1.00	−1.00
703	0.01	0.00	−0.01	152	−0.54	−0.62	−0.59	894	−0.71	−0.92	−0.84	426	−0.99	−0.90	−0.96	740	−1.00	−1.00	−1.00
842	−0.03	−0.04	−0.02	233	−0.65	−0.62	−0.62	032	−0.87	−0.89	−0.84	716	−0.98	−0.99	−0.97	388	−1.00	−1.00	−1.00
784	−0.03	−0.17	−0.04	586	−0.64	−0.52	−0.62	246	−0.82	−0.88	−0.85	308	−0.95	−0.93	−0.97	882	−0.99	−1.00	−1.00
724	−0.10	−0.01	−0.05	484	−0.61	−0.59	−0.62	807	−0.87	−0.82	−0.85	858	−0.97	−0.98	−0.98	854	−1.00	−1.00	−1.00
470	−0.26	−0.15	−0.09	710	−0.71	−0.57	−0.64	608	−0.86	−0.81	−0.85	768	−0.93	−0.99	−0.98	060	−1.00	−1.00	−1.00
276	−0.05	−0.12	−0.10	052	−0.97	−1.00	−0.66	788	−0.83	−0.85	−0.86	352	−0.99	−1.00	−0.98	670	−1.00	−1.00	−1.00
524	−0.16	−0.16	−0.10	132	−1.00	−1.00	−0.66	218	−0.76	−0.85	−0.86	454	−0.94	−1.00	−0.98	762	−1.01	−1.00	−1.00
428	−0.03	−0.06	−0.11	512	−0.76	−0.54	−0.67	076	−0.85	−0.85	−0.86	116	−0.97	−0.97	−0.98	296	−1.00	−1.00	−1.00
203	−0.16	−0.09	−0.12	480	−0.76	−0.67	−0.69	340	−0.96	−1.00	−0.87	417	−0.96	−0.98	−0.98	174	−1.00	−1.00	−1.00
792	−0.17	−0.11	−0.17	214	−0.69	−0.64	−0.70	800	−0.91	−0.82	−0.87	024	−0.99	−0.94	−0.98	500	−1.00	−1.00	−1.00
251	−0.18	−0.18	−0.17	600	−0.75	−0.71	−0.70	804	−0.91	−0.88	−0.88	180	−1.00	−0.99	−0.98	678	−1.00	−1.00	−1.00

二、国际市场占有率（MOR）

155 个国家和地区合成纤维的国际市场占有率如表 3-32 和表 3-34 所示。可以看出，与贸易竞争力指数不同，合成纤维市场占有率高的国家更多地集中在消费大国和发达国家。市场占有率位居前五的国家分别为中国、韩国、印度、美国、日本，特别是中国的合成纤维市场占有率均值在 30%以上，而市场占有率最高的 10 个国家的合计市场占有率均值超过了 71. 19%。

表 3-32　2015—2020 年合成纤维 MOR 最大的 10 个国家　　单位：%

地区	国家	2015 年	2016 年	2017 年	2018 年	2019 年	2020 年	均值
亚洲	中国	34. 96	19. 01	35. 81	37. 38	39. 58	40. 21	34. 49
亚洲	韩国	5. 67	6. 90	5. 41	5. 54	5. 19	4. 79	5. 58
亚洲	印度	5. 14	6. 24	5. 08	4. 70	4. 67	4. 13	4. 99
北美洲	美国	5. 12	6. 27	4. 73	4. 59	4. 53	4. 43	4. 94
亚洲	日本	4. 62	5. 36	3. 93	3. 79	3. 80	3. 77	4. 21
欧洲	意大利	3. 58	4. 67	3. 67	3. 66	3. 42	3. 39	3. 73
亚洲	印度尼西亚	3. 93	4. 76	3. 59	3. 43	3. 54	3. 01	3. 71
亚洲	土耳其	3. 39	4. 34	3. 46	3. 42	3. 30	3. 56	3. 58
欧洲	德国	3. 68	4. 68	3. 28	3. 20	2. 91	3. 15	3. 48
亚洲	泰国	2. 34	2. 96	2. 47	2. 53	2. 29	2. 26	2. 48
合计		72. 43	65. 18	71. 43	72. 23	73. 22	72. 69	71. 19

2015—2020 年合成纤维国际市场占有率变动最大的 10 个国家和地区如表 3-33 所示，增长幅度最大的 5 个国家分别为中国、越南、西班牙、荷兰、丹麦，特别是中国，其年增长幅度高达 5. 25%。下降幅度最大的 5 个国家和地区分别是印度、印度尼西亚、韩国、日本、中国香港，基本集中在发达国家和地区，其下降幅度都在 0. 85%以上，印度的合成纤维国际市场占有率下降最为明显，其下降幅度高达 1. 01%。

表 3-33　2015—2020 年合成纤维 MOR 变动最大的 10 个国家和地区　单位:%

地区	国家（地区）	2015 年	2016 年	2017 年	2018 年	2019 年	2020 年	变动值
亚洲	中国	34.96	19.01	35.81	37.38	39.58	40.21	5.25
亚洲	越南	1.50	1.95	1.70	1.97	2.04	2.14	0.64
欧洲	西班牙	1.40	1.89	1.81	1.80	1.71	1.74	0.34
欧洲	荷兰	1.62	2.04	1.75	1.62	1.63	1.86	0.24
欧洲	丹麦	0.11	0.37	0.30	0.32	0.30	0.34	0.23
亚洲	印度	5.14	6.24	5.08	4.70	4.67	4.13	-1.01
亚洲	印度尼西亚	3.93	4.76	3.59	3.43	3.54	3.01	-0.92
亚洲	韩国	5.67	6.90	5.41	5.54	5.19	4.79	-0.88
亚洲	日本	4.62	5.36	3.93	3.79	3.80	3.77	-0.85
亚洲	中国香港	1.84	2.10	1.48	1.32	1.22	0.99	-0.85

表 3-34　全球 155 个国家（地区）合成纤维的国际市场占有率

单位：%

国家（地区）代码	2015 年	2020 年	均值	国家（地区）代码	2015 年	2020 年	均值	国家（地区）代码	2015 年	2020 年	均值	国家（地区）代码	2015 年	2020 年	均值	国家（地区）代码	2015 年	2020 年	均值
156	34.96	40.21	34.49	757	0.37	0.29	0.34	788	0.05	0.04	0.04	418	0.00	0.00	0.00	180	0.00	0.00	0.00
410	5.67	4.79	5.58	703	0.27	0.27	0.29	686	0.03	0.05	0.04	780	0.00	0.00	0.00	072	0.00	0.00	0.00
699	5.14	4.13	4.99	208	0.11	0.34	0.29	036	0.04	0.04	0.04	275	0.00	0.00	0.00	462	0.00	0.00	0.00
842	5.12	4.43	4.94	818	0.20	0.36	0.27	233	0.03	0.04	0.04	051	0.01	0.00	0.00	204	0.00	0.00	0.00
490	4.93	3.80	4.61	100	0.20	0.23	0.25	804	0.02	0.04	0.03	748	0.00	0.00	0.00	496	0.00	0.00	0.00
392	4.62	3.77	4.21	348	0.20	0.25	0.22	188	0.03	0.04	0.03	398	0.00	0.01	0.00	352	0.00	0.00	0.00
381	3.58	3.39	3.73	052	0.00	0.00	0.21	688	0.01	0.03	0.02	384	0.00	0.00	0.00	178	0.00	0.00	0.00
360	3.93	3.01	3.71	376	0.20	0.17	0.20	600	0.02	0.02	0.02	417	0.00	0.00	0.00	388	0.00	0.00	0.00
792	3.39	3.56	3.58	076	0.20	0.20	0.19	554	0.02	0.02	0.02	031	0.00	0.00	0.00	762	0.00	0.00	0.00
276	3.68	3.15	3.48	682	0.18	0.24	0.18	070	0.02	0.02	0.02	450	0.00	0.00	0.00	662	0.00	0.00	0.00
764	2.34	2.26	2.48	372	0.17	0.19	0.18	104	0.02	0.02	0.02	068	0.00	0.00	0.00	096	0.00	0.00	0.00
704	1.50	2.14	1.88	591	0.20	0.09	0.16	807	0.01	0.02	0.02	132	0.00	0.00	0.00	308	0.00	0.00	0.00
528	1.62	1.86	1.75	643	0.10	0.18	0.14	218	0.03	0.01	0.01	340	0.00	0.00	0.00	258	0.00	0.00	0.00
724	1.40	1.74	1.73	300	0.10	0.14	0.14	116	0.02	0.02	0.01	894	0.00	0.00	0.00	108	0.00	0.00	0.00
040	1.43	1.50	1.60	440	0.12	0.12	0.12	512	0.01	0.02	0.01	426	0.00	0.00	0.00	499	0.00	0.00	0.00
344	1.84	0.99	1.49	524	0.06	0.13	0.12	270	0.07	0.00	0.01	242	0.00	0.00	0.00	854	0.00	0.00	0.00

续表

国家（地区）代码	2015年	2020年	均值	国家（地区）代码	2015年	2020年	均值	国家（地区）代码	2015年	2020年	均值	国家（地区）代码	2015年	2020年	均值	国家（地区）代码	2015年	2020年	均值
056	1.53	1.69	1.37	222	0.11	0.10	0.12	404	0.01	0.02	0.01	288	0.00	0.00	0.00	328	0.00	0.00	0.00
784	1.44	0.86	1.32	710	0.09	0.13	0.11	246	0.01	0.01	0.01	566	0.00	0.00	0.00	690	0.00	0.00	0.00
251	1.23	1.27	1.31	152	0.12	0.08	0.10	480	0.01	0.01	0.01	768	0.00	0.00	0.00	740	0.00	0.00	0.00
826	0.97	1.04	1.06	191	0.08	0.08	0.09	498	0.01	0.01	0.01	008	0.00	0.00	0.00	478	0.00	0.00	0.00
458	0.93	0.90	0.94	170	0.08	0.08	0.09	400	0.01	0.02	0.01	646	0.00	0.00	0.00	028	0.00	0.00	0.00
203	0.54	0.59	0.63	144	0.07	0.14	0.09	422	0.01	0.01	0.01	716	0.00	0.00	0.00	084	0.00	0.00	0.00
484	0.56	0.50	0.53	320	0.06	0.07	0.07	579	0.01	0.01	0.01	858	0.00	0.00	0.00	882	0.00	0.00	0.00
124	0.57	0.49	0.52	604	0.09	0.05	0.07	470	0.00	0.01	0.01	634	0.00	0.00	0.00	533	0.00	0.00	0.00
642	0.43	0.50	0.51	504	0.05	0.09	0.06	268	0.00	0.00	0.01	562	0.00	0.00	0.00	670	0.00	0.00	0.00
620	0.46	0.45	0.48	428	0.05	0.06	0.05	834	0.00	0.00	0.01	196	0.00	0.00	0.00	060	0.00	0.00	0.00
702	0.41	0.58	0.46	214	0.05	0.05	0.05	231	0.00	0.01	0.01	508	0.00	0.00	0.00	296	0.00	0.00	0.00
616	0.34	0.48	0.43	442	0.04	0.03	0.05	800	0.00	0.01	0.00	446	0.00	0.00	0.00	004	0.00	0.00	0.00
112	0.34	0.39	0.41	752	0.04	0.05	0.05	414	0.00	0.01	0.00	024	0.00	0.00	0.00	174	0.00	0.00	0.00
586	0.39	0.48	0.40	032	0.04	0.03	0.04	048	0.00	0.00	0.00	516	0.00	0.00	0.00	500	0.00	0.00	0.00
705	0.32	0.30	0.34	608	0.03	0.06	0.04	558	0.00	0.01	0.00	454	0.00	0.00	0.00	678	0.00	0.00	0.00

三、显性比较优势指数（RCA）

155 个国家和地区合成纤维的显性比较优势指数如表 3-35 和表 3-37 所示。可以看出，显性比较优势位居前五的国家分别为冈比亚、尼泊尔、巴基斯坦、埃塞俄比亚、塞内加尔，特别是排名前二的国家，其显性比较优势指数均值均高于 10。中国合成纤维显性比较优势指数长期位于 1.22 以上，均值为 2.29，初步具有比较优势，但与其他比较优势高的国家和地区相比还存在较大差距。

表 3-35　2015—2020 年合成纤维 RCA 指数最大的 10 个国家和中国的情况

地区	国家	2015 年	2016 年	2017 年	2018 年	2019 年	2020 年	均值
非洲	冈比亚	13.32	13.66	14.38	15.10	14.51	16.90	14.65
亚洲	尼泊尔	11.19	12.48	13.41	14.17	13.57	12.97	12.96
亚洲	巴基斯坦	6.90	6.32	6.92	7.57	6.87	7.98	7.10
非洲	埃塞俄比亚	5.96	6.52	7.34	4.28	6.31	7.94	6.39
非洲	塞内加尔	4.58	4.66	5.98	5.98	5.61	7.17	5.66
非洲	莱索托	3.80	5.47	3.84	4.38	4.88	7.84	5.03
非洲	佛得角	0.00	13.70	14.49	0.00	0.00	0.00	4.70
亚洲	土耳其	3.45	3.55	3.61	3.56	3.24	3.43	3.47
非洲	斯威士兰	0.96	8.77	8.08	1.01	0.42	0.40	3.27
亚洲	印度尼西亚	3.26	3.14	2.72	3.15	3.20	2.93	3.07
亚洲	中国	2.48	1.22	2.55	2.58	2.55	2.37	2.29

合成纤维显性比较优势指数变动最大的 10 个国家如表 3-36 所示，增长幅度最大的 5 个国家分别是尼加拉瓜、莱索托、冈比亚、卢旺达、塞内加尔，特别是尼加拉瓜，其年增长幅度高达 5.94%。下降幅度最大的 5 个国家分别是亚美尼亚、阿拉伯联合酋长国、缅甸、印度、赞比亚，其下降幅度都在 0.6%以上，特别是亚美尼亚，其下降幅度超过了 5%。中国合成纤维显性比

较优势指数有所减少但变动较小，其年均增长幅度仅为-0.10%。

表 3-36　2015—2020 年合成纤维 RCA 变动最大的 10 个国家和中国的情况

单位：%

地区	国家	2015 年	2016 年	2017 年	2018 年	2019 年	2020 年	变动值
北美洲	尼加拉瓜	0.12	1.58	2.81	2.26	1.38	6.06	5.94
非洲	莱索托	3.80	5.47	3.84	4.38	4.88	7.84	4.04
非洲	冈比亚	13.32	13.66	14.38	15.10	14.51	16.90	3.58
非洲	卢旺达	0.12	1.48	1.42	0.91	2.21	3.51	3.39
非洲	塞内加尔	4.58	4.66	5.98	5.98	5.61	7.17	2.59
亚洲	亚美尼亚	5.44	0.33	0.89	2.36	0.55	0.35	-5.09
亚洲	阿拉伯联合酋长国	2.72	2.23	2.18	1.67	1.45	1.07	-1.65
亚洲	缅甸	1.78	1.28	0.42	0.66	0.44	0.60	-1.18
亚洲	印度	2.50	2.38	2.33	1.92	1.81	1.67	-0.83
非洲	赞比亚	1.12	0.76	0.68	0.41	0.00	0.48	-0.64
亚洲	中国	2.48	1.22	2.55	2.58	2.55	2.37	-0.10

表 3-37　全球 155 个国家（地区）合成纤维的 RCA 指数

国家（地区）代码	2015 年	2020 年	均值	国家（地区）代码	2015 年	2020 年	均值	国家（地区）代码	2015 年	2020 年	均值	国家（地区）代码	2015 年	2020 年	均值	国家（地区）代码	2015 年	2020 年	均值
270	13. 32	16. 90	14. 65	834	1. 44	1. 12	1. 52	508	0. 73	1. 57	0. 81	275	0. 28	0. 11	0. 32	372	0. 07	0. 05	0. 06
524	11. 19	12. 97	12. 96	705	1. 60	1. 31	1. 52	417	0. 86	0. 42	0. 74	608	0. 25	0. 42	0. 31	762	−0. 80	0. 01	0. 06
586	6. 90	7. 98	7. 10	807	1. 44	1. 50	1. 52	208	0. 29	0. 75	0. 70	124	0. 33	0. 32	0. 30	579	0. 05	0. 06	0. 05
231	5. 96	7. 94	6. 39	191	1. 61	1. 27	1. 48	233	0. 58	0. 67	0. 69	036	0. 32	0. 34	0. 30	296	0. 00	0. 00	0. 05
686	4. 58	7. 17	5. 66	818	1. 31	1. 92	1. 48	440	0. 78	0. 62	0. 66	348	0. 28	0. 33	0. 29	108	0. 00	0. 00	0. 05
426	3. 80	7. 84	5. 03	242	0. 93	1. 38	1. 46	203	0. 58	0. 62	0. 64	616	0. 26	0. 31	0. 28	516	0. 05	0. 00	0. 05
132	0. 00	0. 00	4. 70	320	1. 11	1. 26	1. 39	703	0. 59	0. 65	0. 62	340	0. 08	0. 17	0. 28	084	0. 01	0. 20	0. 05
792	3. 45	3. 43	3. 47	344	1. 38	1. 26	1. 38	422	0. 66	0. 76	0. 61	442	0. 26	0. 15	0. 27	196	0. 04	0. 03	0. 04
748	0. 96	0. 40	3. 27	800	0. 54	2. 20	1. 30	170	0. 55	0. 60	0. 61	418	0. 10	0. 19	0. 21	246	0. 04	0. 04	0. 04
360	3. 26	2. 93	3. 07	642	1. 25	1. 28	1. 29	842	0. 49	0. 49	0. 59	643	0. 14	0. 24	0. 19	499	0. 15	0. 00	0. 04
222	2. 87	2. 65	2. 90	604	1. 46	0. 94	1. 26	894	1. 12	0. 48	0. 57	478	0. 00	0. 00	0. 18	288	0. 14	0. 00	0. 04
480	2. 53	2. 63	2. 84	381	1. 22	1. 17	1. 21	188	0. 51	0. 70	0. 56	702	0. 15	0. 27	0. 18	690	0. 15	0. 01	0. 04
112	2. 33	2. 62	2. 53	428	1. 39	1. 04	1. 18	804	0. 46	0. 49	0. 55	204	0. 00	0. 54	0. 16	780	0. 03	0. 04	0. 04
498	1. 48	2. 11	2. 43	300	0. 90	1. 12	1. 15	458	0. 60	0. 47	0. 55	258	0. 04	0. 06	0. 16	384	0. 06	0. 01	0. 03
704	2. 53	2. 16	2. 38	591	0. 88	1. 83	1. 11	376	0. 61	0. 29	0. 47	757	0. 18	0. 12	0. 15	854	0. 01	0. 14	0. 03
558	0. 12	6. 06	2. 37	308	2. 13	2. 68	1. 10	826	0. 38	0. 48	0. 47	398	0. 15	0. 28	0. 15	072	0. 02	0. 02	0. 03

续表

国家（地区）代码	2015 年	2020 年	均值	国家（地区）代码	2015 年	2020 年	均值	国家（地区）代码	2015 年	2020 年	均值	国家（地区）代码	2015 年	2020 年	均值	国家（地区）代码	2015 年	2020 年	均值
052	0.17	0.02	2.31	268	0.29	1.03	1.08	710	0.34	0.57	0.46	028	0.03	0.14	0.14	414	0.02	0.05	0.02
156	2.48	2.37	2.29	410	1.10	1.02	1.03	528	0.43	0.53	0.45	688	0.11	0.17	0.14	858	0.02	0.02	0.02
068	1.85	4.33	2.12	404	0.65	1.44	1.00	251	0.43	0.47	0.45	446	0.18	0.00	0.14	533	0.00	0.00	0.02
699	2.50	1.67	2.10	144	0.87	1.43	0.96	484	0.49	0.44	0.45	662	0.16	0.00	0.12	352	0.01	0.00	0.02
504	2.27	2.39	2.09	620	0.99	0.97	0.96	400	0.32	1.03	0.44	178	0.00	0.24	0.12	388	0.00	0.03	0.01
600	1.73	2.33	2.02	724	0.78	1.01	0.93	116	0.70	0.44	0.42	031	0.10	0.12	0.11	740	0.00	0.00	0.01
784	2.72	1.07	1.89	152	1.24	0.98	0.92	554	0.22	0.57	0.41	180	0.00	0.12	0.11	060	0.00	0.00	0.01
100	1.77	1.59	1.86	716	0.35	0.41	0.91	276	0.42	0.38	0.39	048	0.09	0.10	0.11	328	0.00	0.00	0.01
562	0.07	1.04	1.85	788	1.12	0.81	0.89	056	0.53	0.48	0.38	566	0.06	0.11	0.11	670	0.00	0.00	0.01
450	1.54	0.95	1.81	214	1.00	0.87	0.88	496	0.00	0.00	0.37	882	0.55	0.00	0.10	634	0.00	0.01	0.00
040	1.50	1.72	1.68	218	1.49	0.92	0.88	032	0.29	0.35	0.35	512	0.05	0.12	0.08	096	0.00	0.00	0.00
051	5.44	0.35	1.65	392	0.95	0.88	0.88	470	0.21	0.41	0.35	768	0.25	0.04	0.08	004	0.00	0.00	0.00
646	0.12	3.51	1.61	104	1.78	0.60	0.86	008	0.15	0.40	0.33	682	0.08	0.11	0.08	174	0.00	0.00	0.00
462	0.00	0.00	1.56	070	0.99	0.77	0.86	076	0.30	0.46	0.32	454	0.12	0.03	0.07	500	0.00	0.00	0.00
490	1.64	1.47	1.53	764	0.86	0.83	0.85	024	0.09	0.54	0.32	752	0.06	0.08	0.07	678	0.00	0.00	0.00

第六节　中国能源化工产业发展机遇及竞争力提升战略

一、中国能源化工产业发展机遇分析

能源化工产业是国民经济的重要支柱产业，经济总量大，产业关联度高，与经济发展、人民生活和国防军工密切相关，在我国工业经济体系中占有重要地位。自改革开放以来，我国石化和化学工业发展取得了长足进步，基本满足了经济社会发展和国防科技工业建设的需要，现阶段我国石油化工产业经济总量位居世界前列，但从整体来看仍然大而不强，与发达国家相比，在技术创新、产业结构、绿色发展等方面仍有一定差距。由于产业发展水平参差不齐、技术创新能力偏弱，我国化工行业存在结构性矛盾，原材料开采加工、基础化学品制造等传统产业在我国石化行业中占比较大，而高端石化产品占比不足，行业总体仍处于产业链和价值链的中低端。因此，加快推进能源化工产业结构高端化进程，促进产业结构向产业链高端上延伸，是全行业实现高质量发展面临的紧迫任务。随着市场需求、政策推进、行业升级等因素的带动，我国石化产业高端化转型正迎来新一轮机遇。

（一）“一带一路”给能源化工国际化经营带来新机遇

能源合作是“一带一路”建设的重中之重。“一带一路”沿线国家拥有丰富的油气资源，石油和天然气产量分别占世界的 53% 和 48%，我国主要从中东、俄罗斯、中亚、非洲等地的 30 多个国家进口油气，其中 56% 的石油、41%的液化天然气均来源于局势较为动荡的中东及北非地区。相关国家虽然国力弱小，但是我国重要的油气贸易合作伙伴，也是中国企业“走出去”的重点区域。我国与“一带一路”沿线国家的油气勘探开发、炼化仓储、工程技术服务等领域的合作也取得了很大进展。

当前，我国传统能源化工产业产能过剩现象较为严重，发展结构失衡，供需矛盾突出，产业转型升级迫在眉睫。因此，我国不但要集中精力转变发展方式，还要着力推动产业结构的优化升级，尽快实现经济的企稳向好发展。

同时，中长期的低油价使“一带一路”沿线产油国面临前所未有的经济困境，增强了其进一步发展能源化工产业，促进经济多元化，提高经济竞争力的紧迫性。这些能源化工合作项目的建设，将给“一带一路”沿线国家创造更多的就业机会，也能提升其能源和装备的工业水平，并延伸其产业链，助推沿线国家实现经济向好发展。这也容易形成良好的合作局面，这些国家的经济持续和健康发展定会极大地促进双方贸易合作的共同繁荣，推动区域内经济和社会的协同发展，形成持续合作的优势，互惠互利、共同发展。

此外，随着中国、印度等亚太国家能源消费持续增长，原油及能化产品贸易流向发生变化，亚太、中东逐渐成为全球能源及油气、化工产品消费的核心区域，这势必造成生产中心的跟随转移，进而将推动沿线国家炼化产业的发展，带来更多的投资机会，同时为炼化工程服务创造发展空间。亚太中东地区贸易地位的提升将为我国做大油气及主要能化产品的贸易规模带来良机，为包括我国在内的亚洲进口国获取资源、提高石油市场话语权等提供良好契机。

（二）政策引导行业升级，助力产能投放

2021 年是中国新一轮产能建设高峰年，中国新增乙烯产能 700 余万吨/年，新增对二甲苯产能 660 万吨/年，均创历年之最。中国乙烯产能规模首次超过美国，跃居全球首位，全球石化产能份额和话语权也将进一步向中国倾斜。在中国石化市场供需两旺以及国际宽松流动性背景下，大量资本也将进一步加大中国石化行业投资力度，大量新项目在 2021 年涌现，以抓住碳中和最后的建设窗口期和绿色塑料等政策风口。

2021 年之后的行业发展基调和方向面临重大转变。以碳中和为政策导向的系列政策将深刻改变中国石化行业格局，2021 年中国 3 套轻烃裂解项目和 2 套减油增化脱瓶颈升级改造项目同时投产。大量石化企业绿色低碳转型路线纷纷发布，可再生能源和可再生材料将成为石化行业新的发展方向，并将彻底改变产业链格局。在中美贸易摩擦的第三年，中国稳步开拓外贸新格局，《区域全面经济伙伴关系协定》（RCEP）在为中国石化行业提供新的机遇和挑战的同时，也为稳定中国产业出口环境提供了保障。中美贸易摩擦极大地

提升了中国对发展高端材料的渴求程度，目前中国高端材料自给率已达65%以上，随着近年中国己二腈、乙烯-乙烯醇共聚物（EVOH）、聚烯烃弹性体（POE）、大丝束碳纤维等产业化项目的建设和投产，中国高端材料自给率正以每年近1个百分点的速度提升。

（三）创新驱动以及环保压力助推能源化工高端绿色发展

“十三五”时期，能源化工全行业大力推进化工新能源、化工新材料、高端专用化学品、现代煤化工等创新平台建设，努力构建产学、研、用相结合的技术创新体系，突破了一大批关键核心技术，行业新旧动能转换迈出重要步伐，创新已成为引领、支撑、推动行业高质量发展的重要驱动力。未来随着自主知识产权技术的不断积累以及国家及行业对科技与创新的重视程度不断提升，中国石化产业高端化进程将进一步加速。

同时，我国生态环保形势严峻，高端绿色石化需求迫切。当前我国生态环境污染治理处于发展的重要时期，绿色发展、节能减排是解决生态环境问题的根本之策，也是化工行业需要关注的重点问题，更是能源化工产业巨大的发展机会。近年来，我国石油化工产业绿色发展取得积极成效，但仍存在产能结构性过剩、自主创新能力不强、产业布局不合理等问题。与“十三五”相比，“十四五”炼化行业技术创新的内容和方向将发生较大变化，即由规模化、清洁化技术转向“油转化工”与节能减排技术。提升绿色发展水平，推动产业和生态环境协同共进，走清洁高效、低碳循环的高端绿色发展之路，是石化产业未来发展的必然出路，在这样的行业趋势下，高附加值石化产品比重将持续提升。

（四）新冠疫情的影响力减弱，部分暂停项目重启

在疫情冲击下，2020年世界石化产品（三大合成材料，即合成树脂、合成橡胶和合成纤维）消费经历了2008年金融危机以来增速最慢的一年。从表面上看，世界石化产品消费增速达到2.4%，消费并未因全球经济萎缩而全面转负，这主要得益于医疗及疫情衍生消费的拉动以及中国市场率先复苏。若扣除中国市场消费的贡献，世界石化产品实际消费增速仅为-0.8%。2020年，

世界多个石化项目因生产经营及投资环境变化纷纷做出调整，约10%的产能建设计划被推迟。特别是中东地区，因疫情期间低油价使中东地区石化公司更关注现金流表现，而对新项目投资意向转淡。但是，随着欧美地区生产经营活动逐渐恢复，部分暂停项目重启，其中包括壳牌化学公司在2020年3月暂停的宾夕法尼亚州150万吨/年乙烯及下游聚乙烯项目建设；利安德巴赛尔公司也重启了其位于得克萨斯州Channelview的环氧丙烷/叔丁醇项目。随着新冠疫情影响力的减弱，世界各国复工复产稳步推进，这为“后疫情时代”中国加大与世界其他国家能源化工产业的合作力度，提升能源化工产业国际竞争力提供了机遇。

“十四五”时期是我国从石化大国向石化强国转变的关键时期，国内石油炼化公司应紧抓机遇，推进企业优化重组、降低生产成本，稳定产品质量，加强关键技术攻关，推动产品高端化升级，促进行业绿色可持续发展。

二、中国能源化工产业国际竞争力提升战略

（一）依托“一带一路”建设，构建能化国际产能合作新战略

深入推进实施“一带一路”建设，支持国内企业参与海外资源的勘探与开发项目，重点推进油气资源开发、北美页岩气制甲醇和乙烯及下游衍生物、钾肥和轮胎生产基地建设，在有条件的地区实现就地加工转化，形成上下游一体化的战略合作产业链。鼓励骨干企业通过投资、并购、重组等方式获得化工新材料和高端专用化学品生产技术，强化技术消化，促进国内产业升级。2017年5月10日，中国石油和化学工业联合会负责人在“2017中国化工行业的全球机遇”战略研究报告新闻发布会上提出了中国化学工业实施“一带一路”国际构想。战略构想的核心是以化工园区建设为抓手，构建多条国际产业链。力争到2025年各化工园区初步建成，围绕发展特色产业建成一批大型石化和化工项目，按照循环经济建设的一体化产业链基本形成。

中国能源化工行业在推进“一带一路”国际产能合作时，要坚持市场化原则、战略性原则、园区化原则、产业安全原则和互利共赢原则。以建设国内高端特色化工园区为起点，以建设中东、东南亚、中亚和俄罗斯石油化工、

化肥、轮胎、煤化工、氯碱等化工园区为中间战略支点，以建设中东欧中高端特色化工园区为终点，在中国沿海—东南亚—中东—中东欧构建海上丝绸之路化工产业链，在中国中西部—中亚—俄罗斯—中东欧构建丝绸之路经济带化工产业链。

能源化工行业“一带一路”国际产能合作有以下几个战略重点：一是中东石化产业基地。选址伊朗查巴哈尔、巴基斯坦瓜达尔港等重要支点，建设石化产业园区，包括中国—伊朗石化产业园和瓜达尔港，以打造油气炼化一体化基地和能源通道。二是以皎漂港工业园区为龙头建设东南亚石化产能合作基地。充分利用中东和东南亚的油气、钾盐矿、天然橡胶等我国稀缺资源，辐射东南亚、南亚、东北亚以及中国内地市场。三是中亚化工循环经济合作园区。进一步扩大中国基础化学品在“一带一路”沿线国家的市场占有份额。四是中欧化工产业园区。

（二）充分利用国内超大市场和资本规模优势

中国虽不具有油气资源禀赋优势和有机化学品竞争力，却拥有超大的油气市场容量和丰裕的资本优势，通过市场让渡和融资合作实现主要油气国资源与中国市场和资本优势嵌入的产业链合作也被证明是有效的。例如，中国石化与科威特石油公司 50∶50 合资建设广东湛江炼化一体化项目，中国石化与沙特阿美合资兴建的已投产的沙特延布炼厂项目等。

我国可以发挥在煤化工、轮胎、化肥、盐化工、农药、染料等领域的业务技术和生产经验优势，并充分利用国内超大市场和资本规模优势，加快国内优势产能与其他国家的合作，实现产品就地销售，开拓新兴市场。加大石油化工技术装备国际推广力度，推进石油化工企业、装备制造企业、工程设计企业开展业务合作，打造利益共同体，通过石油化工项目建设、重大工程技术装备总承包等方式，带动国产技术装备“走出去”。加快工程服务输出，支持有实力的企业在当地配套建设化工园区、物流基地，形成全方位对外合作的新格局。

（三）构建能源化工创新驱动战略，助推能源化工产业转型升级

一是完善以企业为主体，市场为导向，产、学、研、用相结合的产业技

术创新体系，加强产、学、研、用纵向合作，强化工艺技术、专用装备和信息化技术的横向协同，大力推进集成创新，构建一批有影响力的产业联盟。在化工新材料、精细化学品、现代煤化工等重点领域建成国家和行业创新平台。围绕满足国家重大工程及国计民生重大需求，支持开展互联网“双创”平台建设，着力突破一批共性关键技术和成套装备。加快化工新材料等新产品的应用技术开发，注重与终端消费需求相结合，加快培育新产品市场。二是借助制造业数字化，促进炼化产业优化升级。未来，加快数字化、智能化发展是炼油化工行业实现高质量发展的必然选择，无论是原油分子信息库，还是智慧供应链、物流能量管理与优化、设备运行优化系统和智慧加油站等，都可以借力数字化，促进炼化行业优化升级，进一步提升行业核心竞争力。三是建立石油和化学工业智能车间、智能工厂以及智慧化工园区标准应用体系，加快智能工厂和智慧化工园区试点示范。推动工业互联网、电子商务和智慧物流的应用，实现石油和化学工业研发设计、物流采购、生产控制、经营管理、市场营销等全链条的智能化，大力推动企业向服务型和智能型转变。构建面向石化生产全过程、全业务链的智能协同体系。在炼化行业，重点推进原油调和、石油加工、仓储物流、销售服务供应链的协同优化。

第四章　能源转型背景下的能源化工装备技术国际合作研究

第一节　油气装备的国际竞争力分析

一、油气装备的国际竞争力

油气装备主要涉及在石油、天然气勘探、开采过程中的专用设备。随着我国装备制造实力的不断增强，我国油气钻机和相关油气装备已逐渐成为成熟产品。油气钻采装备按照数量比例，油气钻机占比平均在70%以上，是最主要的油气装备。本节选取了联合国商品贸易统计数据库中海关编码为843041的石油及天然气钻机，以730411、730419、730422、730423、7305为代表的石油及天然气套管和890520浮动/半潜式钻井平台三类装备产品为代表的油气装备数据，并以国际市场占有率（MS）、显示性比较优势指数（RCA指数）和竞争优势指数（TC指数）作为评价国际竞争力的标准，分析中国油气装备的国际竞争力。

（一）中国油气钻机的国际竞争力

2021年中国油气钻机装备在国际市场的占有率为全球第一，销售额达38922万美元，全球市场占有率为14.1%。其次依次为意大利（13.3%）、瑞典（13.2%）、美国（11.0%）和芬兰（9.9%），排名前五的国家国际市场占有率比较接近（见图4-1）。

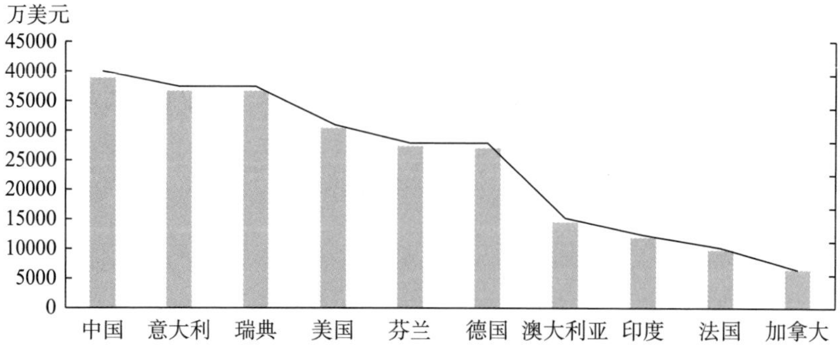

图 4-1　2021 年中国油气钻机国际市场销售额及市场占有率

资料来源：根据联合国商品贸易统计数据库经计算获得。

显示性比较优势指数是用一国某一产品的出口水平和该产品的世界平均出口水平相比，判断该产业是否具有相对优势，从而进一步对该产品的国际竞争力水平进行衡量。一般认为，当 0<RCA<1 时，代表该商品为比较劣势，数值越远离 1 近乎于 0，劣势越大；当 RCA>1 时，代表这个商品有显性比较优势，数值越大，竞争优势越强。对比国际市场占有率排名前十的国家，中国油气钻机的 RCA 指数仅为 0.73，小于其他 9 个国家。这反映出中国的油气钻机虽然全球市场份额较大，但并不是我国具有竞争力的出口产品。

竞争优势指数是该国家某种商品进出口贸易的差额与其进出口贸易总额的比值，该值越接近于-1 就代表竞争力越微弱；反之，该指数越接近于 1 就代表竞争优势越大。中国油气钻机的 TC 指数为 0.83（见表 4-1），具有一定的竞争力。但是在全球市场占有率最高的 5 个国家中，欧洲的意大利、瑞典、芬兰的油气钻机产品在国际市场上的竞争力更强。

表 4-1　2021 年油气钻机全球十大出口国的 RCA 和 TC 指数

指数	中国	意大利	瑞典	美国	芬兰	德国	澳大利亚	印度	法国	加拿大
RCA	0.73	4.35	13.96	1.26	24.66	1.16	5.34	2.52	1.17	0.96
TC	0.83	0.86	0.84	0.07	0.95	0.58	0.59	-0.18	0.3	-0.48

2021 年中国油气钻机的前十大出口国除埃及外全部为“一带一路”沿线

国家，分别是印度、俄罗斯、科威特、印度尼西亚、乌兹别克斯坦、新加坡、越南、菲律宾和泰国，出口十国的总金额达到25790万美元，占全部中国钻机出口总额的66%。而意大利、瑞典的主要出口市场则在美国、英国、法国、澳大利亚等欧美市场和部分南非、南美市场。这反映出在钻机产品的价格和性能定位上，我国在“一带一路”沿线发展中国家相对更具有市场。

（二）油气套管的国际竞争力

2021年中国油气套管在国际市场的占有率为全球第一，销售额达23.8亿美元，全球市场占有率为33.5%。油气套管装备CR4>60%，市场集中度属集中寡占型，集中在钻机出口大国中，除中国外，分别是德国（16.5%）、印度（5.8%）、日本（5.0%）（见图4-2）。

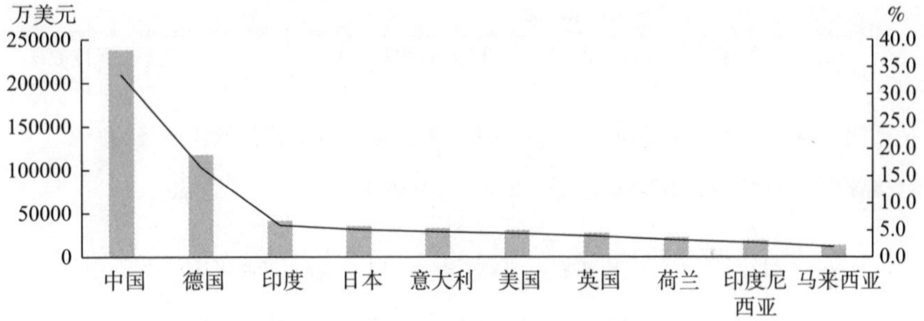

图4-2　2021年中国油气套管国际市场销售额及市场占有率

资料来源：根据联合国商品贸易统计数据库经计算获得。

如表4-2所示，对比国际市场占有率排名前十的国家，中国油气套管的RCA指数为1.74，高于钻机的0.73。这说明在我国的出口产品中，油气套管的竞争力高于钻机。在市场占有率最高的5个国家中，中国油气套管TC指数为0.89，略低于日本，但高于德国、印度和意大利。

表4-2　2021年油气套管全球十大出口国RCA和TC指数

指数	中国	德国	印度	日本	意大利	美国	英国	荷兰	印度尼西亚	马来西亚
RCA	1.74	5.42	6.15	0.57	11.48	0.5	3.85	1.87	0.87	0.8
TC	0.89	0.68	0.55	0.92	0.31	−0.31	0.38	0.17	−0.29	−0.3

（三）浮动/半潜式钻井平台的国际竞争力

2021 年中国浮动/半潜式钻井平台在国际市场的占有率为全球第一，销售额达 39.6 亿美元，全球市场占有率为 59.8%。中国和英国是世界上最主要的浮动/半潜式钻井平台出口国家，两国浮动/半潜式钻井平台占全球出口总量的 79.7%（见图 4-3）。

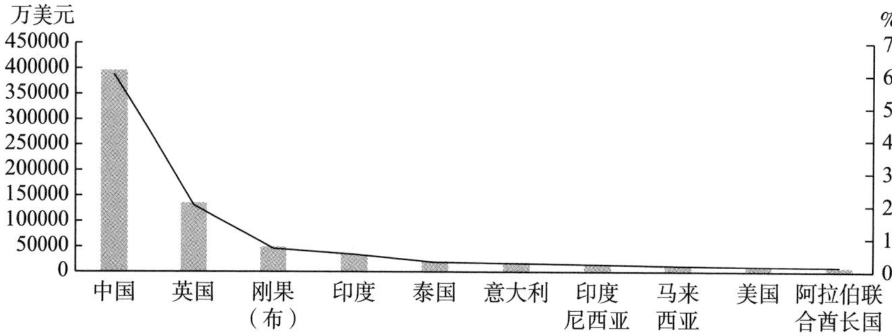

图 4-3　2021 年中国浮动/半潜式钻井平台国际市场销售额及市场占有率

资料来源：根据联合国商品贸易统计数据库经计算获得。

如表 4-3 所示，中国的 RCA 指数为 3.11，高于钻机和油气套管，说明我国的海工油气装备在出口产品中的竞争力较强。中国浮动/半潜式钻井平台的 TC 指数为 0.71，具有一定的竞争力。在市场占有率最高的 10 个国家中，中国浮动/半潜式钻井平台 TC 指数为 0.71，但意大利、泰国、刚果（布）、印度尼西亚和阿拉伯联合酋长国五国的浮动/半潜式钻井平台的 TC 指数为 1 或接近于 1，出口竞争力更强。

表 4-3　2021 年浮动/半潜式钻井平台全球十大出口国 RCA 和 TC 指数

指数	中国	英国	刚果（布）	印度	泰国	意大利	印度尼西亚	马来西亚	美国	阿拉伯联合酋长国
RCA	3.11	6.53	7.3	0.56	5.51	0.25	1.42	0.66	0.28	0.12
TC	0.71	0.59	1	0.23	1	1	0.99	0.06	−0.76	1

中国浮动/半潜式钻井平台出口总量排名前十的国家全部是发展中国家，其中“一带一路”沿线国家占六席，依次是新加坡、印度尼西亚、阿拉伯联合酋长国、孟加拉国、马来西亚和缅甸，六国占全部出口总量的84%以上。相较于第二出口国英国，其出口主要定位在新西兰、丹麦和俄罗斯等，目标市场也有一定差异。

从三类油气装备的国际竞争力对比和出口数据中可以发现，中国油气装备具有竞争力的地区主要集中在“一带一路”沿线国家。我国作为油气装备出口大国，在出口总量上具有较大优势。在中国的出口装备中，海上装备中的浮动/半潜式钻井平台国际竞争优势高于油气套管，核心装备中的钻机的国际竞争优势相对较小。油气装备产品整体上和主要竞争国家相比，在欧美等发达国家市场上的占有率依然偏低。

二、中国油气装备技术企业的国际竞争格局

（一）油气装备企业的产业链格局

油服企业主要分为三大类：第一类是“三桶油”下属的国有企业；第二类是民营油服及装备制造企业；第三类是国外知名油服巨头。高瞻智库数据显示，2020年“三桶油”下属国有油服企业在中国合计市场占有率达到85%，民营油服企业市场占有率为10%，国外油服企业市场占有率为5%。从服务板块的业务领域来看，国有央企油服公司基础良好，以中海油服、中国石化油服为代表的企业，经过几十年的整合，其产业链完整程度较高，已基本达到油服全领域的业务覆盖；而另一类央企（如宝石机械、石化机械等）则主要提供油气设备。民营油服企业除杰瑞股份外，其他企业提供技术服务与设备领域相对较为分散。如表4-4所示，虽然国际三大油服巨头（斯伦贝谢、哈里伯顿、贝克休斯）提供的服务较为全面，但在中国市场的份额并不大。

表 4-4　国内油服领域市场产业链格局

油服领域		中国石油	中国石化	中国海油	民营企业	国内市场占有率
物探	物探	东方物探	中国石化油服	中国海油服		80%左右
钻完井	钻井服务	五大钻探	中国石化油服	中国海油服		90%
	钻头设备		石化机械			80%
					神开股份	10%~20%
	钻机设备		宝石机械	中国海油工程	宏华集团	40%~50%
	连续油管设备	中油油服	中国石化油服			垄断市场
					杰瑞股份	
测录井	测井	中油测井	中国石化油服	中国海油服		较高比例
	录井				神开股份	50%~60%
油田生产	压裂设备		江汉四机			50%~60%
					杰瑞股份	20%~30%
海洋工程			中国石化油服	中国海油服		较高比例

资料来源：各集团官网、国金证券。

（二）油气装备技术企业的国际竞争格局

在目前全球陆地钻机设备制造商中，宏华集团是中国最大的钻机成套设备生产企业、全球第二大陆地钻机生产商，其近 80%的产品销往海外，覆盖了北美、中东、南美、俄罗斯及非洲等主要产油区。宝鸡石油机械有限公司是国内第二大陆地钻机生产企业。

油气勘探服务领域的东方物探、中海油服在全球油服领域的行业优势也较为突出。其中，东方物探销售收入连续 7 年保持全球物探行业第一、规模超过全球总量的 40%。以中海油服为代表的龙头油服企业目前已经跻身全球油气技术装备服务市场前列。中海油服市场覆盖了东南亚、中东、美洲、欧洲和非洲等地区，在中东地区突破了定向井服务市场，其钻井平台规模位居全球第一、固井排名全球第三位、电缆测井紧随三大油服之后排名第四。由于国际钻井平台公司大多为重资产公司，随着 2016 年后油价持续低迷，不少公司面临重组危机，2020 年包括 Valaris、Seadrill Partners、Noble 等龙头钻探公司申请破产保护，中海油服在海上钻井平台服务的优势进一步显现。根据

Riglogix 统计数据，截至 2021 年 11 月，中海油服公司运营 43 座自升式钻井平台、14 座半潜式钻井平台（见表 4-5），钻井平台规模行业领先。

表 4-5　2021 年钻井平台国际市场格局

公司	2021 年钻井平台数（座）				2021 年收入（百万美元）	主要市场	主要客户
	自升式	半潜式	钻井船	合计			
中海油服	43	14	—	57	4580	国内市场为主	中国海油
Valaris	40	5	11	56	1232	美国墨西哥湾、北海、中东、澳大利亚、东南亚等	BP、道达尔能源公司
Transocean	—	13	24	37	2556	希腊、美国墨西哥湾、挪威、巴西、马来西亚、英国等	壳牌、挪威国家石油、雪佛龙等

资料来源：Wind 数据库，各公司年报。

长期以来，在全球范围内，定向钻井技术基本被斯伦贝谢、哈利伯顿、贝克休斯国际油服巨头垄断，其市场份额在 65%以上，其他国家只能高价从其手中购买设备或者服务。2015 年后，中海油服定向钻井技术逐步实现自主替代，并打破欧美长期垄断局面。2021 年，中海油服定向钻井业务收入 5 亿美元，约占 6%的全球市场规模（见图 4-4），排名第四，但与前三名相比仍有较大差距。排名第三的哈里伯顿定向钻井业务收入为 12.6 亿美元，是中海油服的 2 倍之多，而斯伦贝谢定向钻井业务收入约 21.6 亿美元，是中海油服的 4 倍多。

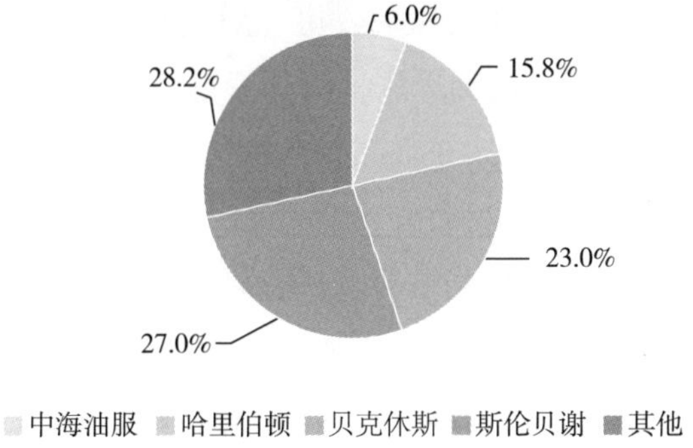

图 4-4　2021 年全球前四名油服公司定向钻井业务份额

资料来源：根据联合国商品贸易统计数据库经计算获得。

三、中国化工新材料技术的国际竞争格局

在炼化技术上，我国目前已经拥有了自主设计的千万吨级炼厂，并已突破大型乙烯、大型芳烃及 PTA 等基本有机原料和三大合成材料系列大型成套技术。我国基础化工原料生产能力持续增加，2021 年全国乙烯产量为 2826 万吨，同比增加 18.3%，产能为 4368 万吨/年。我国和美国的乙烯产能基本持平，居全球前两位。2021 年我国丙烯产量为 4297 万吨，同比增长 11.68%，产能达 5000 万吨/年，位居全球第一。聚乙烯（PE）现有产能 2801.6 万吨/年，产量达 2290 万吨；聚丙烯（PP）现有产能 3292.9 吨/年，产量为 2821.67 万吨。从全球前十大乙烯生产商来看，2021 年陶氏化学、中国石化、沙特阿美和埃克森美孚是世界排名前四的乙烯生产商，产能跨越千万吨级别，分别为 1426 万吨/年、1248 万吨/年、1124.6 万吨/年和 1024.4 万吨/年。

但是，在化工新材料技术领域，我国发展还相对滞后。由于化工新材料是高端装备、新能源等战略新兴领域的重要基础材料，具有附加值高、技术难度大等特点，因此是新一轮能源化工技术需要追赶超越的重点领域。

高端聚烯烃属于聚烯烃材料的特殊品种，包括茂金属聚乙烯（mPE）、茂金属聚丙烯（mPP）和聚烯烃弹性体（POE）等，相比 PE、PP 等，附加值更高。我国 2021 年 mPE 产能约 7.5 万吨/年，主要生产企业有扬子石化、齐鲁石化、大庆石化、独山子石化等，但整体规模和产品性能等方面与国外相比差距较大。目前国外大型化工龙头公司（如埃克森美孚、陶氏化学）基本垄断了该项技术，拥有全球最大产能。而我国 mPP 生产尚处于起步阶段，目前国际市场主要被埃克森美孚、Lyondell Basell、三井化学垄断。而 POE 作为光伏 EVA 料改性剂，在汽车轻量化改性材料、EVA 发泡材料等方面需求较大，2021 年全球 POE 产能已经超过 120 万吨/年，但我国企业尚不具备工业化生产的能力，目前仅有少数化工企业开始完成规划和中试。由于国外对 POE 生产所需催化剂进行专利保护，全球 POE 被埃克森美孚、陶氏化学、三井化学、SK 化学等企业垄断。

碳纤维可作为航空航天、风电叶片等诸多领域的轻质高强材料，近年来

全球碳纤维复合材料需求增长较快。广州赛奥碳纤维技术报告显示，2021 年全球碳纤维需求量为 118 万吨，同比增长 10.4%。2021 年中国大陆地区首次超过美国，成为全球最大产能国，运行产能占全球总产能的 30.5%，美国、日本产能分别占 23.5%和 12%。东丽、吉林化纤、美国郝氏公司、东邦帝人、韩国科隆、三菱丽阳、德国西格里、中复神鹰、宝旌和台塑的理论产能排全球前十。但是我国企业碳纤维应用主要集中在风电、碳纤维复材、储氢瓶等民用端，而在航空航天、汽车领域应用与国际企业仍存在差距。而全球的芳纶产能主要集中在杜邦、东邦帝人等国外企业手中，我国只有少数企业具备生产能力，市场需求缺口较大。

此外，虽然我国已经是 EVA 生产大国，2021 年 EVA 名义总产能达 177.2 万吨/年，已经拥有斯尔邦石化、浙江石化、延长中煤、扬子石化等一批年产量 30 万吨以上的企业，但进口依存度依然达到 53%以上。由于美国杜邦目前技术封锁较严，已不向其他国家转让釜式技术，目前大陆地区 EVA 生产工艺还是以管式法为主（约占 68%），在生产 VA 含量较高的 EVA 上，我国仅有中国石化、联泓新科、台塑（宁波）和斯尔邦石化少数几家企业可以生产光伏料级别 EVA，因此在高端 EVA 上竞争力有待提升（见表 4-6）。

表 4-6　部分化工新材料技术的国内外企业的竞争格局

化工新材料		国内企业	国外企业
高端聚烯烃	茂金属聚乙烯（mPE）	扬子石化、齐鲁石化、大庆石化、独山子石化	埃克森美孚、陶氏化学、巴斯夫、印度信诚工业集团
	茂金属聚丙烯（mPP）	独山子石化（中试）	Lyondell Basell、道达尔、三井化学
	聚烯烃弹性体（POE）	天津石化二期（2023 年）、万华化学（中试完成）、茂名石化（中试）、斯尔邦（中试）	埃克森美孚、陶氏化学 三井化学、SK 化学
高性能纤维、新能源相关材料	碳纤维	吉林化纤、中复神鹰、宝旌	东丽、美国郝氏公司、德国西格里、三菱丽阳
	芳纶	泰和新材、超美斯新材、中芳特纤	杜邦、东邦帝人、韩国科隆
	光伏料级 EVA	中国石化、联泓新科、台塑、斯尔邦石化	埃克森美孚、杜邦

资料来源：中国化工信息、中国石油和化学工业联合会。

第二节　中国能源化工装备技术的国际合作

一、中国能源化工装备技术的国际合作现状

（一）钻机与物探领域“垂直化”海外合作

钻机与物探领域的国际合作主要是从20世纪90年代逐步展开，从早期的零部件出口、项目招标，到自主研发、技术突破，在国际合作中经历了销售规模从小到大、从项目招标到项目合作、从销售产品/服务延伸到共同合作开发，逐步实现了与国际高端装备和技术服务市场的对接。

一方面，通过垂直化领域的深耕和市场拓展，聚焦服务领域专业性，项目规模由小到大，合作深度不断延伸。钻机生产企业的海外合作途径以销售“走出去”布局为主，并通过成套产品的“装备+服务”模式延伸到海外市场。宏华集团早在2010年就通过钻井平台采购的方式与斯伦贝谢展开合作，2020年基于宏华在中东钻井的运营数据，斯伦贝谢又继续和宏华签订了54个月的钻机服务合同。宝石机械自2009年从阿拉伯联合酋长国国家钻井公司（ADNOR）获得首批钻机出口合同开始，合作不断深入，到2015年与阿拉伯联合酋长国国家钻井公司展开长期合作，签署合同额累计达18.8亿元人民币，创造了中国高端重型石油装备出口合同额之最，在一定程度上也为其国际项目管理长期运营积累了经验。东方物探通过在物探垂直领域的深耕，重点占领阿曼等高端市场，在2021年东方物探新签订的合同中，中东等重点区域占到80%以上。在发展陆上国际业务的同时，东方物探还加快海上国际业务战略转型与合作，OBN海上勘探市场占有率达到50%以上。2019年先后与阿拉伯联合酋长国国家钻井公司、雪佛龙尼日利亚、文莱壳牌开展了OBN节点勘探项目合作。

另一方面，通过海外直接投资以企业分支机构形式与当地企业建立合资企业，使企业在获取新技术和争取新市场方面具有更强的竞争力。宝石机械对外布局重点在中东地区，主要在阿拉伯联合酋长国、科威特、阿布扎比、沙特阿拉伯设立了5个海外服务中心。宝石机械在2011年就与巴西BRCP公

司和巴西 ASPERBRAS 能源公司合作，共同出资成立了巴西宝石石油设备有限公司，就共同合作开发巴西陆海石油装备技术服务市场展开了合作。东方物探在 6 个国家设有 18 个处理解释中心，并建立了中东、东非、中亚、东南亚等规模化生产基地。2009 年，东方物探与壳牌合作，开展了世界级可控震源低频实验项目合作，该合作使东方物探在该领域技术处于全球领先位置。2011 年，东方物探又通过与壳牌、道达尔和阿曼 PDO 的地震勘探项目合作，在掌握 PDO 地震勘探技术的同时引入了 HSE 管理，为进军国际市场奠定了基础。2018 年，东方物探与阿塞拜疆国家石油公司成立合资公司 Caspian Geo，为进入环里海区域 OBN 市场布局，合资公司 2019 年先后与挪威石油、BP 等签署了里海 OBN 项目（见表 4-7）。

表 4-7　部分钻机与物探领域的"垂直化"海外合作

企业	年度	国际合作项目		海外直接投资	境内与外企合作
		合作对象	代表合作项目		
宝石机械	2009、2010、2017、2020	阿拉伯联合酋长国国家钻井公司（NDC）、阿布扎比国家石油公司子公司、中曼石油公司（俄罗斯）、阿曼钻井公司	累计多批钻机销售合同达 65 亿元人民币、2.18 亿美元的陆上油气钻井设备合同、俄罗斯低温钻机服务、1 亿美元石油钻机销售合同	与巴西 BRCP 公司、巴西 ASPERBRAS 能源公司成立巴西宝石石油设备有限公司	与斯伦贝谢合资成立斯伦贝谢宝石机械油田（成都）设备有限公司
宏华集团	2011、2017、2021	阿拉伯联合酋长国国家钻井公司（NDC）、乌克兰天然气开采公司（UGV）、斯伦贝谢	3 亿美元陆地石油钻机销售合同、1.8 亿美元钻机合同、54 个月的钻机服务	俄罗斯图依玛达钻井服务有限公司	
东方物探	2010、2017、2018、2021、2019—2021	壳牌、道达尔和阿曼石油公司，沙特阿美，阿布扎比国家石油公司（ADNOC），科威特石油公司（KOC），阿拉伯联合酋长国钻井公司，文莱壳牌、尼日利亚壳牌、雪佛龙尼日利亚	1.38 亿美元地震勘探项目、S78 项目深入合同、16 亿美元陆海三维勘探项目、5.19 亿美元三维过渡带勘探项目、1 亿美元科西及穆特里巴三维勘探项目、海洋节点（OBN）业务	与阿塞拜疆国家石油公司成立 Caspian Geo 合资公司	与美国 ION 公司合资成立英洛瓦（天津）物探装备有限公司

（二）油服和化工新材料企业的产业链延伸合作

核心技术的掌控能力是油服公司和化工新材料企业的国际竞争力的重要体现之一。油服和化工新材料企业在拓展海外市场的同时，初步开展了产业链延伸布局，合作主要体现在对资源和对部分技术的获取上。

例如，中海油一方面在大洋洲、美洲、亚洲、非洲以及欧洲等区域均设有全资附属公司，负责相关区域的油田服务，另一方面对产业链中的短板进行了补充。为了扩大对上游资源的掌握面，中海油与文莱石油服务公司成立合资公司（PB COSL 油服公司），共同在文莱油气开采领域展开合作。技术上，先后通过收购挪威海上钻井公司（AWO），在 2008 年取得了高端钻井平台的技术优势。2014 年又在新加坡搭建新外研发中心，通过搭建综合性海外工业园扩大企业在海外研发制造、人才培养等方面的合作优势。2021 年，为进一步拓展智能化应用，中海油服欧洲子公司通过与 Kongsberg Maritime 和钻井设备供应商 NOV 在数字化领域展开技术合作，以提升海上钻井作业的能源效率。此外，民营油服企业海外布局开始不断活跃：通源石油通过收购安德森、Cutters 等进军北美市场，打造集测井、录井、钻井、射孔、压裂等业务的布局，通过海外布局，海外营收占比大幅增加；杰瑞股份的海外合作思路与中国海油类似，一方面通过加拿大子公司 HITIC 和杰瑞卢森堡公司在印度尼西亚设立子公司的形式获得了当地油气资源的开发权，另一方面则是技术领域的合作。通过与美国霍尼韦尔、美国天然气压缩制造商 Ariel、Primus Line 和英国 Plexus 展开合作，就方案集成、技术授权、技术合作和战略投资与设备开发合作领域进行了尝试。

化工新材料企业通过国际、国内产业链延伸，对外合作广度不断提升。万华化学早期是一家基础化工企业，以生产大宗化学品为主，近年来开始转向一体化布局，产业不断向下游延伸，并将精细化学品、新材料作为战略合作主攻方向。2011 年，万华化学收购匈牙利宝思德公司，使得其整体 MDI 产能进入了全球前三，并在拥有自主知识产权后也初步加快了全球化运营布局。2017 年底，万华化学美国研发中心建立，为海外技术研发和人才合作奠定了基础。2019 年，万华化学收购瑞典国际化工，由于瑞典国际化工是全球拥有 TDI 和 MDI 异氰酸酯技术的企业中唯一愿意公开转让的技术专利商，使得万华化学在技术优势上迈出了关键一步。同年，公司又与阿布扎比国家石油公司（ADNOC）签署了 120 美元的合作框架，基于双方下游产业包括液化石油气（LPG）精炼、销售和运输等领域展开深入合作。中国中化旗下拥有全球领先轮胎和橡胶品制造商，2016 年就通过收购控股了意大利倍耐力股份有限公司 26.5%的股权，并先后收购了法国安迪苏、澳大利亚凯诺斯、挪威爱肯等，中国中化与风神轮胎控股拥有意大利 Prometeon Tyre Group S. R. L 等企业，进一步掌握了对橡胶领域的掌控权。随后，中国中化通过收购先正达（Syngenta），拥有了更完整的农药产业链。随着 2021 年中国中化与中国化工实行重组，“两化”合并后的中化集团在农化、橡胶等领域的国际化经营能力进一步增强。

二、中国能源化工装备技术企业海外合作中存在的问题

（一）企业国际业务占比偏低，技术含量高、外溢性强的成套技术与产品“走出去”能力相对有限

近年来，随着“走出去”的步伐加快，企业海外合作逐步从项目承包拓展到更多元的产业合作领域，国际业务不断扩张。但是，由于中国能源化工企业尚处在“年轻”阶段，很多企业的历史不足 30 年，与国外的百年企业相比，企业运营管理未形成全球化格局，还停留在国际化布局的初级阶段。

首先，油服国企和化工企业的目标市场定位目前依然以国内市场为主，生产和市场大都放在了国内，尽管海外业务布局不断扩大，但是从海外营收规模和海外业务的增长性来看，与国外龙头企业的差距依然较大。中海油服 2017—2021 年海外业务在总营收的占比平均仅为 22.8%左右，对比国际三大国际油服公司的海外业务，其业务营收的比例均超过 60%。中国石化中国大陆业务占比从 2019 年的 71.8%升至 2021 年的 77%以上；而陶氏化学美国和加拿大业务占比仅为 35.7%，海外其他地区占比为 64.3%。国际业务占比偏低严重削弱了中国企业“走出去”的国际影响力。

其次，技术含量高的成套装备产品和附加值大的精细化学品“走出去”能力偏低。以国际钻采设备和油服市场为例，国外企业布局较早，凭借全面的产品线和成套解决方案占据着全球采钻设备50%以上的市场和60%以上的油服市场。我国石油钻采设备在常规产品上基于较高的性价比具有明显的竞争优势，但是在高端产品如深水钻机、海洋钻井装备的自动化、智能化领域还较为落后。而化工产品低端产能过剩、高端供给严重不足。精细化工大约有10万种产品，真正由中国自主研发生产的不到一半。即便像中化集团这样的中国化工领域巨头企业，高技术含量产品在销售中的比例也不到30%。高端新材料领域企业少、工业化制备能力弱，尚无法和国际企业同台竞争。如茂金属聚丙烯（mPP）领域，独山子石化2022年5月才开始中试生产1000吨茂金属聚丙烯，中国石化天津、万华化学有计划在未来两年拟达到聚烯烃弹性体（POE）年产量20万吨，芳纶国内除泰和新材目前产能达到1.1万吨/年外，其他企业尚无法批量生产。

（二）技术获取渠道相对有限，跨国并购、海外项目的投资不够活跃

首先，由于化工新材料、能源装备领域的核心技术壁垒较高，除自主研发外，技术寻求型海外并购是帮助企业实现技术追赶超越的重要手段。由于技术寻求型海外并购可以省掉新建企业所需的烦琐手续和建厂的时间，并购后能够更好地完善原有技术或者产生新的技术，是众多国外化工与装备技术企业从外部获取技术提升的主要手段。例如，美国杜邦对化工领域进行了上百家企业的横向并购，获得了大量化工方面的生产技术。但是，从目前我国企业获取技术的途径来看，国企以自主研发为主，设立海外全资子公司是目前我国油服和化工国企海外市场拓展的主要手段，技术寻求型海外并购业务开展相对有限。民营企业虽然有所突破，但受限于资金，技术海外并购和合资等手段开展相对缓慢。

其次，企业“出海”的投融资渠道相对单一，缺乏丰富的海外并购经验。由于企业多角度制定海外合作战略的能力还不强，在金融、市场等资源方面的“组合拳”运用不够，海外投融资渠道多以股权投资和银行贷款为主，投融资方式较为单一。

最后，在海外并购过程中，由于只关心海外并购金额，而忽略了对并购

公司的整合和对合资项目过程的管理，进而给企业为数不多的海外并购带来一定风险。例如，中海油服虽然成功并购挪威海上钻井公司（AWO），但是由于后续爆出 ASA 偷税漏税等问题使得企业海外声誉受损，同时还因海外业务管理不善存在安全隐患，使其与挪威海上钻井公司（AWO）的合作业务终止，导致中海油服的海外并购资产损失高达 171 亿元。

（三）国际合作的驱动以拓展海外市场和技术获取为主，缺乏管理和品牌导向

从我国企业目前的海外合作里程来看，无论是海外竞标项目，还是设立子公司，或是建立海外中心都还是以占领市场、获取资源（人才、技术）等为目的，都缺乏以品牌运营和管理为导向的海外合作。通过品牌和管理为导向的国际合作，以获取国外知名企业的渠道管理和海外市场知名度为目的，既可以节省企业塑造海外品牌的时间，也快速获取了进入目标海外市场的渠道，对后续制定国际化战略、加快我国企业“走出去”步伐具有重大影响。在企业全球化的大背景下，缺乏品牌影响力势必削弱能源化工装备技术企业“走出去”的国际竞争力。例如，宝石机械的“BOMCO”品牌虽然在中国具有一定影响力，但进入国际石油装备竞争激烈的高端市场却相对困难，2019 年超深井钻机才首次进入科威特市场。而相较于巴斯夫、陶氏，中国化工产品的品牌知名度、美誉度仍有较大差距。

三、国际油服和化工企业的国际合作经验与启示

（一）斯伦贝谢的国际合作经验对我国的借鉴：由专项业务发展为一体化服务

斯伦贝谢的海外国际合作可以分为 3 个阶段：

第一阶段，与石油公司建立联盟关系，迅速扩大海外市场。1926 年，斯伦贝谢成立之初，凭借电阻率测井技术的核心技术优势拿到壳牌集团的订单，开启了全球市场的扩展之路，并跟随壳牌，前往委内瑞拉与荷属东印度地区开展业务。由于技术的创新性，公司在海外市场中建立起知名度，此时借助

苏联的第一个五年计划，斯伦贝谢与苏联进行长期合作，到 1940 年业务遍布全球。

第二阶段，以海外并购为主，通过业务布局拓展一体化业务。1952 年，斯伦贝谢收购 Forex 钻机公司 50%的股份，横向布局钻井和固井业务，并于 1960 年与陶氏化学在北美成立了 Dowell 固井公司，拓展固井、压裂业务。1961—1971 年通过先后收购 Solatron 英国电子仪器公司、VectorCable 和 Flopetrol 等公司完善其在电子仪器、测井、钻井和录井领域的服务。1985 年通过并购涉及地震服务，为了将业务拓展至地表探测，斯伦贝谢于 1985 年收购梅林公司（Merlin Profilers），1986—1992 年先后收购全球领先的地震技术服务商 GECO、PRAKLA 和 GeoQuest，1998 年实现 4D 地震技术打破 BP 的垄断，后将多家公司整合为 Geco-Prakla（行业第二）。2000 年后，斯伦贝谢以 Geco-Prakla 为基础，与贝克休斯组建了世界上最大的物探公司——西方奇科，并于 2006 年全资拥有。在第二次石油危机期间，公司还在积极拓展非 OPEC 地区业务的同时提升核心技术竞争力，先后收购世界最大的航洋钻井公司 Sedco 并扩展其在英国北海的业务，在英国剑桥创建了钻井平台研究部门以巩固其钻井研发实力。成功的海外业务定位使得斯伦贝谢走出困境，尽管 1984 年原油均价同比下跌了 2.6%，但是公司净利润同比增长 9%。1999 年与 Smith 国际公司合资创建了世界上最大的钻井液公司，通过此次并购使其成为钻头、钻井液领域的行业龙头。这个时期，斯伦贝谢通过外延式并购大大拓宽了业务范围，为之后的一体化服务模式奠定了基础。

第三阶段，一体化业务提升与优化阶段，拓展海外合作新领域。进入 21 世纪，为了有效规避油田开发产生的风险和降低成本，油服公司由单纯提供某一工序的承包商演变为提供一体化作业的项目战略联盟。斯伦贝谢从 2010 年开始将分散在各个业务板块的服务职能进行整合，并同时推行一体化服务模式（IPM）。在该模式下，油服公司为客户提供“一站式”服务和综合解决方案，围绕油气田的勘探开发与管理，围绕钻井、测井、固井等相关业务，提供涵盖油藏分析、技术服务、信息咨询等全系列解决方案。在一体化服务背景下，2019 年斯伦贝谢与沙特阿美签订了 3 年的 344 口井的总包合同，并先后取得了科威特和伊拉克的一体化钻井服务合同。此外还开展了最高级别的一体化综合服务（生产管理 SPM），通过此种方式，斯伦贝谢与客户可以共同开发和管理油气区块资产，贡献收益。在 SPM 方式下，先后在 2015 与摩洛哥 Tendrara 地区合作陆上天然气项目，2016 年与赤道几内亚 Fortuna 地区合作海上天然气项目，2017 年与阿根廷国家石油公司（YPF）就 Bandurria Sur 区块开展页岩气一体化合作，以及和尼日利亚国家石油公司（NNPC）在尼罗河三角洲的 Anyala 和 Madu 地区开展气田合作。

此外，公司还不断优化已有的业务配置。由于大型油田勘探业务在近年的业务量缩减，物探领域产能过剩，行业进入低谷，2018 年斯伦贝谢以参股 15%的形式出售西方奇科的海洋地震采集业务给海鸥地震服务公司，通过参股海鸥地震服务公司保持在航洋物探的全覆盖。为了更好地给一体化服务提供数字化、智能化支撑，斯伦贝谢通过前期收购西班牙 SEMA 信息咨询公司、Decision Team 油气软件与咨询服务公司和法国 Techsia 物理软件供应商等一系列铺垫，为自主开发大数据云计算 DELFI、DRING PLAN 等平台支持油服数字化升级奠定了良好的协作环境。

从斯伦贝谢的海外合作与并购历程之中，我们可以获得以下经验：第一，斯伦贝谢的海外合作选择明确，以业务短板为切入点，进行业务壮大与延伸。第二，先海外合作再并购。通过与目标公司进行长期的业务合作或者合资建立子公司，在了解标的公司的业务运作与运营走势后，再根据业务发展需要进行并购。第三，自主研发与海外并购并重，“两条腿”走路推进一体化服务。通过并购重组保持技术优势和创新速度，通过自主研发强化核心技术能力，为更好地推进一体化服务的海外合作不断探索新空间。

（二）陶氏化学国际合作经验对我国的借鉴：立足研发、整合全球资源，向高附加值产业链延伸

陶氏化学在全球 31 个国家和地区设有 113 个生产基地，形成了全球布局的全产业价值链资源整合的网络体系。陶氏化学的国际合作发展历史大致经过以下几个阶段：第一阶段，早期通过海外直接投资与合资，快速获取资源或技术。1942 年，陶氏化学首次向海外发展，在加拿大成立公司，并于次年

生产苯乙烯。1943 年与康宁玻璃公司合资成立一家公司，开发硅树脂产品。1947 年，在巴西成立石油天然气公司，通过在当地获取石油和天然气资源为公司生产提供所需原料。1952 年，陶氏化学欧洲公司分别在日本、瑞士等地成立多家子公司，并在全球成立多个生产基地，海外销售份额大幅提高。

第二阶段，整合全球资源，积极转型拓展高附加值的下游业务，进一步形成覆盖全球的研发、生产、供应、销售格局。这个阶段陶氏化学海外投资、合资业务全面铺开，在欧洲、拉丁美洲和美国设立 3 个国际总部，并在加拿大、巴西、韩国、欧洲等国家和地区建立了新的分支企业。保证产品在各地区营销的同时，积极剥离低价值的基础化工产品生产线，通过出售部分石油和天然气产权给加拿大 Dome Petroleum 和 Apache Petroleum 公司，出售陶氏朝日化学、陶氏斯伦贝谢股份等手段筹得了大量资金。在后续转型过程中，通过并购合资等手段获得了德国、日本、英国等国家的特种塑料、溴化物产品的生产线，成为全球最大的热塑性塑料生产企业。进入 21 世纪，面对越来越激烈的全球竞争以及越来越频繁的行业整合，陶氏化学在深挖自身研发能力的同时辅以资产整合，拓宽产品领域。其间，公司收购了埃尼化学的聚氨酯业务、罗门哈斯的农用化学品业务、塞拉尼斯的丙烯-丙烯酸业务，进入工程材料、碳纤维、食品和水处理等领域，完善和延伸自身下游产业链，成功在特殊化学品和高新材料上占据全球领先地位。

第三阶段，深耕高端化产品阶段。陶氏在全球建有多个研发中心，但各有侧重，如意大利技术中心的研发重点是聚氨酯配方和应用技术，韩国陶氏首尔技术中心的研发重点包括有机发光二极管（OLED）、显示材料等，中国上海陶氏一体化研发中心面向建筑、水处理、电子设备等领域的应用。此外，2017 年陶氏化学与杜邦公司合并，并在 2019 年拆分成了 3 家独立的公司，即陶氏、杜邦和科迪华，分别专攻于材料科学、特种化学品和农业化学三项业务。新陶氏将主营高性能材料和涂料、工业中间体以及包装和特种塑料三大业务板块。

通过陶氏的国际合作经验可以发现，陶氏公司在国际合作过程中始终坚守公司主营业务，并以研发为核心，通过价值链导向不断调整国际合作战略定位，最终构建了高壁垒、多样化的国际产品链格局。

第三节　能源化工装备技术国际合作提升策略

一、重点推进“一带一路”能源装备与化工产业链合作

从油气装备目前的出口地区来看，“一带一路”沿线是我国油气装备的主要出口地区。由于“一带一路”沿线多数国家能源化工装备制造工业基础相对薄弱，需求基本涵盖了油气上游、中游、下游各个领域。因此，首先应对接“一带一路”沿线国家的发展战略，如蒙古国的“草原之路”、哈萨克斯坦的“光明之路”、俄罗斯的“欧亚经济联盟”、越南的“两廊一圈”等，为推进能源装备与化工产业链合作创造投融资机会。其次，分区域、有重点地推进与“一带一路”沿线国家的合作。对于“一带一路”资源优势较大、具有一定能源化工装备基础的俄罗斯、马来西亚和资源优势较大但欧美市场进入早、竞争相对激烈的沙特阿拉伯、阿拉伯联合酋长国、阿曼、科威特等中东国家，我国能源化工装备国际合作的上游重点应集中在高端钻井设备和海洋油气勘探开发装备，下游则主要定位在大型一体化炼化项目的合作，用于提升当地化工产品链结构、发展中端及高端化学品。对于大部分中亚地区国家如乌克兰、哈萨克斯坦、乌兹别克斯坦等和伊朗、越南、缅甸、泰国等能源化工装备基础相对较弱的国家，可以通过“制造+服务”模式发挥现有输送装备、油气井管、钻井装备、采油装备、石化装备的完整产业链基础优势，以工程总承包带动产业链上下游配套“走出去”，通过提供整体方案，鼓励能源装备制造企业、油服企业、炼化企业抱团出海，集中力量拓展海外市场。

二、拓宽企业的国际投融资合作渠道

一方面，利用多边投融资平台，积极提升发展中国家的投融资能力。积极借助亚洲基础设施投资银行、金砖国家新开发银行、丝路基金、亚洲开发银行、中非发展基金等融资平台，利用国家信用担保，降低企业在海外运营

的成本，发挥杠杆撬动作用，提升企业在海外地区的投融资能力。

另一方面，探索适用于能源装备产业的投融资合作模式，通过积极探索第三方市场合作等新型合作方式打开多方共赢的新局面。通过与第三方联合融资、共同投资、“EPC+第三方”投资等方式与外方联合共建、合作共同开发第三方市场，在整合各方资源及优势的同时，提高自身产品和服务的水平。通过第三方市场合作不仅能够使参与方在资源、技术上实现互补，还能够保证将合作双方的竞争程度降到最低，同时在项目实施中各施所长形成配合，从而巩固双方的合作。自2015年中法两国首次发表《中法第三方市场合作联合声明》以来，该合作模式经过多年发展先后已经有14个国家同中国签署了第三方市场合作文件。在中非、东南亚等地区就能源方面已经开展了一些尝试性合作，例如，日本住友商事负责印度尼西亚煤电EPC合同下的土建工作和BOP部分的设计、采购与安装，三菱重工负责主机、发电机以及锅炉的设备和安装，而中国通用技术集团公司和美国博莱克威奇公司联合体负责为住友商事EPC项下辅机部分提供设备与安装服务。中国企业应积极利用第三方市场合作机制，推动能源装备和化工制造领域国际产业链相关利益方企业积极投入第三方市场开发，通过“技术+市场”联合开拓新的合作局面。

三、积极推进关键技术领域的海外合作

首先，政府层面要积极建立国际对话与合作机制，为企业“走出去”争取有利的外部环境。政府一方面要积极参与国际对话与完善国际合作交流机制，为企业“走出去”争取有利的投资与贸易环境。积极推动高端人才开展各类跨地区的交流与培训，牵头搭建国际创新合作载体，包括建立联合研发中心、联合实验室、离岸孵化器、国际化科技园等形式的国际技术交流平台。另一方面，政府应完善在关键技术领域的“自上而下”“自下而上”科研资助和奖励机制，鼓励以企业为主体开展非政府组织的国际科技合作与攻关。

其次，在积极发挥企业科技创新主体作用的同时，重视能源装备及能源工厂产业链关键技术的研发与国际合作。一方面，企业需要以高端制造为引领，重视研发与成果转化。通过研发积极拓展产业链延伸空间，逐步带动中

低端产品转型。另一方面，通过加快探索国际产、学、研、用的合作机制，推动能源化工制造企业和国外知名高校与研究机构的协同合作，逐渐形成中外良性互动循环，为构建更大的合作格局奠定基础。

四、以“一带一路”为切入点，推进品牌国际化进程

以核心企业为重点，积极调整品牌运营思路，通过参与以品牌和运营渠道为核心的国际合作，打造“走出去”新名片。随着“双循环”新发展格局的构建，品牌已成为当前国际竞争的焦点。作为全球第一制造大国，我国在能源装备技术领域已形成比较健全的产业链和集成能力。我国大型油气装备在全球范围内的竞争优势主要来自整体性价比，因而在“一带一路”沿线发展中国家也具有较大市场，但是不能因此而忽略了品牌运营。

首先，优势企业如宝石机械、中国石化等，应当率先在市场布局过程中，根据沿线国家特点制定符合企业产品和战略发展定位的品牌策略，并逐步形成客户差异化品牌定位，增加品牌的黏性并提升其附加值，将品牌的核心理念赋予产品要素之中，并通过“产品+服务”准确传递给客户。其次，通过积极开展基于品牌推介与运营的国际合作来组建品牌联盟，有效利用国际媒体资源以及参与具有全球影响力的活动，加深用户的品牌记忆，通过扩大中国能源装备与化工产品的国际知名度，提升品牌附加值。最后，要重视企业形象的国际公关，通过企业海外形象的舆情监测和品牌形象评估，维护企业在国际上的形象。

第五章 能源转型背景下的核能国际合作研究

自 1955 年 1 月 15 日以来，中国讨论并决定建设自己的核能产业已近 70 年。中国核能产业的发展从无到有，从全面“引进来”到自信“走出去”，离不开国际合作。核能在军事领域、能源领域以及医学领域发挥了重要作用，对中国的国家安全、能源安全做出了突出贡献。在新发展格局下，能源革命推动着新型能源体系的形成和发展，而核能稳定、可靠、换料周期长，适于承担电网基本负荷及必要的负荷跟踪，可大规模替代传统化石能源。核能作为能源体系的重要组成部分，其技术、装备和安全标准需要保持国际化，以便中国核能在世界能源体系中的引进和输出。因此，深入探讨中国核能国际合作，对于构建新型能源体系、保障国家安全具有重要意义。

“十三五”期间，面对错综复杂的国际形势，我国核工业始终秉持开放合作、互利共赢理念，积极贯彻国家扩大对外开放战略和“一带一路”倡议，坚持新发展理念，推动构建新发展格局，核能国际合作迈出新步伐。核电项目国际合作持续推动，AP1000①、EPR② 全球首堆核电组在我国顺利投入商业运行，巴基斯坦、英国在建核电项目稳步推进，“华龙一号”品牌国际影响力持续提升；核能产业链国际合作取得较大突破，海外铀资源开发、铀资源贸易对国内核电发展的保障能力不断提高；中俄、中法双边核能合作深度与广度持续拓展，互利共赢合作格局不断巩固；国际核科技创新合作不断扩展，ITER 等重大科技项目取得重要成果，人才、技术、设备等科技创新要素的国际交互流动不断深化；积极参与核领域国家治理，为国际核能发展贡献中国

---

① AP1000 是由美国西屋公司研发的非能动性压水堆核电技术，由国家核电技术公司负责引进吸收，对我国三代技术的发展起到了重要的引导作用。在我国三门核电站的建设中应用了 AP1000 技术，三门核电站 1 号机组是世界首座 AP1000 核电机组。

② EPR 是法马通和西门子联合开发的反应堆，当初我国由于政治关系原因由法国引进，用于建设广东台山核电站。

方案和中国智慧。面向“十四五”，全球新冠疫情和国际地缘冲突更加严峻，我国核工业坚定推动国际化发展，为“十四五”期间进一步提升国际交流和合作水平奠定了坚实的基础。

能源“十四五”提出，要积极安全有序地发展核电。在确保安全的前提下，积极有序地推动沿海核电项目建设，保持平稳建设节奏，合理布局新增沿海核电项目。积极推动核电国际合作，加强核能科技创新，参与全球核能治理体系改革和建设。

第一节　中国核能发展与国际合作概况

一、中国核能发展概况

在 2022 年 8 月召开的第二十九届国际核工程大会开幕式上，国家核安全局副局长、核电安全监管司司长汤搏介绍，截至 2022 年 6 月，我国在运核电机组 54 台，在建核电机组 23 台，在运、在建核电机组数为全球第二。

（一）中国核电生产运行状况

从表 5-1 中可以看出，2011—2020 年，核电装机容量的提升高于中国发电设备容量提升的增长幅度，对于保障能源供应起到了重要作用。2011—2020 年，中国发电设备容量从 103680.11 万千瓦提升到 193908.12 万千瓦，增长了 87%。核电设备装机容量从 1257.21 万千瓦提高到 4987.33 万千瓦，增长了 2.97 倍，高于火电设备 64%、水电设备 37%的增长水平，但低于风电设备 4.86 倍的增长水平。

表 5-1　2011—2020 年中国核电设备容量　　单位：万千瓦

年份	发电设备容量	火电设备容量	水电设备容量	核电设备容量	风电设备容量
2011	103680.11	75494.62	22599.88	1257.21	3483.66
2012	108860.29	80297.94	21033.86	1263.81	4808.58
2013	118999.40	85625.09	24298.41	1485.04	6552.16
2014	131368.76	92083.31	27182.01	2031.77	7891.37

续表

年份	发电设备容量	火电设备容量	水电设备容量	核电设备容量	风电设备容量
2015	143630.43	99232.01	28446.94	2643.95	10244.89
2016	154594.50	105345.00	28970.57	3364.43	12656.53
2017	165486.15	109440.27	31029.18	3581.93	14760.76
2018	168719.80	111478.17	30059.00	4465.93	15661.30
2019	178554.51	117082.29	30693.65	4875.53	17632.84
2020	193908.12	123740.13	30963.43	4987.33	20400.66

资料来源：Wind 数据库。

核电装机容量的大幅提升来源于核电机组数量的增加和技术的提升。根据国家核应急中心数据，截至 2022 年 6 月，中国在运的核电机组达到了 54 台（见表 5-2），包括新型技术的应用机组“华龙一号”和 AP1000。从核电机组建设单位来看，主要来源于中核集团、中广核集团和国家电投，而这 3 家公司中又以中核集团和中广核集团为主，国家电投进行建设的机组只有 2 台共 250 万千瓦的装机容量。从核反应堆类型上看，在运的主要为压水堆型核反应机组，压水堆技术的改良版“华龙一号”和 AP1000 机组则还未大规模推广。从额定功率设计上看，除最早的秦山核电站机组功率为 31 万千瓦外，其他机组均在 65 万千瓦以上，且主要机组达到了 100 万千瓦以上。

表 5-2　2022 年 6 月中国在运核电机组

集团公司	核电厂名称	机组	堆型	额定功率（万千瓦）	开工日期	商运日期	额定功率总数
中核集团	秦山核电厂	1 号	压水堆	1×31	1985 年 2 月	1994 年 4 月	25 台共 2363 万千瓦
	秦山第二核电厂	1 号	压水堆	2×65	1996 年 6 月	2002 年 4 月	
		2 号			1997 年 4 月	2004 年 5 月	
		3 号		2×66	2006 年 4 月	2010 年 10 月	
		4 号			2007 年 1 月	2011 年 12 月	
	秦山第三核电厂	1 号	重水堆	2×72.8	1998 年 6 月	2002 年 12 月	
		2 号			1998 年 9 月	2003 年 7 月	
	方家山核电厂	1 号	压水堆	2×108.9	2008 年 12 月	2014 年 12 月	
		2 号			2009 年 7 月	2015 年 2 月	

续表

集团公司	核电厂名称	机组	堆型	额定功率（万千瓦）	开工日期	商运日期	额定功率总数
中核集团	田湾核电站	1号	压水堆（VVER）	2×106	1999年10月	2007年5月	25台共2363万千瓦
		2号			2000年9月	2007年8月	
		3号		2×112.6	2012年12月	2018年2	
		4号			2013年9月	2018年12月	
		5号	压水堆	2×111.8	2015年12月	2020年9月	
		6号			2016年9月	2021年6月	
	福清核电厂	1号	压水堆	4×108.9	2008年11月	2014年11月	
		2号			2009年6月	2015年10月	
		3号			2010年12月	2016年10月	
		4号			2012年11月	2017年9月	
		5号	压水堆（“华龙一号”）	2×115	2015年5月	2021年1月	
		6号			2015年12月	2022年3月	
	昌江核电厂	1号	压水堆	2×65	2010年4月	2015年12月	
		2号			2010年11月	2016年8月	
	三门核电厂	1号	压水堆（AP1000）	2×125.1	2009年4月	2018年9月	
		2号			2009年12月	2018年11月	
中广核集团	大亚湾核电厂	1号	压水堆	2×98.4	1987年8月	1994年2月	26台共5563.9万千瓦
		2号			1988年4月	1994年5月	
	岭澳核电厂	1号	压水堆	2×99	1997年5月	2002年5月	
		2号			1997年11月	2003年1月	
		3号	压水堆	2×108.6	2005年12月	2010年9月	
		4号			2006年6月	2011年8月	
	宁德核电厂	1号	压水堆	4×108.9	2008年2月	2013年4月	
		2号			2008年11月	2014年5月	
		3号			2010年1月	2015年6月	
		4号			2010年9月	2016年7月	

续表

集团公司	核电厂名称	机组	堆型	额定功率（万千瓦）	开工日期	商运日期	额定功率总数
中广核集团	红沿河核电厂	1号	压水堆	5×111.9	2007年8月	2013年6月	26台共5563.9万千瓦
		2号			2008年3月	2014年5月	
		3号			2009年3月	2015年8月	
		4号			2009年8月	2016年6月	
		5号			2015年3月	2021年7月	
		6号			2015年7月	2022年5月	
	阳江核电厂	1号	压水堆	6×108.6	2008年12月	2014年3月	
		2号			2009年6月	2015年6月	
		3号			2010年11月	2016年1月	
		4号			2012年11月	2017年3月	
		5号			2013年9月	2018年7月	
		6号			2013年12月	2019年7月	
	防城港核电厂	1号	压水堆	2×108.6	2010年7月	2016年1月	
		2号			2010年12月	2016年10月	
	台山核电厂	1号	压水堆（EPR）	2×175	2009年12月	2018年12月	
		2号			2010年4月	2019年9月	
国家电投	海阳核电厂	1号	压水堆（AP1000）	2×125	2009年12月	2018年10月	2台共250万千瓦
		2号			2010年6月	2019年1月	
华能集团	石岛湾核电站	1号	压水堆（AP1000）	1×125	2012年12月	2022年6月	1台共125万千瓦
装机总量（万千瓦）				5683.9	机组总数		54台

资料来源：国家核应急中心。

在核电建设的积极推进下，中国的核电发电量大幅提升。从表5-3中可以看出，2010—2021年，中国的发电量持续增加，其中核电发电量从747.42亿千瓦·时增长到4075.00亿千瓦·时，增长了4.45倍。自2011年以来，核电发电量增长率远高于总体发电量的增长率，对中国发电量的稳步增长起到了重要作用。

表 5-3　2010—2021 年中国核电发电量及增长率

年份	发电总量（亿千瓦·时）	核电发电量（亿千瓦·时）	总体发电量增长率（%）	核电发电量增长率（%）
2010	42277.71	747.42	14.85	6.70
2011	47306.00	872.00	11.89	16.67
2012	49865.26	983.18	5.41	12.75
2013	53720.57	1115.01	7.73	13.41
2014	56800.84	1332.18	4.33	19.48
2015	57399.50	1713.78	1.05	28.65
2016	60228.45	2131.78	4.93	24.39
2017	64529.00	2481.00	6.55	16.39
2018	69947.00	2950.00	8.40	18.87
2019	73269.00	3487.00	4.75	18.23
2020	76264.00	3662.00	4.09	5.03
2021	83768.00	4075.00	9.80	11.30

资料来源：Wind 数据库。

（二）中国的核电工程建设

截至 2022 年 6 月，中国在建核电机组 23 台，在建核电机组数为全球第二。“华龙一号”“国和一号”等一批重大核电工程建设正在有序推进。目前，我国自主三代核电“华龙一号”机组进入批量化建设阶段，共有 10 台“华龙一号”机组在浙江、广西、广东、福建等地开展建设。在广东惠州，太平岭核电一期工程 2 台“华龙一号”机组建设正在有序推进，在项目建设过程中，采用了大量新模式、新工艺、新技术，例如 1 号机组创新使用三维建模等智能核电建造技术，从开工到完成穹顶吊装用时 24 个月，创造了“华龙一号”穹顶吊装最短纪录。

1. 核岛工程建设

核电工程业务范围主要包括核电站核岛、常规岛、BOP 工程及其他与核电站相关工程。在核电建设投资总额中，建筑和安装总投资占比约为 20%。

核岛工程是核电工程的核心部分，施工难度大、技术含量高，且要求承建单位具有核电工程承建资质。核电业主在选择承包商时，除去管理、技术、成本等因素外，更倾向于选择具有丰富核电建造经验的承包商。目前国内已建和在建的核电项目的核岛工程中绝大部分由中国核建旗下的成员单位五公司、二十二公司、二十三公司、二十四公司、华兴公司等承建。中国核建控股股东中国核工业建设集团，前身历经第二机械工业部、核工业部、中国核工业总公司，是我国国防军工工程重要承包商之一，是我国核电工程建设领域历史最久、规模最大、专业一体化程度最高的企业。

2. 常规岛建设

核电工程的常规岛和 BOP 工程建设市场，由于工程难度和特殊性不及核岛建设，目前国内参与竞争的企业较多，包括各大型建筑企业、火电建设企业等，市场竞争激烈。在核电站常规岛及电站辅助设施建造领域，主要竞争者包括中国核建旗下的成员单位，中国能建旗下广东火电工程总公司、浙江省火电建设公司，以及中国建筑旗下第二工程局有限公司等国内电力建设企业。

3. 沿海为主、内地多停滞

2022 年 1 月 29 日，国家发展改革委、国家能源局正式发布《“十四五”现代能源体系规划》，其中提到了核电“十四五”规划目标，计划在 2025 年运行装机容量达到 7000 万千瓦。针对核电的选址，规划要求在确保安全的前提下，积极有序地推动沿海核电项目建设，切实做好核电厂址保护工作。对于备受社会关注的内陆核电，规划中并未详细提及，而主要规划项目包括：建成投产辽宁红沿河 5 号、6 号（5 号已建成投产）；山东石岛湾高温气冷堆、“国和一号”示范项目；江苏田湾 6 号（已建成投产）；福建福清 5 号、6 号（5 号已建成投产），漳州一期 1 号、2 号；广东太平岭一期 1 号、2 号；广西防城港 3 号、4 号等核电机组。

目前全国已有 10 余个省份计划布局了内陆核电。其中，湖北大畈核电站、湖南桃花江核电站和江西彭泽核电站等核电项目，都持续地受到社会关注（见表 5-4）。但根据近年来的能源规划，内陆核电建设依然十分审慎，主要还在规划设计和厂址保护阶段。

表 5-4　中国内地正在筹建的核电站

省份	筹建中的核电站
湖南	桃花江核电站、小墨山核电站
湖北	大畈核电站、松滋核电站
江西	彭泽核电站、烟家山核电站、瑞金核电站
四川	三坝核电站
安徽	芜湖核电站、吉阳核电站
河南	南阳核电站
重庆	涪陵核电站
黑龙江	佳木斯核电站
贵州	贵州核电站
河北	海兴核电站

资料来源：中国核电信息网。

（三）中国的核电产业

1. 核电产业全景

核电站是当今世界最复杂的工业系统之一，围绕核电站所形成的核电产业也非常复杂。从纵向来看，核电产业主要在于上游部分，中下游部分较少。核电产业上游主要包括核电机械设备、核燃料以及相关工程的设计和建设部分，是核能产业最为复杂的部分；中游主要指核电站的运营；下游主要指核电形成电力后的并网消纳，以及在这一过程中的检修维护、乏燃料的处理（见图 5-1）。由于核能的特殊性，核电站一旦出现放射性事故，所造成的危害将显著超过常规电站，因此核电站对安全性、可靠性的要求极高。也正是基于这一原因，政府对核电行业设置了较高的门槛，在各个环节上均需要取得主管部门颁发的执照才能够开展相关业务。目前国内核电市场在工程建造、装备制造、运营等各个环节均只有有限的参与者，基本以中核集团、中广核集团、国家电投及其下属单位为主。

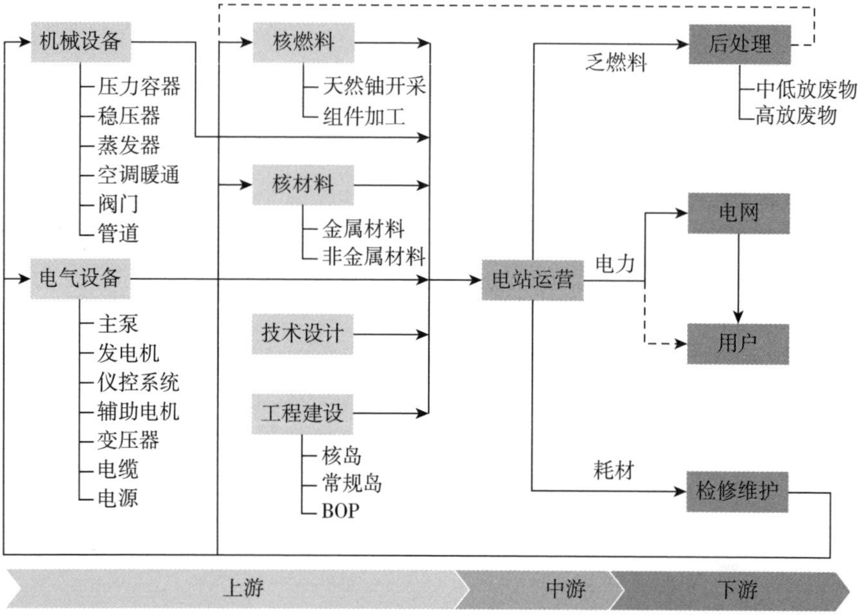

图 5-1　核能产业链

资料来源：中国核电信息网。

2. 核电项目的设计、建设与运营

由于国家对核电相关资质的限制，国内仅中国核电、中广核电力和国家电投 3 家公司具有核电投资运营商资格。国内在运及在建商业核电项目均由上述 3 家公司控股（石岛湾核电由华能集团持股 50%，属示范项目）。国内其他四大发电集团华能、大唐、华电、国电均在积极布局核电业务，通过入股的方式获得核电项目管理经验并培养管理和技术人员。此外，核电项目所在省市的地方能投公司通常也是核电项目投资人之一。核电项目通常由上述 3 家公司之一牵头成立业主公司作为投资、建造和运营的责任主体（见图 5-2）。

（1）核电项目设计

核电项目设计工作通常由工程公司所属的设计院，或者同一个集团所属的设计院来完成。目前国内具备核电工程设计资质的设计院均归属三大核电集团。工程公司的采购部门负责向国内外主要核电设备供应商进行采购，并控制质量和进度。工程建安活动通常由专业的工程承包商负责，主要有中国核建、中国能建以及中国建筑等，而核电工程公司负责工程管理职责。工程调试活动通常由工程公司所属的调试队伍，或者与业主公司组成联合调试队伍来完成。

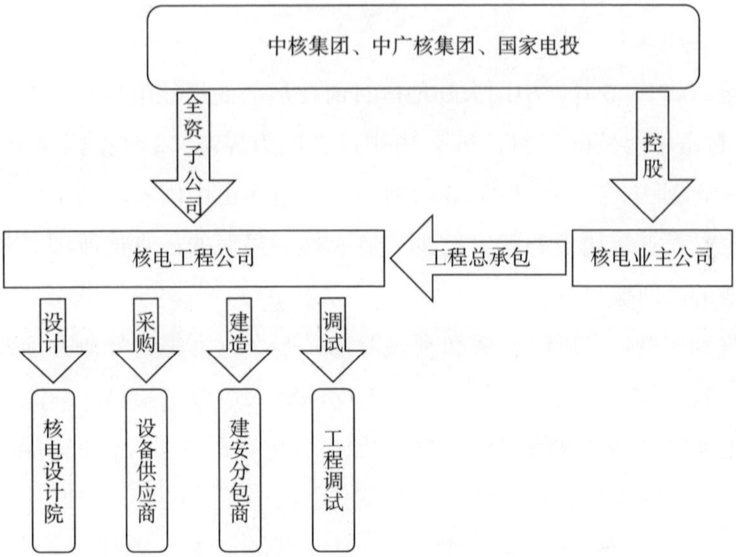

图 5-2　核电项目运作示意图

资料来源：民生证券研究院整理。

（2）核电项目建设

在项目建造环节有“大业主”“小业主”等不同模式。“大业主”模式即业主公司自行负责工程项目管理、设备采购、机组调试等任务，仅工程设计与施工环节外包。“小业主”模式即业主公司与专业的核电工程公司签订工程总承包合同，由工程公司负责整个工程项目的设计、采购、建造和调试等任务，在项目竣工之后交由业主公司运营。“大业主”模式对业主公司的要求较高，需要业主公司维持一个数百人的工程管理团队，在工程建设完成后通常需要进行人员转岗分流。随着国内核电工程公司的发展，目前国内核电工程项目以“小业主”模式为主。核电工程公司成了核电建设的主力军，承担核电项目设计、采购、工程管理和调试等任务。由于核电产业的特殊性，核电工程建设市场为非完全竞争市场，行业内竞争企业数量有限。目前国内仅有3家具有核电工程总承包资质的工程公司，分别是中核集团下属的中国核电工程有限公司、中广核集团下属的中广核工程有限公司、国家电投下属的国核工程有限公司。中核集团下属的中国中原对外工程有限公司主要负责海外核电项目工程。

（3）核电项目运营

截至2022年6月，中国大陆地区目前在运的商用核电机组一共有54台，其中25台由中国核电控制，26台由中广核电力控制，2台由国家电投控制，1台由华能集团控制。在建的23台机组中，也多由中国核电和中广核电力承建，国家电投直接建设的相对较少。造成这一局面的最直接原因是技术、资金所形成的高门槛。

考虑到核电建设风险分散和利益驱动，四大电力集团与地方国资积极入股核电，其中华能、大唐、华电与国电均积极入股核电项目。华能集团持有昌江核电49%的股权和海阳核电5%的股权，持有石岛湾核电（高温气冷堆示范项目）50%的股权，并通过该项目事实上获得了核电项目控股权。宁德核电为中广核电力与大唐发电合营公司，大唐发电持有宁德核电44%的股权。华电集团通过华电福新持有福清核电39%的股权和三门核电10%的股权。国电集团目前仅持有海阳核电5%的股权。华能集团与大唐集团在核电业务上走在了前列。浙能电力与粤电集团（2019年更名为广东能源集团）均持有较多的核电项目股权。浙江与广东是我国核电发展最早也是发展最快的省份，对应的地方能投公司也持有较多的核电项目股权。浙能电力持有秦山核电、秦山二期、秦山三期以及三门核电的股份，权益装机达1866兆瓦。粤电集团持有阳江核电和台山核电的股份，权益装机达到1784兆瓦。

核电项目的参与给相关企业带来了丰厚的回报，各公司运营环节保持较高的净利润率。国内在运及在建核电机组主要集中在中国核电与中广核电力两家公司。根据上市公司公布的财务数据，2021年中国核电营收为623.67亿元，净利润为140.55亿元。2021年中广核电力营收为800.77亿元，净利润为156.84亿元。从财务业绩上看，中国的主要核电公司在电力板块乃至整个能源板块都有着优异的表现，具有较强的竞争力，为核电企业的持续健康运营和中国核电产业的长远发展奠定了坚实基础。

表 5-5　2019—2021 年中国核电公司业绩表现

证券代码	证券简称	营业总收入（亿元）			净利润（亿元）		
		2019 年	2020 年	2021 年	2019 年	2020 年	2021 年
000777. SZ	中核科技	12. 66	11. 67	15. 58	1. 36	1. 05	1. 20
000881. SZ	中广核技	70. 22	66. 52	79. 99	1. 41	2. 93	3. 64
601985. SH	中国核电	460. 67	522. 76	623. 67	84. 07	109. 47	140. 55
1816. HK	中广核电力	601. 85	699. 78	800. 77	147. 85	148. 76	156. 84
证券代码	证券简称	净资产收益率（ROE）（%）			总资产净利率（ROA）（%）		
		2019 年	2020 年	2021 年	2019 年	2020 年	2021 年
000777. SZ	中核科技	9. 5948	6. 9362	7. 4874	5. 8089	4. 2822	4. 4499
000881. SZ	中广核技	1. 8066	4. 6365	2. 9278	1. 2169	2. 4665	2. 8376
601985. SH	中国核电	9. 5614	9. 9496	10. 9671	2. 5055	3. 0017	3. 5520
1816. HK	中广核电力	11. 7647	10. 3334	9. 9219	2. 5024	2. 4523	2. 4581

资料来源：Wind 数据库。

（四）中国的核电技术创新与“瓶颈”

中国在核能领域技术积累日益增加，形成了钠冷快堆、钍基熔盐堆、铅基快堆、聚变堆等先进的反应堆系统。第三代核电技术是中国目前的重要发力点，在国内主要涉及 5 种机型，分别为 AP1000、“华龙一号”、CAP1400①、EPR 和 VVER②。其中具有自主知识产权的“华龙一号”和 CAP1400 已经在国内大规模投产，在巴基斯坦等国家也开始广泛应用。第四代核电技术——高温气冷堆，设备国产化率高达 93. 4%，首个示范工程已经完成并网发电。第四代技术的综合应用得到进一步提高，除发电外，高温气冷堆所产生的热量能够满足乙醇提纯、石油化工、制氢等领域绝大部分热源需求。

但值得注意的是，中国在核能专利壁垒较为森严的当下，仍需要高度重

① 中国国家核电技术公司根据 AP1000 技术进行技术改进形成的功率更大的压水堆核电机组。

② VVER 是压水动力堆的简称，该技术由苏联研发，1999 年引进我国。我国田湾核电站的两台 AES-91 型机组应用该技术，该技术目前不在我国核电技术选型考虑范围之内。

视第三代核电关键技术的优化、第四代核电关键技术的攻关、核能产业链的紧密合作等一系列任务。面对全球核能技术的激烈竞争，中国还需要进一步加强基础研究，强化原始创新，不断精进自身的核能技术水平。在促进中国核能产业发展，保障中国能源安全，助力“双碳”目标实现的基础上，走出国门，实现更大范围内的价值。

二、中国核能的国际合作

（一）核电工程合作

中国具有核电开发权的 3 家主要企业，中核集团、中广核集团和国家电投都已经进行了国际化经营，成为中国核能“走出去”的主力军。3 家企业在海外的核电工程涉及多个国家和地区，其中中核集团起步较早，主要涉及巴基斯坦、伊朗、沙特阿拉伯、埃及、约旦、斯洛伐克、亚美尼亚等国家。中广核集团“走出去”的进程相对较晚，对外合作的重点放在中东欧、东南亚、西亚、非洲等地区。国家电投于 2015 年 6 月成立，是 3 家核电开发企业中最晚的，在对外合作中与土耳其和南非等国家及地区取得了一系列成果。

自中国开展商用核电站建设以来，中核集团走向海外的时间比较早，项目也比较多，重要的海外核电在建项目包括 1991 年开始的中核集团与巴基斯坦原子能委员会签署的恰希玛和卡拉奇核电站建设项目，2014 年 7 月与阿根廷签署的阿图查核电站项目，2014 年 12 月与阿尔及利亚签署的比林和平堆升级改造项目，2015 年 6 月与伊朗原子能签署的莫克兰核电站项目。此外，中核集团还与沙特阿拉伯、埃及、巴西等国家签署了核能合作协议。

中广核集团在 2013 年后逐渐掌握了较为成熟的铀资源开发和第三代核能技术 ACPR1000，在走出国门的进程中，也发挥着越来越重要的作用。

1. 中英合作

2013 年，中广核集团与法国电力集团就英国核电项目达成共识，其中欣克利角核电项目努力克服新冠疫情影响，2 号机组于 2020 年 5 月 29 日完成反应堆厂房筏基混凝土的浇筑，标志着 2 号机组进入主体土建施工阶段。塞兹威尔核电项目向英国政府提交了项目开发许可令和核电厂址许可申请。布拉德韦尔核电项目于2020年7月1日完成开发许可令第一阶段公众咨询，正在稳步开展项目可行性研究有关工作。“华龙一号”英国通用设计审查已进入第四阶段——详细审查阶段，目前进展顺利。

2. 中罗合作

2015年11月，中广核集团与罗马尼亚国家核电公司就切尔纳沃德核电站3号、4号机组的开发运营签署了合作协议。

国家电投在2015年6月由中国电力投资集团与国家核电技术公司合并而成，公司在2014年与美国西屋和土耳其国有发电公司签署了合作备忘录，积极推进在土耳其建设核电项目。2015年，国家电投与南非核能集团就CAP1400项目的建设和应用签署了合作协议，共同探索中国核电技术在南非落地执行的可能性。

（二）深化核能产业链合作

1. 核能双边合作

中国在核能开发的进程中，高度重视国际合作，积极推进与其他国家共同和平利用核能的协定，双边核能合作持续深化。根据国家核安保技术中心的数据，截至2019年12月，中国已经与20多个国家和地区签订了和平利用核能的双边协定（见表5-6）。

表5-6　中外核能双边协定

序号	签约国	签约时间	签约地点	文本来源
1	阿根廷	1985年4月15日	北京	核电相关法律法规汇编
2	埃及	2002年1月23日	北京	中华人民共和国条约数据库
3	澳大利亚	2006年4月3日	堪培拉	核电相关法律法规汇编
4	巴基斯坦	1986年9月15日	北京	中华人民共和国条约数据库
5	巴西	1984年10月11日	北京	核电相关法律法规汇编
6	白俄罗斯	2008年12月16日	北京	中华人民共和国条约数据库
7	比利时	1985年4月18日	北京	中华人民共和国条约数据库
8	英国	1985年6月3日	伦敦	中华人民共和国条约数据库

续表

序号	签约国	签约时间	签约地点	文本来源
9	韩国	1994 年 10 月 31 日	首尔	中华人民共和国条约数据库
10	德国	1984 年 5 月 9 日	波恩	中华人民共和国条约数据库
11	俄罗斯	1996 年 4 月 25 日	北京	中华人民共和国条约数据库
12	法国	1997 年 5 月 15 日	北京	中华人民共和国条约数据库
13	哈萨克斯坦	2010 年 6 月 12 日	阿斯塔纳	文本待上传
14	加拿大	1994 年 11 月 7 日	北京	中华人民共和国条约数据库
15	罗马尼亚	1982 年 4 月 16 日	北京	中华人民共和国条约数据库
16	美国	2015 年 4 月 13 日	北京	美国国务院官方网站
17	孟加拉国	2005 年 4 月 7 日	达卡	核电相关法律法规汇编
18	南非	2006 年 6 月 21 日	开普敦	中华人民共和国条约数据库
19	日本	1985 年 7 月 31 日	东京	中华人民共和国条约数据库
20	瑞士	1986 年 11 月 12 日	北京	中华人民共和国条约数据库
21	沙特阿拉伯	2012 年 1 月 15 日	利雅得	文本待上传
22	泰国	2017 年 3 月 29 日	北京	文本待上传
23	土耳其	2012 年 4 月 9 日	北京	文本待上传
24	西班牙	2005 年 11 月 14 日	马德里	核电相关法律法规汇编
25	伊朗	1992 年 9 月 10 日	北京	中华人民共和国条约数据库
26	约旦	2008 年 8 月 19 日	安曼	中华人民共和国条约数据库
27	越南	2000 年 12 月 25 日	北京	文本待上传
28	阿尔及利亚	2008 年 3 月 24 日	阿尔及尔	中华人民共和国条约数据库
29	欧洲原子能共同体	2008 年 4 月 24 日	北京	中华人民共和国条约数据库

资料来源：国家核安保技术中心。

2. 核燃料领域合作

核燃料是核反应堆中通过裂变或者聚变产生核能的材料，是核能利用的重要资源。中国虽然拥有众多在运和在建核电站，但与庞大的装机容量相比，中国的核电依然存在严重的安全问题。由表 5-7 可知，中国近年来的铀产量在世界范围内处于中游水平，相较于哈萨克斯坦、澳大利亚和加拿大等国，中国的铀矿资源普遍具有储量小、品位低和分布散的特点。因此，在核燃料领域形成了有限的探明储量与巨大的需求之间的矛盾，成为中国能源安全的巨大威胁。

表 5-7　2013—2020 年从铀矿生产铀　　单位：吨铀

国家	2013 年	2014 年	2015 年	2016 年	2017 年	2018 年	2019 年	2020 年
哈萨克斯坦	22451	23127	23607	24689	23321	21705	22808	19477
澳大利亚	6350	5001	5654	6315	5882	6517	6613	6203
纳米比亚	4323	3255	2993	3654	4224	5525	5476	5413
加拿大	9331	9134	13325	14039	13116	7001	6938	3885
乌兹别克斯坦	2400	2400	2385	3325	3400	3450	3500	3500
尼日尔	4518	4057	4116	3479	3449	2911	2983	2991
俄罗斯	3135	2990	3055	3004	2917	2904	2911	2846
美国	1792	1919	1256	1125	940	582	58	6
中国	1500	1500	1616	1616	1692	1885	1885	1885
乌克兰	922	926	1200	808	707	790	800	400
印度	385	385	385	385	421	423	308	400
南非	531	573	393	490	308	346	346	250
伊朗	0	0	38	0	40	71	71	71
巴基斯坦	45	45	45	45	45	45	45	45
巴西	192	55	40	44	0	0	0	15
捷克	215	193	155	138	0	0	0	0
罗马尼亚	77	77	77	50	0	0	0	0
法国	5	3	2	0	0	0	0	0
德国	27	23	0	0	0	0	0	0
马拉维	1132	369	0	0	0	0	0	0
世界总计	59331	56032	60342	63206	60462	54154	54742	47387
世界需求百分率（%）	91	85	98	96	93	80	81	74

资料来源：中国电力网。

中国主要通过国内生产、海外市场采购和投资开发海外铀矿资源等方式来解决核燃料的安全问题。近年来与俄罗斯、法国、西班牙、巴基斯坦、哈萨克斯坦等国的法马通、欧安诺、西屋、俄原工等知名企业保持着密切的合作。在海外直接采购方面，自2000年起中国就开始从哈萨克斯坦、乌兹别克斯坦、加拿大等国进口铀资源。在海外铀矿开发方面，2012年中国在纳米比亚完成了湖山铀矿的100%股权收购，该铀矿资源储量位居世界第三，资源总量达到28.6万吨八氧化三铀，可供20台百万千瓦级的核电机组使用40年。2019年中国又收购纳米比亚罗辛矿68.62%的股权，该铀矿的资源储量位居世界第四，年产铀矿石1500多吨，占全球铀矿产量的8%。此外，中国还相继参与购买开发了纳米比亚的海因里希铀矿，哈萨克斯坦的中央梅库杜克铀矿、扎尔帕克铀矿等。中国通过灵活的手段，在疫情和地缘政治波动的复杂背景下，不断拓展铀矿资源开发、提炼以及乏燃料处理等领域的国际合作。

3. 核装备合作

核电作为技术含量较高的能源，其装备所涉及的设计、制造和运营也具有严格的要求。中国通过引进、消化、吸收和创新，已经掌握了第二代和第三代核电技术，设备的国产化率也逐年提升，向更加安全高效的第四代核电技术装备迈进。在装备方面，三代核电设备中的超大型锻件、蒸发器、安全壳等已经实现了自主制造，但在一些关键部件的材料和技术研发设计上，还与国际先进水平存在一定的差距。如百万千瓦级汽机转子焊接、压力容器内壁堆焊等，在技术和工装上还存在进步的空间，部分核心高端核岛设备还存在一定的进口依赖，需要保持国际合作才能进一步推动中国的核电自主化进程。

4. 核电运维服务

中国核电机组在走向海外的过程中，出色地完成了巴基斯坦核电机组的换料大修和运行维护，保障了核电在巴方的安全高效运营，获得了巴方政府和人民的高度认可，为中巴核能的持续合作奠定了基础。为了提高中国核电国际合作中的服务质量和效率，中国努力进行运营模式创新，服务水平不断迈向新台阶。中核集团目前已经组建完成统一的海外运维服务管理平台，形成中国内部与外部的优势互补，实现核电机组全生命周期的运维服务机制。依托中国优质高效的服务平台，中国与原有的合作伙伴如巴基斯坦之间的核能合作不断深化，也将核能合作广泛地拓展到“一带一路”沿线国家和地区，为中国核能“走出去”提供了有力的支持。

（三）核科技创新合作

为了快速实现核能利用技术的追赶和超越，中国各大核电企业积极参与国际原子能机构组织的技术交流与合作活动，在核燃料开发利用、核装备设计制造、模块化反应堆、事故处理等领域不断取得新进展。2020年4月21日，国际热核聚变反应堆计划是目前全球规模最大、影响最为深远的国际科研合作项目，中核集团克服了新冠疫情等重重压力，按照国际标准，完成了国际热核聚变实验堆的TAC1安装任务，获得了习近平主席的致信祝贺。2021年5月19日，习近平主席在中国同俄罗斯核能合作项目开工仪式上表示，要坚持创新驱动，深化核能科技合作的新内涵。中俄两国在核能技术上进行了深度合作，如核岛设计，参与仪控、电气、消防、通信等系统的联合设计，极大地推动了中国核能科技水平的提高。目前，江苏连云港的田湾核电站7号、8号机组和辽宁葫芦岛的徐大堡核电站的3号、4号机组已经正式开工，预计建成投产后，年发电量可达376亿千瓦·时，相当于每年减少3068万吨二氧化碳排放。中国积极参与核能国际组织的创新交流活动，与核能强国保持紧密合作，不断地推动着中国核能迈上新台阶。

（四）核领域国际治理

中国作为核能大国，一直积极参与国际原子能机构的组织活动，按期提交和平利用核能的年度履约报告，遵守《核安全公约》《乏燃料和放射性废物管理联合公约》等，在核能安全开发利用的过程中，不断身体力行，分享成功经验，持续扩大核能领域的国际影响力。

中国核能利用起步相对较晚，在技术标准和法律法规等方面都相对被动地遵守和执行先行核能强国的既定规则。随着中国核能的崛起，原有的核能国际治理秩序也出现较多不适之处。发展中国家面临能源危机下的核能利用需要新的国际治理秩序，也需要在安全与和平利用之间寻找一个更加合适的平衡点。中国作为和平利用核能的发展中国家，已经在核能治理上取得了突出的成就，也积累了丰富的经验，并在“一带一路”沿线国家得到了成功的应用，对其他发展中国家具有重要的参考作用。

三、核能国际合作模式

（一）“引进来”模式：中法全面引进

随着社会经济的发展，国内用电量激增，建设高效电力系统的需求与日俱增。1978 年 4—5 月，时任广东省委书记王全国随谷牧副总理出访西欧，被核电的高能低碳吸引。1978 年 12 月，中国决定从法国直接购买两座核电站设备。根据项目测算，建设大亚湾核电站的总投资达到 40 亿美元，而当时全国的外汇储备还不到 2 亿美元。此外，中国还面临着技术、设备、人才和经验短缺的局面。

1979 年 5 月，美国国际核能公司总经理林杰克出访广州时提出一个富有建设性的方案——利用国内贷款在广东建核电站，将部分电量卖给中国香港换取外汇，再用外汇偿还核电项目建设的本币贷款，于是形成了“借贷建设、供电创汇、外汇还贷、合资经营”的合作模式。该模式不但解决了中国核电起步阶段的资金和外汇短缺问题，还为中外合作、内地与香港交流提供了平台。

在人才和管理方面，中国派出 100 多名人员远赴法国开始长达 5 年的培训，全面学习核电站的建设、运营技术和管理经验，为大亚湾核电站的顺利建设组建了专业的人才团队。1986 年，大亚湾开始面向全国征集核工业领域相关人才，参加大亚湾核电站建设。至此，形成了中国最早的一批核电建设、运营人才梯队。这一过程中的参与者后来陆续成为中国核电产业的中流砥柱，推动了中国的核电事业发展。

经历了艰苦的谈判，1985 年 2 月 9 日，广东核电合营有限公司（中广核集团前身）成立，也创造了改革开放早期最大的中外合资企业。中国与法国的核电合作是中国核电事业的开端，也是中国全面引进核电技术和设备的典型代表。截至 2022 年，中法核电合作已经将近 40 年，从当年的“法国为主，中国为辅”到后来的“中国为主，法国支持”，再到现在的“中法深入合作，共同设计建造”，中法在核电领域从“师徒关系”走向对等的“战略合作”也见证了中国核电技术的吸收、消化和创新。

（二）深入互动模式：中俄核能合作

2018 年 6 月 8 日，上海合作组织青岛峰会前夕，中国核电母公司中核集团就与 ASE 母公司俄罗斯国家原子能集团在北京签署《田湾核电站 7/8 号机组框架合同》《徐大堡核电站框架合同》《中国示范快堆设备供应及服务采购框架合同》。这是迄今为止中俄最大的核能合作项目，合同总金额超 200 亿元人民币。根据合同约定，中俄将在田湾和徐大堡厂址合作建设 4 台 VVER-1200 型三代核电机组，双方将在中国示范快堆项目中开展设备供货和技术服务合作。

田湾核电站位于江苏省连云港市连云区，是迄今为止中国与俄罗斯最大的技术经济合作项目。其中田湾 1 号至 4 号机组采用俄罗斯 VVER-1000 型核电机组，满足国际三代核电安全要求；5 号、6 号机组采用中核集团自主 M310+改进机型；田湾核电站 7 号、8 号机组是中俄继合作建设田湾核电站 1 号至 4 号机组之后，在核能领域合作的又一重大项目，7 号、8 号机组采用的 VVER-1200 机型在 AES-91 和 AES-92 两种机型的实践基础上开发，是目前俄罗斯核电出口的主力机型。据了解，田湾 7 号、8 号机组参考田湾 1 号、2 号机组运行经验，增加了非能动安全系统的比例。8 台机组全部建成后，田湾核电站将成为中国首个以 VVER 机型为技术核心的大型核电能源基地。

根据合同，俄方对电站设计承担总体技术责任，负责核岛设计，参与仪控、电气、消防、通信等系统的联合设计，俄方负责反应堆压力容器、蒸汽发生器、主循环管道、主泵、堆芯熔融物捕集器等 14 项核岛主设备以及部分核岛辅助设备的供货；在中方实施的设备采购、建安、调试过程中提供伴随服务。中方则负责电站总平面规划、常规岛和 BOP 设计，按双方合同分工，分阶段牵头或参与仪控、电气、消防、通信等系统的联合设计，负责核岛其余设备及全部常规岛和 BOP 设备供货，负责电站建安、调试等工作。

中俄能源合作是在中国核电技术有了长足进步的大环境下展开的，双方共同进行核电项目的设计和建设工作，相比早期的全面引进更好地满足了中国核电建设的具体国情，开启了中俄“共同设计、互助创新、本土落地”的合作模式，对中国核电建设的技术和经验积累具有重要的推动作用。

（三）“走出去”模式：中巴核能建设

巴基斯坦是中东与南亚的桥梁，也是中国“丝绸之路经济带”和“21世纪海外丝绸之路”的重要支点，长期受困于能源危机和电力匮乏。1991年12月30日，中国核工业总公司与巴基斯坦原子能委员会签订了30万千瓦级核电机组合同，由中方全面负责建设恰希玛核电站，成为中国第一个商用核电站出口项目。中国按照国际标准为巴基斯坦陆续建成了C1～C4核电机组，核电机组自2000年以来相继投入商业运行，为当地提供了宝贵的电力资源。中国良好的建设与运营服务获得了巴基斯坦政府和人民的赞赏，也获得了国际原子能机构的认可，核电项目成为中巴友谊的象征、“南南合作”的典范，也为后续“华龙一号”的落地实施铺平了道路。

2015年8月中巴卡拉奇核电站项目，采用中国具有自主知识产权的“华龙一号”技术，由中核集团负责海外业务的中国中原对外工程公司承建，并组织了其他业务子公司的坚强力量。该工程是中国“华龙一号”首次走向海外，也是中国核能产业“走出去”的重要里程碑。

根据中核集团的对外公告，卡拉奇核电站的2号、3号项目设备的国产化率达96%，关键成套设备的国产化率达100%。中国在发挥自主知识产权的优势下，还充分考虑到了巴基斯坦的具体国情，在项目建设上吸收了伊斯兰建筑风格，尊重当地的文化和宗教信仰。在建设和运营的过程中，积极引入巴基斯坦当地的力量，将容积控制箱等71项217套设备交由巴方制造，为当地创造了巨大的经济价值。

至此，巴基斯坦已经建设投产了两座核电站，其中恰希玛核电站有4台机组在运，卡拉奇核电站有2台“华龙一号”机组在运，共计装机容量达到325万千瓦，全部由中国提供技术。鉴于良好的合作经验，巴基斯坦于2017年继续提出与中国核电合作的计划，为中巴核能合作增强了可持续性。作为中国核能“走出去”的典范，中巴核能合作所形成的“中方为主，巴方为辅”模式已经在“一带一路”沿线国家推广开来，为广大发展中国家提供了高效低碳、安全稳定的电力供应。

第二节　中国核能国际合作的问题

一、核电项目投资大、周期长

由于核电项目建设有较高的技术门槛，项目投资成本高，从技术、资本等方面筑起了较高的门槛。中国目前在运的主要为二代或二代半核电机组，造价基本在1.3万~1.5万元/千瓦。第三代核电机组安全性更高，但性能的提升使得成本更高，因此，三代核电机组的造价在2万元/千瓦左右。一台百万千瓦核电机组通常至少需要投资150亿~200亿元，规划6台百万千瓦核电机组的核电项目总投资额通常在千亿元以上，即使分三期建设，每期投资额也在300亿~400亿元（见表5-8）。

表5-8　世界主要三代核电机型及造价

<table>
<tr><th>类型</th><th>机型</th><th>开发商</th><th>造价
USD/(kW)</th><th>安全当局许可</th><th>工程在建</th><th>运行时间</th></tr>
<tr><td rowspan="4">非能动型</td><td>AP1000</td><td>美国西屋公司</td><td>5000~6000</td><td>美国核管理委员会</td><td>中国、美国各4台</td><td>2017年</td></tr>
<tr><td>VVER</td><td>俄罗斯OKB Gidro-press公司</td><td>3000~4000</td><td>俄罗斯核安全局</td><td>俄罗斯、土耳其各4台</td><td>2017年</td></tr>
<tr><td>CAP1400</td><td>国家核电</td><td>2500~3500</td><td>中国国家核安全局</td><td>一期工程2台</td><td>2018年</td></tr>
<tr><td>ESBWR</td><td>美国通用电气</td><td>1800~2500</td><td>美国核管理委员会</td><td>美国2台</td><td>2014年</td></tr>
<tr><td rowspan="4">能动型</td><td>ABWR</td><td>美通用—日立</td><td>4000~5000</td><td>美国核管理委员会</td><td>日本2台、中国台湾2台</td><td>1996年</td></tr>
<tr><td>EPR</td><td>法国阿海建</td><td>5000~7000</td><td>法国核安全局</td><td>芬兰1台、法国1台、中国2台</td><td>2018年</td></tr>
<tr><td>ATMEA</td><td>三菱重工和阿海建</td><td>3000~4000</td><td>IAEA、法国核安全局</td><td>土耳其2台</td><td>2018年</td></tr>
<tr><td>APR1400</td><td>韩国电力工程公司</td><td>3000~4000</td><td>IAEA、韩国核能安全所</td><td>韩国5台、阿拉伯联合酋长国2台</td><td>2016年</td></tr>
</table>

资料来源：《核电走出去对技术企业创新指标的影响研究》。

核电建设项目较为复杂，前期设计和准备一般需要3~5年，建设需要5年左右，其间发生的费用大多由核电建设公司承担。核电项目要在并网后才能逐渐获得回报，考虑到电价的管控，核电项目投资期通常在10年以上，回收期也在20年左右。

因此，核电项目的投资方需要有足够的实力才能维持项目成功运作，通常以大型央企和地方国资公司为主。这也导致中国形成了以中国核电、中广核电和国家电投3家企业为主，地方电力公司积极参与的发展格局。虽然参与核电建设的公司大多都进行了市场化改造，以上市公司身份进行项目建设，但在核能国际合作中，仍然会因垄断和国资背景受到地缘政治的影响。

二、自主技术少、认可度低

中国核能技术从全面引进到吸收、创新，经历了漫长的过程，目前已经实现了第三代核能技术的自主可控，第四代核能技术的国产比例也达到95%以上。但是从世界范围来看，中国的核能技术还面临着专利封锁、自主技术不足的问题，在国际核能合作中的认可度还有待提高。

从核能技术的发展历程来看，中国的核能技术起步较晚，在商用发电领域还与核电大国如美国、法国等存在一定的差距。近几十年，国际核电巨头在技术进步的过程中，不断地在世界范围内构建自己的专利体系，给中国的核电发展和“走出去”制造了重重障碍。目前中国核能走出去的项目中，主要机组为“华龙一号”、CAP1400和AP1000，其中“华龙一号”和CAP1400为中国具有自主知识产权的技术，而大部分合作方要求的AP1000型号机组为国际标准的第三代技术，自主技术的核电机组占比不足30%。面对发达国家成熟的核电技术，中国自主的核电技术品牌认可度相对较低，在国际上的竞争力也较弱。

三、国内外公众质疑

福岛核电站泄漏事件给核电的建设推广带来了巨大的舆论压力，在很大程度上影响了国内外的核电建设进程，对中国的核能国际合作也产生了多重影响。

第一，民众对核电建设安全的担忧直接影响了中国当下的核电进程和选址布局。出于安全考虑，中国整体上放缓了核电项目的建设进度，叫停了内陆核电项目的建设。目前的核电建设项目都在沿海地区，内陆的多个核电选址尚未获得开工建设批准，所选项目地区处于开发前的保护状态。一方面影响了内地的能源安全供应，另一方面导致中国缺乏内陆地区建设运营核电的成功案例，在国际合作中，缺乏业绩和数据支持。

第二，国际民众出于对核能安全的考虑，对本国核能建设以及国际合作也更加审慎。一方面，需要并计划开展核电建设的国家和地区因担忧核电的安全性而放缓了核电的建设进程，导致中国与之相关的核能合作被迫停滞或者取消，阻碍了中国核能“走出去”的脚步。另一方面，核电大国如德国等开始降低本国的核电比例，压缩了核能企业在国内的生存空间，迫使核能企业更多地参与国际市场竞争，加剧了核能国际市场的竞争激烈程度。

四、法律法规缺失错位

尽管中国核电“走出去”已经成为国家战略，但由于战略的执行期尚短，国内的法律法规和政策制度还有待完善，国际上的专利壁垒和规则保护形成重重封锁，成为中国核能国际合作进程中的发展障碍。

从国内情况来看，中国核能企业在进行国际合作的过程中，监管单位权责划分相对模糊，严重地影响了合作的效率。核能作为影响国家和国际安全的能源，面临着比普通能源更多的监管和审查。与此同时，在统计口径、外汇管制、信贷支持以及税收等方面的制度也无法充分地支撑核能企业走出国门展开合作。

从国际情况来看，核能领域已经形成了森严的专利壁垒和规则标准，作为后发国家进行核能技术创新以及推广应用，要在现有的规则体系夹缝中寻求生存空间十分困难。一方面，核能技术的国际合作意味着巨大的市场竞争，在利益的驱使下，中国要面临与核电大国如美国、法国等国家进行博弈。另一方面，核能技术的国际合作会在一定程度上改变国际地缘政治格局。核能技术具有较高的能源安全和国家安全属性，中国积极开展核能技术的国际合作在一定程度上挑战了发达国家所制定的地缘政治规则。

第三节　中国核能国际合作的提升路径

一、扩大自主创新与坚持对外合作相结合

中国核能技术发展主要遵循引进、吸收、消化和创新的路径，目前在技术专利和自主水平方面都有了较大的提高，顺利地支撑着中国核能产业的正常运转，目前还需要解决关键技术攻关的问题。作为核能大国，缺乏自主技术会带来致命的危机，而自主创新并非一蹴而就。中国核能的自主创新一方面要深化基础研究，另一方面要结合中国具体国情。核能相关的基础学科发展需要科研院所的长期沉淀，也需要人才梯队的合理构建，理论发展与人才培养相结合才能推动中国核能基础的不断发展。此外，中国核能自主创新要从结合地方国情出发，一方面继续执行以沿海为主的建设重心，另一方面充分考虑内陆湖等选址，从能源和电力的供求两侧出发，共同推进中国核能技术的自主创新。在关键技术的合作研发上，可以积极引进战略合作伙伴，针对中国核能建设中所面临的具体问题进行定向设计、研发，避免全面引进技术的“消化不良”与“不对症”现象。

二、保持产业链的安全与完整

中国核能产业链在上游和中游还面临着较大的危机，而下游核电运维、并网用电等则相对完善。

（1）上游的核燃料方面从铀矿的稳定供给到乏燃料的处理都需要进一步提高。铀资源的稳定供应需要中国与哈萨克斯坦等国家维持稳定的采购关系，而乏燃料的处理则需要向英国和法国等国看齐。

（2）在中游的核电站建设上，中国虽然能独立完成第三代核电站建设，第四代核电站自主水平也逐渐提高，但还要在关键技术和关键设备上进行攻

关，提高关键技术的自主化水平。

（3）在解决上中游关键问题的基础上，充分发挥下游运维优势，保障中国核能产业链的安全与完整，为“华龙一号”等自主品牌“走出去”提供支撑。

三、普及核能安全教育

我国的核能事业是在中国特色社会主义制度下一步一步发展起来的，经过 30 多年的努力，取得了世人瞩目的成就，实现了由二代向三代核电的技术跨越，自主化三代核电技术及产业链的比较优势基本形成，具备了从“核电大国”向“核电强国”迈进的基础性条件。除技术的迭代升级外，核能的发展也离不开社会公众的理解、支持和参与，做好核能公众沟通工作已经成为我国核能事业安全、高效、可持续发展必不可少的重要条件。面对新的形势与任务，充分发挥党委领导、政府主导的社会治理优势，把握媒体融合与传播方式的深刻变革，坚持走中国特色的核能公众沟通之路，为核能的安全普及营造良好的舆论和文化环境。

四、积极构建核能治理新秩序

面对以核大国为中心所构建的核能规则，仅遵守和执行现有的核能法律法规体系还不足以保障中国核能事业的长期稳定发展。中国作为发展中国家成功运用核能缓解能源危机，对二氧化碳减排等全球性气候问题做出了突出贡献，其成功经验值得广大发展中国家和发达国家借鉴。中国应当结合自身在核能建设和运营过程中的成功经验，推动现有的核能规则修订，以及治理秩序的重构，为中国核能的长期发展以及成功经验的推广应用提供制度保障。

第六章　能源转型背景下的光伏电国际合作研究

第一节　能源发展总述

全球能源危机为加快清洁能源转型提出了新的紧迫性要求，再次强调了可再生能源的关键作用。全球发展仍处于较大的波动之中，新冠疫情全球流行，俄乌之战对各类商品的供应链、商品原材料价格走势，以及全球能源局势与各国能源安全都会造成不可忽视的重大影响，也因此凸显出可再生能源在未来世界能源格局中的重要地位。

一、全球能源发展

（一）全球能源需求反弹，可再生能源需求明显增加

据2021年BP能源统计数据分析，全球能源需求及碳排放量均反弹至新冠疫情大流行前的水平，扭转了2020年因疫情而导致的能源需求暂时性下降。2021年全球一次能源需求增长了5.8%，较2019年增幅达1.3%。2021年一次能源增长了13艾焦耳，这种增长主要来源于新兴经济体的推动，其中中国增长了10艾焦耳。

2019—2021年，化石燃料的消费量基本没有变化。2021年，化石燃料占一次能源使用量的82%，低于2019年的83%和5年前的85%。石油、煤炭、天然气作为三大传统能源，需求量的变化也不尽相同。2021年，石油需求平均比2019年的水平低370万桶/天。2021年，煤炭消费量增长超过6%，达160艾焦耳，略高于2019年的最高水平。2021年，全球天然气需求增长5.3%，恢复至2019年全球新冠疫情前水平，且在一次能源中的份额为24%，与2019年基本持平。

可再生一次能源（不含水电）在 2021 年增加了约 5. 1 艾焦耳，年增长率为 15%，相较于 2020 年 9%的年增长率有较大提升，可再生能源的增长超过了煤炭和天然气供应的总和。太阳能和风电装机容量在 2021 年继续快速增长，增加了 226 吉瓦，接近 2020 年 236 吉瓦的创纪录增幅。中国仍然是太阳能和风电装机容量增长的主要驱动力，太阳能装机容量增加量占全球的 36%，风电装机容量增加量则占全球的 40%。在太阳能和风能强劲扩张的推动下，可再生能源（不包括水电）在全球发电中的份额继续呈上升趋势。到 2021 年，可再生能源在发电中的份额接近 13%，高于核能的份额（9. 8%）。具体内容分别见图 6-1～图 6-4。

图 6-1　2011—2021 年能源消费、人均能源消费趋势

资料来源：《2021 年 BP 统计年鉴》。

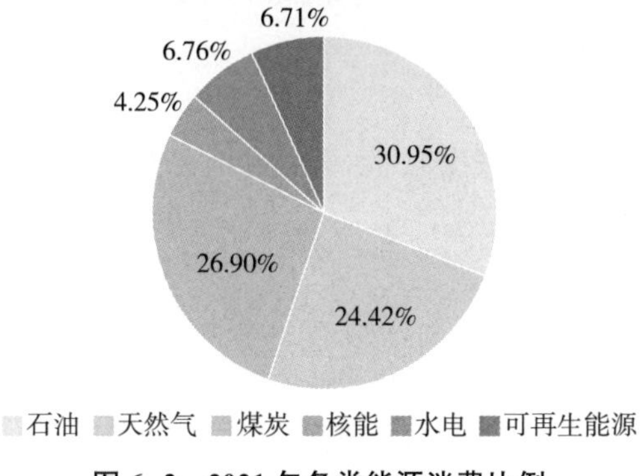

图 6-2　2021 年各类能源消费比例

资料来源：《2021 年 BP 统计年鉴》。

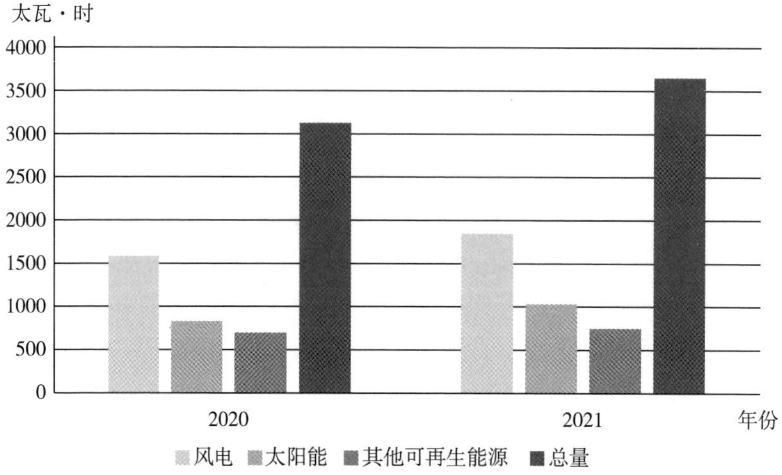

图 6-3　2020—2021 年各类可再生能源发电量

资料来源：《2021 年 BP 统计年鉴》。

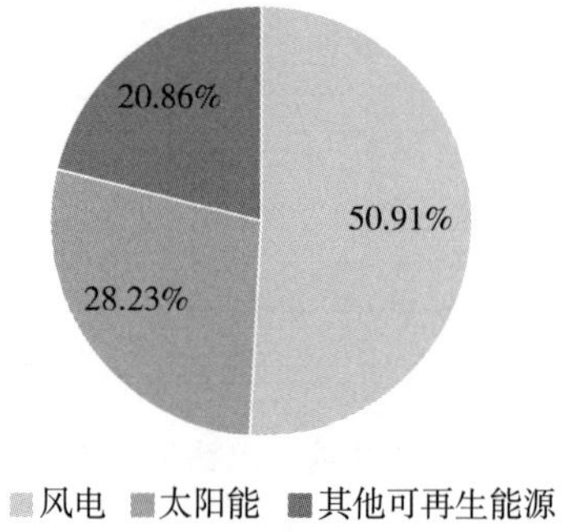

图 6-4　2021 年全球各类可再生能源比例

资料来源：《2021 年 BP 统计年鉴》。

（二）公共突发事件对全球能源市场产生影响

能源作为现代社会的血液，对全球经济和社会的稳定运行起着至关重要的作用。近年来，全球经济发展陷入低迷，生态环境要求逐渐提高，给全球能源发展带来了新的挑战与机遇。2019 年全球新冠疫情大流行，致使全球经济发展暂时停摆，能源需求遭遇断崖式下跌。能源需求的锐减伴随着各类能源供给过剩，能源价格下跌。其中迪拜原油现货价格由 2019 年的 63. 43 美元/桶跌至 2020 年的 42. 41 美元/桶（见表 6-1），天然气价格由

2019 年的 5.03 美元/百万英热跌至 2020 年的 4.06 美元/百万英热，煤炭价格由 2019 年的 60.86 美元/吨跌至 2020 年的 50.16 美元/吨。

表 6-1 2011—2021 年三大市场原油价格 单位：美元/桶

年份	迪拜	布伦特	西得克萨斯
2011	106.18	111.26	95.04
2012	109.08	111.67	94.13
2013	105.47	180.66	97.99
2014	97.07	98.95	93.28
2015	51.20	52.39	48.71
2016	41.19	43.73	43.34
2017	53.13	54.19	50.79
2018	69.51	71.31	65.20
2019	63.43	64.21	57.03
2020	42.41	41.84	39.25
2021	68.91	70.91	68.10

资料来源：《2021 年 BP 统计年鉴》。

不仅如此，世界安全与和平虽仍是当今全球主题，但局部冲突却无法避免。2022 年，俄罗斯与乌克兰爆发战争冲突，原有的世界格局平衡被打破，两国之间的战争冲突以各种形式影响着世界发展走势。战争冲突的背后是各国地缘政治之间的博弈。值得注意的是，俄罗斯作为全球传统能源大国，石油产量占全球总量的 10%以上，天然气产量占比更是接近 20%，煤炭也有一定的产量和出口量，爆发冲突将深深影响全球能源市场。最显而易见的就是导致能源等大宗产品价格暴涨，布伦特石油价格也是突破了 100 美元/桶大关。此外，众所周知俄罗斯一直是欧洲的主要天然气供应国，爆发俄乌冲突后，欧洲对俄罗斯采取了部分制裁措施，这必然会造成全球天然气市场的转向。若欧美对俄罗斯的制裁不断升级，涉及投资、贸易等方面，势必对全球能源市场产生重大影响。

（三）贸易措施的变化对全球能源市场的影响

伴随着全球新冠疫情的缓和，各类经济活动逐步复苏，对能源的需求同步上升，全球能源企业竞争逐步加剧。各国之间对外贸易政策的变化、贸易措施的实施，对全球能源市场产生强弱不一的影响。中国在全球光伏业中具有重要地位，2020 年，中国凭借在光伏制造方面的技术优势及成本优势提升产量与产能，推动全球光伏业重心向中国转移，但在此过程中，也受到世界其他国家贸易摩擦的影响。例如美国“337 调查”，调查对象为进口产品侵犯美国知识产权的行为以及进口贸易中的其他不公平竞争，目的是禁止一切不公平竞争行为或向美国出口产品中的任何不公平贸易行为。2019 年 3 月，作为 2018 年全球光伏组件三大出货商之一的韩华新能源对来自中国的晶科能源、隆基股份发起“337 调查”，宣称这两家公司在美国的光伏电池及其下游产品侵犯了其拥有的美国专利，请求美国国际贸易委员会（ITC）发布有限排除令、禁止令。直至 2020 年，ITC 最终裁定晶科、隆基等公司产品不侵犯韩华专利，并终止调查。除此之外，2020 年印度颁布新的光伏组件认证要求，对中国的保障性关税即将到期，在能源低碳的大要求下，欧洲绿色贸易壁垒即将形成，这将给各国企业尤其是中国企业带来巨大挑战。

2017 年，党的十九大首次提出高质量发展，高质量发展对内是构建高水平的市场经济体系，对外则是构建高水平的对外开放体系。中国的能源资源禀赋具有“多煤少油贫气”、自西向东区域分布递减的特征，2021 年，中国原油的对外依存度高达 72%，因此能源领域的高质量发展必然离不开能源的国际合作。2020 年国务院发布《新时代的中国能源发展》白皮书，提出在遵循互利共赢的原则基础上要全方位加强能源国际合作。不仅要持续深化能源领域对外开放，还要着力推进共建“一带一路”能源合作，积极参与全球能源治理，切实发挥中国作为能源大国应有的话语权。

二、中国能源发展

（一）可再生能源发展体量呈现规模化

为促进可再生能源的开发利用，增加能源供应，优化能源结构，实现经济社会的可持续发展，2006 年《中华人民共和国可再生能源法》颁布实施。自此我国开启了可再生能源发展的探索之路。近 20 年的发展中，可再生能源的利用开发，从无到有、由弱到强、从量变到质变。

可再生能源是我国推进能源革命、推动能源转型的重要举措。2021 年，我国可再生能源开发利用取得明显成效。水电、风电、太阳能发电等装机规模均居世界前列，这使得能源结构不断优化，推动可再生能源逐步由能源增量补充演变为增量主体。

2021 年，我国可再生能源新增装机 1. 34 亿千瓦，占全国新增发电装机的 76. 1%；可再生能源发电量稳步增长，达到 2. 48 万亿千瓦·时，占全社会用电量的 29. 8%。水电、风电、光伏发电和生物质发电量分别占全社会用电量的 16. 1%、7. 9%、3. 9%和 2%。同时，可再生能源持续保持高利用率水平。2021 年，全国主要流域水能利用率约为 97. 9%，较 2020 年同期提高 1. 5%；全国风电平均利用率为 96. 9%，较 2020 年同期提高 0. 4%；全国光伏发电平均利用率为 98%，较 2020 年同期基本持平。

（二）强有力的政策导向推动可再生能源发展

可再生能源发展在推进能源革命格局中具有举足轻重的地位，国家在全方位保障可再生能源发展方面可谓下足了功夫，实行自上而下的政策驱动力，推动产业发展形成规模，结合自下而上的市场动力，最终以有效“政府+市场”的方式推动可再生能源围绕低碳转型继续前行。

在推动能源消费方面，2021 年《中共中央 国务院关于全面推进乡村振兴加快农业农村现代化的意见》提到，实施乡村清洁能源建设工程，加大农村电网建设力度，全面巩固提升农村电力保障水平，发展农村生物质能源。

在推动能源技术革命方面，2022 年 7 月，科技部、国家发展改革委、工业和信息化部等九部门联合印发《科技支撑碳达峰碳中和实施方案（2022—2030 年）》，统筹提出支撑 2030 年前实现“碳达峰”目标的科技创新行动和保障举措，并为 2060 年前实现“碳中和”目标做好技术研发储备。

在能源金融保障方面，2021 年，国家发展改革委、财政部、中国人民银行、银保监会、国家能源局五部门联合印发《关于引导加大金融支持力度促进风电和光伏发电等行业健康有序发展的通知》，其中提出金融机构按照商业化原则与可再生能源企业协商展期或续贷；按照市场化、法治化原则自主发放补贴确权贷款，对补贴确权贷款给予合理支持等一系列指导方针。

各类政策、通知的下发，为能源革命的推动、能源结构优化、可再生能源产业跨越式发展发挥了重要的制度保障作用，也为可再生能源的进一步升级发展奠定了基础。

（三）“一带一路”发展建设为能源国际合作发展持续助力

《“十四五”现代能源体系规划》《“十四五”可再生能源规划》等国家颁布的重要能源领域文件中，均提到“一带一路”倡议在能源国际合作方面应扮演重要角色，充分发挥桥梁纽带作用。

2013 年，“一带一路”倡议的提出，旨在推动人类命运共同体的建设，推动全球区域经济的融合发展，开展在能源等领域的深入合作。以“五通”建设为载体，依托“一带一路”倡议，中国的能源国际合作已经取得了丰硕成果。大批能源合作项目建设落地，在光伏、风电、水电等领域已与全球超过 100 个国家开展合作，在共建“一带一路”沿线国家和地区可再生能源项目投资额每年均维持在 20 亿美元以上。例如 2021 年，由中国通用技术集团所属中国机械进出口（集团）有限公司（中机公司）投资兴建的匈牙利考波什堡 100 兆瓦光伏电站项目在考波什堡市举行投运启动仪式。考波什堡光伏电站项目总投资额为 1 亿欧元，于 2019 年 6 月开工建设，并网运行后预计每年可发电 1.3 亿度，节约 4.5 万吨标准煤，减少 12 万吨二氧化碳排放。通过“五通建设”，中国不断促进多边能源国际合作，不断完善双边机制，推进能源政策、技术的持续交流，深度参与全球能源转型变革，形成“一带一路”能源合作的“大合唱”。不仅如此，还应以区域发展为目标，形成全国“一盘棋”，国内各区域也应乘势而上，抓住“一带一路”所提供的便捷机会，在我国能源发展的重要领域关键问题上献计献策。

第二节　全球光伏太阳能产业发展现状

一、能源合作相关基础理论

“合作”是符合人类发展要求的一种共同行为，也是一种社会发展常态。

当前学界对“能源合作”的概念、目标等内容并没有统一的界定。有观点认为合作需要各方加强政策协调，实现互利共赢。而国家之间能够实现合作的重要条件之一便是合作方彼此之间存在共同利益或共同威胁，其中利益与威胁既有冲突又有互补。以此为基础，能源合作则是以实现利益最大化为目标，能源利益相关者通过政策协调，使得合作各方达成共识，并采取可操作性的措施履行相关协议的行为。

国际合作是经济全球化与区域经济一体化的重要助推器，是建立在区域产业分工与协作基础上，通过商品、生产要素流动和信息交换，推动区域经济协调发展进而福利最大化的过程。国际合作可分为经济合作与非经济合作，经济合作是经济全球化与区域一体化发展的重要环节，一直受到学术界的关注。经济合作的产生来源于国际贸易活动。

（一）能源合作文献梳理

习近平总书记自 2014 年明确提出“四个革命、一个合作”，即中国要推动能源消费革命，抑制不合理能源消费；推动能源供给革命，建立多元供应体系；推动能源技术革命，带动产业升级；推动能源体制革命，打通能源发展快车道；全方位加强国际合作，实现开放条件下的能源安全，这标志着我国能源战略的重大转型。保障国内经济社会发展的需求，就必须增加能源进口，而能源进口多元化是降低能源安全风险的重要手段。20 世纪 90 年代初，为了贯彻中央提出的“充分利用国内外两种资源、两个市场”的方针，中国开始实施“走出去”战略，积极开展能源国际合作。改革开放以来，我国在国际能源合作方面取得了丰硕的成果，如建立了中亚—俄罗斯、中东、非洲、美洲和亚太五大油气合作区，建立了对外能源贸易体系，逐步形成对外能源政策，中国能源公司国际竞争力得到极大提升等。能源国际合作经历了从改革开放初期的“引进来”“走出去”到统筹国内国际两个大局，“引进来”和“走出去”更好地结合以全面参与能源国际合作的转变。

学术界站在不同视角对中国能源国际合作做了大量探讨，通过对文献的梳理，可以大致将能源国际合作研究内容分为以下三个方面：一是从地缘政治视角进行全球范围内的能源合作分析；二是从经济视角，以能源贸易合作为切入点对国际能源合作进行解构，以期提供具有中国特色的国际能源合作政策建议；三是研究如何更好地参与全球能源治理体系，提升中国国际能源合作话语权，为提升能源安全保障献计献策。

1. 地缘政治视角下的国际能源合作

地缘政治视角的能源合作研究目的是分析全球能源格局或全球范围内国家发展不同战略目标对能源合作的影响，有限的地缘政治影响因素将导致不同的合作机制路径，进而采取最优决策以保障本国能源安全，确保国家稳定发展。王礼茂等（2009）分析了中国与周边的东亚、东南亚、中亚和俄罗斯等国家和地区在油气领域的合作和竞争，并分析了其地缘政治影响。分析认为，中亚应成为中国周边油气合作的重点，而俄罗斯在当前环境下是中国重要能源的重要补充。史丹（2013）认为，世界能源格局的变化给中国带来能源领域投资收益维护、能源外交策略调整以及参与全球能源治理方式等方面的挑战。许勤华等（2019）在中国能源国际合作报告中对中国与苏联、中东地区、非洲地区、亚太地区、美洲地区及欧洲地区的能源合作状态进行分析，在对合作地区政治经济形势分析的基础上提出因地制宜的建议。

2. 经济视角下的国际能源合作

能源合作的出发点在于两国或多国之间具有经济上的互补性与依赖性，各自出于自身经济发展的需求进行合作。从全球市场来看，国与国之间货物的交换即国际贸易，国与国之间资金的流动即国际金融投资。前文中已说明中国能源安全的主要矛盾集中体现在油气安全问题上，即国内油气资源不能有效地支撑经济的持续发展，因此国内学者的研究重点集中于油气行业的研究。

能源贸易是国际能源合作的基本形式，也是保障能源供应安全的基本路径，两国之间以资源禀赋的互补性作为合作的前提。能源贸易对提高能源的供应安全，以及推动国家间的能源合作具有积极作用。对油气国际贸易的研究也从国际市场油气基本面的分析到着重整体油气贸易的空间格局分析及基于现下贸易格局如何进一步提高合作空间，保障油气供应安全。

伴随中国经济发展对石油需求量的递增，石油对外依存度越来越大，国际市场的不稳定性因素逐渐增多，导致中国石油安全受到更大威胁，先前的研究忽略了市场中其他利益主体在区域空间中发挥的竞争与合作作用，这样就不能较为全面地考量全球石油贸易演变格局，就无法为降低石油供应风险提供正确方向。安海忠等（2013）运用复杂网络理论，对全球石油贸易网络的演化规律进行分析，结果发现样本期内整个国际石油贸易系统容量不断增大，美国、法国、加拿大、德国、荷兰对石油贸易具有较强的控制力。刘立涛等（2017）将石油贸易与石油供应安全相结合，基于复杂网络理论构建供应安全模型，分析发现中国多元化石油进口战略有助于分散风险，进口来源国政治稳定性是影响石油资源供应安全的关键要素，防范 TOP5 进口来源国的目标性中断，有助于增强中国抵御供应中断风险的能力。

世界石油资源的“空间错配”，使同一区域内大量存在石油贸易的竞争与合作，石油需求国与石油供给国、石油需求国与石油需求国、石油供给国与石油供给国之间都存在不同类型的竞争与合作，整体贸易格局的不断演变也致使竞合关系不断演化。在纷繁复杂的世界石油贸易格局中，中国应采取利益差异化的竞合策略。YANG 等（2015）研究表明，全球石油贸易网络呈现出小世界和扁平化特征。何则等（2019）运用复杂网络方法，从整体能源贸易格局角度出发，分析认为当前全球石油贸易格局具有小世界、无标度特征，世界石油进口重心发生转移，地理距离、制度差异、历史文化及政治关系是贸易演化的重要原因，能源需求国进口来源的多元化现象更为突出，东亚、东南亚市场是供给国共同争夺的对象。夏四友等（2020）从复杂网络分析视角考察中国与主要石油贸易国的竞合关系，研究结果表明，世界石油流动逐步演变为俄罗斯—中亚、美国—加拿大和中东三足鼎立的出口竞争格局，亚太区逐步成为世界石油流动的竞合焦点，而中国应与核心出口地区形成重点合作，与亚太其他进口国通过合作模式创新进而改善中国在整体格局中的竞合关系。

经济视角下的能源国际合作现有研究更关注传统化石能源的贸易合作，更注重空间视域中的竞争与合作分析。能源国际贸易是保障传统能源安全的基本途径，不同的合作国家需要不同的合作策略，在多元化思路的引导下，中国应保持与现有能源生产国的合作，利用中国在新能源生产、能源技术等方面的优势以提高合作稳定性，注意与其他能源需求国的竞争与合作，转化能源需求冲突，同时也要考虑多元化引进的经济性。

3. 全球能源治理视角下的能源国际合作

全球能源治理是世界各国加强能源合作、寻求能源安全的制度性安排，其宗旨是建立安全、稳定的全球能源体系，从而保障能源供应、运输和使用安全，保障经济社会的可持续发展。而现有的全球能源治理机构组织分散，处于“碎片化”状态，依据的国际规则不同且散落在不同组织架构下，缺乏全球性、综合性和权威性。中国在全球能源治理体系中由过去的跟随参与逐步转变为积极引领全球能源治理合作。自我国成为净进口国以来，随着在全球能源市场份额的不断增加，国内能源需求快速增长，为保能源安全，我国更加注重参与国际能源治理合作，积极参与各类国际合作平台，如亚太经济合作组织、上海合作组织、G20、东盟与中日韩（10+3）等。虽然我国在不断扩大国际合作平台的参与面，但对加强能源国际合作的实质性帮助并未如预期一般。管清友等（2007）认为，中国与全球和区域层面的国际能源组织几乎都有合作关系，但合作程度比较低，实质性合作不多，主要是一般性合作和对话性合作。王珺等（2021）认为，我国在全球能源治理格局中存在话语权与自身能源消费、生产大国地位不匹配，人民币国际影响力不足等问题，在新的能源安全观下，可通过深化国际能源贸易、积极参与能源国际事务等合作方式实现开放条件下的能源安全。

党的十八大之后，我国不仅持续深入参与现有能源治理合作，更是积极引领、主动引导区域能源治理合作，创新搭建新平台。2013 年，习近平主席提出“一带一路”倡议，这是一种新的国际区域合作模式，“一带一路”合作倡议的提出有效推动了我国的经济实力进一步向国际影响力转变，争取在国际上有更多的话语权，为中国能源合作提供了新的思路与方向，也为中国更好地融入世界能源市场、提高中国在能源方面全球治理体系中的地位打开了新局面。

（二）全球太阳能资源分布

太阳能是太阳内部连续不断的核聚变反应过程产生的能量，丰富的太阳能资源是发展光伏产业的首要条件。据国际太阳能热利用区域分类，年太阳总辐射量≥65亿焦耳/（平方米·年）属于资源丰富区，年太阳总辐射量为55亿~65亿焦耳/（平方米·年）属于资源较丰富区，年太阳总辐射量为45亿~55亿焦耳/（平方米·年）属于资源可利用区，年太阳总辐射量<45亿焦耳/（平方米·年）则为资源欠缺区。世界银行太阳能资源数据显示，全球太阳能资源呈现局部集中、整体分散的特征，太阳能资源禀赋与区域的地形地貌息息相关。

按照全球主要区域划分，全球太阳能辐射强度和日照时间最佳的区域包括北非、中东、美国西南部和墨西哥、南欧、澳大利亚、南非、南美洲东西海岸以及中国西部等地区。

从具体国家分布来看，亚洲地区太阳能资源主要集中在中国西部地区的西藏、青海。除此之外，蒙古国地处蒙古高原，几乎全境具有较为丰富的太阳能禀赋，较为集中于蒙古国达兰扎达嘎德、巴彦洪戈尔、赛音山达等地。

中东地区属于热带沙漠气候，全年干旱少雨、日照充足，几乎全域具有丰富的太阳能资源。中东地区以色列、约旦、沙特阿拉伯、阿拉伯联合酋长国等都建有主要的光伏电站基地。欧洲太阳能资源主要集中在南欧地区，分布在西班牙、葡萄牙、意大利、希腊、土耳其、德国等国家，年光伏发电潜力大于1600千瓦·时/平方米。西班牙的南方地区是最适合建设太阳能热发电站的地区之一，该国也是太阳能热发电技术水平最高、太阳能热发电站建设最多的国家之一。

北美洲的太阳能资源主要集中在美国西南部地区，全国太阳能辐射量一类地区包括亚利桑那和新墨西哥州的全部，加利福尼亚、内华达、犹他、科罗拉多和得克萨斯州的南部，占美国国土总面积的9.36%。南美洲的太阳能资源主要集中在秘鲁、智利两国交界的阿塔卡玛沙漠地区。非洲的太阳能资源主要集中在北非的撒哈拉沙漠，以及东非的埃塞俄比亚、苏丹、肯尼亚等国家和地区，大洋洲的太阳能资源主要集中在澳大利亚的北部地区，占澳大利亚国土总面积的54.18%。

二、全球光伏电发展现状及区域分布

（一）全球可再生能源发电量增长趋势明显，各区域占比呈多样化

相关数据显示，2020 年全球可再生能源总发电量为 7468058 吉瓦·时，较 2019 年的 6955866 吉瓦·时增加了 512192 吉瓦·时，增幅达 7.36%。数据显示，在全球可再生能源中，水电仍旧处于主力军地位，2020 年水电发电量为 4476230 吉瓦·时，占全球可再生能源总量的 59.94%，但从近 10 年数据来看，水电的占比有明显的下降趋势。近年来，风电、太阳能都呈现出爆发式增长态势，一方面表明可再生能源生产结构的不断优化，另一方面也凸显出全球低碳转型的路径方向。其中 2020 年风电发电量为 1588586 吉瓦·时，占比为 21.27%，太阳能发电量为 843855 吉瓦·时，占比为 11.30%（见图 6-5）。太阳能中以光伏发电为主导，2020 年发电量 830741 吉瓦·时，占比为 11.12%。

从全球的区域分布视角来看，在五大洲的区域划分基础上，将美洲分为北美洲、南美洲，中东地区作为传统的能源重要区域，在分析过程中也单独说明。亚洲在全球可再生能源总发电量中占据绝对领先地位，2020 年总发电量为 3118544 吉瓦·时，占比为 41.76%。排名第二的为欧洲，总发电量 1448016 吉·瓦时，占比为 19.39%。排名第三的区域为北美洲，总发电量 1331788 吉瓦·时，占比为 17.83%。随后按占比由高到低分别为南美洲、非洲、大洋洲以及中东地区，占比分别为 11.32%、2.31%、1.32%及 0.6%。由此可见亚洲在全球低碳转型过程中必将扮演重要角色。

虽然各区域整体可再生能源发电量总体呈上升趋势，但各区域可再生能源发电量在全球环境下的比例结构却有所不同（见图 6-6）。其中非洲、大洋洲及中东地区可再生能源发电量比例自 2012 年以来并无太大变化，亚洲则呈现出明显的增长态势，欧洲与美洲地区却出现略微下降的情况。

（二）全球光伏发电量保持增长态势，各区域增幅有所区别

以全球低碳转型为大背景，与可再生能源产量增长相辅相成的是光伏发电量的同步增长。近 8 年数据显示，全球太阳能光伏发电量具有十分明显的

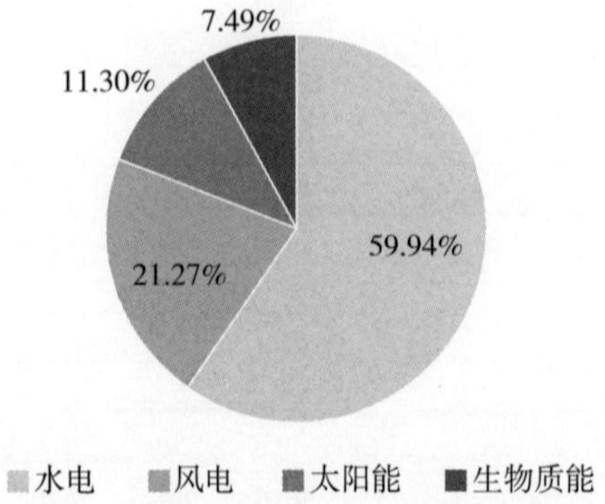

图 6-5　2020 年全球可再生能源发电结构

资料来源：*Renewable Energy Statistics* 2021。

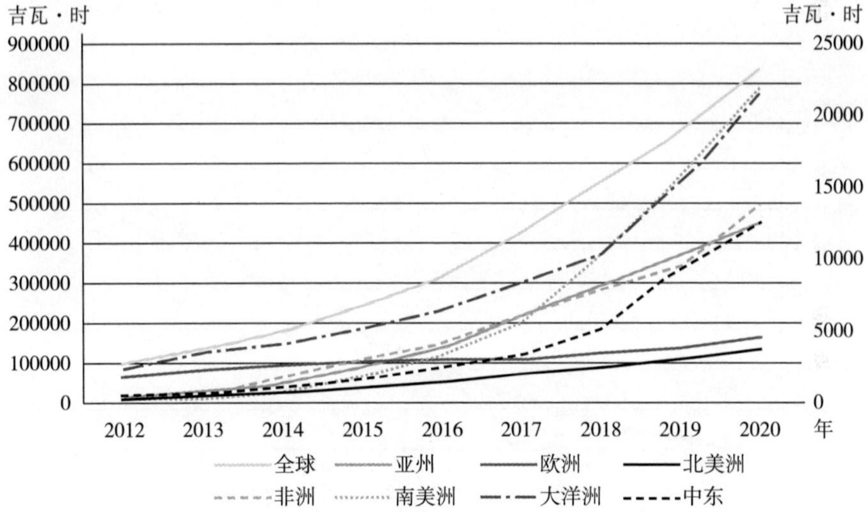

图 6-6　2012—2020 年全球及各区域可再生能源总发电量趋势

资料来源：*Renewable Energy Statistics* 2021。

增长态势，2012 年全球光伏发电量为 96294 吉瓦·时，2020 年全球光伏发电量达到 830741 吉瓦·时，增幅达 762.7%。全球 7 个区域虽增幅大小有所波动，但几乎各区域集中在 2013 年前后出现爆发式增长。2012—2020 年全球及各地区光伏发电量见图 6-7、图 6-8。

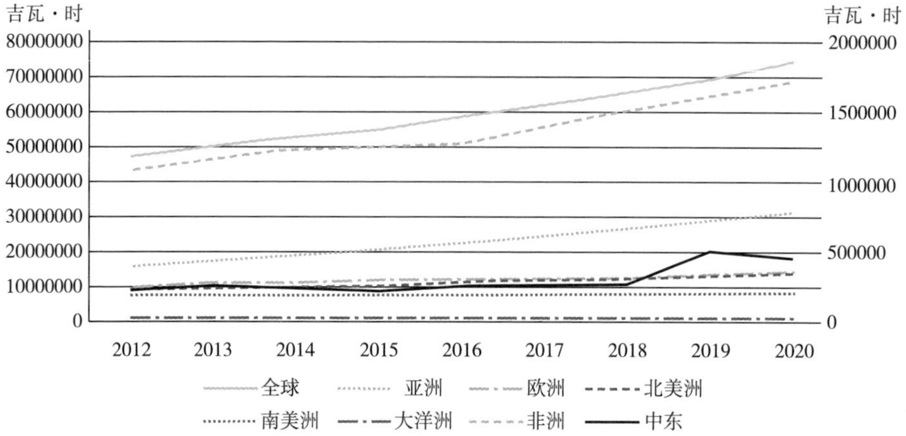

图 6-7　2012—2019 年全球各区域光伏发电量增幅

资料来源：*Renewable Energy Statistics* 2021。

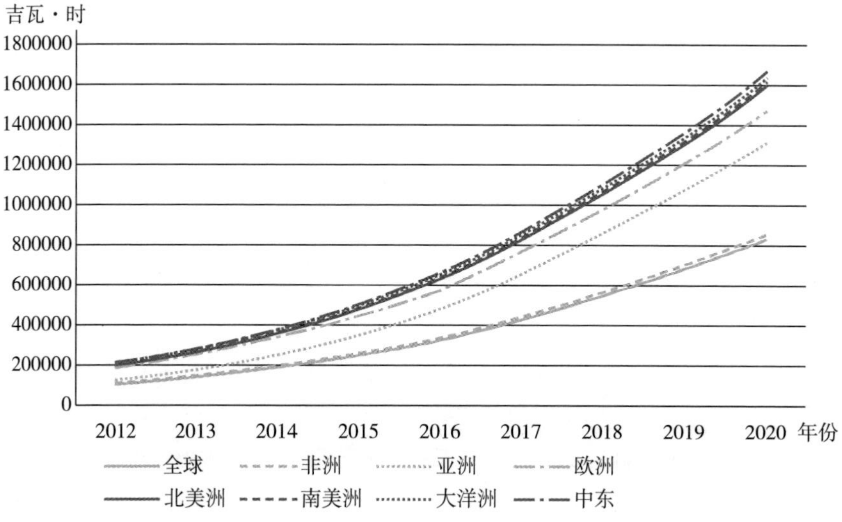

图 6-8　2012—2020 年全球及各区域光伏发电量趋势

资料来源：*Renewable Energy Statistics* 2021。

仅从光伏发电量在可再生能源发电量的占比结构来看，中东地区为光伏发电量占比最高的地区，占当年中东可再生能源发电量的 27. 92%，其次为大洋洲，占当年大洋洲可再生能源发电量的 21. 93%，排名第三的为亚洲，占当年亚洲可再生能源发电量的 14. 35%，随后按占比由高至低分别为欧洲、北美洲、非洲、南美洲，占比分别为 11.23%、10.08%、8.01%及 2.62%（见图 6-9）。

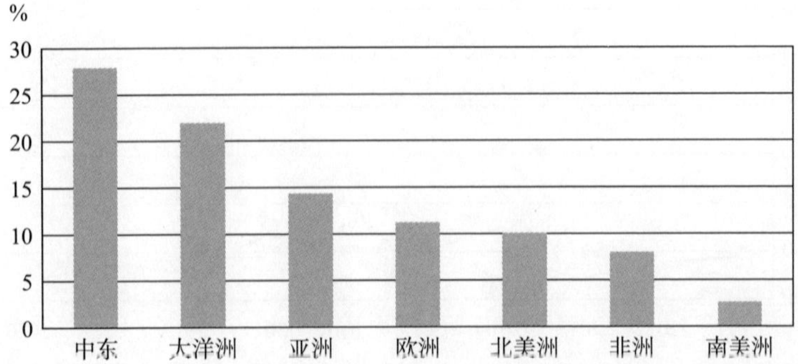

图 6-9　2020 年全球及各地区光伏发电量在可再生能源发电量的占比结构

资料来源：*Renewable Energy Statistics* 2021。

（三）全球光伏电投资额呈波浪式，各区域投资额区别较大

2020 年，全球可再生能源投资额达到 1687649 万美元，较 2019 年有所减少，2019 年总投资额为 1768491 万美元。2020 年，全球光伏电投资额为 422931 万美元，占全球可再生能源投资额的 25.06%。与全球可再生能源投资不同的是，2020 年的光伏电全球投资额相较于 2019 年有所增加，增幅达 24%。近 5 年数据显示，全球可再生能源投资额、光伏电投资额均有所下降，但从光伏电投资额占全部可再生能源投资额比例来看，光伏电投资比例自 2017 年的 13.47%增至 2020 年的 25.06%，呈现出明显的增长态势，并且超过了风电投资额的占比。

全球各区域的光伏电投资额则呈现出较大区别。2020 年，亚洲地区光伏电投资额为 164220 万美元，非洲地区光伏电投资额为 94905 万美元，北美地区光伏电投资额为 60233 万美元，南美地区光伏电投资额为 43544 万美元，欧洲地区光伏电投资额为 33902 万美元，中东地区光伏电投资额为 21523 万美元，大洋洲地区光伏电投资额为 1268 万美元（见图 6-10～图 6-12）。

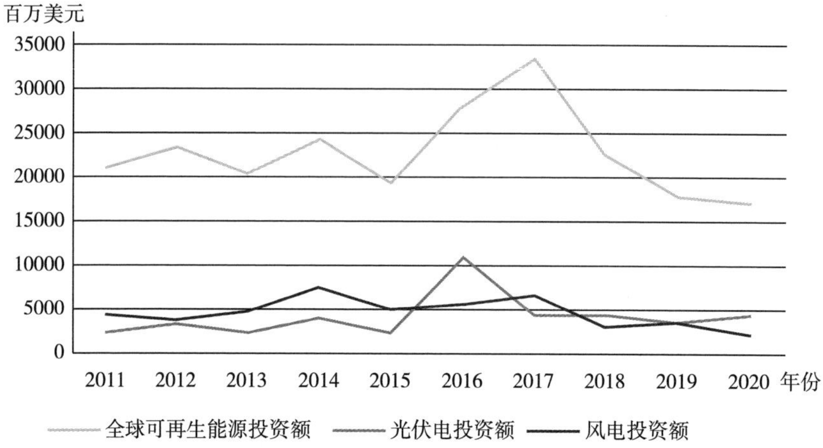

图 6-10　2011—2020 年可再生能源、光伏电、风电投资额趋势

资料来源：*Renewable Energy Statistics* 2021。

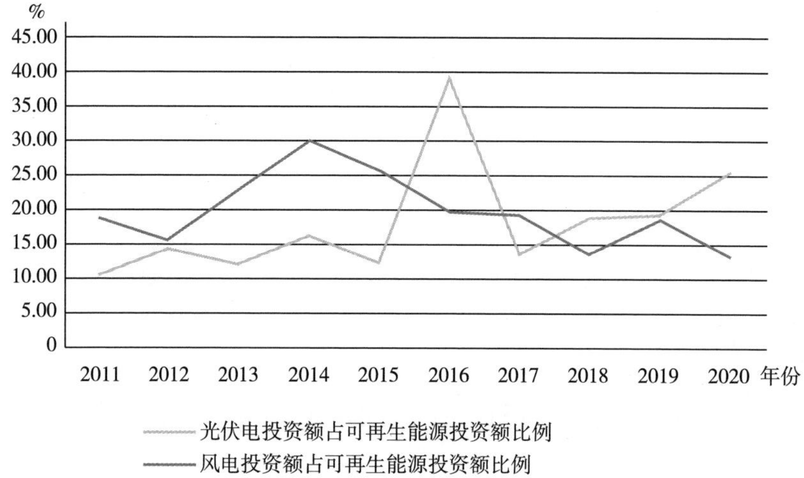

图 6-11　2011—2020 年光伏电、风电投资额比例

资料来源：*Renewable Energy Statistics* 2021。

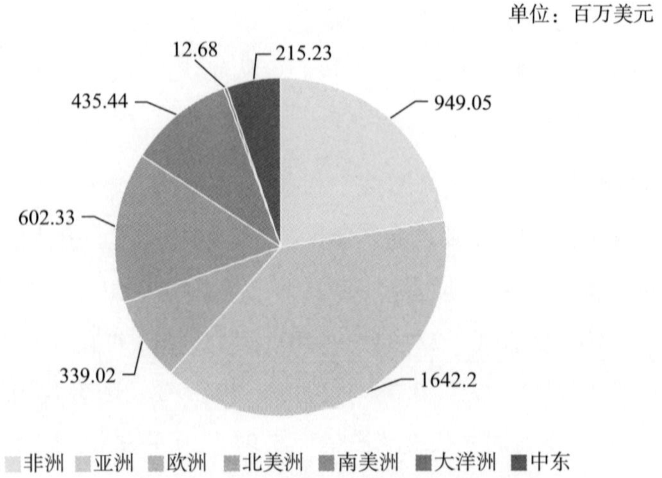

图 6-12　2020 年全球各区域光伏电投资额

资料来源：*Renewable Energy Statistics* 2021。

可再生能源的持续发展早已是全球低碳转型的重要显性路径。而上述分析表明，无论是可再生能源的整体发展，还是光伏太阳能发电量，亚洲地区在全球低碳转型中都具有举足轻重的地位。2020 年，中国仍然是太阳能产能增长的主要驱动力，占全球新增产能的 36%。中国已形成较为完备的可再生能源技术产业体系，光伏发电技术快速迭代，多次刷新电池转换效率世界纪录。

第三节　中国光伏业国际合作发展现状及未来取向

一、中国光伏业发展基本情况

光伏产业是基于半导体技术和新能源需求而融合发展、快速兴起的朝阳产业，也是实现制造强国和能源革命的重大关键领域。2021 年，在全球新冠疫情时有反复、全球经济形势严峻、国际贸易摩擦时有发生的大背景下，中国光伏业以高质量发展为要求，立足“碳达峰”“碳中和”，不断优化产业结构，推进技术创新，沿着光伏产业链加快提高光伏产品质量与开拓光伏市场的步伐，为我国能源“十四五”高质量发展奠定良好基础。光伏业上游为产品原材料，主要包括硅片、银浆、纯碱等；中游分为光伏电池板及光伏组件；下游为光伏的应用领域，以光伏电为核心。从光伏产业链视角来看，我国光伏业发展呈现出以下特征。

（一）产品供应实现稳步增长

2021 年，我国光伏业主要产品产量保持一定增长速度，整体供应平稳。在光伏主要产品方面，相关数据显示，2021 年，我国光伏组件、硅片、多晶硅、电池片产量分别为 182 吉瓦、227 吉瓦、50.5 万吨、198 吉瓦（见表 6-2），相比 2020 年分别增长 46.1%、40.7%、28.8%、46.9%。随着我国光伏发电技术不断进步，2021 年我国光伏玻璃产量为 5.94 亿万平方米，同比增长 8.6%；我国光伏玻璃产能为 7.66 亿万平方米，同比增长 7.3%。

表 6-2　2011—2021 年光伏产品产量

年份	光伏组件（吉瓦）	硅片（吉瓦）	多晶硅（万吨）	电池片（吉瓦）
2011	21.0	20.0	8.3	21.0
2012	23.0	26.0	6.0	23.0
2013	27.4	29.5	8.4	25.1
2014	35.6	38.0	13.6	33.0
2015	45.8	48.0	16.5	41.0
2016	53.0	63.0	19.4	49.0
2017	76.0	87.0	24.2	68.0
2018	85.7	109.2	25.9	87.2
2019	98.6	134.6	34.2	108.6
2020	124.6	161.3	39.2	134.8
2021	182.0	227.0	50.5	198.0

资料来源：工信部。

（二）技术水平加快迭代升级

从产业化技术方面来看，主流企业加大在产品科研中的投入力度，提效降本优势突出。硅片大尺寸、薄片化技术加快进步，2019 年隆基推出

166mm 硅片，较 M2 硅片表面积高出 12.2%，同年中环继续推出 210mm 硅片，表面积比 M2 硅片提升了 80.5%。2020 年《关于建立光伏行业标准尺寸的联合倡议》发布，隆基、晶科、晶澳、阿特斯等 7 家企业共同建议将 182mm×182mm（M10）的硅片作为标准减少资源浪费，促进光伏产业的健康发展。

近年来，各大光伏企业相继推出更高效率的电池产品，以 N 型电池技术为主流趋势。2021 年，隆基先后 7 次打破光伏电池转换效率世界纪录，其中 N 型 TOPCon 的转换效率为 25.21%、P 型 TOPCon 的转换效率为 25.19%、N 型 HJT 的转换效率为 26.30%。2021 年 3 月，隆基在 M6 全尺寸单晶硅片上创造了无铟 HJT 电池 25.40%转换效率的新世界纪录。而 PERC 转换效率被推高至 24.06%（见表 6-3）。

表 6-3　主流企业电池转换效率对比

企业	PERC	N-TOPCon	P-TOPCon	N-HJT	P-HJT	无铟 HJT	I-TOPCon（N 型）
隆基	24.06%（实验室），2019 年	25.21%（实验室），2021 年	25.19%（实验室），2021 年	26.30%（实验室），2021 年	25.47%（实验室），2022 年	25.40%（实验室），2022 年	
天合	23.56%，2021 年						25.5%（实验室），2022 年
晶科		24.5%（量产），2021 年					
晶澳	23.5%（量产），2021 年	中试线转换效率超过 24%，2021 年					
正泰	23.6%（量产），2021 年						
一道新能	24%（量产），2022 年	24.5%（量产），2022 年					

续表

企业	PERC	N-TOPCon	P-TOPCon	N-HJT	P-HJT	无铟 HJT	I-TOPCon（N 型）
中来股份		25.4%（实验室）、24.5%（量产），2021 年					
东方日升				25.6%（量产）			
通威	23.47%（实验室），2021 年	研发线平均电池效率为 24.1%		25.18%			
爱旭股份	23.3%（量产），2021 年						

资料来源：《隆基、天合、晶科等 10 家企业最新光伏电池效率汇总》，北极星太阳能光伏网（bjx.com.cn）。

（三）智能制造推动产业发展迅速

近年来，为加快信息技术与产业的深度融合，加快 5G、数字信息技术、人工智能等新一代信息技术的推进速度，我国光伏业不断提高“智能含量”，在产业智能制造、智能运维、智能调度等方面的水平逐步提升，助力光伏成为主力能源。如表 6-4 和表 6-5 所示，2020 年，六部门联合公布首批智能光伏试点示范项目和企业名单，共计 22 个项目和 19 家企业上榜，2021 年共计 20 个项目和 18 家企业上榜，可见智能光伏试点示范初见成效。2022 年，华为智能光伏荣获英国标准协会（British Standards Institution，BSI）颁发的产品碳足迹核查意见声明书，这是 BSI 颁发的全球首份逆变器产品碳足迹声明。

表 6-4　2020 年智能光伏试点示范项目名单

序号	省份	示范项目（申报主体）
1	北京	全国光伏扶贫信息监测中心（国网电子商务有限公司）
2	北京	京礼高速（北京段）光储项目及基于三网融合，由绿色能源网保障的自动驾驶示范项目（招商局公路网络科技控股股份有限公司、招商国网绿色能源科技有限责任公司）

续表

序号	省份	示范项目（申报主体）
3	北京	京津塘高速公路5千米光储充项目及10千米微电网示范项目（国网电动汽车服务有限公司、招商局公路网络科技控股股份有限公司、招商国网绿色能源科技有限责任公司）
4	北京	北京经开产业园智能光伏试点示范项目（北京经开投资开发股份有限公司）
5	江苏	江苏省泗洪县西南岗光伏发电应用领跑基地智能光伏示范项目（泗洪天之源实业发展有限公司）
6	浙江	袁花镇长啸村5兆瓦农光互补光伏发电项目（海宁市晶科新能源电力有限公司）
7	安徽	阳光电源园区光伏储能项目（阳光电源股份有限公司）
8	安徽	濉溪公交场站13兆瓦·时光储能微电网示范项目（淮北恒瑞新能源有限公司）
9	安徽	安徽省肥东县帮扶贫困户分布式光伏电站项目（合肥中南光电有限公司）
10	湖北	武汉新城国际博览中心展览馆光伏并网发电项目（武汉新博新能源投资有限公司）
11	湖北	通信基站光伏离并网储能一体智能发电系统（湖北中兆电力科技有限公司）
12	四川	四川省无电地区电力建设光伏独立供电工程项目（四川中兴能源有限公司）
13	云南	云南省园区屋顶分布式太阳能光发电项目［南方电网综合能源（云南）有限责任公司］
14	陕西	特变电工西安产业园源网荷储协调型微网示范工程（特变电工西安电气科技有限公司）
15	陕西	铜川光伏技术领跑基地宜君县峡光250兆瓦光伏发电项目（铜川市峡光新能源发电有限公司）
16	陕西	渭南光伏领跑者基地澄城县庄头镇雷家洼100兆瓦光伏发电项目（国家电投集团合阳新能源发电有限公司）
17	陕西	渭南光伏领跑者基地合阳县王村镇张家河100兆瓦光伏发电项目（国家电投集团合阳新能源发电有限公司）
18	新疆	中核伊犁察布查尔锡伯自治县735厂分布式光伏发电项目（察布查尔锡伯自治县中核天山新能源有限公司）
19	山东	特锐德智能光伏微网系统试点示范项目（青岛特锐德电器股份有限公司）
20	山东	青岛东软载波园区微电网项目（青岛东软载波智能电子有限公司）
21	福建	厦门绿泉实业有限公司3.37兆瓦屋顶分布式光伏发电项目（厦门核顺能源有限公司）
22	广东	拓日工业园智能光伏应用示范项目（深圳市拓日新能源科技股份有限公司）

资料来源：《工信部关于智能光伏试点示范名单的公示》。

表 6-5　2020 年智能光伏试点示范企业名单

序号	省份	示范企业
1	北京	北京木联能软件股份有限公司
2	北京	北京中科利丰科技有限公司
3	上海	中国建材国际工程有限公司
4	江苏	天合光能股份有限公司
5	浙江	浙江正泰新能源开发有限公司
6	浙江	杭州桑尼能源科技股份有限公司
7	安徽	阳光电源股份有限公司
8	湖北	武汉帝尔激光科技股份有限公司
9	广东	珠海兴业新能源科技有限公司
10	陕西	隆基绿能科技股份有限公司
11	陕西	陕西众森电能科技有限公司
12	四川	通威太阳能（成都）有限公司
13	四川	四川电力设计咨询有限责任公司
14	山东	亚洲硅业（青海）股份有限公司
15	新疆	特变电工新疆新能源股份有限公司
16	新疆生产建设兵团	新疆大全新能源股份有限公司
17	福建	科华恒盛股份有限公司
18	广东	华为技术有限公司
19	广东	深圳市捷佳伟创新能源装备股份有限公司

资料来源：《工信部关于智能光伏试点示范名单的公示》。

（四）光伏市场应用领域多元化

随着全球应对气候变化的步伐加快，光伏市场需求持续增加，2021 年，以光伏电站为主要内容的市场应用领域不断多元化。首先，以光伏发电大型基地建设为依托，近 5 年来光伏装机容量、发电量均呈现增长态势。2021 年，我国光伏发电量为 3259 千瓦·时，较 2020 年增长 25.11%，光伏装机容量 3.06 亿千瓦，较 2020 年增长 20.95%（见表 6-6 和表 6-7）。其次，充分利用分布式光伏，“光伏+”不断拓展，如“光伏+交通”项目。早在2018年，广州就建成了当时国内最大的地铁光伏电站，该项目将光伏发电引入地铁线网，在满足车辆段全年用电的前提下，剩余部分供其他线路使用，每年节约电费超40万元。除此之外，还有“光伏+农业”“光伏+医院”“光伏+仓储物流”等内容，应用场景的多元化推动光伏消费的同时也在一定程度上保障了光伏消纳，调整优化了能源消费结构，为进一步构建高质量能源体系铺平了道路。

表6-6　2016—2021年中国光伏发电量

年份	发电量（千瓦·时）	增速（%）
2016	665	
2017	1178	77. 14
2018	1775	50. 68
2019	2243	26. 37
2020	2605	16. 14
2021	3259	25. 11

资料来源：国家能源局。

表6-7　2013—2021年中国光伏装机容量

年份	装机容量（亿千瓦）	增速（%）
2013	0. 19	
2014	0. 28	47. 37
2015	0. 43	53. 57
2016	0. 77	79. 07
2017	1. 3	68. 83
2018	1. 74	33. 85
2019	2. 04	17. 24
2020	2. 53	24. 02
2021	3. 06	20. 95

资料来源：国家能源局。

二、中国光伏业国际合作现状

近年来，我国光伏业发展迅猛，2016 年呈现爆发式增长态势，2021 年，光伏装机容量达 3.06 亿千瓦，同比增长 20.95%，发电量为 3259 千瓦・时，同比增长 25.11%。良好的产业基础及规模化的生产为我国光伏业的国际合作及进一步打开国际市场奠定了坚实基础。国际合作以产业在国际区域的不同分工及比较优势为起点，各国发挥比较优势选择产业链中的一环。从光伏业产业发展角度来看，当前合作以产品贸易为主，投资为辅。

（一）光伏产品贸易现状

1. 电力贸易现状

电力作为能源的重要形式，是在当前全球绿色低碳背景下重要的经济发展基础。2021 年，全球电力出口贸易额达 6168558.1 万美元，2017—2021 年年均贸易额增长率为 13%。按照电力出口贸易额的多少，2021 年全球前五位的出口国分别为德国（贸易额 812053.5 万美元）、法国（贸易额 721075.6 万美元）、瑞士（贸易额 365987.8 万美元）、西班牙（贸易额 310954.8 万美元）、比利时（贸易额 276841.9 万美元），中国排在第十三位，出口贸易额为 153193.4 万美元。2021 年，全球电力进口贸易额达 6476561.2 万美元，2017—2021 年年均贸易额增长率为 15%。依据电力进口额的多少，2021 年全球电力进口国首位为意大利，贸易额达 640858.7 万美元；其次为德国，贸易额达 556426 万美元；第三位为法国，贸易额达 399302.6 万美元；第四位为英国，贸易额达 396007.8 万美元；第五位为瑞士，贸易额达 364820.7 万美元。以上数据充分说明欧洲在全球电力贸易中的重要地位。中国排在第 36 位，进口贸易额为 24841.5 万美元。

我国成为全球主要的电力出口国，与我国本身的资源禀赋息息相关。近 10 年来，我国电力出口贸易量呈波动态势，但贸易额却呈增长趋势，可见近年来电力价格的走高。进口方面无论是贸易量还是贸易额，均呈一定的下降态势。从我国的电力贸易伙伴来看，2021 年，俄罗斯是我国最大的电力出口国，占比为 73.1%；其次为缅甸，占比为 18.5%；第三位为朝鲜，占比为 6. 8%。2021 年，中国香港成为我国电力最大的进口地区，占比达 54. 7%；其次为中国澳门，占比达 31. 9%；第三位为蒙古国，占比达 8. 4%（见图 6-13~图 6-16）。

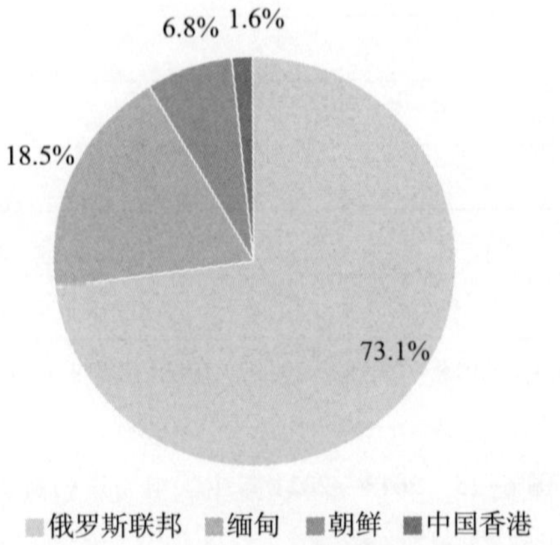

图 6-13　2021 年中国电力贸易出口国

资料来源：联合国商品贸易统计数据库。

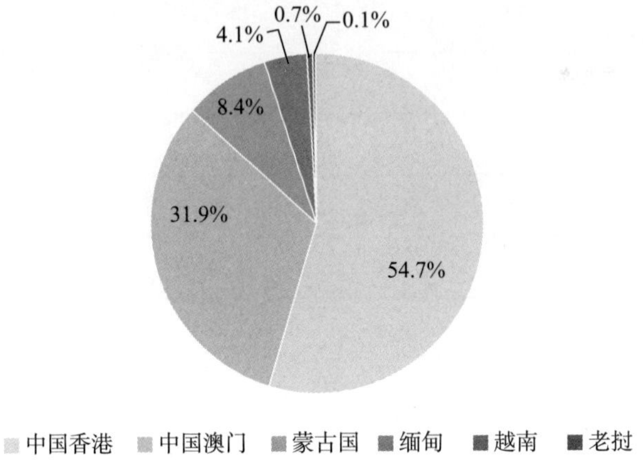

图 6-14　2021 年中国电力贸易进口国

资料来源：联合国商品贸易统计数据库。

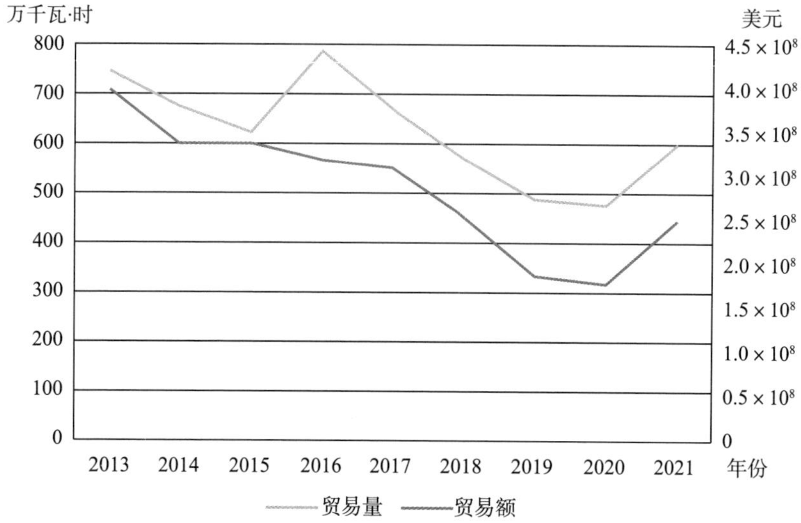

图 6-15　2013—2021 年中国电力进口贸易

资料来源：联合国商品贸易统计数据库。

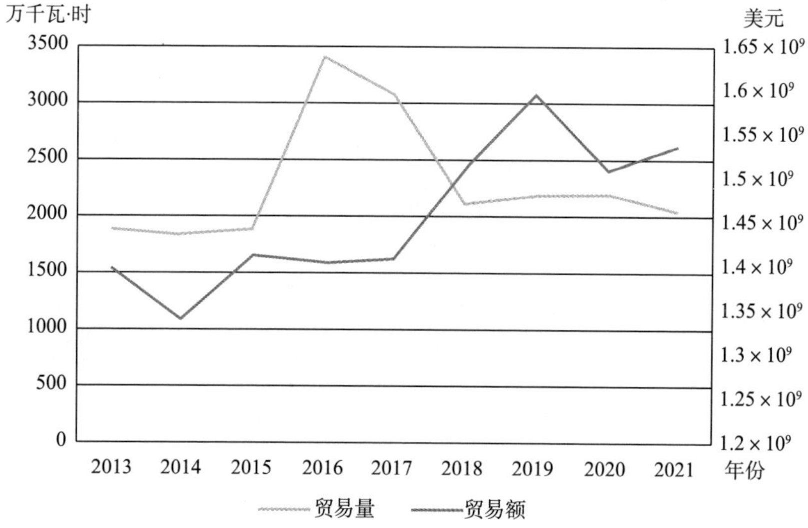

图 6-16　2013—2021 年中国电力出口贸易

资料来源：联合国商品贸易统计数据库。

2. 光伏产品贸易现状

光伏产业链包括硅料、铸锭（拉棒）、切片、电池片、电池组件、应用系统 6 个环节。上游为硅料、硅片环节，中游为电池片、电池组件环节，下游为应用系统环节。目前，大部分光伏企业的产品集中在硅片、电池片和电池组件。

多晶硅是单质硅的一种形态。多晶硅具有较大的化学活泼性，且具有半导体性质等特性。几乎能与任何材料作用，是极为优良的半导体材料，硅质的纯度与其导电性成正比，纯度越高导电性越佳。

2017—2021 年我国多晶硅产量在不断增加，2021 年我国多晶硅产量为 50.5 万吨，同比增长 28.83%，产能约为 52 万吨/年，同比增长 23.81%。虽然我国多晶硅产量、产能逐年增长，但仍未能满足我国光伏业的需求，更多地依赖于进口。如表 6-8～表 6-10 所示，2021 年中国多晶硅进口量为 11.42 万吨，出口量为 1.04 万吨，进口量远大于出口量。2021 年多晶硅进口额为 20.40 亿美元，出口额为 0.25 亿美元。从贸易地区分布来看，2021 年我国多晶硅主要进口国家（地区）有德国、马来西亚、日本等。2021 年，我国多晶硅最大的进口来源国为德国，进口量为 51316.04 吨，进口额为 97631.66 万美元。我国第二大多晶硅进口来源国为马来西亚，进口量为 29726.58 吨，进口额为 56675.18 万美元。第三大进口来源国为日本，进口量为 15411.14 吨，进口额为 21561.34 万美元。从德国的进口量是马来西亚的 1.73 倍。

表 6-8　2016—2021 年中国多晶硅进出口量　　单位：万吨

年份	进口量	出口量
2016	14.03	0.72
2017	15.89	0.63
2018	13.96	0.18
2019	14.45	0.12
2020	10.08	0.25
2021	11.42	1.04

资料来源：世贸中心。

表 6-9　2016—2021 年中国多晶硅进出口额　　单位：亿美元

年份	进口额	出口额
2016	22. 30	0. 88
2017	25. 06	0. 86
2018	20. 01	0. 28
2019	12. 63	0. 09
2020	9. 54	0. 13
2021	20. 40	0. 25

资料来源：世贸中心。

表 6-10　2021 年中国多晶硅主要进口国家（地区）数量及金额

国家（地区）	进口量（吨）	进口额（万美元）
德国	51316. 04	97631. 66
马来西亚	29726. 58	56675. 18
日本	15411. 14	21561. 34
中国台湾	6899. 25	9618. 17
美国	4810. 69	9622. 83
韩国	4096. 29	7331. 57
挪威	1906. 54	1553. 94

资料来源：世贸中心。

电池片是光伏发电核心部件，制作原材料以硅片为主。近年来，我国太阳能电池产量呈显著递增趋势。如表 6-11 和表 6-12 所示，2021 年，我国太阳能电池产量为 23405. 41 万千瓦，较 2020 年增长 48. 8%。伴随着我国光伏业的爆发式增长、技术的不断突破，我国也由电池片进口国成为世界主要的电池片出口国。2015 年我国电池片进口量为 9. 83 亿个，出口量为 6. 33 亿个，2021 年进口量为 5. 65 亿个，出口量为 32. 01 亿个。光伏产业权威分析机构 PV InfoLink 数据显示，2022 年上半年全球前五位电池片出货商排名分别是通威股份、爱旭股份、润阳股份、中润光能、捷泰科技。前五名厂家均为中国企业，2022 年上半年总出货量约为 59 吉瓦，对比 2021 年同期增幅约为 60%。通威股份电池片出货量自 2017 年以来，已连续 5 年全球第一。

表 6-11　2015—2021 年中国太阳能电池产量及增速

年份	产量（万千瓦）	增速（%）
2015	5683. 04	22. 7
2016	7680. 97	35. 2
2017	9453. 87	23. 1
2018	9605. 34	1. 6
2019	12862. 07	33. 9
2020	15728. 64	22. 3
2021	23405. 41	48. 8

资料来源：世贸中心。

表 6-12　2015—2021 年中国太阳能电池片进出口量统计情况

单位：亿个

年份	进口量	出口量
2015	9. 83	6. 33
2016	9. 84	7. 74
2017	11. 37	9. 49
2018	9. 81	11. 14
2019	5. 39	24. 53
2020	3. 92	27. 22
2021	5. 65	32. 01

资料来源：世贸中心。

电池片主要与光伏玻璃、其他封装材料等共同封装形成太阳能电池组件，组件再与逆变器、支架等共同构成光伏电站发电系统。近 4 年来，我国电池组件无论产量还是产能都不断上涨。如表 6-13 和表 6-14 所示，2021 年，电池组件产量为 182 吉瓦，同比增长 46. 07%，产能为 350 吉瓦/年，同比增长 59. 09%。

2021 年，我国电池组件进口量为 74337 吨，出口量为 6287714 吨，足见我国在世界组件市场中的重要地位。根据 InfoLink 供需数据库统计，2021 年，全球组件出货商排名前十位分别为隆基、天合、晶澳、晶科、阿特斯、东方日升、韩华 Q cells、First Sloar、尚德以及正泰。而隆基继 2020 年后继续蝉联出货量榜首，测算内外销组件出货总量远超第二名 10 吉瓦以上，排名前五的厂家基本组件出货量皆在 10 吉瓦以上。从出口市场来看，欧洲仍是我国光伏组件出口第一大海外市场，2021 年，光伏组件出口欧洲 45.3 吉瓦，同比增长 54%，占比为 45.03%；第二大出口国为印度，出口量为 10.9 吉瓦，同比增长 94%，占比为 10.83%；第三大出口国为巴西，出口量为 10.4 吉瓦，同比增长 129%，占比为 10.34%。出口欧洲市场的数量是印度的 4 倍多，足见欧洲是我国光伏组件出口的重要市场（见表 6-15）。

表 6-13　2017—2021 年中国光伏组件产量及增速

年份	光伏组件产量（吉瓦）	增速（%）
2017	76	
2018	85.7	12.76
2019	98.6	15.05
2020	124.6	26.37
2021	182	46.07

资料来源：中国光伏行业协会。

表 6-14　2018—2021 年中国光伏组件产能

年份	产能（吉瓦/年）	增速（%）
2018	130	
2019	170	30.77
2020	220	29.41
2021	350	59.09

资料来源：中国光伏行业协会。

表 6-15　2021 年中国光伏组件出口市场分布情况

国家（地区）	数量（吉瓦）	占比（%）
欧洲	45.3	45.03
印度	10.9	10.83
巴西	10.4	10.34
日本	6.2	6.16
澳大利亚	5.6	5.57
韩国	1.2	1.19
墨西哥	1.3	1.29
越南	0.7	0.70
其他	19.0	18.89

资料来源：世贸中心。

（二）光伏电站项目投资

1. 光伏电站的主要投资模式

目前国际上光伏发电项目的主流合作模式共有 7 种，分别为设计—采购—施工一体化（EPC）模式、项目管理承包（PMC）模式、设计—建造（DB）模式、平行发包（设计—招标—建造，DBB）模式、施工管理承包（CM）模式、建造—运营—移交（BOT）模式及公共部门与私人企业合作（PPP）模式。不同项目合作模式的优缺点略有不同。

EPC（Engineering Procurement Construction）模式，又称设计—采购—施工一体化模式，是指工程总承包企业按照承包合同规定的总价或可调总价方式，承担工程项目的设计、采购、施工、试运行服务等工作，并对承包工程的质量、安全、工期、造价全面负责，是我国目前推行总承包模式中最主要的一种。

总承包商对工程全流程负责，从而可提高项目实施效率，并且可以保障设计与施工之间的一致性、科学性，不会造成过分的设计与实施分离。在项目建成后，也可由投资方将项目整体打包给承包商进行运营，减少投资方风险，降低交易成本。EPC 有很多种衍生和组合，例如“EP+C”“E+P+C”、

EPCm、EPCs、EPCa 等。

PMC（Project Management Contracting）模式，即项目管理承包模式，是指项目投资方并不直接对项目进行管理建设，通过招标或委托等方式选择项目管理咨询公司对项目整体、项目阶段进行管理，由项目管理承包商选择合适的 EPC 承包商，并对设计、采购、施工、试运行进行全面管理，PMC 模式体现了初步设计与施工图设计的分离，施工图设计进入技术竞争领域，只不过初步设计是由 PMC 完成的。涉及项目投资金额巨大、周期较长、环节多且风险点较多的项目更需要多个管理咨询承包商共同协助项目实施。

设计—建造（Design and Build）模式国际上称为“交钥匙”模式（Turn-Key-Operate），在中国称设计—施工总承包模式（Design-Construction），是工程总承包模式的一种，自 20 世纪 80 年代在西方国家兴起，具有职责相对单一、工期较短、造价较低等优点。《关于培育发展工程总承包和工程项目管理企业的指导意见》中，该项目模式是指，工程总承包企业按照合同约定，承担工程项目设计和施工，并对承包工程的质量、安全、工期、造价全面负责。DB 模式与 EPC 模式的本质特征都是由同一承包商对项目全链条负责，但在承包商提供的服务内容上有所差异。

平行发包模式（设计—招标—建造模式，Design-Bid-Build），它是一种在国际上比较通用且应用最早的工程项目发包模式之一，是指投资方将整体项目的设计、采购、施工按照阶段或实际需求分别发包给承包商或供应商，且单独订立合同并组织实施，此时各承包商或供应商之间属于平行关系。这种模式最突出的特点是强调工程项目的实施必须按照 D-B-B 的顺序进行，只有一个阶段全部结束，另一个阶段才能开始。

施工管理承包（Construction Management Approach）模式全称为 Fast-Track-Construction Management，又称“边设计、边施工”方式，是指由投资方委托项目管理单位，以承包商的身份采取有条件的“边设计、边施工”，着眼于缩短项目周期，直接进行施工管理、指挥施工活动，在一定程度上影响设计活动，也称快速路径法。这种管理模式于 20 世纪 70 年代在美国出现，并在国际上得到广泛的承认。它与业主的合同通常采用“成本加利润”的方式。

该项目管理方式最大的特点是尽可能缩短工期，减少风险点的爆发，保障项目利润。随着项目阶段性设计的完成即可进行项目招标、施工，而不必完全拘泥于项目的整体设计，直至全部设计及发包结束，其中会产生多个承包商。

根据施工管理方权责划分的不同，可分为代理型和非代理型。代理型 CM（Agency CM）是指施工管理方作为投资方代理，与投资方签订合同并收取服务佣金。非代理型 CM 也称风险型 CM（At-Risk CM），是指施工管理方以总承包身份，可直接进行分发包，直接与分包商签合同，并向投资方承担保证最大工程费用，如果实际工程费超过了保证最高价格合同中的总价，超过部分由施工管理单位承担。

20 世纪 80 年代中期，由于世界性产业结构调整步伐加快，对政府公共基础设施及公共工程提出了更高的要求，但由于政府财力有限，为适应经济发展，1984 年，土耳其总理厄扎尔首次提出了 BOT 的概念，其出发点是将某些公共工程私营化，以解决政府资金不足的问题。BOT 模式的本质是政府将项目的运营特许权交给项目公司，在经营特许期内赚取利润。在特许期满时，整个项目由项目公司无偿或以极少的名义价格移交给政府。该模式最大特点是由于获得了政府的许可和支持，可以在一定程度上享受政府红利，具有较宽的融资渠道，且实际操作方式多种多样，如 BOOT、BOO、DBOT、BTO 和 FBOOT 等均是标准 BOT 操作的不同演变方式。

公共部门与私人企业合作就是政府（或公共）部门与企业等主体通过签订合约建立一种长期的合作关系，完成公共计划项目的模式。公共部门与私人企业合作模式遵循风险共担、互利共赢的原则。公私合作的本质是公共项目外包或公共采购。在公私合作过程中，合作双方的权利和义务是对等的，若项目成功完成，政府部门与私人部门均可从中获得相应的经济收益，同时政府还能获得公共项目所带来的社会收益，但如果项目不成功，双方对此均需承担相应的责任。具体是指政府、私人企业基于某个公共项目而形成相互间合作关系的一种特许经营项目模式，由该项目公司负责筹资、建设与经营。

PPP 模式适用于投资额大、建设周期长、资金回报慢的项目，包括铁路、公路、桥梁、隧道等交通部门，电力煤气等能源部门，以及电信网络等通信部门。无论是在发达国家还是在发展中国家，PPP 模式的应用均越来越广泛（见表 6-16）。

表 6-16　各类项目承包模式优缺点对比

项目承包模式名称	优点	缺点
工程总承包（EPC）模式	1. 投资方将工程全部托付给工程总承包商，总承包商利用先进管理经验发挥主观能动性，创造更大效益； 2. 投资方与承包商协调工作量减少，工作效率提高； 3. 设计减少，工期缩短； 4. 采用总价合同，项目最终价格和要求的工期具有更大程度的确定性	1. 投资方对工程的控制率降低； 2. 承包商为获得更多的利润，调整工程设计，影响项目长远质量； 3. 采用总价合同，承包商获得投资方追加费用的弹性很小
项目管理承包（PMC）模式	1. 承包商统一协调和管理项目的设计与施工，减少矛盾； 2. 节省建设项目投资； 3. 优化项目设计，实现在项目生存期内达到成本最低； 4. 在保证质量优良的同时，有利于承包商缩短工期，获得对项目未来的契股或收益分配权，并稳定队伍	1. 投资方对工程的参与程度低，变更权力有限，与承包商协调难度大，选择一个高水平项目管理公司难度较大； 2. 适用于投资在 1 亿美元以上的大型项目
设计—建造（DB）模式	1. 投资方和承包商密切合作，减少了协调的时间和费用； 2. 承包商将知识和经验融入设计中，控制成本，降低造价； 3. 承包商降低造价，控制进度，有效缩短项目工期	1. 投资方对最终设计和细节控制能力较弱，建筑质量取决于投资方招标时功能描述书的质量和总承包商的水平； 2. 缺乏特定的法律、法规约束，没有专门的险种； 3. 交付方式操作复杂，竞争性较小
平行发包（DBB）模式	1. 管理方法较成熟，各方对有关程序都很熟悉； 2. 投资方对项目控制程度高，自由选择咨询设计人员、工程师等； 3. 采用标准合同文本，利于合同管理、风险管理和减少投资	1. 投资方与设计、施工方分别签约，自行管理项目，管理费较高； 2. 工程设计的可施工性差，工程师控制项目目标能力不强； 3. 设计方与工程方事故责任划分不明显，索赔争端较大

续表

项目承包模式名称	优点	缺点
施工管理承包（CM）模式	1. CM 模式采用分散发包，集中管理，建设周期缩短； 2. 与设计方密切沟通，减少工期延误风险； 3. CM 单位对设计提出合理化建议，减少施工阶段设计变更	1. 对 CM 经理及其所在单位的资质和信誉的要求都比较高； 2. 分项招标导致承包费可能较高； 3. 对合同范本要求比较高，CM 模式一般采用“成本加利润”合同； 4. 采用了具有 GMP 的 CM 模式，CM 单位对工程费用的控制承担更直接的经济责任，降低投资方在工程费用控制方面的风险
建造—运营—移交（BOT）模式	1. 政府主权借债和还本付息责任减少； 2. 公共部门转移部分项目风险； 3. 吸引国外投资，解决发展中国家资金不足问题，用于国内基础设施建设； 4. 外国承包商带来先进技术和管理经验，增加国内承包商发展机会，促进国际经济融合	1. 在特许权期限内，政府将失去对项目所有权和经营权的控制； 2. 参与方多，项目前期过长且融资成本高，风险分摊不对称； 3. 政府承担税收、利率、汇率风险等
公共部门与私人企业合作（PPP）模式	1. 公共部门和私人企业在初始阶段共同参与论证，确定项目融资可行性，缩短前期工作周期，节省政府投资； 2. 合理分配项目风险，减少了承建商与投资商风险，融资难度降低； 3. 私人企业前期参与项目融资，有利于引入先进技术和管理经验； 4. 公共部门和私人企业共同参与建设和运营，组成战略联盟，协调各方不同利益	1. 政府确定合作公司难度较大，风险负担较大； 2. 管理协调难度较大，组织形式复杂； 3. 项目回报率划分争议较大

上述合作模式都是在不同的条件下，经过市场运作和检验而形成的，但合作模式不是固定不变的，上述 7 种合作模式都可以在特定的条件下进行调整，也可经过改造提出全新的合作模式，唯一的准则就是要符合各方利益诉求，满足特定的条件。

2. 我国光伏电海外投资现状

IEA 统计数据显示，2020 年全球电力需求下降 2%，但与此相反的是可再生能源发电量提升了 7%，光伏发电量提升了 20%。随着全球经济逐步复苏，全球电力需求量、可再生能源装机量定将有所提升，全球光伏市场增速将进一步加快。

2000—2019年，中国在海外的能源投资总额为2513亿美元，其中“一带一路”发展中国家为1834亿美元。从能源结构来看，仍以石油为主，投资额为880亿美元，占比为35%；太阳能类投资额为41亿美元，占比为1.6%。从投资区域来看，中国在欧洲、中亚地区能源投资最多，投资额为756亿美元；其次是亚洲（投资额为665亿美元）、拉丁美洲（投资额为584亿美元）、非洲（投资额为508亿美元）。从投资国来看，俄罗斯的能源投资最多，投资额为415亿美元；其次是巴西，投资额为393亿美元；第三为巴基斯坦，投资额为225亿美元。

我国光伏电海外投资以“一带一路”沿线国家为主，逐步形成以“一带一路”为主线，多渠道发展的格局。自2015年起，中国成为世界最大的光伏和风电装机国，目前拥有世界上最多的光伏和风电装机。2020年，中国仍是太阳能光伏市场的引领者，全国新增48.2吉瓦，较2019年的30.1吉瓦增长了60%，集中式光伏电站为32.68吉瓦、分布式光伏为15.52吉瓦，新增量位居全球第一，占全球新增量的38%，占亚洲地区新增量的62%。

中国在可再生能源领域的投资已位居世界前列，中国企业“走出去”的规模和能力也在显著提升，参与方式愈加多样，参与程度逐渐加深。中国能源企业以股权投资、金融支持、工程总承包（EPC）为主要形式参与海外光伏电项目。绿色和平数据显示，自2014年起，中国企业以股权投资形式在“一带一路”沿线国家投资建成或规划中的光伏项目总装机约为9214兆瓦。南亚和东南亚则是中国光伏海外投资的主要区域。全球能源电力短缺仍是困扰经济发展的问题之一，全球多国面临电力危机，世界银行数据显示，东南亚目前是全球用电普及率最低的区域之一，印度、巴基斯坦、缅甸、斯里兰卡等亚洲国家，也有超过10亿人饱受不时停电的困扰（见图6-17和图6-18）。巴基斯坦是目前中国企业以股权投资参与风电、光伏项目规模最大的国家，未来仍有很大的可再生能源装机空间。

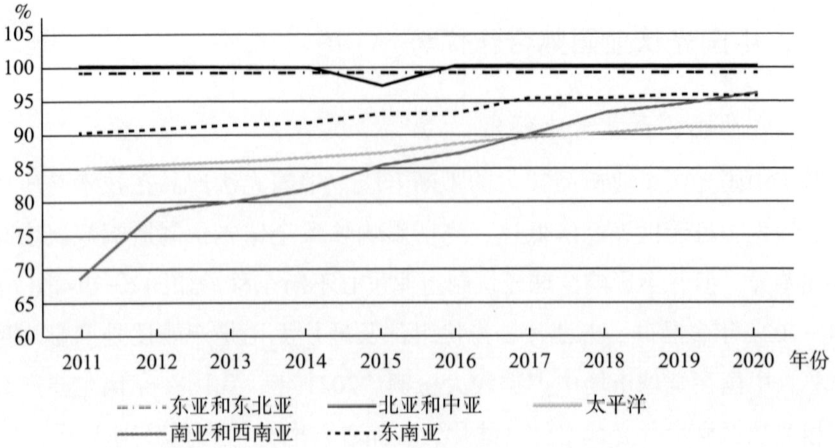

图 6-17　2011—2020 年部分区域用电人口比例

资料来源：世界银行。

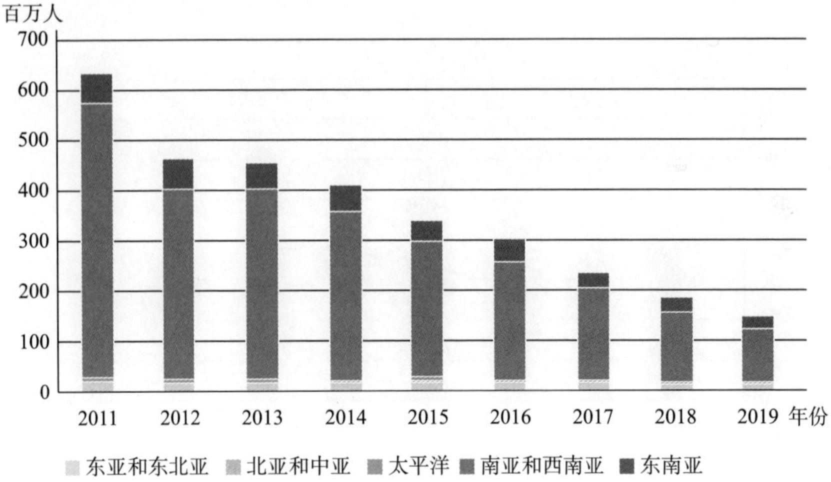

图 6-18　2011—2019 年部分区域缺电总人口

资料来源：世界银行。

三、中国光伏业国际合作优势

（一）产能、产量全球领先

基于中国光伏企业产品技术的不断升级，中国光伏产品在技术与质量方面遥遥领先，虽受世界经济低迷、疫情影响导致全球光伏制造端规模增减速度存在差异，但并不影响全球光伏制造业重心不断东移。如图 6-19~图 6-22 所示，2021 年多晶硅、电池片、光伏组件及硅片无论是产能还是产量均呈上涨态势，中国在全球市场中占据较大份额。2021 年，我国在光伏主要产品方面，相关数据显示，光伏组件、硅片、多晶硅、电池片产量分别为 182 吉瓦、227 吉瓦、50.5 万吨、198 吉瓦，产量上相比 2020 年约分别增长 46.1%、40.7%、28.8%、46.9%。从全球市场份额来看，2021 年我国多晶硅、硅片、光伏组件及电池片分别占全球市场产量的 79%、97%、82%、88%。

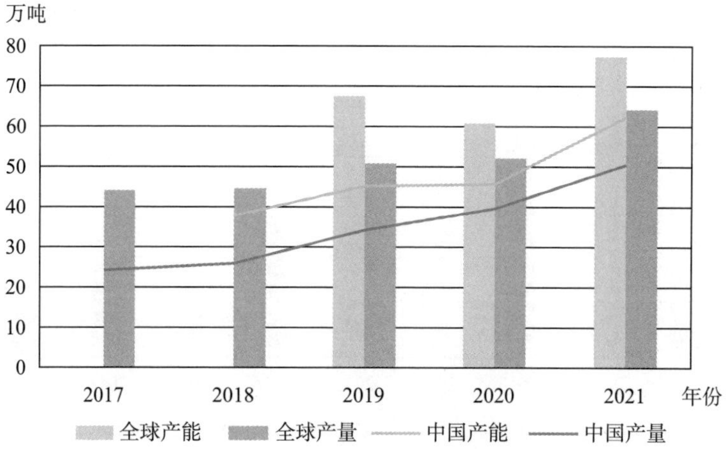

图 6-19　2017—2021 年多晶硅产能产量

资料来源：中国光伏行业协会，作者整理。

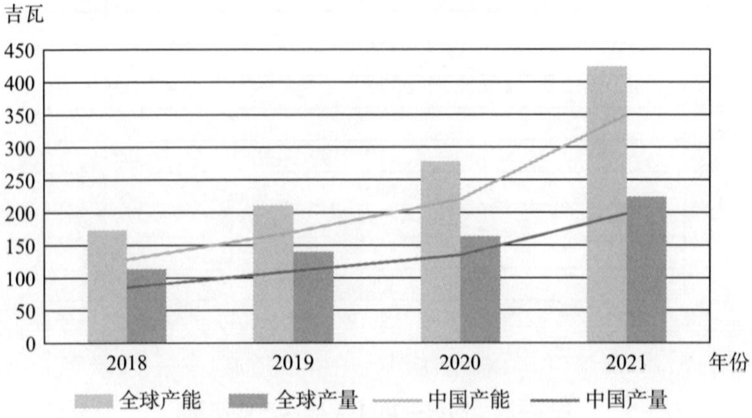

图 6-20　2018—2021 年电池片产能产量

资料来源：中国光伏行业协会，作者整理。

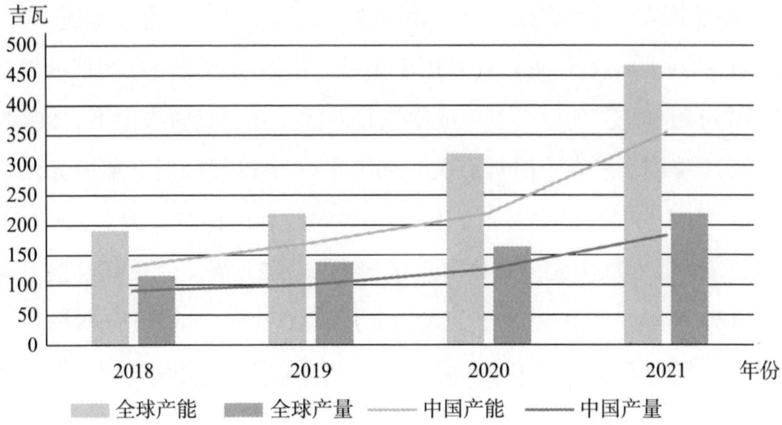

图 6-21　2018—2021 年光伏组件产能产量

资料来源：中国光伏行业协会，作者整理。

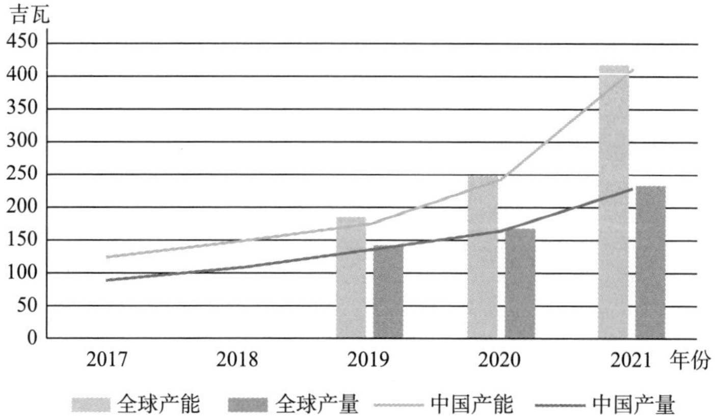

图 6-22　2017—2021 年硅片产能产量

资料来源：中国光伏行业协会，作者整理。

（二）光伏发电价格持续下降，成本优势显著

相关数据显示，我国光伏发电价格及成本持续下降。平准发电成本（Levelized Cost of Electricity，LCOE）通常用于衡量光伏电站整个生命周期的单位发电量成本，并可用来与其他电源发电成本进行对比。在全投资模型下，LCOE 与初始投资、运维费用、发电小时数有关。2019 年，全投资模型下地面光伏电站在 1800 小时、1500 小时、1200 小时、1000 小时等效利用小时数的 LCOE 每千瓦·时分别为 0.28 元、0.34 元、0.42 元、0.51 元。2021 年，全投资模型下地面光伏电站在 1800 小时、1500 小时、1200 小时、1000 小时等效利用小时数的 LCOE 每千瓦·时分别为 0.21 元、0.25 元、0.31 元、0.37 元。2019 年，全投资模型下分布式光伏发电系统在 1800 小时、1500 小时、1200 小时、1000 小时等效利用小时数的 LCOE 每千瓦·时分别为 0.25 元、0.30 元、0.37 元、0.45 元。2021 年，全投资模型下分布式光伏发电系统在 1800 小时、1500 小时、1200 小时、1000 小时等效利用小时数的 LCOE 每千瓦·时分别为 0.19 元、0.22 元、0.28 元、0.33 元。IRENA 发布的可再生能源发电成本数据显示，2021 年新投产的太阳能光伏、陆上和海上风电项目的全球加权平均成本下降。2021 年投产的新公用事业规模太阳能光伏项目的全球平均能源成本（LCOE）同比下降 13%，从 0.055 美元/（千瓦·时）降至 0.048 美元/（千瓦·时）。可见我国光伏发电

成本低于全球平均水平，在成本上具有一定领先优势。

（三）具备较完整的产业链，相关企业数量不断增加

目前，我国可再生能源产业已形成较为完整的上游、中游、下游产业结构，且不断延伸，当前储能产业也正在朝着规模化进发。从光伏业来看，我国是全球少数具备从上游产业原材料生产、中游组件安装到下游光伏电站投资运营的全能型国家。中国企业拥有全球60%~70%的光伏产业链资源。

从光伏业企业数量来看，近年来该行业企业注册量持续增加。2016 年我国新增光伏发电企业 2 万家，2020 年新增光伏发电企业 2.8 万家，同比增长 32.9%。据最新数据，2021 年新增光伏发电企业 6.1 万家，主要集中在产业链中下游，整体光伏市场产业链呈金字塔形结构。从全球范围来看，当前产业链 6 个环节所涉及企业数量依次大幅增加，是全球发展新能源必不可少的重要资源。

（四）借助“一带一路”，国际合作格局进一步扩展

随着中国高质量发展的进程不断加快，高质量的对外开放是重要的路径选择。借助“一带一路”倡议的提出与发展，中国可再生能源高质量国际合作迎来新契机。在新的发展格局下，我国在“一带一路”相关项目中可再生能源项目的比例呈扩大趋势，积极扩大光伏、风电等绿色可再生能源在“一带一路”相关国家的应用。

截至 2022 年 1 月，我国已与 147 个国家、32 个国际组织签署 200 多份共建“一带一路”合作文件，以发展中国家为主，大部分为能源工业基础相对薄弱的国家。世界银行数据显示，截至 2018 年底，“一带一路”沿线仍有约 48.6%的国家未完成电力全覆盖，可见未来能源市场的广阔，我国应以此为契机拓展更大的合作空间。美国企业公共政策研究所发布的数据显示，2014—2020 年，中国在“一带一路”项目中可再生能源投资占比大幅提升了近 40%，超过了化石能源投资。2020 年，无论是投资额还是项目数量上，我国在“一带一路”国家的投资方向均以能源为首要目标。从能源投资结构来看，2017 年可再生能源项目投资仅占总投资的 35%，2020 年提升至 56%。其

中，太阳能项目投资占比为23%。而相关报告预测显示，2030年，我国参与“一带一路”沿线国家光伏发电项目潜力为226.56~679.69吉瓦。

四、中国光伏业国际合作存在的问题及发展趋势

（一）光伏业国际合作存在的问题

1. 以上中游产品贸易为主，下游光伏应用占比较小，结构性问题突出

中国目前占全球制造能力的97%，高于2010年80%的份额，这得益于产业规模经济以及供应链整合、创新和政府支持。2021年，全球光伏装机容量新增突破175吉瓦，中国光伏装机容量为54.88吉瓦，占据全球市场约1/3的份额。中国光伏产品拥有全球70%的产能，是光伏产品制造大国，但这与仅占据全球30%市场的实际情况存在巨大差异。从产业国际合作视角来看，合作较集中于产业上游，而下游不足。在光伏业下游的电力应用中，投资扩展相对较少，衔接的电力市场也是以电力贸易为主，中国光伏产业国际合作布局存在结构性的问题显而易见，未来光伏增量市场的重点在海外，在国际市场。

2. 行业门槛相对较低，仍旧需要加快核心技术开发，降低产业发展成本

全球低碳转型期中，光伏装机量必然大幅增长，中国此前也向全世界作出“碳达峰”“碳中和”的庄重承诺。“十四五”时期，中国的可再生能源在一次能源消费增量中占比将超过50%，风电和太阳能发电量实现翻倍。在此背景下光伏业发展潜力巨大，必然吸引众多投资者进入该行业。但从光伏业的整体产业链环节来看，除上游硅料需要的建设周期较长，不能较快获利外，其他环节则进入门槛相对较低。

光伏业的核心竞争力在于发电效率，即如何提高电池的发电效率。这对于当前全球光伏企业来说，无疑是一种压力与动力。硅片的大尺寸化、电池片技术效率的迭代更新便是关键。虽然我国光伏业在电池片、组件方面具有绝对优势，但作为领头企业还需要承担技术更替的沉没成本以及新投入研发的机会成本。而新的投资者以前期发展为铺垫，随时可能弯道超车。与此同时，我国可再生能源补贴的逐步退坡，也对国内光伏业市场造成一定影响，

光伏业未来发展对国际市场的黏性也可能继续提升，这对于中国企业来说也将是个不小的挑战。随着产业发展国际环境的不确定性增强，国际企业间的竞争只会不断加剧。中国光伏企业仍旧需要加快核心技术开发，降低产业发展成本。

3. 国际发展环境的不确定性给产业发展带来一定的不确定性

国际经济产业的发展离不开稳定的国际社会环境、连贯的国际政策的支持。在经济稳定的背景下，中国“光伏制造+国际市场”成为我国光伏产业长足发展的坚实后盾。但全球步入百年未有之大变局，中国面临的不仅是内部市场有效需求的不足，国际市场中限制中国光伏产能供应的外部因素也在增长。

在全球贸易保护主义和投资保护主义日益抬头的背景下，传统依靠中国光伏产能供应国际大市场的合作模式的风险大幅上升。我国光伏业 80%以上的硅料依赖进口，80%以上的产品依赖出口，形成了对全球产业链依附性发展格局。我国光伏业是典型的出口导向型产业，原料和销售市场主要都在国外，也就是“两头在外”的全球市场格局。近年来，我国一直遭受全球各国的“双反”调查。据商务部数据，截至 2018 年，中国成为连续 23 年遭遇反倾销和反补贴调查最多的国家。“双反”造成的最直接的不利影响便是光伏产品产能过剩，影响企业预期，无益于产业的全球化良性发展。

（二）光伏业国际合作未来发展取向

1. 促进中国光伏生产力与全球市场对接，扩大国内市场需求

中国光伏业国际合作需要以优化中国光伏业在国际市场中的结构为主要目标，推进中国光伏业生产力与全球市场对接，积极延伸产业链，促进中国光伏产能与光伏国际市场进入投资、贸易及服务的匹配与重组。

截至 2021 年底，光伏组件、硅片、多晶硅、电池片产量分别为 182 吉瓦、227 吉瓦、50. 5 万吨、198 吉瓦，产量比 2020 年约分别增长 46. 1%、40. 7%、28. 8%、46. 9%。从全球市场份额来看，2021 年我国多晶硅、硅片、光伏组件及电池片分别占全球市场产量的 79%、97%、82%、88%。2021 年，我国多晶硅、硅片、电池片、光伏组件制造产值突破 7500 亿元，光伏产品出

口额超过280亿美元，创历史新高。从出口国家来看，前十名出口市场的光伏产品出口额约为138亿美元，同比增长29%，占光伏产品出口总额的66.4%。2021年，全球光伏累计装机942吉瓦，中国光伏累计装机306吉瓦，占全球总量的32.48%，光伏国际投资额为7000亿美元，中国光伏投资额为2200亿美元，占全球总量的31.43%。

换言之，近70%的光伏市场在海外。数据表明，深化光伏业国际合作需要以优化产业布局、扩大产业相关投资为目标，进一步拉长产业链，加快储能产业的发展，完善光伏业发展的相关配套，以此倒逼国际市场的拓展。

2. 借助“一带一路”推动光伏产业“走出去”

近年来，中国可再生能源国际合作主要以光伏、水电、风电为重点。其中，光伏、风电国际合作范围更广。截至2022年1月，我国已与147个国家、32个国际组织签署200多份共建“一带一路”合作文件，其中非洲地区国家占1/3，其次为亚洲地区。随着“一带一路”建设的深入推进，可再生能源产业“走出去”由点到面，地域覆盖面逐步扩大。“一带一路”倡议是一种全方位的能源合作机制，根据协同效应（Synergy Effects）和产业集群效应（Industrial Cluster）理论，一定空间范围内产业高度集中的整体产生的效益大于所有独立个体效益的总和，创新油气、水电、光伏、核能等多种能源通道运行机制，形成互为补充的多元化能源通道协同运行机制，比单一的运行机制更稳固，运行效率更高。

中国企业参与“一带一路”相关的新能源国际合作，必须坚持差异化合作方式，在不同的区域及国别市场采取不同的市场策略。地缘政治是影响能源合作绕不开的重要因素，在后续光伏业国际合作中，中国还应继续借助“一带一路”其他合作内容，加强国际合作中的风险防范机制建设，尽量减少由地缘政治因素所带来的不利影响。东南亚地区甚至整个亚太地区都应是中国企业开展国际新能源合作时的聚焦点，将成为中国新能源产业的主要发展区域，而向来与中国在国际关系中表现出良好态势的地区，如北非、拉美等地区，则是我们拉长新能源产业链，培育新经济增长点的重要区域。

3. 开拓“光伏业设计+”等国际合作新形式，加强国际合作机制建设

中国电力设计是中国可再生能源“走出去”的另一个重点。综览当前中国光伏业投资项目模式，如中国电建尼日利亚 NASS 光伏储能电站项目、中国建材波兰 150 兆瓦地面光伏电站等大型投资项目均是以 EPC 为主的合作模式，其他投资合作模式仍有待深挖，这也属于光伏投资发展的阶段性。后续如何在巩固 EPC 项目合作模式的基础上完成 EPC 转型升级，向海外 BOT 或 PPP 模式转变将是合作的重点。BOT、PPP 项目合作模式的主要特点就是项目的实施落地以政府项目为平台，借助当地政府的力量开拓 BOT、PPP 合作模式，通过加强海外光伏业项目的资源整合，以具体项目设计为抓手，不仅有助于整合、打通光伏能源产业链，更有益于上层合作通道的建设，为未来的国际能源合作营造优良的发展环境。

第七章　能源转型背景下的风能产业国际合作研究

第一节　中国风电发展规模及特点分析

一、中国风电发展现状

为应对全球气候变化，197 个国家于 2015 年 12 月 12 日在巴黎召开的缔约方会议第二十一届会议上通过了《巴黎协定》，旨在大幅减少全球温室气体排放，将 21 世纪全球气温升幅限制在 2℃以内，同时寻求将气温升幅进一步限制在 1.5℃以内的措施。为此，2020 年 9 月，习近平主席在第七十五届联合国大会上郑重宣告，“中国二氧化碳排放力争于 2030 年达到峰值，努力争取 2060 年前实现碳中和”；同年 12 月，习近平主席在气候雄心峰会上表示，“中国为达成应对气候变化《巴黎协定》作出重要贡献，是落实《巴黎协定》的积极践行者”。实现“碳达峰”“碳中和”目标，是全球应对气候变化、保护我们地球家园的要求。但我国油气资源相对匮乏，发展低碳经济，大力推广新能源、可再生能源是满足工业、农业和居民生活的需要，是降低油气等化石能源对外依存度的必然选择，开发清洁高效节能环保技术、促进产业化，是形成新的增长点和增长动能的要求，是转变粗放的发展方式、提高能源利用效率、降低二氧化碳排放强度、实现经济社会可持续发展的内在要求。新一轮科技革命为我国创新“碳达峰”“碳中和”模式创造了条件，技术进步促进了新能源和可再生能源的迅速发展，国内能源消费结构也呈现油气替代煤炭、非化石能源替代化石能源的双重清洁替代转变，新能源与可再生能源迅速发展，我国经济发展进入以速度变化、结构优化、动力转换为特征的新时代。

从我国能源结构来看，火电依然是我国目前最主要的电力来源，累计装机容量超过50%。但从增速来看，风电、光伏等新能源装机增速已显著高于火电。其中，风电同比增长最快。截至2021年11月，我国风电累计装机容量达30486万千瓦，同比增长29.0%，较同期水电（5.5%）、光伏（24.1%）、火电（3.5%）增长快（见表7-1）。风电作为能源转型和降低碳排放的重要方式之一，新能源确定性需求持续抬升。“十一五”期间，我国风电产业快速崛起，全国风电并网装机容量累计达到3100万千瓦，连续5年翻番增长，因其电网适配率问题使得行业弃风率高企，运营商投资经济性不高，国家电价补贴陆续退坡。“十二五”期间，风电建设规划趋于规范，以及电网调度能力加强，已实现34.2吉瓦的高装机量，弃风率从2011年的16.2%降至2014年的8.0%。“十三五”期间，随着《关于有序放开发用电计划的通知》与《关于建立健全可再生能源电力消纳保障机制的通知》政策出台，风电消纳问题得到改善，弃风率快速下降，基本维持在5%以内。“十三五”期间，风电装机量及占比高速增长，2015年，风电累计并网装机为145.4吉瓦，到2021年底风电累计并网装机已达328.5吉瓦，7年年均增长率达14.55%。在风电发电量方面，从2015年的1863亿千瓦·时增至2021年的6526亿千瓦·时，年均增长率达23.24%，风电成为我国电力供应的重要方式之一。

表7-1　2021年11月中国电力能源分布

装机容量	风电	火电	水电	光伏
累计装机容量（万千瓦）	30486	128681	38798	28747
累计装机容量同比增长（%）	29.0	3.5	5.5	24.1
累计装机容量占比（%）	0.131	0.554	0.167	0.124
新增装机容量（万千瓦）	2470.0	3993.0	1938.0	3483.0

二、中国陆上风电产业发展现状

（一）我国陆上风电政策发展历程

根据政策支持情况将风电行业划分为3个阶段：

1. 行业萌芽期（2002年以前）

初期我国风电技术尚不成熟，装机规模增长有限。截至2002年，我国风电累计装机量仅为0.47吉瓦。

2. 产业引导期（2003—2008年）

2003年9月，国家发展改革委发布《风电特许权项目前期工作管理办法》，实行“风电特许权”模式，相关项目必须通过公开招标选择投资者。为获得项目资源，风电场业主不断压低项目成本，间接推动风电行业实现装备国产化，促进我国风电装机规模快速增长，我国风电新增装机量从2003年的98.3兆瓦增至2008年的6.2吉瓦，年复合增速高达128.9%。

3. 补贴发展期（2009—2021年）

2009年7月，《国家发展改革委关于完善风力发电上网电价政策的通知》发布，该通知将全国分为四类风能资源区，并制定了相应的标杆上网电价，第Ⅰ、Ⅱ、Ⅲ、Ⅳ类资源区上网电价每千瓦·时分别为0.51元、0.54元、0.58元以及0.61元，我国风电行业正式开启补贴时代（见表7-2）。2014年《国家发展改革委关于适当调整陆上风电标杆上网电价的通知》提出，2015年1月1日以后核准的陆上风电项目，及2015年1月1日前核准但于2016年1月1日以后投运的陆上风电项目，第Ⅰ、Ⅱ、Ⅲ类资源区标杆上网电价每千瓦·时下调0.02元。《国家发展改革委关于完善风电上网电价政策的通知》提出，2018年底之前核准且2020年底前仍未完成并网的陆上风电项目，国家不再补贴；2019年1月1日至2020年底前核准、2021年底前仍未完成并网的陆上风电项目，国家不再补贴。

表 7-2　历年陆上风电标杆电价和上网指导价情况　　单位：元

		2009 年 7 月 20 日	2014 年 6 月 5 日	2014 年 12 月 31 日	2015 年 12 月 22 日	2015 年 12 月 26 日	2019 年 5 月 21 日
陆上风电	文件	《国家发展改革委关于完善风力发电上网电价政策的通知》	《国家发展改革委关于海上风电上网电价政策的通知》	《国家发展改革委关于适当调整陆上风电标杆上网电价的通知》	《国家发展改革委关于完善陆上风电光伏发电上网标杆电价政策的通知》	《国家发展改革委关于调整光伏发电陆上风电标杆上网电价的通知》	《国家发展改革委关于完善风电上网电价政策的通知》
	Ⅰ类资源区	0.51	—	0.49	0.47	0.40	0.34
	Ⅱ类资源区	0.54	—	0.52	0.50	0.45	0.39
	Ⅲ类资源区	0.58	—	0.56	0.54	0.49	0.43
	Ⅳ类资源区	0.61	—	0.61	0.60	0.57	0.52

（二）陆上风电发展现状

风能作为一种清洁的可再生能源，已成为世界公认除水电外，最具有大规模商业开发价值的可再生能源，我国陆上风能资源丰富，沙漠、戈壁、荒漠地区面积较为广阔且风光资源相对充足，建设大型风电场可以有效提升资源利用率和开发效率，陆上风电主要分布在“三北”地区以及内陆局部地区，“三北”地区包括东北三省、内蒙古、甘肃、青海、西藏和新疆等，风电场地形平坦、交通便利，是我国最大的连片风能资源区，有利于大规模开发。内陆局部地区风能资源也很丰富，一些风能资源丰富地区呈岛状分布在河南、湖北、湖南、重庆、江西、云南、贵州以及其他省份的山谷、高山、湖泊地带。“十三五”期间，中国风电加快发展，“三北”地区成为风电开发的重点，如何实现大规模风电跨区消纳，建立经济合理的跨“省区”和跨“区域电网”的风电并网网络，有效实现“弃风”区域风电的跨区外输，成为中国风力发电发展的主要方向。

2010—2021 年，我国陆上风力发电新增装机容量呈不稳定上升趋势，分别在 2015 年、2020 年达到小高峰（见图 7-1），年均增长率达 4.35%。“十二五”期间，我国陆上风电新增装机容量增速超过 11%，2015 年补贴退坡，爆发我国风电行业第一轮抢装潮，随着风电技术的发展，度电成本逐步下降，2015 年，我国风电新增装机量达 30.4 吉瓦，同比增长 32.17%。“十三五”时期，我国风电行业进入补贴退坡期，并于 2016 年、2018 年、2019 年再次分批下调上网电价，我国风电新增装机容量增速明显放缓。2019 年《国家发展改革委关于完善风电上网电价政策的通知》提出，自 2021 年 1 月 1 日开始，新核准的陆上风电项目全面实现平价上网，国家不再补贴，因此在最后的补贴窗口期爆发了第二次风电抢装潮。根据国家统计局数据，2020 年国内陆上风电新增装机量为 54.0 吉瓦，同比增长 106.11%。

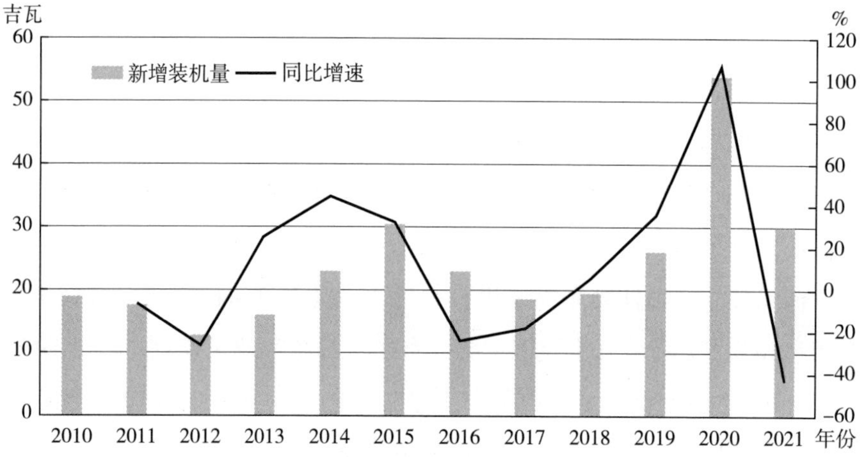

图 7-1　2010—2021 年我国陆上风电新增装机量

受补贴退坡影响，2019 年招标规模高增，达到历史最高的 65 吉瓦，导致 2020 年的陆上风电抢装，2020 年风电项目招标偏少，为 31 吉瓦，风机价格随之下降，3 兆瓦风机从 2020 年初的 4040 元/千瓦跌至 2021 年 9 月的 2410 元/千瓦，中广核集团云南曲靖风场招标，更是创下了 1880 元/千瓦的历史低价，下降原因包括抢装后风电需求透支下滑、风机行业价格战等。但随着风机价格腰斩，风电站装机成本大幅下行，可观的风电项目收益率反而刺激了国内潜在需求，2021 年 1—10 月的风电公开招标规模达到了 52 吉瓦，逼近历史最高水平。2020 年弃风率已经降至 3%，2021 年依旧保持在低位，随着特高压、配网和储能设备的持续完善，可以继续缓解“三北”地区的限风问题，弃风率有望持续下行（见图 7–2）。

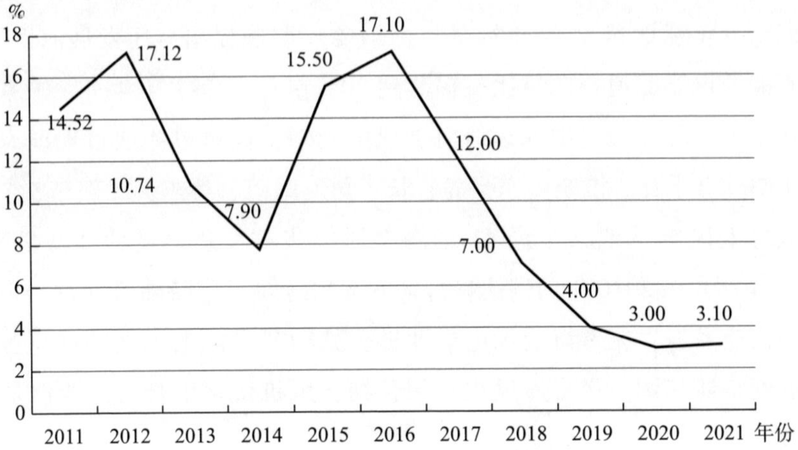

图 7–2 2011—2021 年国内弃风率

三、中国海上风电发展现状

（一）我国海上风电政策发展历程

1. 我国海上风电政策梳理

（1）2009—2015 年：起步阶段，着眼整体部署

2009 年我国海上风电起步，4 月发布的《海上风电场工程规划工作大纲》初次对海上风电进行规划，2012 年 1 月《风电发展“十二五”规划》对海上风电做出整体部署，2014 年《海上风电开发建设方案（2014—2016）》首次大规模列入海上风电建设方案，列入海上风电开发建设方案 44 个、总容量

1053万千瓦。

（2）2016—2020年：初具规模，地区重点规划

2016年11月，《风电发展“十三五”规划》重点推动江苏、浙江、福建等省的海上风电建设，到2020年四省海上风电开工建设规模均达到百万千瓦以上。2019年，我国将海上风电标杆上网电价改为指导价，推进行业降本。

（3）2021年以后：规模之上，平价之路

“双碳”目标下，2021年3月，《中华人民共和国国民经济和社会发展第十四个五年规划和2035年远景目标纲要》明确提出有序发展海上风电、非化石能源占能源消费总量比重提高到20%左右。2021年4月，国家能源局委托水电总院开展全国深远海海上风电规划，提出单体项目规模原则上不小于100万千瓦，围绕山东半岛、长三角、闽南、粤东、北部湾5个千万千瓦级海上风电基地共布局41个海上风电集群，总容量约2.9亿千瓦。2021年10月，《2030年前碳达峰行动方案的通知》坚持陆海并重，推动风电协调快速发展，完善海上风电产业链，鼓励建设海上风电基地，奠定未来发展确定性基调。多省海风规划超预期，风机价格下行，产业链加速降本增效。

2. 沿海省份出台“十四五”规划助力海上风电发展

“十四五”期间，沿海各省总规划超过50吉瓦，支持我国海上风电需求。2021年4月，广东省发展改革委发布《关于下达广东省2021年重点建设项目计划的通知》，列示40个海上风电项目，其中11个项目于2021年底完成建设，新增规模达到3.43吉瓦。2021年6月，《促进海上风电有序开发和相关产业可持续发展的实施方案》提出，到2021年底，全省海上风电累计建成投产装机容量达到400万千瓦；到2025年底，力争达到18吉瓦，在全国率先实现平价并网。2021年12月，广东省人民政府办公厅正式印发《广东省海洋经济发展“十四五”规划》，提出培育壮大海洋新兴产业，打造粤东、粤西、珠三角海上风电基地，到2025年底累计建成投产装机容量达1800万千瓦。

2021 年 9 月，江苏省发布《江苏省“十四五”海上风电规划》，规划到 2025 年，海上风电项目场址共达 28 个，规模 9.09 吉瓦，规划总面积为 1444 平方千米。2021 年 11 月，江苏省发布《江苏省“十四五”可再生能源发展与项目规划（征求意见稿）》，“十四五”期间，海上风电新增约 800 万千瓦，到 2025 年底全省海上风电并网装机规模达到 1400 万千瓦，力争突破 1500 万千瓦。2021 年 12 月，国家发展改革委下发《关于印发〈江苏沿海地区发展规划（2021—2025 年）〉的通知》，提出加快建设近海千万千瓦级海上风电基地，规划研究深远海千万千瓦级海上风电基地。

2021 年 3 月，山东省首个海上风电示范项目——国家电投山东半岛南 3 号项目开工，实现了全省海上风电的“零的突破”。2021 年 7 月，山东省《关于促进全省可再生能源高质量发展》提出，将在 2021 年实现省内海上风电“零的突破”，并初步规划“十四五”期间争取启动海上风电项目 10 吉瓦。2022 年 3 月，山东省能源局发布 2022 年全省能源工作计划，规划海上风电基地总规模达 35 吉瓦以上，重点推进渤中、半岛南 500 万千瓦以上项目开工建设，建成并网 200 万千瓦，并争取 760 万千瓦场址纳入国家深远海海上风电规划。2022 年 3 月，《山东省可再生能源发展“十四五”规划》发布，提出到 2025 年，全省海上风电力争开工 1000 万千瓦、投运 500 万千瓦。

2021 年 6 月，浙江省发布《浙江省可再生能源发展“十四五”规划》，提出重点推进海上风电发展，“十四五”期间，海上风电力争新增装机容量 4.55 吉瓦，累计装机容量达到 5 吉瓦以上。2021 年 11 月，浙江省发展改革委印发《关于促进浙江省新能源高质量发展的实施意见》，提出稳步推进海上风电平价上网，2022—2025 年累计扶持 4 吉瓦。2022 年 2 月，《浙江省委省政府发布关于完整准确全面贯彻新发展理念做好碳达峰碳中和工作的实施意见》强调浙江省将打造若干百万千瓦级海上风电基地。

2021 年 6 月，海南省发布《海南省海洋经济发展“十四五”规划（2021—2025 年）》，该规划提出在东方西部、文昌东北部、乐东西部、儋州西北部、临高西北部 50 米以浅海域优选 5 处海上风电开发示范项目场址，总装机容量

300万千瓦，2025年实现投产规模约120万千瓦。2022年2月，发布《海南省海上风电项目招商（竞争性配置）方案》，提出“十四五”期间规划11个场址作为近期重点项目，总开发容量为1230万千瓦，分别位于临高西北部、儋州西北部、东方西部、乐东西部和万宁东南部海域，单个场址规划装机容量50万~150万千瓦。

（二）海上风电发展现状

相较于陆上风电，我国海上风电发展较晚，且增加了海缆、基础桩、海上工程等零部件及步骤，施工难度较大，造价普遍较高，长期以来需要依靠电价补贴维持投资回报率。但海上风电先天优势明显，海上风电资源丰富、发电效率高、距负荷中心近、土地资源占用小、大规模开发难度低，并且海上风电稳定性高、风速大、易消纳，离岸海上风速通常比沿岸高20%，且相比陆上很少有静风期，发电时间更长。同时，对于风电设备而言，陆地地形复杂、粗糙度高，不同高度的风速常常相差很大，导致风电设备易损坏，而海上风电就很少有此类风险，海上风力机可以提供风速更大、更为稳定的电力来源。另外，我国海岸线长，风力资源丰富，且东南沿海地区经济发达，用电量大，发展海上风电更利于就地消纳，减少运输过程中的电力损耗。

近年来海上风电发展迅速，2021年，我国海上风电异军突起，并网容量达14.5吉瓦，累计装机规模达26.4吉瓦，2013年，我国海上风机累计装机容量仅有0.4吉瓦（见图7-3）。我国东南沿海省份海风资源优越，地质条件较好，且毗邻广东、江苏、浙江等国内最重要的用电负荷地区，资源禀赋与发展诉求相契合，适宜建造风电场，长期增长空间较大，潜在可开发资源丰富。根据中国气象局风能太阳能资源中心发布的《2020年中国风能太阳能资源年景公报》，2020年，我国近海主要海区100米高度层年平均风速约为8.3米/秒，年平均风功率密度约为832.2瓦/平方米，显著高于陆地100米高度层的5.7米/秒和221.2瓦/平方米。根据国家发展改革委能源研究所发布的《中国风电发展路线图2050》报告，我国水深5~50米海域的海上风能资源可开发量为5亿千瓦，50~100米的近海固定式风电储量达2.5亿千瓦，

50~100 米的近海浮动式风电储量达 12.8 亿千瓦，远海风能储量达 9.2 亿千瓦，潜在可开发资源量较大。

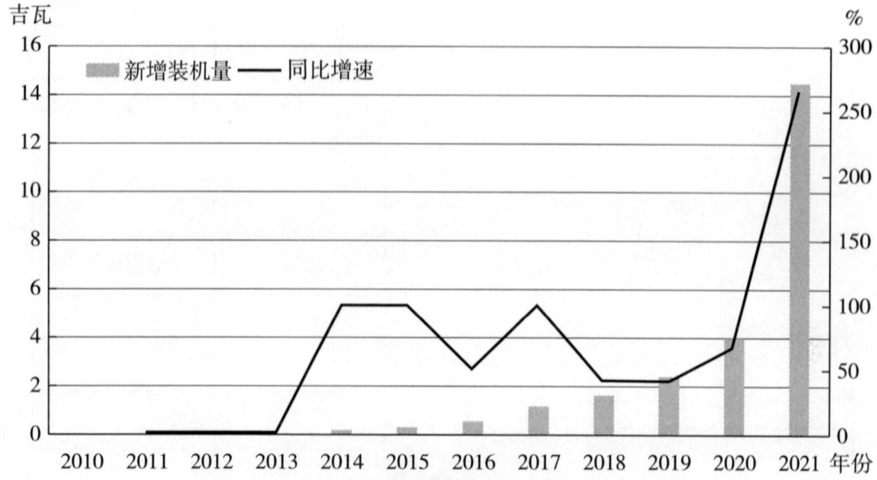

图 7-3　2010—2021 年我国海上风电新增装机量

第二节　中国风电产业国际合作分析

风电产业链由三部分组成，上游原材料及零部件、中游风机组装和下游风场运营。上游原材料包括玻纤碳纤维（用于叶片生产）、环氧树脂（用于叶片生产）及钢材、铜、永磁材料（用于发电机制造）等。风机核心零部件包括发电机、主轴及轴承、叶片、齿轮箱、铸件、塔架等，这些零部件除了关键轴承需要进口以外，其他风机零部件厂商基本可以供应自给，国内零部件厂商专业性较强。风机整机厂商将零部件整合成风电机组，并出售给下游风电运营商（见图 7-4）。

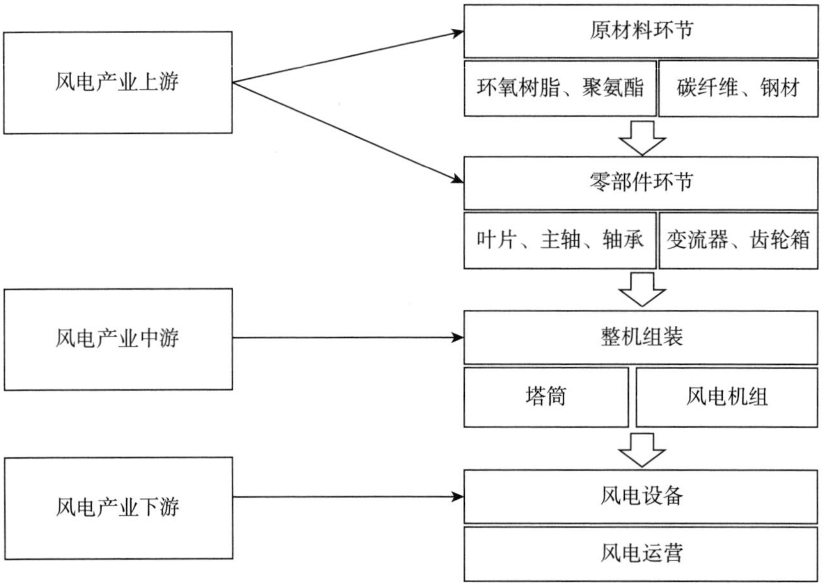

图 7-4 我国风电产业链

一、中国风电上游产业国际合作分析

（一）原材料环节

1. 环氧树脂

随着全球风电产业的快速发展，特别是海上风电的崛起，风电机组大型化趋势越发明显，给风电用材料性能带来更大挑战。叶片作为风力发电机组的输入端，其使用材料性能直接决定风力发电装置的输出功率。经过近百年的发展，现阶段风机叶片的原材料已经由木制叶片、布蒙皮叶片、铝合金叶片过渡到由基体树脂、增强纤维、芯材等高分子材料组成的复合材料领域。叶片各材料中，基体树脂作为整个叶片的材料“包裹体”，与增强纤维、芯材一同构成叶片的基础壳体，胶黏剂主要用于叶片与大梁腹板的粘接，涂料则可实现抵抗外来介质侵害。基体树脂和粘接胶原料以环氧类聚合物为主，增强材料以玻璃纤维为主，固化剂以聚醚胺、酸酐等为主，结构胶以环氧胶体系为主。环氧树脂具有力学性能高、分子结构致密、粘接性能优异等特点，能制成涂料、复合材料、浇铸料、胶黏剂、模压材料、风电叶片和注射成型材料，在国民经济的各个领域中得到了广泛的应用。基体材料在风电叶片主材中价值量占比最高，达 49%。在风电领域，基体树脂作为整个叶片的材料“包裹体”，与增强纤维、芯材一同构成叶片的基础壳体。环氧树脂具有优异的强度重量比、耐高温和耐腐蚀等性能，可与各类固化剂配合使用形成三维网状固化物，能够满足叶片基体材料高强度、轻重量、特殊外部翼型等要求，是目前应用最多的叶片基体材料。

从全球贸易市场来看，2021 年，中国环氧树脂的进口量位居世界第一，进口量达 31. 59 万吨，进口额高达 14. 60 亿美元；其后依次是美国、意大利、印度、土耳其、俄罗斯，2021 年进口环氧树脂量均高于 5 万吨，都是环氧树脂进口大国。从环氧树脂出口量来看，韩国、德国、中国、荷兰、泰国位居世界前五。其中，中国是环氧树脂进口大国，同时也是环氧树脂出口大国，2021 年出口量达 10. 13 万吨。从进口量和出口量差额来看，中国、美国、意大利、印度、俄罗斯、巴西、法国、阿拉伯联合酋长国、墨西哥、加拿大、印度尼西亚、马来西亚、奥地利等国环氧树脂进口量明显高于出口量。其中，美国环氧树脂全部依赖国外进口，进口量排名世界第二，2021 年进口量高达 12. 39 万吨。韩国、德国、荷兰、泰国、捷克、瑞士均为环氧树脂出口大国，出口量显著高于进口量，其中，韩国 2021 年环氧树脂出口量高达 37. 32 万吨。进口量仅为 2. 37 万吨；德国环氧树脂全部用于国外出口，2021 年环氧树脂出口量达 28. 99 万吨（见表 7-3）。

表 7-3　2021 年全球环氧树脂进出口量排名

进口量排名	进口国	进口量（万吨）	进口额（亿美元）	出口量排名	出口国（地区）	出口量（万吨）	出口额（亿美元）
1	中国	31. 59	14. 60	1	韩国	37. 32	16. 42
2	美国	12. 39	6. 94	2	德国	28. 99	15. 12
3	意大利	6. 92	3. 49	3	中国	10. 13	4. 33
4	印度	5. 99	2. 56	4	荷兰	9. 11	3. 70

续表

进口量排名	进口国	进口量（万吨）	进口额（亿美元）	出口量排名	出口国（地区）	出口量（万吨）	出口额（亿美元）
5	土耳其	5.80	2.66	5	泰国	6.35	2.66
6	俄罗斯	5.33	2.60	6	捷克	5.89	2.60
7	荷兰	4.46	1.95	7	瑞士	5.18	3.05
8	日本	4.38	2.13	8	日本	5.00	6.07
9	巴西	4.17	2.11	9	意大利	4.10	2.10
10	法国	4.11	2.26	10	印度	2.58	1.12
11	阿拉伯联合酋长国	3.70	1.55	11	西班牙	2.44	1.22
12	墨西哥	3.63	2.18	12	新加坡	2.38	2.29
13	泰国	3.40	2.55	13	波兰	1.78	0.82
14	加拿大	3.17	1.55	14	马来西亚	1.48	1.29
15	印度尼西亚	3.06	1.39	15	阿拉伯联合酋长国	1.39	0.49
16	马来西亚	3.00	2.30	16	沙特阿拉伯	1.31	0.47
17	奥地利	2.41	1.32	17	奥地利	1.27	0.58
18	韩国	2.37	2.02	18	比利时	0.98	0.44
19	波兰	2.36	1.27	19	土耳其	0.83	0.34
20	菲律宾	1.91	1.27	20	中国香港	0.76	0.58

资料来源：联合国商品贸易统计数据库。

2. 聚氨酯

聚氨酯全名为聚氨基甲酸酯，其主链上含有重复的-HNCOO-结构单元，一般由多异氰酸酯与多元醇聚合物等经加成聚合而成，具有高强度、高耐磨及耐溶剂等特点。改变聚合物中 NCO 与 OH 比例，可得到热固性和热塑性的聚氨酯。降本增效已逐渐成为未来风电企业可持续发展的关键。与传统环氧树脂相比，聚氨酯树脂体系黏度低、灌注固化时间短，在大幅提升叶片生产效率、降低生产成本的同时，又呈现更为卓越的轻质性、机械性和抗疲劳性，聚氨酯树脂“成本+性能”双优势凸显。从全球聚氨酯进口贸易情况来看，

2021 年，全球泡沫聚氨酯板进口贸易总额达 29. 82 亿美元，全球泡沫聚氨酯板进口量排名前二十的国家占全球市场份额的 53. 28%。其中，美国泡沫聚氨酯板进口量为全球第一，达 9. 23 万吨，进口总额达 3. 44 亿美元，占全球泡沫聚氨酯板进口贸易总额的 11. 13%；位居第二的国家是墨西哥，占全球泡沫聚氨酯板进口贸易总额的 9. 56%；印度尼西亚、土耳其、印度、德国等国泡沫聚氨酯板进口总量占全球进口贸易总额的 16. 81%。中国位居全球泡沫聚氨酯板进口量第八，进口量为 2. 15 万吨，进口量占全球进口贸易总额的 2. 59%，进口额达 0. 48 亿元（见图 7-5）。

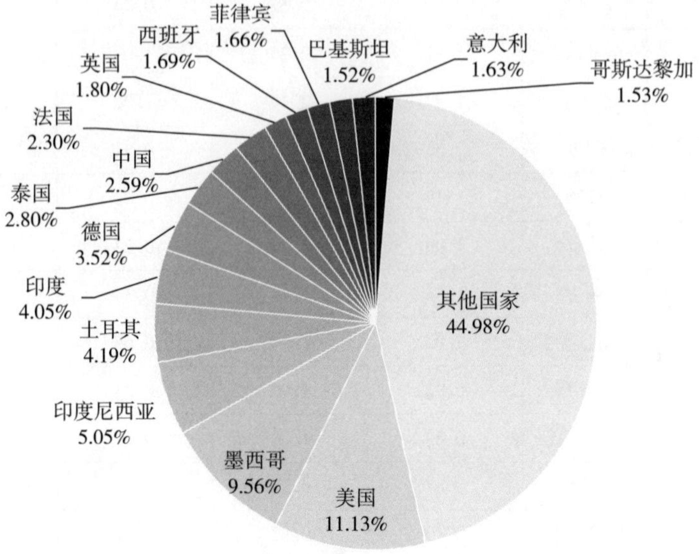

图 7-5　2021 年泡沫聚氨酯板进口量贸易占比

资料来源：联合国商品贸易统计数据库。

从全球出口贸易格局来看，泡沫聚氨酯板出口量排名前十的国家占全球市场份额的 80. 76%。其中，中国是泡沫聚氨酯板出口第一大国，出口量占全球市场份额的 44. 03%，2021 年泡沫聚氨酯板的出口量高达 38. 45 万吨，出口额达 8. 22 亿美元；其后依次为日本、德国、泰国、美国、韩国，其出口量占全球份额均高于 3%，出口量均高于 3 万吨（见表 7-4）。

表 7-4　2021 年全球泡沫聚氨酯板出口量排名

出口量全球排名	出口国	出口量（万吨）	出口量占全球份额（%）	出口额（亿美元）	出口额占全球份额（%）
1	中国	38.45	44.03	8.22	26.84
2	日本	6.57	7.52	3.37	11.00
3	德国	6.54	7.49	3.13	10.21
4	泰国	4.34	4.97	1.11	3.62
5	美国	4.12	4.72	2.80	9.14
6	韩国	3.12	3.57	0.80	2.60
7	葡萄牙	2.20	2.52	0.74	2.41
8	马来西亚	1.97	2.26	1.07	3.50
9	意大利	1.87	2.14	1.02	3.34
10	印度	1.35	1.54	0.31	1.01
11	英国	1.19	1.36	0.43	1.39
12	白俄罗斯	1.09	1.25	0.27	0.88
13	瑞士	1.04	1.19	0.34	1.11
14	哥斯达黎加	1.02	1.17	0.68	2.23
15	土耳其	0.92	1.05	0.23	0.75
16	爱尔兰	0.89	1.01	0.27	0.89
17	波兰	0.87	0.99	0.81	2.64
18	哥伦比亚	0.70	0.80	0.42	1.37
19	泰国	0.67	0.77	0.35	1.14
20	法国	0.53	0.62	0.33	1.10

资料来源：联合国商品贸易统计数据库。

3. 碳纤维

随着风机大型化趋势对增强材料的性能要求提高，大丝束碳纤维优势凸显。增强材料可以为叶片结构提供足够的刚度和强度，主要包括玻璃纤维和碳纤维两种。玻璃纤维曾以高性价比的优势占据市场，但随着风机大型化趋势逐渐凸显，采用碳纤维可使其在满足刚度和强度的前提下，比玻璃钢叶片质量轻30%以上，采用碳纤维的120米风轮叶片可以有效减轻38%的总体自重，使成本下降14%，因此，大丝束碳纤维“性能+成本”双重优势凸显。

碳纤维是由聚丙烯腈（或沥青、黏胶）等有机母体纤维采用高温分解法在1000摄氏度以上高温的惰性气体下碳化制成，是一种含碳量在90%以上的无机高分子纤维，因此，碳纤维技术门槛较高。因其技术壁垒高，产能及市场长期被日本、泰国、韩国、葡萄牙、马来西亚等国占据，从2021年聚丙烯腈基碳纤维原丝全球贸易情况来看，日本、泰国、韩国、葡萄牙、马来西亚聚丙烯腈基碳纤维原丝出口量占全球市场份额的85.68%。其中，日本为聚丙烯腈基碳纤维原丝出口第一大国，出口量达6.57万吨，出口额高达3.37亿美元，出口量占全球市场的30.92%。其后依次为泰国、韩国，分别占全球聚丙烯腈基碳纤维原丝出口量的20.42%、14.69%，是聚丙烯腈基碳纤维原丝制造强国。中国聚丙烯腈基碳纤维原丝出口量排名全球第六，2021年出口量达1.53万吨，占全球贸易总额的5.20%。我国高端碳纤维进口依存度较高，曾在2019年达到67.2%，近年来随着自主技术突破，我国产能不断提高，对外进口碳纤维呈逐年下降趋势，2018年聚丙烯腈基碳纤维原丝进口量为6.22万吨，2021年为2.15万吨，对外依存度逐渐下降（见表7-5和图7-6）。

表7-5　2021年全球聚丙烯腈基碳纤维原丝出口量排名

全球出口量排名	出口国（地区）	出口量（万吨）	出口量占全球份额（%）	出口额（亿美元）	出口额占全球份额（%）
1	日本	6.57	30.92	3.37	41.95
2	泰国	4.34	20.42	1.11	13.80
3	韩国	3.12	14.69	0.80	9.91
4	葡萄牙	2.20	10.38	0.74	9.20
5	马来西亚	1.97	9.27	1.07	13.34
6	中国	1.53	7.23	0.42	5.20
7	白俄罗斯	1.09	5.14	0.27	3.35
8	南非	0.19	0.88	0.06	0.76
9	印度	0.08	0.39	0.02	0.22

续表

全球出口量排名	出口国（地区）	出口量（万吨）	出口量占全球份额（%）	出口额（亿美元）	出口额占全球份额（%）
10	英国	0.05	0.23	0.03	0.36
11	美国	0.02	0.12	0.01	0.14
12	肯尼亚	0.02	0.10	0.01	0.12
13	西班牙	0.01	0.05	0.01	0.14
14	匈牙利	0.01	0.04	0.00	0.05
15	中国香港	0.01	0.04	0.00	0.01
16	保加利亚	0.01	0.02	0.00	0.02
17	坦桑尼亚	0.00	0.01	0.00	0.02
18	阿拉伯联合酋长国	0.00	0.01	0.00	0.00
19	波兰	0.00	0.01	0.00	0.01
20	斯洛伐克	0.00	0.01	0.00	0.00

资料来源：联合国商品贸易统计数据库。

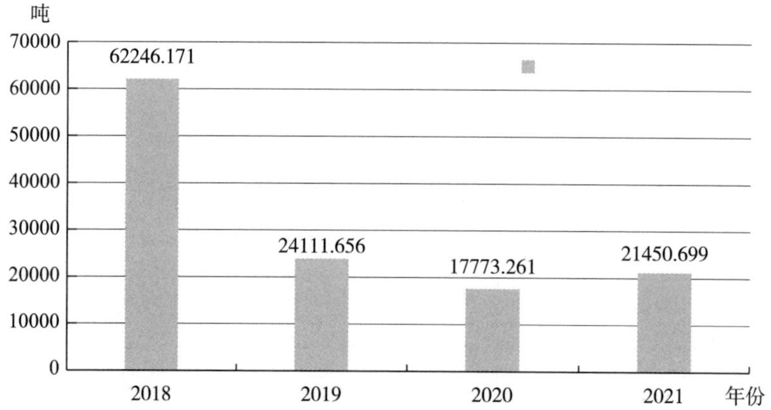

图 7-6　2018—2021 年我国聚丙烯腈基碳纤维原丝进口量

资料来源：联合国商品贸易统计数据库。

4. PVC 结构泡沫

芯材是风电叶片关键材料之一，在叶片的前缘、后缘以及腹板等部位，采用夹层结构来增加结构刚度，防止局部失稳，提高整个叶片的抗载荷能力。叶片芯材通常为巴沙木和 PVC 结构泡沫单独使用或混用，在叶片主材中价值量占比达 11%。巴沙木也称轻木，原产地为南美洲厄瓜多尔，是目前人类所知密度最小的木材，其独特的类蜂窝状细胞结构拥有轻质、高强的特点，是风机叶片结构夹芯的理想材料，但单一地区的轻木产量难以满足全球风电产业的需要。PVC 结构泡沫材料是指通过物理发泡剂和（或）化学发泡剂，将聚合物制造成可制成结构件的泡沫材料，其吸水性低、隔音绝热效果好，是高强度和低密度领域的理想材料，用来作为风电叶片的夹芯结构可增加刚度、减轻重量。如表 7-6 所示，全球 PVC 结构泡沫供应商以欧洲、美洲国家为主，德国 PVC 结构泡沫出口量位居全球第一，2021 年出口量达到 11.25 万吨，出口量占全球份额的 13.19%，出口额为 6.48 亿美元，占全球份额的 13.91%；处于第二梯队的国家有美国、比利时、荷兰、意大利，PVC 结构泡沫出口量均高于 5 万吨，占全球份额的 33.89%；处于第三梯队的国家有波兰、匈牙利、俄罗斯、奥地利、墨西哥、爱尔兰、罗马尼亚、法国、加拿大，PVC 结构泡沫出口量均高于 2 万吨，占全球份额的 29.82%。

表 7-6　2021 年 PVC 结构泡沫全球出口量排名

全球出口量排名	出口国	出口量（万吨）	出口量占全球份额（%）	出口额（亿美元）	出口额占全球份额（%）
1	德国	11.25	13.19	6.48	13.91
2	美国	9.84	11.54	6.77	14.53
3	比利时	8.29	9.71	3.32	7.13
4	荷兰	5.47	6.41	3.12	6.68
5	意大利	5.32	6.23	1.98	4.25
6	波兰	4.59	5.38	1.58	3.40
7	匈牙利	3.57	4.18	1.42	3.04
8	俄罗斯	3.31	3.88	1.15	2.47
9	奥地利	2.60	3.05	2.29	4.91
10	墨西哥	2.40	2.81	0.98	2.09
11	爱尔兰	2.34	2.75	0.88	1.89
12	罗马尼亚	2.31	2.71	0.76	1.62

续表

全球出口量排名	出口国	出口量（万吨）	出口量占全球份额（%）	出口额（亿美元）	出口额占全球份额（%）
13	法国	2.26	2.65	1.12	2.39
14	加拿大	2.05	2.41	0.94	2.01
15	葡萄牙	1.87	2.19	0.64	1.38
16	塞尔维亚	1.55	1.81	0.63	1.36
17	英国	1.49	1.75	1.06	2.28
18	立陶宛	1.45	1.69	0.57	1.23
19	土耳其	1.41	1.66	0.46	0.98
20	捷克	1.20	1.41	0.84	1.80

资料来源：联合国商品贸易统计数据库。

目前我国多数风电叶片用 PVC 结构泡沫以进口为主。国内芯材制造企业中能够直接制造 PVC 原板的企业较少，多从事后期加工，PVC 结构泡沫行业壁垒高，国产替代空间较大。如图 7-7 所示，2015—2021 年，PVC 结构泡沫进口量呈现“波峰—稳定小幅度下降”的趋势，在 2016 年达到进口量的高峰，进口 PVC 结构泡沫 45495.21 吨，2017—2021 年进口量呈微弱下降趋势，2017 年进口量为 19053.66 吨，2021 年进口量下降为 16729.42 吨，年均下降率为 3.20%。

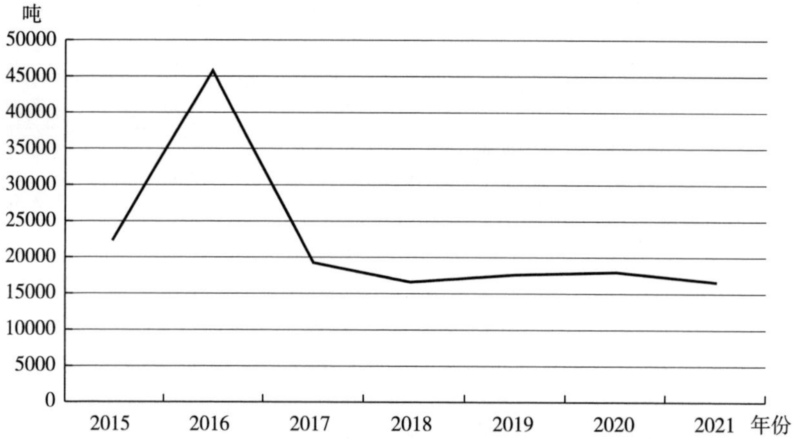

图 7-7　2015—2021 年中国 PVC 结构泡沫进口量趋势

5. 铸件

风机零部件中轮毂、底座、机舱底板、齿轮箱部件（箱体、扭力臂、行星架）、主轴（大型化后锻造向铸造切换）等均为铸件产品，约占风机总成本的10%。铸件原材料主要是生铁、废钢、树脂，铸件产品以定制化、精加工为导向，工艺是核心壁垒。如表7-7所示，从铸件供应国来看，中国铸件产能丰富，2021年铸件出口量高达34.36万吨，出口量占全球份额的30.21%，占据全球近1/3的市场份额。处于第二梯队的国家有捷克、印度、波兰、缅甸、土耳其、丹麦、西班牙，出口量均高于5万吨，占据全球份额的50.23%。

表7-7　2021年全球铸件出口量排名

全球出口量排名	出口国	出口量（万吨）	出口量占全球份额（%）	出口额（亿美元）	出口额占全球份额（%）
1	中国	34.36	30.21	6.66	7.13
2	捷克	13.07	11.49	2.44	2.61
3	印度	11.22	9.86	1.93	2.06
4	波兰	7.97	7.00	1.92	2.06
5	缅甸	7.35	6.46	0.14	0.15
6	土耳其	6.26	5.50	1.14	1.22
7	丹麦	6.06	5.33	1.41	1.52
8	西班牙	5.22	4.59	1.44	1.54
9	美国	3.47	3.05	1.03	1.10
10	白俄罗斯	3.03	2.66	0.28	0.30
11	挪威	1.44	1.26	0.47	0.51
12	奥地利	1.31	1.15	0.38	0.40
13	突尼斯	1.07	0.94	0.16	0.17
14	德国	0.88	0.77	13.94	14.95
15	墨西哥	0.86	0.76	2.24	2.41
16	保加利亚	0.73	0.65	0.17	0.18

续表

全球出口量排名	出口国	出口量（万吨）	出口量占全球份额（%）	出口额（亿美元）	出口额占全球份额（%）
17	荷兰	0. 68	0. 60	0. 40	0. 43
18	阿拉伯联合酋长国	0. 67	0. 59	0. 11	0. 12
19	斯洛伐克	0. 53	0. 47	0. 10	0. 11
20	巴西	0. 50	0. 44	0. 08	0. 08
21	加拿大	0. 50	0. 44	3. 48	3. 73
22	立陶宛	0. 49	0. 43	1. 27	1. 36
23	塞尔维亚	0. 48	0. 42	10. 29	11. 03
24	瑞典	0. 47	0. 41	0. 18	0. 20

资料来源：联合国商品贸易统计数据库。

中国风电铸件市场规模呈现逐年扩张的趋势，从图 7-8 来看，2013 年铸件产能为 48 亿元，2020 年铸件产能达 237 亿元，8 年年均增长率达 25. 62%。2021 年有效产量 170 万~180 万吨，拥有 15 万吨以上铸件产能企业为 5 家，供需偏紧。随着风机大型化趋势凸显，加速小兆瓦产能出清，重资产属性的后发优势明显，海上风电的大规模发展对铸件重量的要求增加，由于设计产能有生产单个铸件的最大重量限制，因此原有产能面临较大的出清压力，而积极布局大兆瓦产能的龙头则有望不断提高市场占有率。

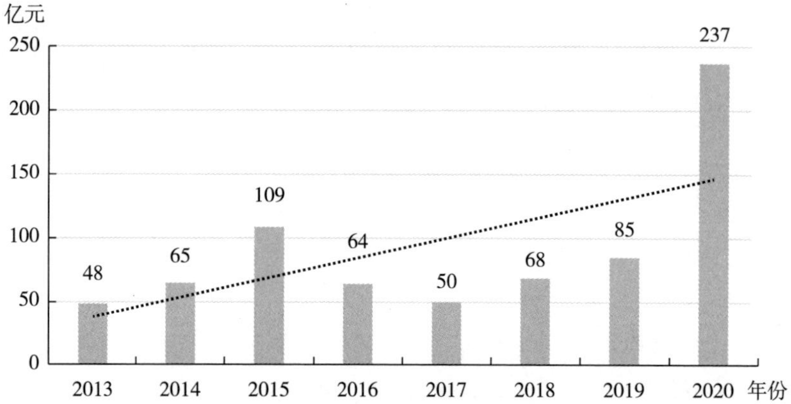

图 7-8　国内风电铸件产能

（二）零部件环节

1. 叶片

叶片是风机的核心零部件，是决定风能利用率的关键，在风机成本中，叶片、齿轮箱、发电机是成本占比最高的三种零部件，分别为24%、19%、7%。叶片主要由复合材料组成，包括环氧树脂、玻纤、碳纤维等。在风机大型化轻量化背景下，意味着需要更长的叶片、更大的受风面积，可以捕捉更多的风能，打开低风速市场，加之海上风电的快速发展对海上风机容量的需求增加，海上风电需要叶片比陆上风电叶片更大，对其重力和强度都提出了更高的要求，叶片技术发展面临尺寸增加和轻量化、高强度材料的新要求。目前80~90米长的叶片玻纤用量在25~40吨，玻纤和碳纤维占比持续增长。

如表7-8所示，从全球叶片进口贸易情况来看，2021年全球叶片进口贸易总额达到56.02亿美元，全球叶片进口量排名前二十的国家占据全球市场份额的76.31%。其中，美国叶片进口量为全球第一，叶片进口量达1.87万吨，进口总额达13.41亿美元，占全球叶片进口贸易总额的18.27%，位居第二的国家是土耳其，占到全球叶片进口贸易总额的2.16%，墨西哥、中国、德国、英国、波兰、法国、巴西等国叶片进口额占全球份额的44.37%。中国叶片进口量位居第四，进口量为1.03万吨，进口量占全球份额的10.13%，进口额达11.84亿美元。中国国内叶片企业中材科技是国内龙头，市占率连续9年位居第一且持续提升，2020年市场规模占比约30%，龙头地位稳固。时代新材、中复连众国有控股位居第二、第三，艾郎科技、天顺风能民企位居第四、第五。图7-9为我国主要叶片企业营业收入情况，从图7-9可以发现，中材科技、时代新材、天顺风能均实现叶片营业收入的跨越式增长，呈现波动中上升的趋势，均在2020年实现营业收入高峰。

表 7-8　2021 年全球叶片进口量排名

进口量全球排名	进口国	进口量（万吨）	进口量占全球进口份额（%）	进口额（亿美元）	进口额占全球进口份额（%）
1	美国	1.87	18.42	13.41	18.27
2	土耳其	1.64	16.21	1.58	2.16
3	墨西哥	1.21	11.95	5.68	7.73
4	中国	1.03	10.13	11.84	16.13
5	德国	0.82	8.12	5.22	7.11
6	英国	0.72	7.15	1.89	2.57
7	波兰	0.32	3.12	1.41	1.92
8	法国	0.21	2.12	2.01	2.74
9	巴西	0.18	1.78	1.34	1.83
10	泰国	0.17	1.71	0.70	0.95
11	印度	0.17	1.67	1.38	1.88
12	俄罗斯	0.17	1.64	1.86	2.53
13	意大利	0.16	1.63	1.47	2.00
14	白俄罗斯	0.15	1.48	0.17	0.23
15	捷克	0.14	1.35	0.68	0.93
16	罗马尼亚	0.13	1.28	0.48	0.66
17	加拿大	0.11	1.11	2.66	3.62
18	斯洛伐克	0.11	1.05	0.20	0.27
19	韩国	0.10	0.95	1.04	1.41
20	瑞典	0.07	0.65	1.00	1.37

资料来源：联合国商品贸易统计数据库。

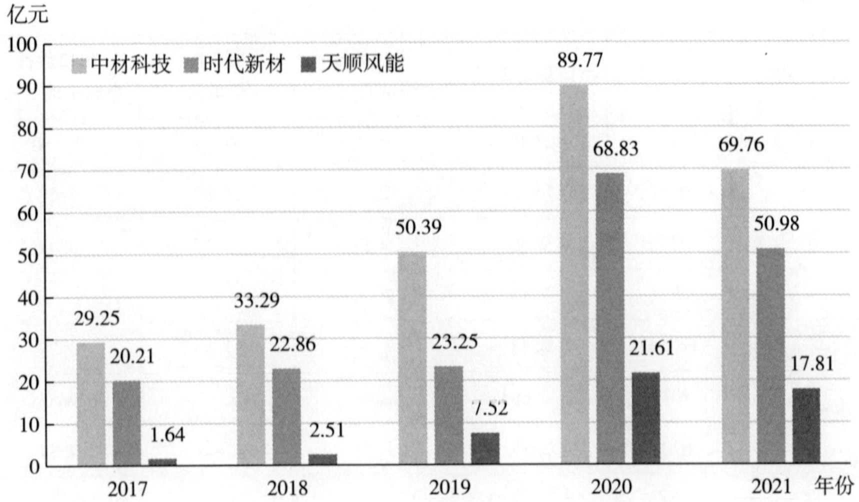

图 7-9　2017—2021 年中国主要叶片企业营业收入

资料来源：联合国商品贸易统计数据库。

2. 主轴

主轴主要在风电整机中用于连接风叶轮毂与齿轮箱，将叶片转动产生的动能传递给齿轮箱，是风电整机的重要部分，主要原材料为钢锭。如表 7-9 所示，从 2021 年全球主轴出口贸易情况来看，全球主轴出口贸易总额达到 367.40 亿美元，全球主轴出口量排名前十五的国家占据全球市场份额的 67.02%。中国主轴出口量为全球第一，2021 年主轴出口量达 45.03 万吨，占全球份额的 16.39%，出口总额达 43.88 亿美元，占全球份额的 11.94%。处于第二梯队的国家有德国、墨西哥、日本、美国，占全球主轴出口贸易总额的 43.25%。

表 7-9　2021 年全球主轴出口量排名

出口量全球排名	出口国	出口量（万吨）	出口量占全球份额（%）	出口额（亿美元）	出口额占全球份额（%）
1	中国	45.03	16.39	43.88	11.94
2	德国	28.14	10.24	54.13	14.73
3	墨西哥	26.25	9.55	30.20	8.22

续表

出口量全球排名	出口国	出口量（万吨）	出口量占全球份额（%）	出口额（亿美元）	出口额占全球份额（%）
4	日本	23.07	8.40	47.02	12.80
5	美国	14.23	5.18	27.57	7.50
6	韩国	9.30	3.39	12.55	3.42
7	波兰	7.15	2.60	9.49	2.58
8	意大利	6.48	2.36	11.85	3.23
9	印度	4.09	1.49	2.12	0.58
10	葡萄牙	3.89	1.41	1.36	0.37
11	捷克	3.69	1.34	4.12	1.12
12	土耳其	3.63	1.32	5.63	1.53
13	奥地利	3.46	1.26	5.43	1.48
14	法国	3.23	1.17	4.73	1.29
15	泰国	2.54	0.92	6.80	1.85

资料来源：联合国商品贸易统计数据库。

主轴在我国已实现国产替代，形成金雷股份与通裕重工的双寡头竞争格局。主轴体积小、重量轻、技术简单，也容易运输，金雷股份具备了风电主轴从原材料制备到成品的全产业链生产的能力。近年来，金雷股份主轴营业收入实现跨越式增长，2017 年营业收入仅 5.4 亿元，到 2021 年实现营业收入 15.08 亿元，年增长率达 29.27%。通裕重工覆盖 1.5 兆~5 兆瓦的风电主轴，形成集“特钢冶炼/电渣重熔—锻造/铸造/焊接—热处理—机加工—大型成套设备设计制造—涂装—物流”于一体的完整制造链条。通裕重工主轴营业收入呈现先上升后下降的趋势，2020 年抢装热潮，通裕重工营业收入达到高峰，为 14.5 亿元，年销量为 14.3 万吨（见图 7-10）。

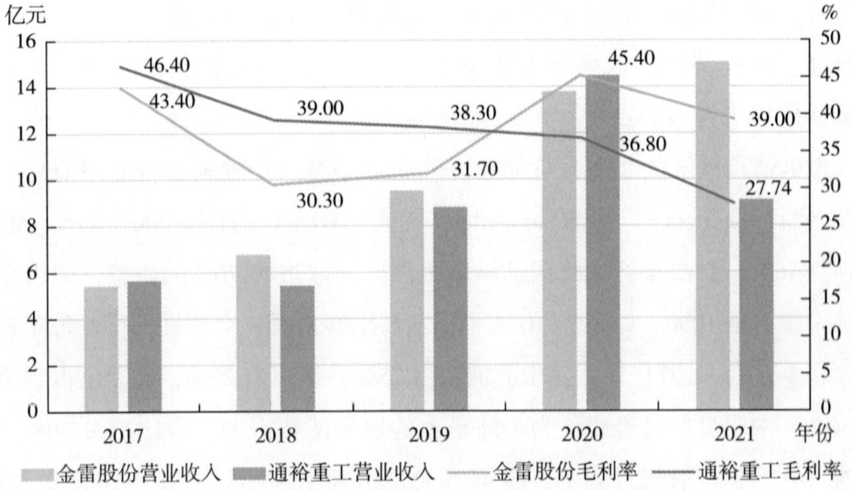

图 7-10　中国主轴双寡头企业营业收入与毛利率

3. 轴承

风电轴承是风机所有运动部位的枢纽，由于苛刻的载荷和恶劣的运行条件，需要承受的温度、湿度和载荷变化范围很大，是风电机组中的薄弱环节。风电轴承主要包括主轴轴承、偏航轴承、变桨轴承、齿轮箱轴承和发电机轴承五大类，其中主轴轴承是所有轴承中尺寸最大、技术难度最大、单价最高的，主轴轴承作为连接轮毂和主轴的核心部件，主要用于支撑风机主轴，需要同时承担三重载荷，对风机长期稳定运行起到关键作用。主轴轴承受的力主要包括风叶及轮毂的重量、主轴自重、主轴轴承的支承力、推力轴承的止推力、风通过风叶及轮毂作用在主轴的力，因而主轴轴承主要承受径向力，也受部分由于风力而产生的轴向力，所以，主轴上的作用力以及变形都影响主轴轴承，导致风电主轴轴承设计难度加大。海上风电配套主轴轴承直径可达 4 米以上，套圈和滚动体制造及加工难度显著提高，需要同时承受巨大的轴向/径向载荷倾覆力矩，在 25 年的使用周期中基本无法更换维修，陆上风电风机装在百米高空，经受低温、湿热、风沙、盐雾等恶劣环境，寿命要求达到 25~30 年，对设备可靠性要求很高，叶轮主轴承受的载荷大，相较于其他轴承长度较长，容易变形，需要足够高的强度、硬度、抗冲击性能，而且要控制好缺陷，防止过早疲劳，对精度、寿命和可靠性、稳定性的要求极高，因此，风电轴承准入认证非常严格，验证周期长，后期一旦出现质量问题损失巨大。

风电轴承技术壁垒高，长期被海外企业垄断，主轴轴承行业被海外厂商高度垄断，瑞典 SKF，德国 Schaeffler，美国 TIMKET，日本 NSK、NTN、Minebea、NACHI、JTEKT 八大跨国轴承集团占据全球市场 70%的份额，国内企业市场份额不足 10%。如表 7-10 所示，从需求端来看，全球轴承行业每年总需求为 0.8 万亿~1 万亿元，其中欧洲约占 25%，美洲占 20%，亚洲已占到全球的 50%。中国目前已经成长为全球最大的轴承消费市场，占比超过 30%。在我国风电行业高景气背景下，全球八大跨国轴承集团均已在中国设立公司，并不断加大在华投资力度，建立了多家轴承生产工厂，并在中国设立了区域总部和工程技术中心。截至 2022 年底，八大跨国轴承集团在华共有 60 余家生产企业。

表 7-10　2021 年全球轴承出口量与出口额情况

出口量全球排名	出口国	出口量（万吨）	出口量占全球份额（%）	出口额（亿美元）	出口额占全球份额（%）
1	日本	8.78	22.95	7.94	20.57
2	德国	4.53	11.85	7.63	19.75
3	印度	4.09	10.69	2.12	5.50
4	韩国	3.66	9.56	1.76	4.55
5	罗马尼亚	2.13	5.57	2.82	7.31
6	法国	2.11	5.50	1.75	4.55
7	美国	1.97	5.16	2.52	6.54
8	波黑	1.43	3.74	0.59	1.54
9	意大利	1.18	3.07	1.27	3.29
10	保加利亚	1.12	2.94	0.55	1.42
11	斯洛伐克	1.06	2.76	1.80	4.67
12	波兰	0.82	2.14	0.63	1.63

续表

出口量全球排名	出口国	出口量（万吨）	出口量占全球份额（%）	出口额（亿美元）	出口额占全球份额（%）
13	乌克兰	0.59	1.54	0.26	0.67
14	泰国	0.57	1.49	0.75	1.94
15	墨西哥	0.46	1.20	0.54	1.41
16	瑞典	0.41	1.08	0.73	1.89
17	奥地利	0.32	0.84	0.43	1.10
18	土耳其	0.30	0.79	0.20	0.51
19	西班牙	0.30	0.78	0.38	0.99
20	新加坡	0.29	0.76	0.48	1.25

中国轴承产业起步于1938年，当时日本NTN轴承制造株式会社在瓦房店建立了“满洲轴承制造株式会社”，即瓦轴集团的前身。随后瓦轴集团又先后建立了如今的哈轴集团和洛轴集团，这是我国最早的一批轴承企业，为中国轴承工业奠定了基础。我国国产化风电轴承发展分为3个阶段：第一阶段：轴承产业发展初期，配套轴承大部分依赖进口，价格昂贵且交货周期长。国产化风电轴承替代高潮起于2006年，国家发展改革委出台“风电设备国产化率70%”政策规定，使得国内风电轴承行业借助政策的扶持快速发展，轴承企业快速崛起，最终实现变桨轴承、偏航轴承的国产化。第二阶段：轴承产业发展期，随着2010年国家发展改革委取消“国产化率70%”的规定，国外轴承企业纷纷涌入中国风电市场，SKF、FAG、铁姆肯、舍弗勒、NTN等国际轴承龙头企业相继在中国设立风电轴承厂，凭借轴承领域积累的技术和经验优势，迅速霸占国内市场。第三阶段：轴承产业进步期，2010年后的10年里，轴承产业主管部门国家发展改革委、工信部以及中国轴承工业协会通过制定、完善相关行业政策及规划，从而驱动我国轴承产业技术进步。我国轴承工业具有较为显著的区域化发展特色，主要形成了瓦房店、洛阳、长三角、浙江东部和山东聊城五个轴承产业集群（见表7-11）。

表 7-11　中国轴承行业产业集聚区

区域	产品类型
瓦房店轴承产业集聚区	产品主要为大型和特大型轴承，典型代表企业为瓦轴、大冶轴、瓦冶轴等
洛阳轴承产业集聚区	产品主要为中型、大型、特大型轴承，典型代表企业为洛阳 LYC、洛阳轴研科技、中机十院等
长三角轴承产业集聚区	产品主要为小型、中型轴承，代表企业为江苏力星、常州光洋、常熟长城等
浙江东部轴承产业集聚区	产品主要为中小微轴承及轴承零配件，主要代表企业为五洲新春、慈兴集团、环驰集团等
山东聊城轴承产业集聚区	产品主要为轴承保持架、钢球、通用轴承，主要代表企业为东阿钢球、聊城金帝、山东博特轴承等

改革开放以来，我国轴承工业已形成一整套独立完整的工业体系，已迈入轴承工业大国行列。我国虽已是世界轴承生产大国，但还不是世界轴承生产强国，主轴承的工作环境差、制造难度大，我国风电主轴承国产化率仍然较低，轴承行业的产业结构、研发能力、技术水平、产品质量、效率效益都与国际先进水平存在较大差距。近 5 年我国轴承出口总金额已超过进口总金额，但出口单价显著低于进口单价，形成“低端出口，高端进口”的整体局面。2020 年，我国轴承进出口总额为 92 亿美元，其中，出口创汇 48. 34 亿美元，同比下降 9. 14%；进口用汇 43. 66 亿美元，同比增长 19. 78%。圆锥形滚子轴承进口额逐年攀升，2006 年进口额为 0. 92 亿美元，在 2020 年圆锥形滚子轴承进口额高攀，达 7. 052 亿美元，到 2021 年达 8. 10 亿美元，年均增长率为 15. 57%（见图 7-11 和图 7-12）。

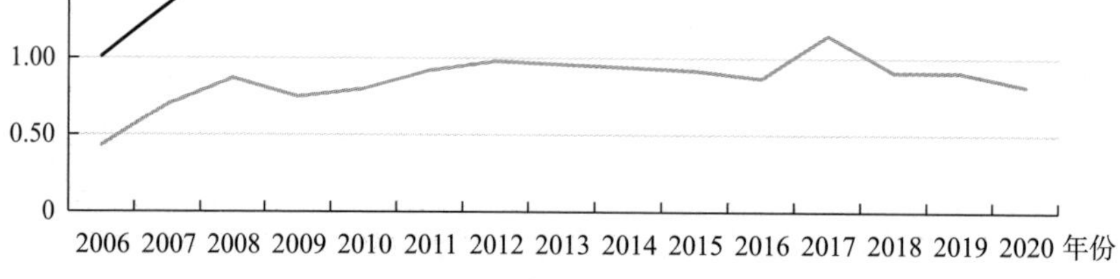

图 7-11　我国轴承行业进出口单价

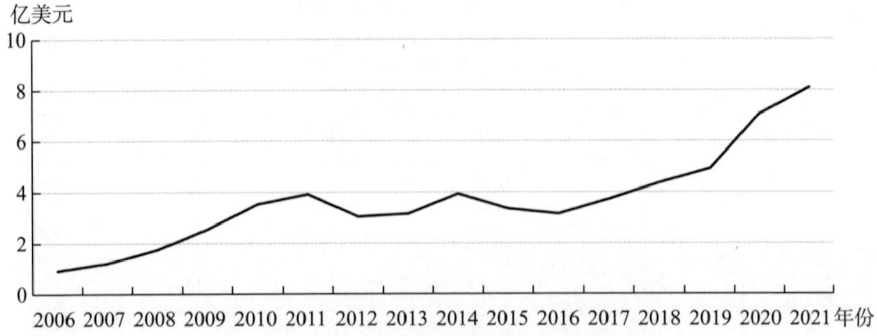

图 7-12　我国圆锥形滚子轴承进口额

资料来源：联合国商品贸易统计数据库。

二、中国风电中游产业国际合作

（一）风电塔筒

风电塔筒技术壁垒较低，在风机大型化的趋势下，风电塔筒高度上升明显，单位价值量趋于稳定。如表 7-12 所示，从全球风电塔筒出口量排名来看，中国为风电塔筒全球第一出口国，出口量高达 6.38 万吨，与排名第二的德国差距明显（德国风电塔筒出口量为 1.01 万吨），其次为意大利、新加坡，出口量均超过 5000 吨，韩国、美国、马来西亚、荷兰、土耳其、阿拉伯联合酋长国风电塔筒出口量均超过 1000 吨，全球风电塔筒出口量排名前十的国家占全球市场份额的 92.09%，形成寡头垄断格局。我国风电塔筒产能丰富，在风机大型化的趋势下，未来叶轮直径、风电塔筒高度都有望达到 200 米级别，海风基础市场空间广阔，根据不同海床条件、水深，基础结构分为单桩式、导管架式和漂浮式，基础用量将明显提升。假设海风基础发电装机容量平均用量由 20 万吨上升到 25 万吨，预计 2025 年国内海风基础需求达到 375 万吨，按 8000 元/吨计算，市场规模约 300 亿元。

表 7-12　2021 年全球塔筒出口量排名

出口量全球排名	出口国（地区）	出口量（万吨）	出口量占全球出口份额（%）	出口额（亿美元）	出口额占全球出口份额（%）
1	中国	6. 38	57. 50	3. 90	33. 49
2	德国	1. 01	9. 11	2. 08	17. 90
3	意大利	0. 83	7. 52	1. 49	12. 78
4	新加坡	0. 72	6. 51	1. 12	9. 62
5	韩国	0. 36	3. 24	0. 24	2. 08
6	美国	0. 32	2. 86	0. 45	3. 86
7	马来西亚	0. 25	2. 25	0. 14	1. 24
8	荷兰	0. 14	1. 22	0. 27	2. 32
9	土耳其	0. 11	1. 00	0. 07	0. 58
10	阿拉伯联合酋长国	0. 10	0. 88	0. 11	0. 98
11	日本	0. 08	0. 72	0. 08	0. 73
12	波兰	0. 08	0. 69	0. 11	0. 98
13	法国	0. 08	0. 68	0. 15	1. 25
14	西班牙	0. 07	0. 66	0. 11	0. 96
15	爱尔兰	0. 07	0. 59	0. 25	2. 11
16	泰国	0. 06	0. 57	0. 02	0. 15
17	中国香港	0. 06	0. 51	0. 04	0. 30
18	塞尔维亚	0. 04	0. 35	0. 06	0. 53
19	俄罗斯	0. 04	0. 33	0. 03	0. 27
20	印度尼西亚	0. 04	0. 32	0. 02	0. 17

资料来源：联合国商品贸易统计数据库。

（二）风电机组

风机主流路线分为双馈、半直驱、直驱机型。①双馈异步风力发电机组：风轮机需通过增速齿轮箱连接至转速较高的双馈异步发电机转子，转子的励磁绕组通过转子侧和网侧变换器连接至电网，定子绕组直接并网。双馈发电机系统通过励磁变换器控制转子电流的频率、相位和幅值，间接调节定子侧的输出功率，具有调速范围较宽、有功和无功功率可独立调节、转子励磁变换器的容量较小（约30%发电机额定容量）等优点，在陆上和海上风电场中都有广泛应用。②永磁直驱风力发电机组：风轮机与永磁同步发电机直接连接，发电机的定子绕组通过定子侧和网侧变换器连接至电网。永磁直驱式风电机组与双馈风电机组相比，转子为永磁体励磁，无须外部提供励磁电源，消除励磁损耗。风轮与发电机转子之间省去了增速齿轮箱，转子转速低，发电机的极对数很多，通常在90极以上，因而发电机体积较大。永磁直驱风机系统具有效率较高、噪声低、低电压穿越能力较强等优点，已广泛应用于陆上和海上风电场。③永磁半直驱风力发电机组：风轮机通过低变速比的齿轮箱与永磁同步发电机转子连接，发电机的定子绕组仍通过全功率变换器连接至电网。永磁半直驱式风电机组风轮经增速齿轮箱连接至发电机转子，转子转速比永磁直驱式风电机组的高。因此，可以减少永磁电机转子磁极数，有利于减小发电机的体积和重量，降低风机的吊装难度，同时保留了永磁直驱风电机组容量大、低电压穿越能力较强等优点。

从全球视角来看，2021年风电机组进口量美国位居全球第一，其次是德国，处于第三梯队的国家有法国、意大利、丹麦、日本，进口量均高达10万吨以上，第四梯队的国家为波兰、捷克、中国、印度、西班牙、匈牙利、巴西，进口量高于5万吨，印度尼西亚、瑞典、罗马尼亚、奥地利、荷兰、斯洛文尼亚、中国香港位于最后梯队。其中，中国香港全球进口量排名第20名，进口量为2.29万吨。从全球风电机组出口量排名来看，中国为风电机组全球第一出口国，出口量高达208.23万吨，与排名第二的德国差距明显（德国风电机组出口量为21.81万吨），其次为意大利、印度，出口量均超过10万吨，日本、波兰、巴西、法国、西班牙、匈牙利、土耳其风电机组的出口量均超过5万吨，斯洛文尼亚、捷克、丹麦、塞尔维亚、瑞典、瑞士、中国香港、爱沙尼亚、立陶宛风电机组出口量均高于1万吨，其中立陶宛风电机组出口量位于全球第20名，出口量为1.75万吨（见表7-13）。

表 7-13　2021 年全球风电机组进口、出口量排名

全球进口量排名	进口国（地区）	进口量（万吨）	进口额（亿美元）	全球进口量排名	出口国（地区）	出口量（万吨）	出口额（亿美元）
1	美国	40.73	28.23	1	中国	208.23	78.40
2	德国	32.59	26.91	2	德国	21.81	21.35
3	法国	17.00	10.25	3	意大利	18.37	10.42
4	意大利	11.91	9.43	4	印度	10.86	8.02
5	丹麦	11.75	4.23	5	日本	9.34	16.51
6	日本	10.80	8.24	6	波兰	6.73	5.08
7	波兰	9.56	6.60	7	巴西	6.15	3.80
8	捷克	9.55	5.09	8	法国	5.83	3.81
9	中国	9.24	12.25	9	西班牙	5.83	4.82
10	印度	7.39	5.43	10	匈牙利	5.83	4.62
11	西班牙	5.86	3.78	11	土耳其	5.17	4.07
12	匈牙利	5.54	3.91	12	斯洛文尼亚	4.47	3.97
13	巴西	5.41	3.55	13	捷克	4.01	4.48
14	印度尼西亚	4.03	2.35	14	丹麦	3.76	4.28
15	瑞典	3.79	4.74	15	塞尔维亚	2.71	2.58
16	罗马尼亚	3.17	3.08	16	瑞典	2.62	2.45
17	奥地利	3.01	3.28	17	瑞士	2.19	1.31
18	荷兰	2.71	3.57	18	中国香港	1.86	3.21
19	斯洛文尼亚	2.45	1.49	19	爱沙尼亚	1.83	4.20
20	中国香港	2.29	4.04	20	立陶宛	1.75	0.93

资料来源：联合国商品贸易统计数据库。

根据中国可再生能源国际合作数据，2021 年中国风机机组出口多至 22 个国家。出口整机商分别有金风科技、远景能源、明阳智能、运达股份、中车株洲所、东方电气风电，其中金风科技是全国风机出口量最大的制造商，其风机出口量占全国风机出口总量的 50%以上。2021 年金风科技海外收入占比 12%，运达股份海外占比 4%，明阳智能海外占比 0.6%。风电国际合作项目

进一步增多，2020 年 2 月，金风科技与智利签订 Camán 项目，项目规模达 148.5 兆瓦，3 月中标土耳其 Yucel 项目，项目规模达 6.8 兆瓦，8 月，金风科技与越南签订 THANH PHONE 项目，项目规模达 29.7 兆瓦。2020 年 6 月，金风科技中标巴基斯坦 Gul Ahmed、Actll、Artistic 3 个风电项目，并于 8 月签订 ACT 二期项目，项目规模达 50 兆瓦。2020 年 1 月，金风科技与阿根廷的罗马布兰卡一期和三期风电场项目并入阿根廷国家电网系统，正式进入商业运营期。这是继 2020 年罗马布兰卡二期和米拉马尔风电场项目投运以来，金风科技在阿根廷取得的又一重要进展。“一期和三期”两个项目容量均为 50 兆瓦，共使用 32 台金风科技 GW3S 智能风电机组，并由金风科技承担 20 年的运行维护工作。预计每年发电 4.5 亿千瓦·时，可满足 10 万户居民用电，每年预计为当地节省约 1 亿美元的油气支出。2021 年 8 月，明阳智能出口意大利的 10 套 MySE3.0-135 风机已送达意大利并完成交付，同时明阳智能的 11 兆瓦海上风机已进入规模化商用阶段，即将出口欧洲海上风电项目。2021 年 10 月，运达股份供应越南宁顺正胜 50 兆瓦风电项目 16 台机组正式全容量商运发电，“两海”战略实施取得阶段性的胜利。2021 年 7 月，东方电气风电出口克罗地亚塞尼的 39 台套机组设备已全部顺利运抵克罗地亚，正处于紧张的安装、调试阶段。东方电气风电克罗地亚塞尼项目总容量 156 兆瓦，是目前克罗地亚总容量最大的风电项目，列入中国中东欧“17+1”机制国家领导人见签项目，具有深远的国际合作示范效应。

我国风机行业起步较晚，多数整机企业都是早期从欧洲引进先进的风机技术，再通过多年的吸收和自主研发，实现了国内自主风机品牌的构建。金风科技的直驱技术就是 2004 年与德国 Vensys 展开联合开发的；明阳智能是从 2008 年开始与德国 Aerodyn 风机设计公司展开合作的；上海电气 2005 年与 Aerodyn 合作研发，2012 年开始与西门子风电合作；三一重能于 2016 年与 Aerodyn 展开设计与研发合作。全球风机竞争格局较为分散，国内较为集中。居前五位的维斯塔斯、金风科技、GE、远景能源、西门子歌美飒的市占率分别为 15%、13%、11%、10%、8%，共占比为 57%，国内外资品牌的市占率逐步下降，中国厂商市场份额进一步提升。我国基本完成风机的国产化，

2019—2021 年风电装机前十名均为国产主机厂，集中度较高，2021 年金风科技（直驱）、远景能源（双馈）、运达股份（双馈）市场份额为 47.4%。从陆上、海上分布来看，陆上风电新增装机排名前五的厂商为金风科技（直驱）、远景能源（双馈）、运达股份（双馈）、中车风电（双馈、半直驱）、三一重能（双馈），双馈机型具备更低的制造成本而被广泛使用于陆上风电；海上风电新增装机排名前五的厂商为电气风电（双馈、半直驱）、明阳智能（半直驱）、金风科技（直驱）、中国海装（半直驱）、东方电气（双馈、直驱），海上风电技术的选择则不尽相同（见表 7-14）。

表 7-14　国内外各主机厂技术路线选择

主机厂	双馈	直驱	半直驱	技术路径演变
维斯塔斯	√		√	早期陆上和海上风电机组多采用双馈机组，2014 年前后 MHI-Vestas 改用永磁直驱电机的技术路线，在丹麦研发测试了公司 8 兆瓦直驱型海上风电机组，随后顺利将其用于英国、丹麦、美国等国海域
西门子歌美飒	√	√		2018 年明确 3 年战略增长计划，陆上机型全面推行双馈技术
GE	√	√		—
金风科技		√	√	2007 年第一台直驱永磁风电机组安装在中海油位于渤海的钻井平台上；2021 年对现有直驱永磁平台及产品进行了优化和升级，并发布了 15 款中速永磁平台旗舰机型
远景能源	√			已构建完整的双馈风电机组供应链体系
明阳智能			√	2006 年明阳已经引进与应用双馈技术路线两年，但基于对现有和未来市场的分析，明阳转向半直驱技术路线
运达股份	√			—
电气风电	√		√	2021 年完成半直驱传动链技术开发及产品应用
东方电气	√	√		此前 2.5 兆瓦机型（含）的技术路线为双馈机型，2.5 兆瓦以上（不含）机型都采用了直驱机型；2021 年 4 兆瓦双馈型风力发电机组完成总装、整机联调
中国海装			√	2021 年发布 16 兆瓦海上风机
三一重能	√			—
中车风电	√			—
联合动力	√			—

三、中国风电下游产业发展

风电场开发运营主要竞争点在于风资源获取能力、开发能力、融资能力，而非行业技术与运营经验。我国风电开发商多为专业的大型发电集团，以及资金实力雄厚的传统行业集团。我国风电运营商主要分为三类：一是大型中央电力集团，设立专项部门从事风电项目开发，主要有国家电投、大唐集团、华能集团、华电集团和中国电力投资集团，占据风电市场一半的份额；二是其他国有能源企业，如中国海油、中广核新能源、华润电力、三峡新能源与中节能风电等；三是其他风电运营企业，包括民营企业与外资企业，所占规模较小。为助力实现“碳达峰”目标，各风电运营商制定“十四五”时期企业目标，国家能源集团计划“十四五”时期新能源新增装机 12000 万千瓦，在 2025 年实现可再生能源新增装机 7000 万～8000 万千瓦；华能集团计划到 2025 年清洁能源占比在 50%以上，发电装机达到 3 亿千瓦左右，新增新能源装机在 8000 万千瓦以上；华电集团提出“十四五”期间力争新增新能源装机 7500 万千瓦目标，非化石能源装机占比力争达到 50%，非煤装机（清洁能源）占比接近 60%；国家电投计划 2023 年实现“碳达峰”，到 2025 年实现电力总装机达 2.2 亿千瓦，清洁能源占比达 60%。为了实现企业制定的“十四五”期间新能源新增装机目标，各大发电企业纷纷启动风电机组采购招标工作，相较 2020 年，企业开标规模整体保持了增长。国家能源集团、国家电投、华电集团、华能集团开标规模较大，均超过 3000 兆。如表 7-15 所示，其中，大唐集团、华电集团、华能集团相较 2020 年开标规模大幅增长，分别从 2020 年的 46.7 兆瓦、680 兆瓦、690 兆瓦上升至 2021 年的 664.5 兆瓦、4644.7 兆瓦、4380.3 兆瓦，增长幅度翻番。

表 7-15　风电运营商开标情况

风电运营商	装机规模（兆瓦）		增长规模（兆瓦）	增长幅度（%）
	2020 年	2021 年		
国家能源集团	2410	3437.9	1027.9	42.65
国家电投	3438.5	3557.9	119.4	3.47
三峡新能源	2212.5	404	-1808.5	-81.74
华电集团	680	4644.7	3964.7	585.04
华能集团	690	4380.3	3690.3	534.83
华润新能源	659.5	1192.5	533	80.82
中广核新能源	1846.8	1273.6	-573.2	-31.04
大唐集团	46.7	664.5	617.8	1322.91

第三节　全球风电产业发展的可行性建议

一、攻关核心技术，加强技术创新

在风电大型化的趋势下，风电叶片越来越长，仍存在结构力学、气动弹性力学等方面的技术问题有待解决。在海上风电方面，水深、海浪冲击等方面的变化比较大，须加快开展漂浮式基础等前沿技术的研究。在风热方面，用风能直接来产生热，可以大大降低成本，发展风热可以为工业提供蒸汽和热量，冬季为广大北方地区供热，从而提供一种没有污染的新供能方式，有必要推进风热科学技术研究。重点突破 10 兆瓦级及以上大容量海上风电机组、漂浮式海上风电机组及平台、高压柔性直流设备、高压海缆、轴承、大型钢构、海上风电安装施工船舶、智慧海上风电场、智能运维服务、储能装备等核心高端产品。在技术创新领域，一方面，可以以重大科技创新工程和重大基础研究项目为纽带，推动基础风电企业成立创新创业共同体，促进“政产学研金服用”创新要素的有效集聚和优化配置，引导企业向附加值高的领域转型；另一方面，积极开展海上风电国际合作，以合资形式吸引国外知名企业到国内设厂，引进其高端技术和专业人才，积极学习借鉴外国经营模式，以及配套服务企业融入产业链条，加强关键和核心技术的独立创新和联合创新。另外，鼓励政策性银行为入驻项目设立基础设施建设基金和制订股权投资计划，从多角度鼓励企业创新技术研发的积极性，以科研经费支持的方式，解决风电企业面临的关键核心技术缺乏、原创性与自主性创新成果较少等发展“瓶颈”，推动中国风电产业向全球产业链上游攀升，掌握和熟悉部分先进适用技术，在一些重点领域发挥创新牵引作用，进而推动本地区风电产业结构升级与优化。

二、海上风电迎来机遇期，大力发展海上风电

面对严峻的能源危机和结构性失衡问题，国际形势持续加码，驱动能源格局发生重大转型，光伏、风电等绿色能源占比大幅上升，英国、美国、德国等众多国家也相应地出台了多项政策及指导措施，积极推动风电产业能源发展。相较于陆上风电，海上风电先天优势凸显。海上风电具有资源丰富、发电效率高、距负荷中心近、土地资源占用少、大规模开发难度低等优势，迎来发展机遇。发展海上风电应遵循“统筹布局、创新技术、拓展方式、搭建平台、计划+示范”的发展思路。第一，统筹布局，做实、做细产业发展规划。准确掌握海上风能资源和海底地形地貌基础数据，并确保数据的时效性和准确性。坚持高起点规划和全面性布局，统筹安排海上风电产业发展的时序和区域，产业布局应避免对国防安全、海上交通运输、临海临港工业和渔业生产等造成严重影响，同时避开自然保护区和生态文明试验区等独具保护价值的海域。在细化海上风电产业发展规划的同时，将海上风电变电站选择、电力负荷预测、海底电缆布局、接入系统电压等级和回路数以及备选接入点等内容体现在中长期电力和电网规划中。第二，提高电力消纳能力，通过提高电网调度能力和改善电源结构等多种方式提高可再生能源电力消纳量，为未来大规模开发海上风电做充分的准备。可以从技术角度不断提高海上风电供给侧和电力需求侧的电量预测精度，充分考虑多种波动性电源的发电特征，统一制订海上风电和火电的发电计划。另外，考虑各省份自然资源分布和调峰电源的特点，因地制宜地配套设计相当容量的调峰电源，并为满足海上风

电运行中的调峰填谷需求，扩大资源配置范围，借助已建成的特高压电网，在邻近省份范围内设计调峰填谷方案。第三，搭建海上测试保障平台，整合已有技术人才力量，制定符合海区特征且国际认可的海上风电开发、测试和评估技术标准，使装备的商业化开发有据可依，并建设包含海上风电测试功能的海洋可再生能源测试平台，形成服务产业化需求和标准化的独立第三方认证机构，是产业链延伸发展的重要环节。

第八章　能源转型背景下的电化学储能产业国际合作研究

由于储能环节是制约新能源消纳的重要环节之一，在我国风电和光伏装机量规模不断提升的大背景下，储能技术的运用与发展是调节供需平衡、减弱风光电间歇性和波动性的必经之路。虽然抽水蓄能是当前装机规模最大、最成熟的电力储能技术，但是其发展空间受到一定制约，商业化开发已经接近尾声。而电化学储能由于突出的综合性能和不断下降的成本，逐渐进入了快速发展阶段，也促使电化学储能产业链企业间合作领域不断扩大。

第一节　中国电化学储能产业国际合作的机遇

一、国内外政策驱动储能产业快速发展

（一）储能目标政策的推动

经过近 10 年的发展，我国风光发电量占比已经由 2010 年的 1%提升至 2021 年的 11.7%。测算显示，在不增配储能的情况下，当新能源渗透率由 20%向 50%提升将会严重影响电网的稳定性，成为制约新能源消纳的重要因素。因此，储能环节成为政策的着力点被各国政府重视。

我国于 2017 年 10 月出台了《关于促进我国储能技术与产业发展的指导意见》，并拟定了“十三五”“十四五”期间的发展目标，为国内储能行业由商业化初期向规模化发展转变定下基调。2020 年 10 月“‘十四五’规划和 2035 年远景目标”中把提升新能源消纳和存储能、优化电力生产和输送通道布局纳入发展目标，拉开了储能政策强度的转折点。2021 年 4 月、7 月，国家发展改革委、国家能源局先后印发了《关于加快推动新型储能发展的指导

意见（征求稿）》和《关于加快推动新型储能发展的指导意见》，提出到2025年实现新型储能从商业化初期向规模化发展转变，实现新型储能装机规模达30吉瓦以上；到2030年实现新型储能全面市场化发展，将储能的战略地位提升至新高。8月，国家发展改革委、国家能源局发布《关于鼓励可再生能源发电企业自建或购买调峰能力增加并网规模的通知》提出，鼓励发电企业自建储能或调峰能力增加并网规模，超过电网企业保障性并网以外的规模初期按照功率15%的挂钩比例（时长4小时以上）配建调峰能力，按照20%以上挂钩比例进行配建的优先并网。此外，目前中国各省份均从强制配置与市场化引导角度出发，发布了地区性的储能相关政策文件，如新疆、云南、陕西、安徽等地发放补贴，26个省规定了光伏等新能源电站储能配套比例，对发电侧要求风电、光伏电站储能配置比例在10%~20%。

英美等国家大多将储能技术定位为支撑新能源发展的战略性技术，并通过制定储能目标、加大储能领域投资等手段促进储能产业发展。

早在2006年美国联邦政府就提出ITC（投资税收抵免）政策，该政策已推广至新能源与储能的混合项目，最高可抵减30%的前期投资额，在很大程度上推动了储能配套的增长。美国政府从配置目标、财政支持、技术研发等方面出台多项措施大力推动储能行业发展。美国一些地区要求公用事业公司必须将储能纳入计划，约有9个州相继发布了储能建设目标。其中，由于加利福尼亚州是美国最大的储能市场，因此在储能政策方面的制定具有一定代表性和前瞻性。2013年，该州政策要求民营电力公用事业公司（IOU）设置储能到2020年达到1325兆瓦，2019年发布2868法案还要求额外再配置500兆瓦的分布式储能目标。纽约州提出将2030年储能目标从3吉瓦翻一番达到6吉瓦。弗吉尼亚联邦预计于2035年储能目标达到3.1吉瓦。康涅狄格州的储能目标是2030年底前部署1吉瓦储能系统，中期目标是2024年底前部署300兆瓦储能系统，2027年底前部署650兆瓦储能系统。缅因州的储能目标是到2025年底部署300兆瓦储能系统，到2030年底部署400兆瓦储能系统。此外，2019年美国联邦能源管理委员会（FERC）颁布了第841号命令，该命令要求区域输电组织（RTO）和独立系统运营商（ISO）调整其市场规则，允许电池储能系统参与电力批发和电力辅助市场竞争，进一步消除了电池储能系统参与电力市场的障碍。该法案的推出使得大型电池储能系统具有了更加清晰的盈利模式，大幅推进了电池储能装机市场的发展。2020 年 12 月，美国国会通过了《完善储能技术法案》（*Better Energy Storage Technology*，BEST），计划在未来 5 年内围绕储能技术研究、开发等领域提供超过 10 亿美元的资金支持。2020 年 12 月，美国能源部（DOE）发布《储能大挑战路线图》报告，该报告明确了建立美国在储能领域的领导地位的目标，并提出到 2030 年，美国国内的储能技术及设备开发制造无须依靠国外。之后 2021 年，美国能源部宣布将为该路线图提供 116 亿美元的后续资助。

2016 年 11 月，英国能源监管局（Ofgem）和商业能源与产业战略部 BEIS 联合发布了题为“智能、灵活的能源系统”的政策文件，将储能确定为平衡供需安全和确保英国能源系统脱碳的重要战略。该政策计划通过寻求产业信息和相关意见，推动英国能源变革，构建一个智能、灵活的电力系统。通过半年的咨询与评估，2017 年 Ofgem 和 BEIS 研究并制定了英国智能灵活能源系统发展战略，计划通过从 3 个方面 29 项行动方案推进构建灵活的能源系统，该政策进一步明确了储能的各项资质及性质，解决了由于属性不清对储能进行多次收费、所有权不明导致的市场交易纰漏等问题，大大提升了电网对储能的兼容度。2020 年，商业、工业和能源战略部取消电池蓄能项目容量限制，允许在英格兰和威尔士分别部署规模在 50 兆瓦和 350 兆瓦以上的储能项目，可再生能源开发商成为规划和部署更大规模储能项目的主力军。此外，2021 年英国商业、工业和能源战略部推行长时间的储能示范计划，并拨款 6800 万英镑，用于支持英国正在开发的创新性的储能技术项目。竞赛分为 Stream 1 和 Stream 2 两个组别，支持不同发展阶段的技术，共有 24 个项目获得第一轮资金的支持。该项目旨在支持新能源存储技术的发展，帮助英国更快向可再生能源过渡。希腊制定了 70%电力来自可再生能源发电的净零目标，储能部署目标计划在 2030 年翻一番，计划再生能源装机容量将超过 20 吉瓦。

（二）用户侧储能补贴政策拉动海外储能迅速发展

海外主要国家电力领域市场化程度相对较高、重视储能在电力领域的应用，围绕用户侧补贴出台了相关政策，在一定程度上激发了用户侧储能需求的增长。

早在2006年美国联邦政府就提出ITC（联邦投资税收抵免）政策，鼓励用户安装可再生能源发电系统。目前，该政策已推广至新能源与储能的混合项目，最高可抵减30%的前期投资额，在很大程度上推动了储能配套的增长。除美国外，其他国家或地区对用户侧储能也有单独的补贴。其中，日本经产省发起了针对锂离子电池储能系统的补贴计划，共划拨100亿日元，给予购买者购买系统价格2/3的资金补贴；韩国也提出对于无力购买储能系统的中小企业，政府将承担起购买储能系统初始成本的50%。各国推出用户侧储能产业补贴政策（见表8-1）。

表8-1　主要海外国家的用户侧储能补贴政策

国家	补贴端	政策/文件	主要内容
美国	用户侧	自发电激励计划SGIP	向储能系统安装提供补贴，补贴分为7个阶段。截至2021年，大规模储能（>10千瓦）补贴0.35美元/（瓦·时），家用储能补贴0.2美元/（瓦·时）
	用户侧	《2018住宅侧储能系统税收抵免新规则》	针对住宅光储，安装住宅光伏系统一年后再安装电池储能系统，并满足储能电能100%来自光伏条件，则储能设备可减免30%税收
意大利	用户侧	储能设备补贴	2012年以实现能源自给为目的安装家用储能设备可以获得50%、最高96000欧元的收入所得税减免。此外，小于20千瓦的光伏发电设备在作为固定资产投入时可以获得最高50%的补贴，且适用11%的税率。2020年疫情后与翻新项目相关的光伏和储能系统的税收减免从50%提高到110%
德国	用户侧	“光伏+储能”补贴计划	总额3000万欧元，已于2018年底到期，但德国各州仍保持对光伏及储能的政策性补贴

续表

国家	补贴端	政策/文件	主要内容
澳大利亚	用户侧	补贴政策	商业、住宅、学校和社区安装“光伏+储能”系统最高补贴3400美元。澳大利亚首都领地提供825美元/千瓦的电池回扣，最高可达30千瓦（最高24750美元）；北领地提供450美元/千瓦的安装补助金，最高补助金为6000美元，南澳大利亚州、维多利亚州等提供最高3000~3500美元不等的家储安装回扣
日本	用户侧		基于锂电池的储能系统补贴，给予购买者购买系统价格2/3的资金补贴，家庭用户上限为100万日元，商业用户上限为1亿日元

二、中国在国际储能市场发展空间巨大

（一）我国储能市场成长迅速

近年来我国储能市场成长迅速，2021年我国电化学储能装机规模占中国储能市场装机总规模的11.8%，比例略高于全球10.30%的平均水平。其中，锂离子电池储能技术装机规模为4658.9兆瓦，功率规模占比为91.0%；铅蓄电池储能技术装机规模为279.5兆瓦，功率规模占比为5.5%；液流电池储能技术装机规模为146.2兆瓦，功率规模占比为2.9%。由于全国已有26个省份明确了新增新能源发电项目规制性配储比例和时长，因此，在中国新增储能投运项目中，储能在新能源发电侧中的装机规模最大，超过580兆瓦，同比增长438%。

（二）美国、中国、欧洲引领全球储能市场的发展

随着新的能源发展，全球储能市场增长迅速。CNESA的数据显示，2021年全球储能市场累计装机规模达到205.3吉瓦，其中电化学储能累计装机规模已经超过21吉瓦，占储能市场装机规模的10.30%。2021年较2020年功率装机规模增长44.1%，其中，2018—2021年近4年功率装机规模为16.9吉瓦，占比为80%。

2021年美国电化学储能装机规模居全球首位，达6361.7兆瓦，其中，新增装机功率占全球新增总量的五成，中国为第二电化学储能市场，装机规模

达 5117. 1 兆瓦，新增装机功率占全球的 26. 9%。美国、中国、欧洲依然引领全球储能市场的发展，三者合计占全球市场的 80%，如图 8-1 所示。其中，韩国、英国、澳大利亚、日本和德国电化学储能装机规模分别为 2561. 2 兆瓦、1587. 3 兆瓦、1257. 7 兆瓦、1149. 8 兆瓦和 726. 3 兆瓦。

据全球能源互联网合作发展组织预测，到 2050 年全球储能需求将达到 4. 1 太瓦①，对应存储电量约 500 太瓦·时。全球储能主要市场来自北美、欧洲、亚洲，此外非洲、中南美地区也有少量增量（见表 8-2）。因此，除部分新兴非洲和中南美国家外，未来中国电化学储能重点合作地区主要还是集中在欧洲和北美市场。

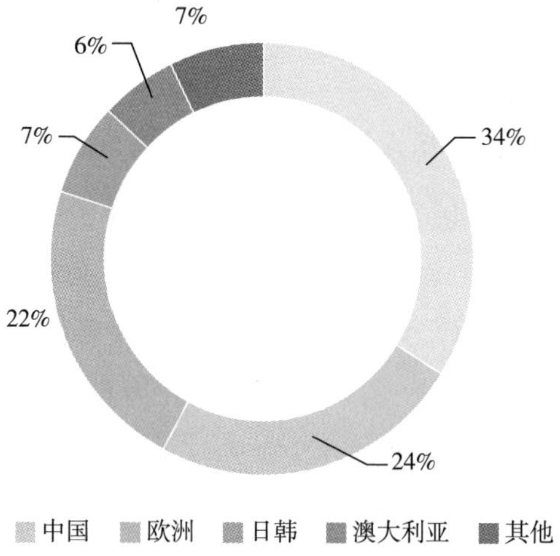

图 8-1　2021 年全球新增投运电化学储能项目地区分布

表 8-2　2050 年全球储能市场预测

	欧洲	非洲	北美	中南美	亚洲
新能源渗透率（%）	65	38	50	43	61
储能装机容量（TW）	0. 43	0. 21	0. 62	0. 07	2. 77
储电量（TW·h）	135	1. 23	160. 5	0. 43	204. 1

资料来源：全球能源互联网合作发展组织。

① 太瓦，即 TW，功率单位，1 太瓦 = 10^{12} 瓦。

第二节　电化学储能产业链国际市场竞争与国际合作

一、电化学储能产业链市场竞争格局

电化学储能产业链主要包括上游设备、中游系统集成及安装、下游终端客户。其中上游设备包括电池、PCS、BMS、EMS 等多个部分，电池和 PCS 占成本比例最大。其中，电池是核心部分，占到了成本的 67%；PCS 是储能变流器，主要负责控制电池的充放电，进行直流和交流的转换，成本约占 10%。中游则主要包括集成厂商和专业厂商两类。下游包括各类风光电站、电网、通信运营商等终端客户。

（一）锂电池市场国际市场格局

锂离子电池占据我国乃至全球电化学储能总规模的最大份额，随着储能产业链的下游——可再生能源并网、电动车以及 5G 基站等方面的发展，也将为锂离子市场带来广阔的发展空间。中国电子信息产业发展研究院（CCID）的调查数据显示，2021 年全球锂离子电池市场规模达到 545 吉瓦・时。其中，中国锂离子电池市场规模约为 324 吉瓦・时，约占全球市场的 59. 4%，而中国锂电企业销量合计达 382 吉瓦・时，中国企业在全球市场的占有率达到近 70%。

本书依据联合国商品贸易数据库中的锂电池数据，分析了全球锂电池具有竞争力的国家。研究显示，2021 年中国锂电池的国际市场占有率为全球第一，销售额达 284 亿美元，销售额占全球锂电池市场的 46. 4%，锂电池市场 CR6>83. 4%，该市场属于中度集中寡占型。如图 8-2 所示，除中国外，其他具有竞争力的出口国家主要集中在波兰（12. 7%）、德国（9. 4%）、匈牙利（6. 8%）、日本（5. 5%）和美国（2. 6%）。

对比国际市场占有率排名前十的国家，中国锂电池的 RCA 为 2. 42，说明在我国的所有出口产品中，锂电池是我国具有一定竞争力的出口产品。在市场占有率最高的 5 个国家中，中国锂电池 TC 竞争力指数为 0. 76，反映出锂电池领域我国的绝对竞争优势（见表 8-3）。中国锂电池主要出口的 10 个国家分布在美国、德国、韩国、越南、日本、荷兰、印度、西班牙、斯洛伐克和波兰，出口额占到全球总出口额的 69. 9%。在锂电池制造领域，我国较竞争对手日本、韩国和美国而言拥有较为完整的产业链，在锂电池材料的正极、负极、电解液和隔膜领域的国际市场占有率分别高达 65%、42%、65%和 43%，因此具有较强的竞争力。

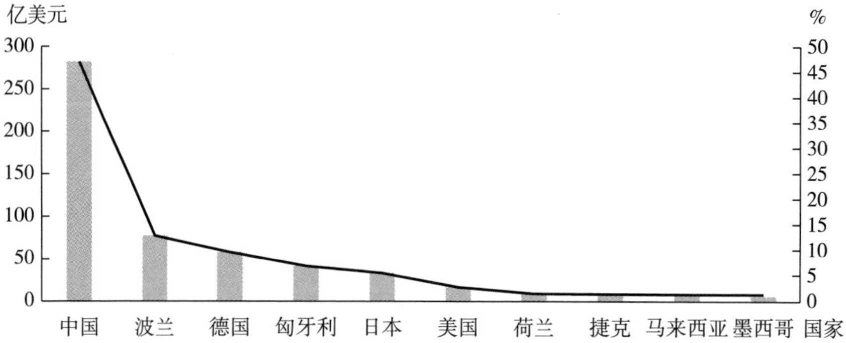

图 8-2　2021 年全球锂电池销售额国际市场占有率分布

表 8-3　2021 年锂电池全球十大出口国 RCA 和 TC 指数

指数	中国	波兰	德国	匈牙利	日本	美国	荷兰	捷克	马来西亚	墨西哥
RCA	2. 42	4. 17	9. 93	0. 77	13. 71	0. 31	1. 42	0. 76	0. 41	0. 38
TC	0. 76	0. 68	−0. 28	0. 70	0. 33	−0. 68	−0. 19	−0. 37	0. 61	−0. 53

近年来，国际锂电池竞争局面处于急速调整阶段，由过去日韩企业主导格局演变成了中国企业主导。由于动力电池和储能电池是锂电池应用发展最具潜力的领域，两者在技术上并无较大差别，只是由于应用场景不同而在性能和寿命上有不同的要求，因此中国企业无论是在动力电池市场还是储能电池市场都有优异的表现。

根据韩国 SNE 的研究，储能电池领域宁德时代从 2020 年 14%的全球份额跃居到 2021 年 25%的全球第一份额，其次分别为比亚迪（17%）、韩国 SDI

（13%）、韩国 LGES（12%）和国轩高科（6%），前 5 家企业共占全球市场 73%的比重，其余企业如派能科技、南都电源等也大部分为中国企业（见图 8-3）。动力电池市场也依旧被宁德时代、韩国 LGES、松下、比亚迪、SK On 和三星 SDI 占据，6 家企业占据了全球 84%的市场份额。

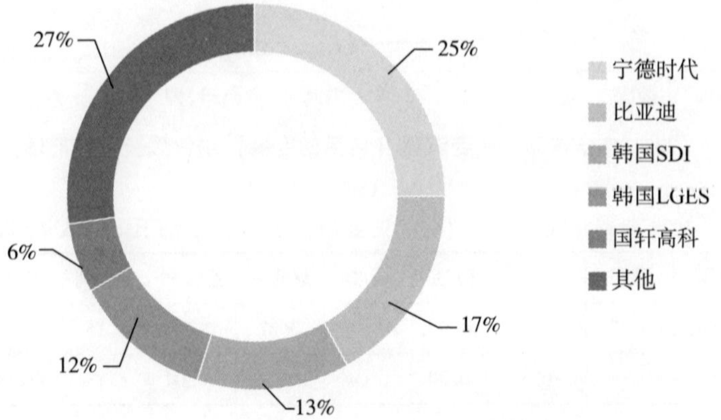

图 8-3　2021 年储能锂电池全球企业市场竞争格局

（二）储能变流器与集成商国际市场竞争格局

根据联合国商品贸易数据库中 HS 编码的 850440 的静止式变流器（包括逆变器）等的进出口情况，分析中国在变流器市场的国际竞争力情况可知，2021 年中国变流器在国际市场的占有率为全球第一，销售额达 279 亿美元，销售额占全球变流器市场的 37.4%，略低于锂电池市场（见图 8-4）。储能变流器出口市场具有竞争力的国家主要集中在德国（11.5%）、美国（6.0%）、荷兰（4.3%）和日本（3.8%），这些国家也是全球主要的锂电池出口国。

对比国际市场占有率排名前十的国家，中国静止式变流器（包括逆变器）的 RCA 为 1.94，但低于锂电池的 2.42。反映出在储能产品制造领域，我国的锂电池出口竞争力强于变流器（逆变器）。在国际市场占有率最高的 5 个国家中，中国静止式变流器（包括逆变器）的 TC 竞争力指数为 0.55，均高于竞争对手，反映出我国在变流器生产领域的绝对竞争优势（见表 8-4）。

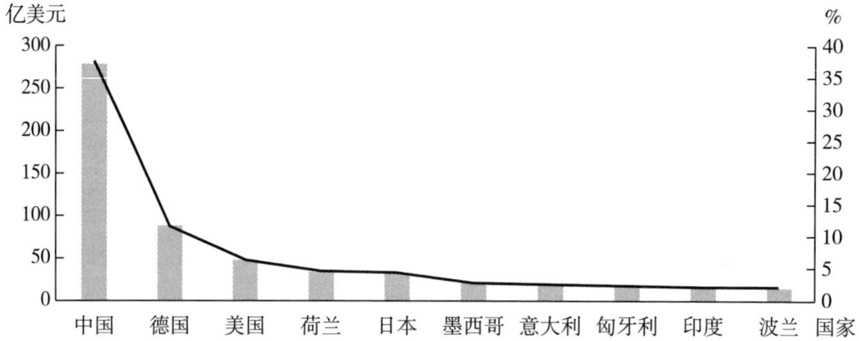

图 8-4　2021 年全球静止式变流器（包括逆变器）销售额及国际市场占有率

表 8-4　2021 年静止式变流器（包括逆变器）全球十大出口国 RCA 和 TC 指数

指数	中国	德国	美国	荷兰	日本	墨西哥	意大利	匈牙利	印度	波兰
RCA	1.94	3.77	6.31	0.5	9.42	0.27	2.31	1.15	0.58	0.67
TC	0.55	0.14	−0.5	−0.04	0.04	−0.23	−0.04	0.23	−0.09	−0.17

2021 年，中国光伏逆变器总计已占据超过 70%的全球市场份额，优势企业包括阳光电源、华为等（见图 8-5）。由于储能变流器（PCS）与光伏逆变器技术上同源，对于原有光伏逆变器企业而言，储能业务属于增量业务，因此进入国际储能变流器行业参与竞争的企业大多也为光伏逆变器厂商。在全球市场中，阳光电源、科华数能、比亚迪、古瑞瓦特、上能电气和南都电池等依然是国际市场上具有一定竞争力的中国集成商。

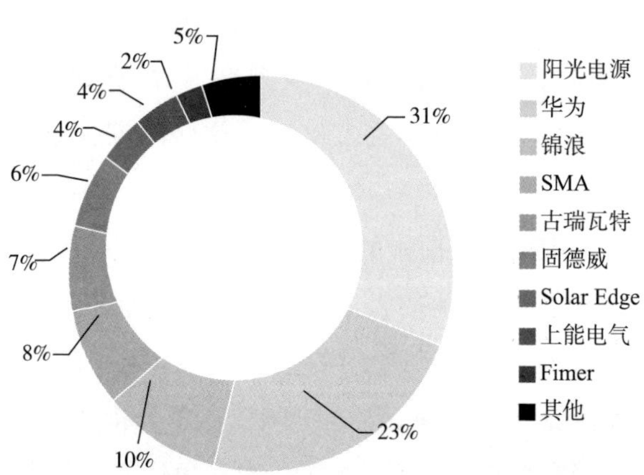

图 8-5　2021 年全球逆变器国际市场竞争格局

中游的储能系统集成，是指在对电池、PCS 等各部件性能充分了解的基础上，根据个人用户、工商业、发电侧、电网侧等场景选择合适的储能技术和产品，并把各个部件组合起来。由于需要具备电力电子、IT、电网调度等多行业的综合能力，因此对集成商综合要求相对较高。目前的储能集成商主要来自两种企业，一种是本身就是做储能变流器或电池的企业，如阳光电源、比亚迪等，以自身产品为基础做系统集成服务；另一种是以提供系统集成服务为主的企业，以全链发展模式为基础，储能系统的主要部件如电芯、PC 等全部自己制造生产，如陆科电子。2021 年中游储能系统集成商除阳光电源、比亚迪在海外市场布局较早，出货量分别超过 2000 兆瓦·时、1400 兆瓦·时外，其余企业在国际市场上尚未形成较大优势。

二、电化学储能产业链国际合作

（一）在锂原料领域实施海外并购战略，海外布局逐渐展开

2020 年 USGS 调查数据显示，全球探明锂资源为 8600 万吨，主要分布在智利、澳大利亚、阿根廷和中国，四国分别占世界总探明储量的 44%、22%、9%和 7%，合计占比为 82%。从锂资源全球供给结构来看，四国锂产量占全球总产量比重超过 90%，其中澳大利亚和智利两国的供给量占全球总量超过 70%，主要来自澳大利亚矿山和智利高品质盐湖。

长期以来，全球优质锂矿及锂盐湖大都被美国雅宝公司（ALB）和智利矿业化工（SQM）两家巨头占据。随着中国储能材料领域的需求扩张，部分中国锂原料龙头企业如天齐锂业和赣锋锂业通过海外并购、战略投资的方式逐步获取了优质锂矿资源。天齐锂业海外并购锂矿资源的布局主要集中在西澳大利亚地区，早在 2012—2014 年天齐锂业就对泰利森母公司文菲尔德以 51%的股权进行收购，由于泰利森是目前全球最大的固体锂精矿拥有者及供应商，通过收购后天齐锂业就拥有澳大利亚 Greenbushes 优质锂矿和 Kwinana 氢氧化锂精炼厂。2018 年天齐锂业收购了智利矿业化工 25.86%的股权，由于智利矿业化工在澳大利亚 Mt Holland 锂矿占有 50%的股份，相当于天齐锂业对该锂矿拥有 12.94%的股份。赣锋锂业通过包销或者入股投资的方式，确保

在原料上的供给。通过参股澳大利亚锂矿巨头皮尔巴拉矿业（Pilbara）公司（6.86%的股权）获得了澳大利亚 Pilgangoora 锂矿项目，收购了澳大利亚 RIM 公司的 50%股权，并签订协议长期包销了 Mount Marion 和 Pilbara Pilgangoora 的锂精矿。此外，赣锋锂业将海外投资布局的重点放在南美“锂三角”地区，通过并购获得阿根廷萨尔塔省 Mariana 锂钾盐湖项目 82.75%的权益；通过投资海外公司 Minera Exar，并逐步扩大股权至 51%，获得阿根廷锂盐湖项目权益；2021 年又通过收购加拿大 Millennial 公司获取其旗下主要位于阿根廷的 Pastos Grandes 锂盐湖和 Cauchari East 锂盐湖项目，逐步扩大对南美地区锂资源的掌控权。

此外，上游部分电池厂家和整车厂为保证稳定供应和获得定价权，也开始加强对海外锂资源的布局。例如，宁德时代在澳大利亚和南美均有布局，通过先后收购澳大利亚 Pilbara 公司 8.5%的股权、收购加拿大锂业公司 Neo Lithium 8%的股权、参与阿根廷 Tres Quebradas 的 4 万吨电池级碳酸锂锂盐湖项目开发，逐步提高了公司对上游资源的掌控能力。

（二）储能材料龙头企业产业链海外合作不断深入

锂电材料领域，龙头企业已经逐步进入全球主要电池巨头产业供应链。除日系电池企业供应链相对封闭外，中国企业在其余锂电池供应链中的供应地位越来越显著。例如，在三元前驱体领域，中伟股份是 LG 化学的主要供应商，同时也是 SKI、三星 SDI 的供应商。在 NCM 正极材料领域，当升科技已经成为 LG 化学、三星 SDI 的全球供应商（见表 8-5）。

表 8-5　国内锂电材料企业与其下游企业的合作布局

分类	三星 SDI	SKI	LG 化学	松下
三元前驱体	格林美、中伟股份	中伟股份	中伟股份、华友钴业	芳源环保
NCM 正极材料	当升科技	中科电气、贝特瑞	当升科技、华友钴业	厦钨新能
石墨	贝特瑞、江西紫宸		贝特瑞、翔丰华、江西紫宸	贝特瑞
电解液	新宙邦	新宙邦	江苏国泰、新宙邦、天赐材料	
隔膜	星源材质、上海恩捷		星源材质、上海恩捷	

资料来源：GGII。

龙头电池生产企业也通过探索与产业链下游生产、制造企业的海外合作，积极开辟海外业务渠道。例如，宁德时代作为国内锂电龙头，2011 年就开始布局储能产业，由于欧洲、美国市场是其海外业务发展的重心，截至 2022 年已与加拿大阿特斯阳光电力，美国伊顿电源、Powin 全球储能系统集成公司、杜克能源（Duke Energy）等中下游客户建立了战略合作关系。南都电源下游合作伙伴则包括了西班牙 Green Power Monitor（GPM）等一批欧洲光伏和储能设备与解决方案企业以及西班牙国家电力公司（Endesa）、逆变器和储能系统供应公司 Ingeteam Power 等全球领先的自动化及风力涡轮机制造商，向产品下游领域不断扩张。

分布式储能变流器/光伏逆变器领域下游市场相对分散，销售更为依赖渠道。以锦浪科技、固德威为代表的企业，则主要是通过与当地用户侧销售商建立长期合作关系来稳定海外渠道，销售渠道已经深入到美国、欧洲、印度、拉美市场。例如，锦浪科技与美国逆变器供应商 AEE（Sunrun）、英国最大光伏产品提供商 Segen 和巴西光伏零部件安装商 Renovigi Energia Solar 等分布式光伏企业长期合作，固德威与澳大利亚太阳能电池板供应商 One Stop Warehouse、荷兰电子器件经销商 Natec Sunergy、巴西 PHB Eletronica 等光伏销售商长期合作。

（三）龙头企业通过海外建厂、项目集成等合作方式不断深入

头部电池制造商通过海外设厂的方式拓展海外市场、积极响应市场需求。阳光能源分别在印度和泰国建有生产基地，2022 年产能达 20 吉瓦，在一定程度上不仅可以规避部分关税和贸易壁垒，还可以利用海外电池产能合作优势，迅速贴近海外市场。宁德时代在德国图林根的生产基地于 2021 年已经投产，规划产能为 14 吉瓦·时。欧洲设厂能够进一步贴近下游客户，形成基于海外的动力电池供应能力，以便更好地根据其客户在动力电池领域订单需求调节研发方向。2022 年后续还计划将在印度尼西亚、美国等地建厂。国轩高科也先后于 2019 年、2021 年在东南亚与印度塔塔集团（Tata）和越南车商（Vin Fast）等企业合资建厂，负责本部电池模块、电池组的研发与制造；2021 年通过收购博世集团在德国的工厂建立欧洲生产基地，同时与 Volkswagen 签署合作协议在欧洲打造从电池生产到回收的产业链；同年在美国通过与北美车

企合作建厂的方式，满足地区市场对动力锂电池的需求。

通过前期多年的光伏渠道的沉淀与积累，龙头企业在海外储能市场的拓展也逐渐过渡到储能整体方案的合作。作为国内最大的集成商，阳光电源储能系统已经在全球交付重大储能系统项目超 900 个，在北美地区通过提供整体化方案形成了工商业、电网侧储能及发电侧储能相结合的布局，先后为密苏里州 1 兆瓦/2.2 兆瓦·时项目、马萨诸塞州 15 兆瓦/32 兆瓦·时项目和 25 兆瓦/100 兆瓦·时项目以及佛罗里达州 5 兆瓦+1.5 兆瓦/3.836 兆瓦·时大型光伏储能项目等提供储能系统整体解决方案。2019 年，阳光电源储能系统又负责为欧洲最大单体电池储能电站——门迪电站提供 100 兆瓦/100 兆瓦·时储能项目综合服务，提供包括电池组、储能变流器（PCS）、能源管理系统（EMS）等软硬件在内的一体化解决方案。此外，2021 年华为也成功与沙特阿拉伯最大储能项目——沙特红海新城项目（1300 兆瓦·时）合作，在提供包括 1300 兆瓦·时储能系统、储能变流器、通信及管理系统等综合方案的同时，华为还参与方案设计、电网仿真及相关设计咨询服务。此外，比亚迪、南都电源等通过提供集装箱式储能系统，先后为英国储能项目、美国得克萨斯州风储项目、爱尔兰 Gorman 大型锂电储能调频项目提供储能集装箱项目的集成与综合服务。

第三节　中国电化学储能国际合作面临的挑战

一、锂资源供给上对外依存度高，海外资源获取具有不确定性

由于中国本土锂资源禀赋不足、综合开采利用效果较差，虽然拥有全球 7%的锂资源和国际上相对领先的提取锂的技术，但是锂资源整体对外依存度依然高达 70%以上。我国 80%的盐湖锂资源分布在青海、西藏和湖北三地。青海盐湖卤水的镁锂比较高，分离难度大，提取成本偏高；而西藏盐湖的镁锂比虽然较低，但由于交通不便，自然环境条件较差，运输成本高，产量不足。因此我国盐湖卤水提取碳酸锂成本为 3 万~4 万元/吨，而南美盐湖生产

碳酸锂成本平均为2万~3万元/吨。随着新能源产业的发展和人们对锂电领域的需求高涨，加之海外矿业开发环境日趋复杂叠加疫情等不确定因素影响，海外锂资源项目开发的进度不确定性也会显著增加，锂资源在未来一段时间面临供需失衡等方面的问题还将持续。

此外，虽然我国已经通过海外合资等渠道进入南美“锂三角”地区，但由于美国等矿业巨头进入较早，垄断格局基本已经形成，加之南美地区国家的投资政策差异较大，短期内继续扩大海外锂资源供给存在不确定性。目前“锂三角”地区已发现的盐湖锂矿项目和锂盐供给几乎被美国雅宝公司（ALB）、利文特（Livent）和智利矿业化工（SQM）3家垄断，3家公司控制了地区88%的锂资源。如果需要继续扩大海外锂资源获取，只能通过加大勘查开发新资源力度和投资并购等方式渗透。但南美“锂三角”地区的锂矿资源投资政策差异较大，目前中国企业直接获得海外矿业权的可能性已经较小，只能通过投资并购或入股方式参与。例如，阿根廷盐湖探矿权和采矿权几乎已经完全被登记，中国企业新获取矿业权几乎已经没有可能；智利将锂作为战略储备资源，采取配额制控制锂矿开发，中国企业在智利也很难获得还没有开采盐湖的开发权；玻利维亚也将锂矿开发纳入国家战略，只能由玻利维亚国家锂业公司（YLB）负责全境盐湖锂的开发，中国企业未来只能以投资入股方式参与。

二、国内储能商业应用模式相对较单一，在进军海外市场时有一定难度

从储能市场应用场景来看，由于国内和海外储能市场商业应用在收益来源方面有差异，国内储能市场的盈利模式主要靠政策强制推行，如“发电侧强制配储+补贴”手段，欧洲与美国等主要市场则是居民、工商业储能场景发展迅速，较为单一的商业模式使得国内企业在进军海外市场时需要重新定位。

国内由于储能市场应用的盈利模式较为单一，储能企业在国内表前端（发电侧和电网侧）以及表后端（居民与工商业）商业运营的经验无法复制到海外。就盈利模式而言，国内储能盈利模式主要由政策推动，即通过在发电侧解决

“弃电”问题，进而提高发电收入以及参与调峰辅助服务获取补贴。由于光伏配储能的主流盈利模式收益率偏低（IRR 约为 6.64%），收益低于光伏发电，因此，除政策强制外，企业自发配储意愿较低。同时，在表后端商业应用场景下虽然以工商业储能为主，但由于投资回报低，加之国内电网基础设施可靠性高、停电极少，居民电价较低，因此整体表后端储能市场也缺乏装机动力，2020 年国内表后端（工商业+居民）储能渗透率仅为 0.006%，因此国内市场还缺乏大规模表后端市场企业商业运行的经验。另外，国内储能市场的发展以发电侧政策驱动为主，由于发电侧的终端企业对储能系统多为招标采购，储能企业或系统集成商无法运用其渠道和运营优势。因此，缺乏国内商业运营经验的国内储能企业在进军海外市场时，必然要经过较长时间来磨合适应国外商业市场环境。

另外，由于欧洲、美国等表后端市场需求增长较快，中国企业相对不具备渠道与品牌优势。由于工商和居民端储能产品直接面对终端客户，对产品品牌口碑、维修、支持等增值服务具有更高的要求，通常具有先发优势的企业会有更大的市场优势。而中国企业相较于海外品牌，由于不具备渠道与品牌优势，因此在选择产品时，顾客更偏好选择有口碑的海外品牌。例如，2020 年全球户用储能电池排名前五的供应商中，美国特斯拉（Tesla）、韩国 LG 新能源（LG Energy Solution）先发优势明显，而中国的派能科技（Pylon-tech）、沃太能源（Alpha ESS）虽然出货量大，但是用户端品牌与渠道优势相对较小。目前中国派能主要为德国太阳能公司（Sonnen）生产贴牌产品。一些低端产品如德业股份的储能产品，也是与美国方舟太阳能公司（Solar-Ark）合作并通过贴牌方式进入美国市场。长期来看，这种代工/贴牌的盈利模式在进军部分用户端市场时还需要作出调整。

三、海外储能标准市场认证严格、渠道壁垒相对较高

由于国际市场上对储能产品的市场认证相对较严格，认证周期长且各个国家标准不同，因此在进军海外市场时需要突破一定的认证壁垒。此外，由于表前端市场的渠道壁垒相对高于表后端市场，因此只有少数龙头企业成功打入海外表前端市场。

海外市场对于储能设备的认证而言具有严格的标准和流程，认证过程往往长达半年以上，此外，产品认证质量要求极高，对于后续表现较差的产品而言可能面临高额罚款。由于不同国家和地区对产品的认证要求不同，因此各类认证也成为储能产品通向海外市场的必经难关。例如，国际电工委员会（IEC）先后制定了IEC62619、IEC62040等锂离子电池安全标准，在全球范围内被广泛采用。UL系列标准则是由美国安全检测实验室公司（UL）发布的一系列标准，包括UL1642、UL1973和UL9540等。其中，UL1642是锂电池安全标准，UL1973则对储能电池系统的电气安全、电池安全、功能安全提出了明确要求和测试方法；UL9540先后被批准为美国和加拿大国家标准，在系统层面对储能系统的电气安全、电池安全、功能安全、并网特性提出了明确要求。除了繁杂的各类认证外，由于美国是联邦制国家，产品在进军各州时还可能面临各州政府对市场准入标准的额外要求（见表8-6）。

由于海外项目对储能技术标准的要求，因此只有提供过硬的核心产品和综合集成服务的企业才可能在海外市场获得更多收益。这就要求储能企业在争夺高端市场时，必须由提供单一化产品向提供综合方案服务商转变。

表8-6　部分重点国家的储能认证标准

国家/国际组织	认证	效用
美国、加拿大	UL/ETL	可进入美国、加拿大市场的最低认证
可进入美国加利福尼亚州等市场	UL/ETL CPUC Rule 21 和 HECO Rule 14	可进入美国加利福尼亚州/夏威夷市场
加拿大	CSA	可进入美国、加拿大市场
欧盟	CE	准入认证
德国	TÜV	第三方认证，国际上广泛认可
意大利	Enel-GUIDA	第三方认证，国际上广泛认可
日本	JIS	准入认证
韩国	KS KBIA	准入认证
印度	BIS	准入认证
国际电工委员会	IEC	部分国家部分类型产品满足 IEC 即可进入

第四节 电化学储能产业链国际合作策略

一、以海外家用储能市场为切入点，差异化布局海外市场

从国际储能市场发展增量潜力来看，国际储能市场主要可以划分为两大类，一类是目前需求保持稳定增长的欧洲、美国、澳大利亚、日本、韩国等成熟市场；另一类是印度、泰国、越南、缅甸等东南亚地区，以及南非、埃及和部分拉丁美洲国家的新兴市场。

首先，积极拓展海外用户侧储能市场，拓展集成化综合服务模式。一方面，对于需求保持稳定增长的成熟市场国家，如欧洲的德国、英国、荷兰等国，应重点以阳光电源、华为等企业为核心，积极拓展“工商企业+用户”应用储能市场。相较于发电侧，用户市场端对专业性和价格相对不敏感，而渠道壁垒效应较为明显。在海外集中采购模式下，海外渠道可以通过长期与经销商或大型客户合作的方式获得。以华为为例，由于前期的技术研发与客户资源渠道的积累，仅用了2~3年就在国际逆变器市场占领了较高份额。因此，在拓展表后端海外市场时，更需要重点通过与当地经销商、安装商和集成商展开长期合作关系，以海外渠道拓展为重点，逐步扩大海外市场的知名度与占有率。另一方面，在用户侧储能领域，企业在“走出去”过程中需要积极探索集成综合服务模式。由于我国目前储能系统集成商国内市场集中度偏低，除少数企业外，在海外有能力提供综合集成服务的企业相对较少，同时用户侧储能市场尚未充分开发，在服务模式上处于探索阶段。因此，在开拓海外市场时，集成服务商需要不断探索综合服务模式，可通过提供一体化方案来提升产品附加值。通过提供“光伏+储能”、储能电池、充电桩等领域的一体化方案，降低安装难度，为用户侧客户提供更好的体验。企业需要根据各国终端用户对产品的需求，采取差异化竞争策略，深耕当地市场需求。通过提供多元化的产品、完善的海外售后服务体系，为用户端提供丰富的储能系统产品与服务。

其次，对于部分东南亚新兴储能市场国家和以美国、韩国为代表的前表需求主导国家，则以提升产品竞争力和打通产业链海外合作为重点，通过提供较低成本和标准化服务逐步拓展海外市场。一方面，通过上游材料及锂电池生产制造，积极融入海外知名企业的产业链；另一方面，通过龙头企业如阳光电源、比亚迪带动，拓展海外业务。通过海外建厂、海外投资和海外ECP项目等方式，提升企业在海外市场的应变能力。

二、降低企业海外融资成本，积极发挥外资银行在海外市场的桥梁作用

首先，银行层面应积极为大型海外储能项目扩大融资渠道，降低企业融资成本。一方面，积极拓展与亚洲基础设施投资银行、金砖国家新开发银行、欧洲复兴开发银行等多边开发性金融机构的海外合作，利用其海外融资渠道优势，积极推动海外大型储能项目落地。另一方面，发挥银行在海外资金引导中的作用，通过积极引导中国进出口银行、国家开发银行等和国有、商业银行开展海外资金投入，同时以保险、证券等金融业务对储能产业链企业“走出去”提供必要的金融支持。

其次，企业在海外扩张布局过程中，积极扩大与外资银行的合作。随着以国内大循环为主体、国内国际双循环相互促进的新发展格局的推进，内贸在外资银行业务中的占比加大的同时，头部中国企业的出海速度加快，对外资银行与企业的合作也提出了更高的要求。通过加大与外资银行的合作，一方面，可以帮助企业利用外资银行在海外的渠道优势。在为企业争取流动资金和贷款的同时，还可以通过市场经验分享和定制化的融资方案，帮助企业拓展海外对当地业务。另一方面，通过与外资银行深入合作，可以帮助企业与外资银行从支持海外业务的融资、投资，到实现对海外市场运营风险的监督与管理，以及定制化的配套财资服务，积极发挥外资银行与当地市场参与者的“桥梁”作用。

三、提升国内标准对接国际标准的效率，推动我国储能行业"走出去"

首先，完善我国储能产业标准体系的建设，推动围绕储能系统安装调试与运营维护、储能系统安全等方面标准的国际接轨。我国对储能相关标准的制定较为重视，自 2008 年发布第一项有关电化学储能的国家标准以来，已累计发布储能技术相关国家标准近 35 项、行业标准 9 项。但是，与国际储能标准体系相比，我国储能标准体系还缺乏储能系统安装调试、运营维护的标准，特别是在储能系统安全管理等方面的标准尚有缺失。随着各国电化学储能电站的迅速发展，储能安全问题引起了各国的重视，而国外在电化学储能电站及用户侧储能系统的安装、安全等方面均有相关规定，如国际的 IEC62933 系列标准、2014 年美国和加拿大发布的 UL9540 标准、美国国家防火委员会的 NFPA855 大型电网并网安全标准、澳大利亚的 AS5139 储能系统安装规范标准等。因此，只有尽快提升国内标准与国际标准的对接效率，才能更好地推动我国储能产业"走出去"。

其次，积极承担国际储能标准的研制与编写，跟踪相关国际储能标准制定，多方参与协作，共同提升我国储能标准在国际上的影响力。针对智能微电网、能源互联网等新型电力系统框架的新需求，参考国外先进标准成果，在政府、行业机构、产业链相关企业、高校与科研院所及第三方检测认证机构的共同参与下，积极参与国际储能标准的编写工作。通过建立具有国际先进水平的标准体系，为储能产业快速走向国际提供技术支撑，为储能标准走向国际贡献中国智慧。

第九章　能源转型背景下的中国油气国际合作模式研究

随着经济总量的增长和规模的扩大，中国对能源的需求持续上升，能源对外依存度不断提高。作为能源生产和消费大国，中国能源产业的发展，对全球能源格局具有重要而深远的影响。在中国能源产业快速发展的过程中，世界政治、经济格局，国际能源转型和新科技革命的变化，使得任何一个国家都难以单独解决重大能源议题。积极开展能源合作，推进能源治理改革，已经成为中国与各国的重要命题，如何构建能源国际合作战略、模式，以及如何参与能源全球治理，是中国能源产业亟须解决的问题。

第一节　中国油气能源国际合作发展历程

中国油气能源国际合作经历了从自给自足到对外依赖两个阶段，在自给自足阶段，更加注重对内进行油气集团化改革，对外引进技术，学习经验，利用资源换取市场，发展国内经济。随着能源对外依赖程度的提升，中国能源国际合作的范围和形式不断扩展。

一、中国油气产业发展历程

（一）从自给到初步国际合作（1978—1993 年）：企业集团化和“以资源换市场”

20 世纪 80 年代初，为解决海洋石油资源开发的资源与资金问题，海洋石油率先对外开放，1982 年颁布了《中华人民共和国对外合作开采海洋石油资源条例》及相关法规。在 1983 年首轮公开招标，同 9 个国家的 27 家石油公司签订 18 项石油合同，开启了中国石油资源对外合作的序章。随后的 1985

年，南方 11 个省份陆上石油资源先行开放。1993 年，随着中国陆上石油对外合作条例的颁布，陆上石油资源对外开放的省份也逐渐扩展到北方 10 个省份。

为适应油气国际合作需求，中国在这一阶段加快推进油气企业集团化发展。1982 年成立中国海洋石油总公司（以下简称中国海油），1983 年，成立中国石油化工总公司（以下简称中国石化），以解决石化工业中的条块分割和产业重复低效问题。1988 年撤销了石油工业部，成立中国石油天然气总公司（以下简称中国石油），对陆上油气资源的勘探、开发和生产实施统一管理与经营。三大国家石油公司的成立，推动了资源的综合利用，强化了公司的生产经营责任，促进了中国油气资源的国际合作。在项目合作上，主要特征是“以资源换市场”，通过开放国内市场，积累国际能源合作经验，引入欧美发达国家油气产业资金、设备、技术及经验，促进国内能源开发与利用，提升国内经济发展水平。

（二）能源国际合作推进阶段（1993—2013 年）

1993 年，中国成为石油净进口国。中央也在此时提出“充分利用国内外两种资源、两个市场”的方针，国内石油工业“走出去”的步伐开始加速。

在合作区域上，通过实施能源对外开放，满足国内能源需求，保障能源安全，先后与中东、非洲、东盟建立了较为稳定的石油贸易关系。每年从中东进口石油量超过国内进口总量的 50%，与非洲成功建立了能源合作的“安哥拉模式”，每年从非洲进口石油量接近 20%。

从企业层面合作来看，三大石油公司逐步成为全球油气合作的重要参与者。2000—2001 年，中国石油、中国石化和中国海油三大公司完成重组改制，并在海外资本市场成功上市，进入国际资本市场，开展国际合作。中国石油在 1993 年开始了海外油气勘探开发领域的合作；1997 年，先后中标苏丹、委内瑞拉、哈萨克斯坦等项目，合作勘探开发油气；2005 年，收购哈萨克斯坦 PK 石油公司；2007 年，与土库曼斯坦进行天然气合作。中国海油在 1994 年通过购买印度尼西亚阿科公司马六甲油田 32. 85%的股份，成为该油田最大的股东；2002 年，又成功完成印度尼西亚、澳大利亚和尼日利亚的油气项目。中国石化不仅与沙特阿拉伯、伊朗、俄罗斯等国石油公司在勘探开发中展开合作，而且积极探索和实施海外石油的下游业务合作。2003 年，完成中国第一个海外大型石油化工工程总承包项目——伊朗炼油厂改造项目；2005 年，获得沙特阿拉伯等国的重大合作项目。

在此阶段，作为国际能源市场的后来者，中国企业进入的市场和合作的范围整体较小，合作的资源区域一般资源禀赋也较差，政治风险较高，石油进口集中在中东、非洲，不利于分散能源供给风险。同时，由于在欧美制定的国际能源市场规范和标准下，中国企业在环保等方面的意识不足，容易被西方舆论歪曲渲染，中国能源的对外合作容易被贴上“破坏生态环境”“招标投标不符合流程”“施工存在安全隐患”的标签，限制了中国能源企业国际合作的空间。

（三）能源国际合作的中国方案（2013 年至今）

2013 年，中国提出“一带一路”倡议，面向全球发布“一带一路”能源合作倡议文件，通过建立双边能源合作机制，参与多边能源合作机制，签署合作协议的方式，与多个国家开展联合规划研究。在能源贸易和投资畅通方面，“能源+金融”合作新模式，依托亚洲基础设施投资银行、金砖国家新开发银行、丝路基金及国家开发银行、中国进出口银行等，为“一带一路”沿线区域能源合作提供资金融通支持。中国通过提升能源基础设施互联互通水平，推进沿线区域绿色转型，促进当地经济社会发展和增加就业等方式，实实在在地增进了沿线国家人民的获得感。

在“一带一路”沿线，油气合作主要围绕 3 个区域展开：中亚地区、中东地区以及亚太地区。其中，中亚地区、中东地区油气资源丰富，是世界主要油气供应区；亚太地区油气资源相对较少，是世界主要油气消费区。

中亚地区是仅次于中东地区的油气资源生产区，俄罗斯、哈萨克斯坦、土库曼斯坦也是中国油气进口的主要伙伴。在合作内容上，涉及油气开采、勘探，油气管道建设，权益油和权益气等众多项目。在中东地区，中国与沙特的合作方式是参与沙特阿美向全球发出的服务作业合同项目，集中在工程技术服务和油气勘探领域。中国与伊朗在石油勘探与贸易上具有良好的基础，油气勘探开发领域合作广泛。由于美国对伊朗的制裁，2021 年，中国没有从伊朗直接进口原油；2022年前5个月，中国从伊朗进口原油仅52万吨。中国与伊拉克在油气勘探开发项目上的合作经验较多。中国石油独自或与国际石油公司联合参与了艾哈代布（2008年）、鲁迈拉（2009年）、哈法亚（2010年）、西古尔纳（2013年）等大型油田的开发，2021年，中国从伊拉克进口石油5407.94万吨。

在亚太地区，中国油气资源合作的重点是提升油气消费的技术服务水平，提高该区域内油气资源供应保障和石油化工水平。印度尼西亚、马来西亚、越南油气资源丰富，是中国主要的合作对象。印度尼西亚是亚洲油气生产大国，主要依靠外国技术力量进行勘探开发，技术服务市场竞争激烈。作为产量分成合同的创始国，相关法律法规较为完善。马来西亚是全球第二大液化天然气出口国，2016年，中国石油与马来西亚苏里亚战略能源有限公司签署《沙巴天然气管道项目施工及试运合同》和《多介质管道项目施工及试运合同》，中国石油天然气管道局承担管道项目建设。

二、能源国际合作政策演进

随着中国国际能源合作的不断拓展，国内能源政策也在开放国内市场，推进油气企业进出口贸易，油气定价市场化和油气国际能源治理等方面积极探索。

（一）从要素开放转向体制开放，推动油气产业的全产业链改革

能源市场的开放首先是对内的市场化，为促进非国企进入能源市场，国务院于2005年发布《关于鼓励支持和引导个体私营等非公有制经济发展的若干意见》（“36条”），促进能源市场化进程。2006年商务部颁布的《原油市场管理办法》和《成品油市场管理办法》（2020年废止），是从法律层面对履行开放石油批发和零售承诺的确认，加速了石油流通领域的市场化改革。2010年国务院发布了《关于鼓励和引导民间投资健康发展的若干意见》（“新36条”）。两个“36条”提出“允许非公有资本进入石油行业”和“支持民间资本进入油气勘探开发领域，与国有石油企业合作开展油气勘探开发。支持民间资本参股建设原油、天然气、成品油的储运和管道输送设施及网络”，

非公经济参与能源领域竞争的支持力度不断加大。2012 年，为鼓励民间资本投资油气领域，商务部、国土资源部和国家能源局基于“新 36 条”精神发布了具体实施细则。

2017 年国务院发布的《关于深化石油天然气体制改革的若干意见》提出，“以大型国有油气公司为主导、多种经济成分共同参与的勘查开采体系”为方针，促进了 2020 年矿业权竞争性出让制的全面推行。2019 年 12 月，国务院发布《关于营造更好发展环境支持民营企业改革发展的意见》，明确支持民营企业进入油气勘探开发、炼化销售、储运和管道输送，以及原油进口和成品油出口等领域，从政策层面打破了民营企业进入油气行业的壁垒。2019 年，全国人民代表大会通过了《中华人民共和国外商投资法》，明确了对外商投资实行准入前国民待遇加负面清单的管理制度。国家发展改革委、商务部发布了《外商投资准入特别管理措施（负面清单）》（2019 年版），取消了外资在油气勘探开发以及城市燃气领域的进入限制，标志着中国油气行业的全面对外开放。

随着油气产业体制改革方案的落地，国家政策从商品要素开放向规则和制度开放转变，整个油气产业逐步形成了国有、外资、民营三类公司基于公平规则和开放市场的竞争格局，促进了全产业链的高质量发展。

（二）多方面推进油气企业进出口贸易

为促进油气企业进出口贸易，在国家层面，2013 年以来，国家主席习近平先后出访中亚四国，与土库曼斯坦、哈萨克斯坦、乌兹别克斯坦、吉尔吉斯斯坦签署了《关于建立战略伙伴关系的联合宣言》，全面深化战略协作伙伴关系，并提出了“一带一路”能源合作。2014 年，习近平主席就推动能源革命提出五点要求，形成“四个革命”和“一个合作”，强调了全方位加强国际合作，实现开放条件下的能源安全。

为实现开放条件下的国际能源合作，需要对原油进口权和使用权进行调整。长期以来，中国原油进口权由国有企业专营，原油国营贸易配额主要用于国有石油企业的炼厂加工。为解决燃料油进口配额占而不用的问题，2012 年 10 月商务部颁布了《2013 年燃料油非国营贸易进口允许量申领程序、分配原则》，采用“先来先领”的分配方式。2014 年，国务院办公厅印发《关于支持外贸稳定增长的若干建议》，赋予符合条件的原油加工企业原油进口和使用资质，并在同年 8 月明确“给予东北地区符合条件的原油加工企业原油进口和使用资质”。

为促进地方炼油企业进口原油，2015 年，国家发展改革委发布《关于进口原油使用管理有关问题的通知》，准许满足条件的地方炼油企业，在清理一定落后产能或建设储气设施的前提下进口原油。商务部发布《关于原油加工企业申请非国营贸易进口资格有关工作的通知》，明确获得进口原油使用权的地方炼厂，再获非国营贸易进口资质，即可自主进口原油，不再通过国营进口单位代理进口。2018 年 2 月，商务部发布《中国（浙江）自由贸易试验区企业申请原油非国营贸易进口资格条件和程序》，非国营贸易企业第一次获得原油进口权，改变了原有原油进口资质企业的结构。2020 年 3 月，国务院在《关于支持中国（浙江）自由贸易试验区油气全产业链开放发展若干措施的批复》中，允许浙江自贸区内规模较大、便于监管的民营炼化企业，在符合条件的情况下，对成品油贸易出口先行先试。

在税收优惠上，2011 年，为促进境外天然气引进，财政部、海关总署、国家税务总局出台了《关于对 2011—2020 年期间进口天然气及 2010 年底前“中亚气”项目进口天然气按比例返还进口环节增值税有关问题的通知》，2013 年 11 月，财政部、海关总署、国家税务总局从两个方面调整了天然气进口环节增值税税收返还优惠，一是调高了进口气的销售定价标准，从而降低了增值税返还比例；二是新增 3 项天然气项目，扩大了进口政策的优惠范围。在成品油进口关税上，国务院关税税则委员会在《2013 年关税实施方案》中明确了继续对燃料油等 784 项进口商品实施优惠暂定税率，柴油、航空煤油、石脑油进口零关税，燃料油关税仍为 1%。国家能源局 2013 年 10 月 30 日发布《页岩气产业政策》，明确对页岩气开采企业给予补贴，对国内不能生产的自用设备进口免征关税。

（三）推动油气定价市场化，企业监管外部化

1998 年，国内石油价格与国际接轨，2008 年 12 月，国务院颁布了《关

于实施成品油价格和税费改革的通知》，2013 年，国家发展改革委出台《关于进一步完善成品油价格形成机制的通知》，中国建立了与国际油气市场的联动机制和执行规范。2015 年 11 月，国务院印发《关于推进价格机制改革的若干意见》，明确了推进石油、天然气等领域价格改革，强调放开竞争性环节价格，发挥市场对价格的决定作用。

在推进市场化的同时，企业监管行政手段逐步减少。2013 年 5 月国务院公布《关于取消和下放一批行政审批项目等事项的决定》，扩大国内能源企业开展国际合作的自主性，随后又在能源、化工领域的石油、天然气、煤层气对外合作合同等方面，取消和下放多项行政审批，简化了油气资源对外合作合同和油气新项目的审批程序。随着行政审批程序的简化，对油气产业的外部监管能力不断提升，国土资源、环保、安全生产监管等部门仍将对油气项目履行相关职责。对油气企业监管的外部化，既有利于国内能源企业发挥市场主体作用，提高决策效率，又能从企业外部强化监管，减少行政干预带来的问题。此后，国家对油气企业的管理更多通过外部监管的方式展开，2017 年 4 月国家发展改革委发布《关于有关原油加工企业申报使用进口原油问题的通知》，明确了阶段性停止审批进口原油使用权的管理方式。对获得进口原油使用权，但未按承诺建设 LNG 调峰储气设施的企业，进行处罚。2017 年 10 月国家发展改革委对未兑现承诺的企业开出第一张罚单，下调宝塔石化进口原油使用量至 400 万吨/年，以规范企业行为，同时，为避免对企业实施“一刀切”的管理，国家发展改革委表示，在宝塔石化完成储气设施建设后，将通过研究决定恢复其进口原油的使用量。

（四）积极参与国际能源治理，加快原油期货交易平台建设

中国国际能源合作，最初主要涉及石油出口，1983 年中国成为世界能源理事会（WEC）成员，这也是中国加入的第一个全球性能源组织；1984 年加入国际原子能机构。在此阶段，中国不熟悉国际规则，通过涉外项目积累国际化经营的经验，接触并熟悉国际能源规则，开展区域性的能源合作机制的探索，总体的影响力依然较弱，在全球能源合作中缺乏主动性。进入 20 世纪 90 年代，中国更加积极地参与国际能源组织，1991 年加入亚太经济合作组织

能源工作组；1992 年签署《联合国气候变化框架公约组织条约》；1996 年同国际能源署建立合作关系。

2000 年后，中国在国际能源治理中的作用逐步增强，2001 年成为国际能源宪章的受邀观察员国；2002 年成为国际能源论坛创始成员国；2005 年与欧佩克建立合作关系；2007 年作为创始成员国进入上海经济合作组织能源俱乐部；2010 年作为创始成员国加入国际核能合作框架，同年，中国开始参与基于 G20 框架下的能源议题讨论，并在 2016 年担任 G20 轮值主席国。

“一带一路”倡议提出后，中国为促进“一带一路”能源合作，积极完善投资保护协定、双边税收协定。在与国际能源组织的合作方面，2014 年，中国正式加入国际可再生能源署；2015 年 5 月成为国际能源宪章的签约观察国，11 月成为国际能源署联盟国。在此期间，中国在国际上积极提出能源发展的新倡议，引导国际能源发展的新格局，2014 年，在 APEC 能源部长会议上，提出主办 APEC 可持续能源中心，同年，中国与东盟能源中心在东亚峰会（EAS）框架下，创立清洁能源论坛。2015 年，中国倡议构建全球能源互联网，倡导以清洁和绿色方式，应对全球电力需求的提升。

通过积极参与国际能源治理，中国利用二十国集团、上合组织、金砖国家等国际平台提出中国方案，实现国际能源治理体系向着普惠、安全、高效的目标推进，提高我国在国际能源治理中的话语权，在为油气合作创造良好的外部环境的同时，也增强了国内“走出去”的企业对国际油气资源的获取能力和国内油气的保供能力，提升了中国油气企业的国际竞争力。

2018 年 3 月 26 日，中国首个国际化期货品种——原油期货在上海期货交易所子公司上海国际能源交易中心挂牌交易。原油期货上市有利于形成反映中国乃至亚太地区石油市场供需关系的价格体系，也将为国际石油商和金融机构进入中国市场参与交易提供便利。中国原油期货上市，将更真实地反映亚太地区原油供需关系，推动形成亚洲定价权；同时有助于加快人民币国际化进程，为石油公司进行套期保值提供便利，同时提高仓储企业的经济效益。

第二节　国际能源合作模式及得失

从2019年全球原油储量分布、产量分布以及中国原油进口的区位分布情况来看，地区性的分布差异，是中国原油进口的显著特征，如表9-1所示。

表9-1　2019年世界原油储量区域分布、产量区域分布与中国原油进口区域

单位：%

分类	中东	非洲	独联体	中南美	北美洲	亚太	欧洲
地区储量占总储量的百分比	48.2	7.2	8.4	18.7	14.1	2.6[1]	0.8
地区产量占总产量的百分比	31.6	9.0	16.1	7.1	24.7	8.1[2]	3.5
中国进口额地区分布百分比	44.3	18.3	16.2	13.3	1.8	3.4[3]	2.7

注：[1]按中国原油储量占亚太总量的57.5%；[2]按中国原油产量占亚太总量的55.2%；[3]按中国自产原油与亚太进口原油数量比约为11：1。若将中国地区石油产量看作中国从国内“进口”，则从亚太“进口额”应占总量的40.8%。

资料来源：BP，UN Comtrade。

从地区储量分布与产量来看，中东、非洲开采适度，而亚太、欧洲、北美洲，以及独联体开采量过大，中南美开采相对谨慎。基于当前原油储量和开采技术，亚太和欧洲地区原油产量增加难度较高，拉美地区产能潜力较大。亚太、欧洲、独联体和北美石油产量快速增长，与所在区域较高的开采技术和较大的市场需求相关，拉美产量则受限于技术、资金、政治环境和开采难度。

从中国原油进口地区分布来看，原油进口主要区域是中东，其次是非洲、中亚、俄罗斯和中南美，最后是北美、欧洲和亚太。基于能源安全和规避竞争对手的需要，中国油气合作重点是全球主要的原油储备区与产区，中国的原油进口接近50%来自中东，这符合油气资源的储备现状，非洲、中亚、俄罗斯和拉美则是中国实现能源来源多元化的重要区域，是油气安全的缓冲区。

一、中国与中东地区能源合作

中国与中东油气合作项目以中国石油、中国海油、中国石化 3 家公司为主，合作方式包括油气勘探开发、投资并购、购买股权，以及通过技术转让、带资建设和合资合作等多种方式，向有需求的国家出口炼油化工技术与装备。

（一）与海合会成员国的石油合作

海湾阿拉伯国家合作委员会（以下简称海合会）成员国是中国在中东石油合作的重点对象。中国主要的合作对象是沙特阿拉伯、卡塔尔、阿拉伯联合酋长国、阿曼和科威特。

沙特阿拉伯是中国在该地区的重要伙伴，与沙特阿拉伯合作主要基于 2006 年 1 月和 4 月中沙签订的《关于石油、天然气和矿产领域开展合作的议定书》，中国与沙特阿拉伯合作主要是竞标参与沙特阿美的对外合作项目，合作领域集中在勘探开发、技术装备与建设工程，以及石油化工领域，部分合作项目如表 9–2 所示。

表 9–2　中国与沙特阿拉伯部分合作项目

合作领域	时间	合作参与方	合作内容
勘探开发	2004 年	中国石化、沙特阿美、沙特王国石油部	鲁卜哈利盆地 B 区块天然气风险勘探开发
技术装备	2000—2014 年	中国石化、沙特阿美	中国石化对沙特阿美累计出口钻机总数突破 50 台
石油化工	2007 年	福建炼油化工、埃克森美孚中国石油化工、沙特阿美中国有限公司	福建联合石油化工有限公司 2009 年 11 月投入商业运营
石油化工	2007 年	中国石化、埃克森美孚中国石油化工、沙特阿美中国有限公司	中国石化森美（福建）石油有限公司
勘探开发	2009—2019 年	中国石化、沙特阿美	S62 三维物探项目
原油生产	2012 年	中国石化、沙特阿美	沙特阿美中国石化延布炼厂
工程维修	2018 年	中国石化、沙特阿美	Ras Tanura 检维修项目
勘探开发	2019 年	中国石化、沙特阿美	S84 三维物探项目
工程建设	2019 年	中国石化、沙特阿美	管线工程项目（PKG–16、PKG–17）

除上述领域外，中沙还在科研领域展开合作。2016 年，中国石化在沙特阿拉伯设立中东研发中心，致力于基础性、前瞻性和应用技术研究；2019 年，中国石油集团工程技术研究院有限公司与沙特阿拉伯国家石油公司科研合作项目“智能化钻井技术研究与应用”，协助沙特阿美勾画未来 5 年智能化钻井技术发展蓝图。

卡塔尔作为世界第三大天然气探明储量国，2008 年，中国海油、中国石油与卡塔尔均签署了长期的液化天然气 LNG 购买协议。除液化天然气 LNG 购买协议之外，中卡双方的合作主要集中在勘探开发领域，主要的合作方式是勘探与产量分成。2010 年，卡塔尔天然气公司、壳牌和中国石油签署有关靠近拉斯拉凡港附近的 D 区域的 30 年勘探与产量分成协议。2011 年卡塔尔国家石油公司与中国海油中东（卡塔尔）有限公司及法国道达尔（卡塔尔）公司签署《卡塔尔 BC 区块胡夫以下地层天然气勘探及生产分成协议》。中国石油 2012 年 7 月收购法国苏伊士环能集团卡塔尔海上第四区块 40%的石油勘探开发权益。

中国与阿拉伯联合酋长国合作主要集中在钻机设备、石油仓储等方面。宝石机械与阿拉伯联合酋长国国家钻井公司 2015 年就累计获得阿拉伯联合酋长国 65 亿元出口大单，创造我国高端重型石油装备出口金额和数量纪录。2015 年 3 月 11 日，中国石化冠德控股有限公司在海外投资建设完成石油仓储合资项目——富查伊拉石油仓储公司。2015 年 12 月，中国石油与阿拉伯联合酋长国国务部长、穆巴达拉发展公司投资委员会能源业务首席执行官签署《中国石油天然气集团公司与穆巴达拉油气控股有限责任公司战略合作协议》，双方将在阿拉伯联合酋长国境外上游油气投资及相关项目服务的陆上常规项目、海上项目和 LNG 项目展开合作。

中国在阿曼的合作模式主要是对老油田的重新开发，与科威特的合作主要是在中国境内合资建厂，并在石油工程技术服务领域展开合作。

（二）与非海合会产油国的合作

非海合会成员中合作主要对象是伊朗和伊拉克。在与伊朗的合作中，主要是依托两地资源，中国提供石油技术支持和技术服务，合作开发伊朗西南部的北阿扎德甘油田。与伊拉克的合作主要是中方通过权益油的方式投资伊拉克油气勘探开发项目，后期通过提油方式回收投资，2009 年重启的艾哈代布项目、鲁迈拉、哈法亚项目先后步入投资回收阶段。2016 年，中国石油权益提油量约占伊方份额油分配的 1/4，中国石油已经成为伊拉克战后最重要的投资者之一。

（三）中国与中东油气合作的主要问题

1. 中国与中东油气合作受欧美中东战略影响

欧美发达国家将中国视为中东石油能源的竞争者，并认为中国未来的能源困境将给美国和全球的政治、经济带来深刻影响。同时，全球能源供给、出口，地区局势、地缘政治，都会使中国经济陷于危险之中。因此，鼓吹中国对石油资源“攫取”仅为满足国内经济发展，散布“中国石油威胁论”，对中国与中东能源合作产生了一定的负面影响。此外，美国通过持有中东地区石油公司的股份来限制中国与沙特阿拉伯等国的能源合作。

2. 宗教争端和地区政局动荡限制了中国油气公司贸易合作

中东地区的政局长年动荡，战争频发，加上地区内什叶派和逊尼派长期存在的宗教问题，影响了中国与中东国家的合作。2010 年的“阿拉伯之春”运动，随后的沙特阿拉伯与也门军事冲突，加上区域内宗教冲突，石油资源争夺与抢占，大国干涉的政变或倒戈，都给中国与中东正常油气贸易造成了困难。

3. 中东地区欧美竞争对手实力较强，与大国政治的融合，限制了中国与中东地区创新合作模式的开展

由于欧美能源公司与中东地区长期合作，已经在中东地区形成较强的竞争力，加上欧美在该地区较强的影响力，中国在中东的能源合作难以获得优质的合作项目，需要从政治风险较高、资源较为贫乏的区域开始。

（四）中东油气合作思路

1. 根据区位情况，切换主体参与者

中东地区各国地缘政治和国内安全情况复杂。与中东国家的油气合作，要根据不同的区位因素和合作需求来决策。对于海合会和以色列等政治风险

较低和国内安全形势较好的国家，可以以企业为主，正常参与国际能源项目的竞标；对于长期处于动乱之中的政治风险较高的国家，需要政府更多地介入，以与企业一同援助等方式展开。

2. 通过国际对话与协同探索创新中东地区的合作模式

中国在中东地区不谋求政治权力，主要目标是经贸和能源方面的利益，项目的兼容性使得中国能够与其他国家合作。中国应通过中美、中俄和中欧等战略和经济对话框架磋商中东事务，对区域热点问题保持沟通，促进地区和平，并进一步强化“一带一路”建设，创建国家与企业间的合作平台。

3. 加快构建信息平台和扶持机制

中国与中东的能源合作不能仅依靠双方企业的优势互补，不是简单的要素组合，需要政府间的协调和引导，中国能源企业在该区域的合作，更需要政府的扶持，以更好地解决中国企业“走出去”的困难。首先，中国企业需要针对中东能源市场的国别和合作案例研究的平台，改变企业信息不对称和经验不足的现状；其次，两地的合作需要物理层面的信息平台，让中国和中东企业参与其中发布合作信息，达成合作；最后，双方的合作还需要制度层面的协会、商会，以及企业合作论坛，促进双方整合资源，达成合作。

4. 规范合作企业行为

中国能源企业在中东的口碑，影响双方的进一步合作。中国企业一方面要尊重国际规范、当地的规则及文化风俗，重视工程质量和社会责任，提高当地中方人员的素质；另一方面应当积极推动中东社会对中国的信任感并接受中国的价值观，推广传播中国企业形象，使中东合作方消除对中国企业的顾虑。

二、中国与非洲能源合作

中非石油合作始于1995年中国石油中标苏丹6区油田项目。在近30年的发展中，中非油气合作已涵盖了勘探开发、中下游的管道建设、炼厂建设与运营、成品油终端销售等环节。在合作区域上呈现3个阶段性特征：第一阶段（1995—2004年），合作区域主要在北非；第二阶段（2005—2010年），合作区域主要在西非；第三阶段（2010 年至今），合作区域主要在东非沿岸海域。

（一）中非能源合作的两种主要模式

1. 全产业链合作的“苏丹模式”

中国石油 1995 年进入苏丹 6 区，随后扩展为 3 个区，形成“苏丹三大项目”。中国石油苏丹项目涵盖勘探、开发、生产、输油管道、炼油、石油化工、成品油销售等多个领域，主要的合作模式是为苏丹建立全产业链提供技术支持，为苏丹建立一体化的现代石油工业体系。

2. 贷款换石油的“安哥拉模式”

非洲虽然油气资源丰富，但大多数国家在基建与民生改善方面缺乏资金。2003 年，中国与安哥拉签署协议，以贷款换石油的方式进入安哥拉市场，向安哥拉提供金融支持用于其国内基础设施建设与经济发展，安哥拉用生产出的石油偿还贷款，为中国企业进入非洲市场找到了直接投资以外的新模式。对于上游投资风险较高，或一时难以直接投资进入的国家，通过“安哥拉模式”也可以获得资源国稳定的油气供给。

（二）中非油气合作面临的主要问题

1. 非洲石油资源空间分布不均，工业基础设施落后

非洲油气资源主要集中在北非、几内亚湾和东非，非洲大陆资源国长期过度开采，储采比为 41 年，低于全球平均水平（49. 9 年）。天然气管道贸易主要集在中阿尔及利亚、利比亚和南非。整体工业化程度低、石油炼制业不发达、交通运输产业滞后等制约了合作项目的开发和推进。

2. 政治安全情况复杂，油气合作风险较高

经济合作与发展组织（OECD）2020 年评估全球“脆弱国家”，非洲有 30 多个，达到非洲国家总数的 70%，大部分非洲国家都面临众多危机。与非洲的油气合作项目面临战争毁坏、项目被强制收回、过度审查、随意修改合作条款、跨境资金流动、汇率波动等风险，中国企业对非投资风险较高。

3. 合作政策复杂多变，合同条款日趋苛刻

随着非洲资源民族主义抬头，非洲新发布的区块招标中常常设置严苛的技术和经济条款，甚至把不同合作模式下的限制条款全部组合起来，增加了资方的投资成本。甚至出现资源国不顾已签署合同，以控股作业公司、提高本地化要求等方式，扩大政府油气利益分配比例；不断修订石油法律制度，引入新的作业标准、安全环保、弃置义务等，侵蚀投资者或承包方的权益，致使合作项目的经济性受到严重影响。

4. 资源区块开发持续性难度加大

非洲大陆现有油气区块经过多年开采，可采储量动用程度较高，新增储量和储量储备严重不足，油田稳产增产压力大。

（三）中非合作思路

1. 企业应依托“一带一路”，规划中非油气合作

中非油气合作应结合“一带一路”倡议和国家能源安全布局，将“一带一路”倡议所涉及的非洲国家和地区，作为保障中国能源供应和国际能源资源合作的优先区域开展合作，借鉴“苏丹模式”和“安哥拉模式”，结合《非洲加速工业发展行动计划》《非洲基础设施发展规划》《非洲 2063 愿景》等文件，以及中非“十大合作计划”和中国对非“八大行动”等共识，优化投资布局。

2. 中国石油国企与民企应明确目标，互补发展

以中国石油、中国石化和中国海油为代表的国有企业，是中非油气合作的主要参与者和主导力量，确保国有资产保值增值，保障国家能源安全，服务政治和外交大局。民营企业基于应对风险，通过制定切合实际的投资策略来确定投资方向（包括陆上项目、海上项目、原油开发、天然气开发等）与具体合作方式（如全资、控股、参股或是否担任作业者等），可以与国企合资开发，提升能力。

3. 发挥中非能源、金融和经贸一体化优势

合理利用中非合作论坛、“十大合作计划”，中国对非“八大行动”，以及“一带一路”建设专项贷款，丝路基金、中非基金等金融渠道。中国油气企业

应当与国家发展改革委、商务部、国务院国资委、国家开发银行、中国进出口银行、中国水电等相关政府部门、银行机构和企业密切沟通，加强协作，充分发挥“一带一路”倡议和配套制度下能源、金融和经贸的一体化优势，发挥中非能源合作的协同效应。

4. 建立资源国风险预警和应急管理，规避和化解经营风险

油气行业具有所需资金大、投资回收期长和产业关联度高的特点，对资源国的政治、安全、经济高度敏感，中非合作需要建立系统全面、科学有效的资源国风险预警机制，通过制定应急管理措施，防范和化解风险。

三、中国与中亚能源合作

（一）中国与中亚油气合作主要模式

中国与中亚国家的合作模式主要有四种，即产量分成模式、联合经营模式、技术服务模式以及三种合作模式相互结合的混合模式。其中，联合经营模式的合作最多，主要包括中哈合作中的阿克纠宾项目、PK 项目、里海达尔汗区块开发项目和北布扎齐油田项目，中乌合作中对乌斯秋尔特、布哈拉—希瓦和费尔干纳 3 个盆地为期 5 年的油气勘探项目等；产量分成合作主要有乌兹别克斯坦咸海水域油气资源勘探开发项目；技术服务模式主要指中哈石油管道和中土天然气管道的修建等。

中国与中亚国家的合作项目主要包括油气勘探开发项目和油气管道建设项目。勘探开发项目主要有中国与哈萨克斯坦的阿克纠宾油田开发项目、PK 石油公司项目、曼格斯套石油公司项目，与土库曼斯坦的阿克纠宾油田开发项目、复兴气田一期工程（南约洛坦气田）产能建设项目，与乌兹别克斯坦的陆上独资项目、咸海水域联合勘探开发项目、明格布拉克油田勘探开发项目等。管道建设项目主要包括中哈原油管道和中国—中亚天然气管道。

（二）中国与中亚油气合作主要问题

1. 油价波动和本币结算影响项目收益

中亚国家的油气项目在油价下跌时，应对能力明显不足。2016 年前后，

国际低油价导致合作项目或被推迟或无法按期实施。中国企业在中亚地区多个油气勘探开发项目和油气工程建设服务项目因油价下跌亏损，对于本币结算的项目，还因汇率大幅下跌，导致项目进一步受损。

2. 中亚地区大国博弈、地缘政治复杂，地区国家间存在分歧和矛盾

中亚地区处于大国博弈之中，各国在中亚地区控制油气资源和战略通道的博弈中，出发点和战略各不相同，多方利益相互交织，增加了油气博弈难度和油气项目竞争度。俄罗斯要保持地区影响力和对油气资源、出口通道的控制权，美国试图改变俄罗斯对中亚油气资源出口的控制和垄断，而欧盟的核心是绕开俄罗斯，引进中亚的油气。中亚国家中，哈萨克斯坦与乌兹别克斯坦争夺地区主导权，中亚上下游间的水电和边界争议，使得中亚地区国家间的矛盾，容易影响到中国与中亚的多边合作，加上中亚地区缺乏内部合作平台，中国与中亚的能源合作更多是双边合作，项目缺乏统一性，难以有效整合。

3. 中亚国家能源政策收紧，中国合作思路需要突破

随着油气行业经济利益的上涨，中亚国家为最大化本国利益，增强了在资源利益分配上的话语权，加大了政府对油气资源的控制力度，对外合作及能源政策开始收紧。中国与中亚能源合作的目的在于满足本国的供应缺口，容易受“资源掠夺”“中国威胁论”的影响，降低资源国融合和协同发展的意愿。同时，跨国油气管道运输运营压力增大，沿线区域希望能分享利益，增大了合作难度。

（三）中亚油气合作思路

1. 扩大现有合作深度，促进国内企业参与

中国与中亚国家油气合作以战略通道为主线，积极吸引中国其他国有和民营企业参与中国–中亚国家的油气合作。中国与哈萨克斯坦石油和土库曼斯坦天然气项目是在这一区域的合作重点。在哈萨克斯坦，将进一步拓展陆海勘探开发。在土库曼斯坦，利用合作开发和工程技术服务，扩大当地天然气开采量，提升双方天然气合作的规模和利润。

2. 加速中亚地区资源管网建设，推动多边机制

在巩固中国与哈萨克斯坦合作的基础上，依托中哈原油管道，扩大合作

规模，推进中哈石油管道与里海港口管网连接。依托中国-中亚天然气管道，扩大与中亚国家天然气管网连接，扩大现有合作规模，加大与中亚国家油气上下游领域的全面合作。在与中亚国家的合作中，应当积极推动中国与中亚五国建立能源合作的多边协调机制，增强信息交流和协调。

3. 推动能源综合发展与区域一体化合作

中国与中亚应当围绕油气开发，推动双方油气产业的协同发展。通过建设中亚油气技术服务体系，修建石油设备制造和技术培训中心，建立油气研究机构，推动中国与中亚在油气领域的合作。并通过上海合作组织等地区性合作机制，推动区域内的政治、经济和文化合作，指导中国企业在中亚的本地化发展，强化企业社会责任，促进区域共同发展。

四、中国与俄罗斯能源合作

（一）中国与俄罗斯能源合作方式

中国与俄罗斯已经建立了副总理级的能源合作机制，负责统筹协调两国能源合作并及时解决合作中出现的问题。目前合作主要集中在勘探开发项目，炼油化工项目和天然气管道项目。

在双方的合作模式上，一种是在俄开采油气资源，中国加工，中国企业参与油气地质勘探和开发，俄企业以中国专业油气加工公司名义参与加工设施的建设。另一种是油气开采、加工均在俄进行，成品大部分出口中国，中国企业以俄油气公司名义在俄东部开采加工，参与新设施建设。

1. 俄罗斯开采，中国加工

俄罗斯石油公司于2009年签署了首个大规模向中国供应石油的合同，中国国家开发银行提供贷款。随后，大量投资进入东西伯利亚开采项目和东西伯利亚-太平洋管道项目，通过东西伯利亚-太平洋石油管道支线，向中国供应石油。由俄罗斯石油公司（49%股份）和中国石化（51%股份）成立东方石化公司，参与天津南港工业区炼油和石化综合工厂，通过中俄政府签署合作协议，授予天津炼油和石化综合工厂独立的原油进口权利，石油产品和石化产品畅通无阻的出口权利和在国内市场销售自产石油产品和石化产品的权利。

2. 俄罗斯开采、加工油气，出口中国

采用这种模式的项目主要有：东西伯利亚的油气开采、博古恰内和安加尔斯克的石油化学综合体建设，以及远东石油化工公司建设。由俄罗斯石油公司和中国石化成立的合资企业进行石油勘探工作，或合作开发油气田。在俄罗斯远东地区大陆架油气田勘探和开发过程中，中国企业参与钻井作业，同时，俄罗斯石油公司和中国石化通过签署东西伯利亚石化项目的合作备忘录，在油气勘探开发的同时，建立合资企业利用天然气及凝析油生产乙烯和丙烯，而后生产聚合物和共聚物，产品主要面向俄罗斯与中国市场。

（二）中俄油气合作的问题

1. 双边关系层面互信不足，合作进展缓慢

尽管有上海合作组织，但中俄在政治、经济、安全与能源领域的关系上进展较慢。在中亚地区，俄罗斯认为中国是竞争对手。在俄罗斯国内，对中俄合作存在两种观点，一种是“中国掠夺论”（或称能源依赖论），认为中俄油气合作是对俄罗斯能源的掠夺，中俄原油管道从“安大线”变为“安纳线”，最后确定为“泰纳线”，就受这种观念的影响。另一种是“中国威胁论”，认为中国向远东输出劳务是威胁，中国主动与俄罗斯谈油气合作也是威胁，是对俄罗斯的战略资源行业的威胁。

2. 俄罗斯经济对油气资源的依赖，使俄罗斯对外国投资更加谨慎

中国竞拍“斯拉夫石油公司”的国有股份、中国石油花费 2 亿美元求购 Offshore Victory Oil，都因政府部门阻止而失败。俄罗斯更希望利用外资先进技术开发难度大的矿床，分摊风险。对俄罗斯国有石油天然气公司投资，并不总能达成合作，与俄罗斯合作更大的优势是开发难于施工的矿床技术，而中国能源企业在这方面不具有竞争优势。

（三）俄罗斯油气合作思路

中俄油气合作应持续加强双方战略与政策协调，推进合作模式创新，推

动全产业链合资合作。

1. 加强双方战略与政策协调，探索新合作模式

深化中俄新时代全面战略协作伙伴关系，以中俄油气合作为桥梁，借助上海合作组织、亚洲基础设施投资银行、丝路基金等的支撑作用，统筹“一带一路”和欧亚经济联盟两大战略，推动双方及区内国家联合开展基础设施、互联互通、能源金融等方面的战略合作。探索在股权置换、技术研发与应用、非常规资源开发、人才联合培养、产业园区共建等领域的合作新模式。

2. 推动全产业链合作

在扩大现有勘探开发合作的基础上，深化管道、炼化等领域的油气全产业链合作。探索在区域油气管网、区域油气一体化市场、区域油气产业融合等领域合作的可能性。推动俄罗斯采用的 GOST 标准与国际 API 标准的对接，解决因标准不同而影响装备、贸易、技术服务等合作的问题。

3. 完善风险防控与保障协调机制

积极构筑健全有效的风险管控体系，有效防范合作中的经济、安全、汇率、政策、法律等各类风险；推动构建安全保障、应急协调等双边、多边合作协调机制，保障油气项目和跨境管道长期安全平稳运营。

五、中国与拉美能源合作

（一）中国与拉美国家能源合作模式

中国是阿根廷、委内瑞拉、巴西、哥伦比亚、厄瓜多尔和秘鲁最重要的外国投资者。中国石油、中国石化、中国海油和中化集团都是大额并购交易的主角。中国与拉美合作的主要方式是“贷款换石油”。

2009 年，中国国家开发银行、巴西国家石油公司和中国石化三方首次尝试开展“贷款换石油”的合作模式。随后，中巴领导人互访和政治合作框架，为中巴原有合作提供制度保证。在共同行动计划、周期规划与中巴全面战略伙伴关系的支持下，中国石油企业通过在巴西的投资与并购，扩大了中国在巴西持有的石油储量与股权产量，2019 年巴西已成为中国的第五大原油进口来源国，而到 2020 年，中国的石油公司在巴西的产量已排名

第三。

中国与委内瑞拉最初的合作模式为成立合资公司，中委奥里乳化油公司是双方合作的起点。2010 年，基于《中委长期合作融资框架协议》，中国向委内瑞拉发放贷款，委内瑞拉国家石油公司与中国石油签署石油购销合同作为担保。2014 年以后，中国为防止前期贷款违约，继续为委内瑞拉提供贷款，但随着委内瑞拉违约的风险加剧，“贷款换石油”投资风险不断加大，2016 年，中国不再为其提供贷款，随后中国从委内瑞拉原油进口额逐渐减少。

（二）中国与拉美合作主要问题

1. 拉美地区投资环境复杂，腐败较为严重

中国油气合作的委内瑞拉、巴西、阿根廷等国，受右翼势力影响，政治风险严峻，影响了中国油气企业的投资合作项目。同时，拉美地区腐败现象频发的情况，抑制了双边油气投资合作。

2. 拉美经济衰退和债务危机，影响油气项目收益

拉美区域经济下行，降低了中国企业投资收益。中国石化收购的美国西方石油公司受阿根廷的经济下降影响，损失远超预期。2016—2020 年，国际石油价格下降趋势明显，中国石化阿根廷项目则共损失 25 亿美元，直到 2021 年石油价格上涨才出现好转。同时，巴西、墨西哥、委内瑞拉等拉美国家的债务危机，限制了中国与拉美各国继续开展油气资源合作。

3. 拉美国家提高税收，油气产量下降

为应对债务危机，拉美地区的税收增多，厄瓜多尔暴利税已高达 99%，阿根廷仅营业税一项就收取企业近 90% 的利润，委内瑞拉也通过提高税率，加大对境外石油公司的征税。与此同时，拉美油气企业缺乏资金购买相关设备，导致地区石油产量持续降低，进一步影响了中国企业在拉美的投资。

（三）拉美油气合作思路

1. 持续关注参与勘探开发领域合作，推进油气全产业链合作

随着拉美国家对外合作意向的增强，以及深水项目复苏，巴西深水区块、墨西哥深水区块，以及圭亚那海上油气区开发的启动，中国石油企业应积极

参与，扩大合作。在石油化工合作中，中委合资的广东揭阳炼厂因项目融资等问题被搁置多年，中国在厄瓜多尔的太平洋炼厂与哥斯达黎加的莫因炼厂，因环保、融资等原因合作进展缓慢，中国企业应当重新寻找合作契机，推进项目建设。

2. 强化国内审批，建立沟通机制，提升项目谈判和经营能力

基于“一带一路”审批制度，中国油气企业避免在拉美的恶性竞争。中国石油企业应深入研究中国政府在油气领域的扶持政策，积极了解委内瑞拉、巴西等项目的困境，在提升自身管理和经营能力的同时，加强与拉美资源国政府、国家石油公司的沟通，建立相对稳定的定期交流和协商机制。注重发挥使馆的作用，中国石油企业将遇到的困难反馈给使馆，将双方在油气合作中遇到的问题通过高层推动予以解决。通过项目管理人员和专业岗位人员的当地化，提升中国企业解决当地问题的谈判和经营能力。

3. 注重防控债务风险，积极破解项目经营难题

油价波动、债务危机，导致拉美资源国出现拖欠油气项目工程款、服务款，甚至要求合作方垫资，提升了中国企业的回收成本。中方需要在深化工程技术服务合作的同时，做好债务风险防控工作。借助中拉油气合作的组织协调，用足“一带一路”相关政策。同时，中国企业应积极与国际石油公司、国家石油公司、拉美地区本土石油公司开展合作，学习国际石油公司经营理念和管理经验，借助本土石油公司解决当地问题，降低项目经营风险。

六、中国与美国能源合作

（一）中国与美国能源合作现状

美国、加拿大和墨西哥是中国在北美地区的主要原油进口来源国。中国对美油气投资 2012—2013 年达到峰值（约 29 亿美元），随后快速下降。由于美国页岩油技术开采的轻质原油，更适合中国国内私营企业加工提炼，中国快速成为美国原油在亚洲市场的最大购买国。截至 2018 年，中国对美油气投资项目 40 个，投资规模 153 亿美元，中国对美油气行业的投资主要集中在天然气电站和运输配送设施，油气开采领域（并购），以及石油炼化部分领域。

（二）中美油气贸易模式

中美油气贸易合作，是市场供需下的合作模式。

1. 美国石油出口需求与中国进口需求契合

美国页岩层技术采出的轻质原油，不符合美国现有炼厂的炼化技术和设施，这些炼厂更适合对重质原油加工，加上重质原油价格低于轻油，国内企业炼化轻质原油不经济，美国具有出口轻油的需求。而中国国内的中小炼化企业技术和设施，更符合炼化轻质原油，对轻质原油需求旺盛。同时，由于美国国内石油市场基本饱和，自 2018 年后，美国炼油厂较高的产能使用率和原油产量，使得美国企业已无法进一步消化国内石油，进一步提高产能会导致内部供给过剩，导致国内油价下跌，不利于美国石油产业发展。原油和成品油需要出口国际市场。

2. 美国对天然气消费需求增速放缓，导致供给过剩，天然气出口需求将迅速增长

得益于页岩气和低气价，美国天然气 2006—2016 年消费量年均增速为 2.4%，但在工业和发电领域，天然气替代煤炭的难度不断增加，美国天然气消费增速放缓，美国逐渐由天然气净进口国向净出口国转变，北美天然气出口的增长将导致以中国为主的亚洲市场，成为各天然气出口国的主要目标。

（三）中美油气合作面临的挑战

1. 中美贸易摩擦阻碍双方油气投资

中美竞争和贸易摩擦的加剧，阻碍了双方的油气投资合作。2018 年，中国对美液化天然气征收 25%的进口关税，中国油气企业已经减少或停止采购美国油气。在天然气方面，EIA 数据显示，2018 年中国曾暂停从美国进口原油和天然气。由于中美之间的竞争性持续发展，即使达成贸易谈判，双方油气投资合作仍会受到限制。由于油气行业具有资本密集、投资规模大、资本回收期长、周期性强的属性，以及贸易摩擦的不确定性，加大了中美双方油气企业相互投资的风险，将影响两国油气行业的跨境投资。

2. 美国油气出口基础设施建设限制了原油出口

美国在从油气净进口国向净出口国的转变过程中，油气出口基础设施不足，特别是原油运输基础设施和运输能力不能满足美国原油产量的增长需求。受环保、土地产权，以及各州政策等因素的影响，美国油气基础设施审批与建设效率较低，而中美贸易摩擦也加大了投资美国油气设施的风险，短期内难以改变现状。

3. 中美油气合作项目审批风险高、政策不确定性大

在中美竞争关系背景下，中国企业在美国投资面临较高的门槛和审批风险。美国对外资收购基础设施和“营运权”的审批严格。中国对美能源投资项目面临严苛的国家安全审查。中国企业对美国能源企业的投资，需要美国联邦能源管理委员会批准，而要获得美国能源基础设施企业的“控制权”，需要美国外国投资委员会的国家安全审查。同时，奥巴马政府的能源政策支持发展绿色能源；特朗普政府的能源政策重点是能源独立政策，支持传统化石能源发展；拜登政府的能源政策又回归到清洁能源。美国能源政策的不确定性，增大了油气投资风险。

（四）中美油气合作思路

1. 结合中美油气贸易特点，推进双方能源合作

基于中国油气需求与美国油气出口现状，通过扩大对美原油进口，改善双方贸易失衡的局面。中国需要跟踪美国油气行业发展趋势，分析美国油气企业的技术水平、资本实力和竞争优势等方面，寻找合作对象。

2. 积极参与页岩油气领域的投资合作

美国页岩技术革命的突破，使其在油气能源领域拥有低成本油气产品和先进页岩油气开采技术优势，中国企业应积极参与页岩油气领域的投资和技术合作，参与美国油气企业勘探开发、炼化和并购，熟悉页岩油企业的技术过程、技术人才和技术装备，并积极推动美国企业参与中国页岩油气田的勘探开发，建立技术服务共享机制，推进技术转移和扩散。

3. 强化金融服务对中美油气合作的支持作用

为应对中美油气贸易投资风险，需要对企业提供融资和风险保障支持，

完善海外投资金融服务。拓宽中美油气合作融资渠道，完善海外投资保险和法律体系，为中企海外投资提供政治、劳资纠纷、环保等风险保证，并加强中美油气期货市场合作，提升中国在油气定价中的影响力，建立政治环境风险预警，降低油气价格波动和政策风险等因素对投资的负面冲击。

第三节　国际能源合作思路转变

从中国油气合作的发展来看，经过20多年的经验积累，中国将按照“一带一路”的共享原则和市场机制重塑国际油气合作。

一、从以资源为中心的海外运营商转变为国际伙伴和国内协调者

在“一带一路”倡议提出前，中国参与国际油气合作的原则是利用国内国外两个市场，弥补国内生产与消费的差距，获取自然资源国际油气合作的核心。中方企业的目标更多是成为国际油气合作的“运营商”，利用上下游一体化、“石油贷款+基础设施”的模式尽快获得油气生产能力，低成本将海外油气资源运回中国市场，主要的合作区域是中亚的哈萨克斯坦和土库曼斯坦，非洲的苏丹、乍得、尼日尔、安哥拉，中东的沙特阿拉伯、伊拉克，俄罗斯以及缅甸。

然而，随着国内外油气市场的发展，以资源为中心的战略受到挑战。投资量和运营难度的提升，使得中国企业难以掌控单个项目，同时，长期国际合作经验也让中国企业协调能力得以快速提升，能够在全球范围展开油气经营，而不是全部运回中国。此时，中国企业对成为当地油气运营商或最大股东需求下降，更倾向于通过与其他国家石油公司合作，分散投资风险，典型的案例包括哈萨克斯坦的Kashagan项目、俄罗斯北极地区的Yamal项目。

随着中国企业目标从资源转变为经济利益和国际合作网络建设，油气管道建设也不仅仅是运输油气进入中国，更强调经济网络和区域连通性，如中亚管道C线、别依涅乌—巴佐依—奇姆肯特（Beineu-Bozoi-Shymkent）天然气管道，更多地体现出服务当地而非服务中国的大局观。

二、以产业链为基础的合作，以工业合作为新的焦点

中国油气企业传统的纵向一体化模式，强调中方企业在进行勘探开发的同时，提供钻井、油田建设、管道、炼厂等方面的设计和建设，能够有效协调油气产业内不同部分，降低成本，缩短建设周期。然而，近年来这种模式导致同一产业链上不同环节的企业在单个项目上竞争，或同一业务企业在不同项目上的竞争，中国企业内部竞争越来越激烈。与此同时，在高度多样性的纵向一体化项目中，工程建设专业化、规模扩大化，以及技术高级化，使得中国企业难以处理整个产业链建设，需要在资源、技术、设备、施工、业务等方面同专业化的企业合作，这种产业链合作主要目标不是将外部资源运回中国，而是将中国的技术、设备和建筑能力输出给国际合作伙伴。

三、在整个产业链中寻求利益，从国家主导转向企业主导模式

传统的中国国际油气合作以自上而下的组织形式展开。由政府间协议来领导，国家石油公司完成协议并最终实现国家能源安全目标。“一带一路”倡议提出后，中央政府提供国家间的政治基础，不对企业发布具体目标命令。企业根据自身的商业利益决策，对项目评判拥有部分发言权。中国企业参与国际项目更像是一个联合“俱乐部”，而不是“国家队”。国家机关、国有企业、金融机构乃至其他支持部门之间的关系更加多元化，不同主体在国际合作过程中基于自身利益和竞争力，拥有更强的独立性。中国企业在进入不具有竞争优势的领域时，更倾向于与国际伙伴合作，对冲投资经营风险。

四、中国更多采用市场机制应对能源安全，重塑能源安全战略

从20世纪90年代开始，中国主要通过与资源国的双边合作来确保油气供应。这种模式虽然提升了油气供应能力，但容易受到油价波动的影响。在高油价时期，资源国不愿意进行双边合作，安大线的建设就存在这类问题；在低油价时期，产油国希望出售超过中国消费能力的油气来获得利润。在“一带一路”倡议下，中国能源安全逐渐转向基于市场机制的方式来实现，从

双边合作转向依靠开放的国际油气市场。中国企业可以将较远区域的油气产品销往国际市场，也可以从国际市场购买美国页岩油。国内油气行业的市场化改革，使得三大石油公司不再垄断中国的国际油气业务，众多中小炼油厂成为影响中国国内成品油市场的重要因素，国内外的油气市场化程度不断加深。

因此，中国国际油气合作发展未来思路与传统以资源为中心的合作模式不同，中国企业在国际合作中的角色逐渐从海外运营者向国际合作伙伴和国内协调者转变。合作模式由纵向一体化向产业链合作转变，强调专业化竞争力，重点输出工程服务、建筑、设备等产业能力。中国不再以国家主导模式开展国际投资合作。不同的公司在整个产业链中谋求各自的利益。在这一过程中，中国也在重塑能源安全战略，更多采用市场机制来解决能源安全问题。

第十章　能源转型背景下的能源价格波动及趋势研究

能源价格是调节能源资源配置的主要工具，会受到能源资源的稀缺性、能源市场的复杂性以及相关产业一体化发展程度等因素的影响。能源市场价格的形成机制也较为复杂，尤其是短期内的能源价格会受到大量来自非市场因素的严重影响，由此形成的能源价格往往会脱离能源供需的基本面。中国拥有较为丰富的煤炭资源，因而在全球能源转型的背景之下，尽管已认识到新能源的发展是一个漫长过程，中国仍希望通过新能源的发展推动国内能源转型，因此更关注新能源与传统化石能源间的互补而非替代效应，并希望在新能源与传统化石能源协同发展的过程中实现能源转型革命。

为了厘清传统化石能源与新能源的发展关系，本部分选取 Brent 原油现货价格和中国大庆原油现货价格为传统化石能源价格代表，中证新能指数为我国新能源发展水平代表。首先，从价格波动角度分析国际、国内能源市场现状、趋势和联动效应，以及国际、国内传统化石能源价格变动与新能源市场的互补和替代效应；其次，结合原油价格的数据特征，对国际、国内原油价格的波动趋势以及互动效应展开预测，探讨国际、国内传统化石能源市场在全球能源转型背景下面临的挑战，为加快新能源转型升级政策落地提供参考依据。

第一节　原油价格波动趋势及现状分析

一、国际原油价格波动性分析

能源是人类社会赖以生存并且维系发展的重要基础，而原油作为最重要的战略储备物资之一，在现代经济发展乃至工业发展中都起到了举足轻重的作用。现代社会中，原油及其附加产品几乎影响了人类所有的生产与生活，这就意味着几乎每次原油价格的剧烈波动都会给世界经济带来深远的影响。《BP 世界能源统计年鉴 2022》通过对 2021 年全球能源数据的观察，发现全球仍处于碳排放量增长周期，而且要摆脱对化石能源的依赖仍然比较困难。进入 2022 年以来，俄乌战争的加剧以及新冠疫情持续不断冲击着世界能源体系，显露出过去 10 年可再生能源增长的脆弱性，全球能源转型已迫在眉睫。

21 世纪的今天，开放的中国已成为全球化进程中的一员，国内循环与国际循环联系更加紧密。2021 年，我国原油对外依存度首次出现下降，由 2020 年的 73.6%降至 72%。但原油对外依存度首次由升转降，并不意味着原油消费量和进口量的峰值已现，这只是我国消费市场对国际原油供求和价格的一次正常反应。此外，“三桶油”实施的油气增产 7 年行动计划和国内“双碳”目标的推进，也是原油进口量下降的两大重要原因。持续过高的原油对外依存度给中国能源安全带来极大的隐患，影响到我国的经济安全。因此，正确认识国际能源价格及变动趋势，深刻分析原油价格现状，对研究和制定我国未来能源安全战略至关重要。本部分以 Brent 原油现货价格为研究对象，通过构建 GARCH 族模型，分析国际原油价格的波动特征。

（一）数据说明

原油作为主要原料可分为原油和成品油，价格主要有现货市场价格、期货市场价格、以货易货价格和价格指数等。在世界原油市场上，以三大原油为基准原油，它们分别是美国西得克萨斯轻质原油（WTI）、英国北海布伦特轻质原油（Brent）以及迪拜原油（Dubai）。对于国际成品油市场来说，其发展历史与国际原油市场相比较短，定价方法的国际化程度也相对较低，目前国际上主要有三大成品油市场，即欧洲的荷兰鹿特丹、美国的纽约以及亚洲的新加坡市场。

国际原油价格体系庞大而复杂，因此对国际油价的分析必须选取最具代表性的价格进行研究。原油作为各种化工产品的原料，位于原油产业链中的最上游，在国际原油市场中占据重要地位，原油价格的波动会对整个原油产业链造成影响。目前，国际原油市场以 WTI 原油、Brent 原油和 Dubai 原油为基准，而大约 50%的全球原油贸易都参照 Brent 原油定价。此外，WTI 原油价格容易受到当地供需的影响，而 Brent 原油一般供应稳定，受当地供需影响较小。因此，与 WTI 原油和 Dubai 原油相比，Brent 原油更具代表性。基于此，本节选取 Brent 原油现货价格的周数据作为国际原油价格的代表，样本区间为 1987 年 5 月至 2022 年 9 月，共计 1844 个样本数据，均以美元为计价单位。

（二）国际原油价格波动模型估计

为了满足 GARCH 族模型的适用条件，需要对数据进行平稳性检验。考察 Brent 原油现货价格对数收益率序列的统计特征（见表 10-1）。

表 10-1　Brent 原油收益率序列的统计量描述

指标	Brent
均值	0. 000859
中位数	0. 003116
最大值	0. 323825
最小值	-0. 407835
标准差	0. 045983
偏度	-0. 634643
峰度	11. 95334
J-B 统计量	6279. 51***
P 值	0. 00000
样本数量	1183
ADF 检验	-9. 0426***

注：J-B 统计量是正态检验统计量；***表示在 1%的显著性水平下拒绝原假设。

从表 10-1 可以看出，序列均值和中位数均趋向于零，且远小于标准差，表明数据不存在明显的趋势。此外，偏度为负且峰度大于 3，说明 Brent 原油对数收益率分布存在尖峰厚尾效应（见图 10-1）。进一步地，J-B 检验拒绝了数据分布的正态性，说明该序列并不是正态分布。此外，采用无截距项和无时间趋势项的 ADF 检验验证 Brent 原油现货价格对数收益率序列的平稳性。由表 10-1 中的 ADF 检验可知，序列中不存在单位根，其变动是平稳的。

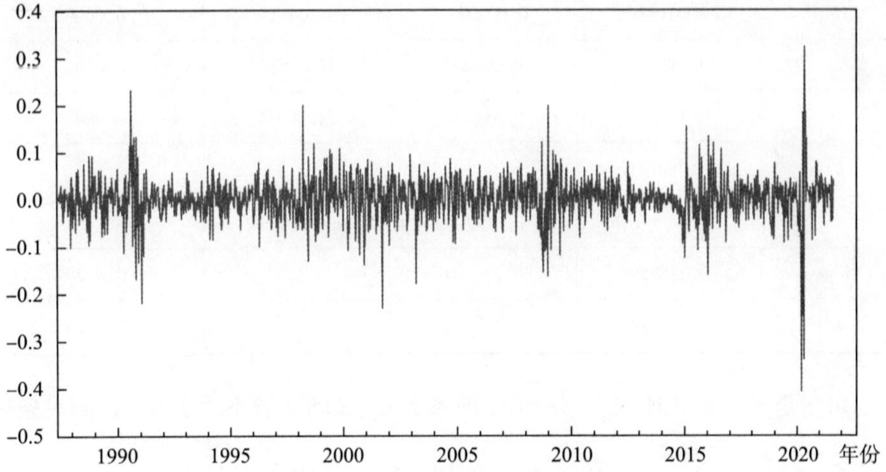

图 10-1 Brent 原油价格对数收益率

考虑到收益率序列存在较为显著的"尖峰厚尾"现象，采用 GARCH 模型进行估计。基于 Engle（1982）对 ARCH 条件异方差模型的研究，Bollerslev（1986）提出了更具普遍意义的波动率模型——GARCH 模型。GARCH 模型相较于 ARCH 模型，能够更好地刻画时间序列数据的波动聚集和厚尾现象，由均值方程和条件方差方程构成，一般形式为：

$$y_t = x_t b + \xi_t$$

$$h_t = \omega + \sum_{i=1}^{p} \alpha_i \varepsilon_{t-i}^2 + \sum_{j=1}^{q} \beta_j h_{t-j}$$

其中，$p \geqslant 0$，$q \geqslant 0$，$\omega > 0$，$\alpha_i \geqslant 0(i = 1, 2, \cdots, p)$，$\beta_j \geqslant 0(j = 1, 2, \cdots, q)$，$\sum \alpha_i + \sum \beta_j < 1$。

GARCH 模型将滞后条件方差项引入条件方差方程中，可以更好地反映收益率序列残差的异方差性，因此相较于 ARCH 模型，能够捕捉收益率序列的波动集聚性和持续性。模型中用β衡量国际原油现货价格波动的持续性，参数估计结果如表 10-2 所示。

表 10-2　Brent 原油对数收益率 GARCH（1，1）模型参数估计结果

参数	估计值	标准误	z 值	P 值
b	0.001549	0.0000113	4.631964	0.0000
α	0.146044	0.008493	17.19562	0.0000
β	0.837607	0.011288	74.20365	0.0000
R^2	-0.000294			
GARCH（1，1）模型残差的 ARCH-LM 检验				
F 值	0.025959			0.8720
$n \times R^2$	0.025988			0.8719

可以看到，ARCH 项和 GARCH 项系数α、β均显著不等于0，且满足条件$\alpha \geqslant 0$，$\beta \geqslant 0$，$\sum_{i=1}^{p}\alpha_i + \sum_{j=1}^{q}\beta_j < 1$，由此可得出具体估计结果：

均值方程为：

$$r_t = 0.1549 \times 10^{-2} + \xi_t \tag{10-1}$$

方差方程为：

$$\sigma_t = 5.23 \times 10^{-5} + 0.146044\xi_{t-1}^2 + 0.837607\sigma_{t-1} \tag{10-2}$$

通过估计 GARCH 模型得到的条件异方差如图 10-2 所示。由图 10-2 可以看出，GARCH 模型较好地描述了市场的波动聚集现象。且通过对模型有效性的检验，提取后的残差数据通过 ARCH-LM 检验，说明模型中的波动已经很好地被 GARCH（1，1）模型所估计，没有残余的波动信息。

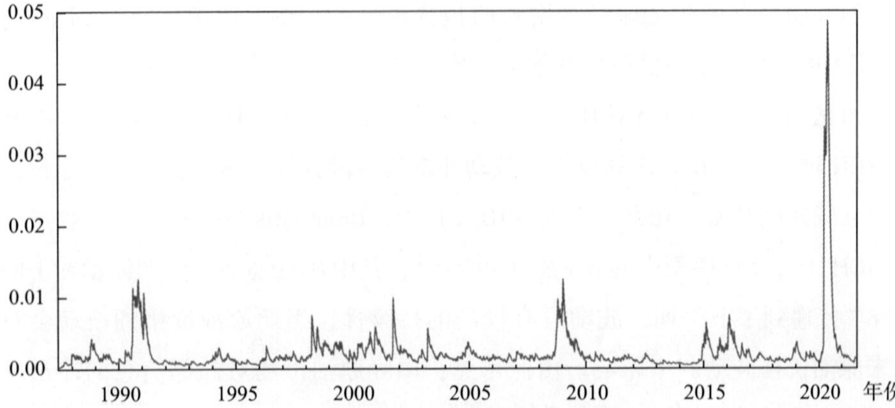

图 10-2 Brent 原油对数收益率条件异方差

(三) 国际原油价格对数收益率波动情况分析

1. 整体波动情况分析

由图 10-2 可以看出，以 Brent 原油为代表的国际原油市场价格经历了多次剧烈波动，波动周期为 1.5~2 年。随着人类物质需求的不断提高和技术的不断进步，原油的功能不再局限于基础燃料，而是进一步作为合成材料进入化工领域，生产出塑料、沥青、服装、药品和食品等多种与生活息息相关的产品。从开采、生产到加工，围绕原油产生的众多产业渗透到国民生活的方方面面，因此原油会通过相关产业影响整个国民经济的发展。原油天然稀缺与世界范围内资源分布不均使得各国对原油的争夺越发激烈，由此引发的原油价格波动也成为影响全球经济波动的重要因素。此外，中东原油丰裕地区与西方国家之间的政治局势不稳定，使得多次原油危机在中东产油地区爆发。与此同时，科技的飞速进步助推新能源发展，对原油市场造成威胁，引发原油价格波动。

在所有的波动中，2020 年初至 2022 年 9 月结束的国际原油价格波动最为剧烈。究其原因，国际原油市场供需自 2020 年伊始就持续处于紧平衡状态，供需差约 50 万桶/日，带来的结果就是任何明显的利好或是利空消息都能够刺激到市场投机者的情绪，造成原油价格的大幅波动。俄乌冲突的全面爆发则进一步推高了这一波动趋势。但随之而来的经济增长疲软削弱了原油需求前景的预期，市场对全球经济增长的担忧进一步加剧，原油价格受到重挫。至 2022 年 9 月，原油价格已跌落至平均水平。

由估计得到的 GARCH（1，1）模型可知，ARCH 项系数（α）和 GARCH 项系数（β）之和反映了波动冲击的衰减程度，$(\alpha+\beta)$ 越接近于 1，说明衰减速度越慢。在方差方程（10-2）中，Brent 原油现货价格对数收益率 GARCH（1，1）模型中的 $\alpha+\beta=0.98<1$，其中 $\beta=0.838$，说明波动冲击的 83.8%传递到了下一期，波动具有较高的持续性，当期原油价格的波动会对未来原油价格波动产生影响。由此可见，国际原油市场对外部信息的冲击反应迅速，而且冲击的影响持久力更强。

2. 波动的非对称效应检验

在 GARCH 模型中，假设条件方差为滞后残差平方项的函数，因此残差的正负差异对收益率序列具有同等效力的影响，即正向与负向冲击对条件方差的影响是对称的。然而原油价格变动的另一个显著特征就是波动的非对称性，即正负冲击对油价的波动影响不同。为了检验国际油价波动中存在的非对称性，本部分分别构建了 TGARCH 模型以及 EGARCH 模型，以提取国际油价波动的杠杆效应。

指数 GARCH 模型（EGARCH）由 Nelson（1991）提出，该模型放宽了对参数非负约束条件的要求，采用对数形式使得模型更加灵活。EGARCH 模型条件方差方程的一般形式为：

$$\ln(h_t)=\omega+\left(\alpha_i\left|\frac{\varepsilon_{t-i}}{\sqrt{h_{t-i}}}\right|+\gamma_i\left|\frac{\varepsilon_{t-i}}{\sqrt{h_{t-i}}}\right|\right)+\sum_{j=1}^{p}\beta_i\ln(h_{t-j})$$

其中，参数 γ 是描述杠杆效应的杠杆因子，反映了正向冲击与负向冲击对波动率的影响，当 $\gamma=0$ 时，表示正向冲击与负向冲击带来的波动影响具有相同的作用，即不存在杠杆效应；当 $\gamma>0$ 时，表示负向冲击带来的波动程度大于正向冲击带来的波动程度；当 $\gamma<0$ 时，表示正向冲击带来的波动程度大于负向冲击引起的波动程度；而当 $\gamma<-1$ 时，说明负向冲击加剧了收益率的波动，正向冲击则降低了收益率的波动。

门限 GARCH 模型（TGARCH）由 Zakoian（1994）提出，该模型的条件

方差方程的一般形式为：

$$\sqrt{h_t} = \omega + \sum_{i=1}^{p} \alpha_i(|\xi_{t-i}| - \gamma_i \xi_{t-i}) + \sum_{j=1}^{q} \beta_j \sqrt{h_{t-j}}$$

从模型的条件方差方程可以看到，波动对条件标准差的贡献为 $\alpha_i(|\xi_{t-i}| - \gamma_i \xi_{t-i})$。因此，当 $\alpha_i > 0$，$\gamma_i \geqslant 0$ 时，负向冲击带来的波动影响要大于正向冲击带来的波动影响。

分别对 Brent 原油价格收益率数据估计 EGARCH 模型和 TGARCH 模型，结果如表 10-3 所示。

表 10-3　GARCH 族模型估计结果

	TGARCH	EGARCH
ω	0.000059*** (0.000012)	-0.463336*** (0.050966)
α	0.090615*** (0.013894)	0.253973*** (0.016172)
β	0.838244*** (0.013266)	0.958377*** (0.007252)
γ	0.094623*** (0.015902)	-0.064548*** (0.009382)

注：***表示在 1%的显著性水平上拒绝原假设，所有系数均显著不等于 0。

其中，TGARCH 项系数 γ 显著且大于 0，说明负向冲击带来的波动影响大于正向冲击带来的波动影响。EGARCH 模型中进一步证明了原油价格波动的非对称性，其中 EGARCH 项系数 γ 显著不等于 0 且取值为负，说明负面冲击影响更大，上一期负向冲击对本期油价的影响比同等大小的上一期正向冲击对本期油价的影响要大。

二、国内原油价格波动分析

（一）我国原油价格形成机制的形成

我国原油价格的形成机制依照控制权的不同可以划分为 3 个阶段，每个阶段都有其鲜明特征，反映出中国原油定价逐步市场化的过程。

1. 第一阶段：国家计划控制阶段

1981 年前，中央政府对油价实行单一的计划控制，只是在国际油价发生重大波动的 1960 年和 1971 年进行过两次计划价格调整。计划经济时期的原油调拨完全取决于国家的计划，原油价格仅仅用于会计结算，并不受市场价格波动影响。

2. 第二阶段：双轨制阶段

国务院决定自 1981 年开始实行原油产量包干政策，即允许超出包干基数 1 亿吨的超产油以国际油价出口或以计划内高价在国内销售，所得收入则主要用于加强原油资源的勘探开发力量，原油价格从此进入双轨制时代。由此，逐渐扩大了市场价与平价间的差距，两者在 1987 年已达 207 元/吨左右。1992 年 9 月，国家进一步放松对油价的控制，上调部分计划内原油价格，并完全放开计划外油价、取消原油最高限价。这些改革措施能够在一定程度上缓解油价过低的状况，但油价形成机制中的根本问题并未得到有效改善。

3. 第三阶段：国内油价与国际油价接轨

具体做法是锁定一个国际化的原油市场价格并以此为标准，加上相应的成本和费用计算出国内原油的终端销售价，再按 5%的利润空间倒推出批发价。新机制实施之初，我国每月的原油交易价是以上月新加坡原油均价为基准，并加上适当的贴水确定的。当新加坡原油价格在本月的波动幅度超过 5%时，下月的国内原油价格也做相应调整。由于这一机制后来被恶意操控，我国于 2000 年 6 月开始逐月与国际市场价格联动。这一定价机制是由国家发展改革委制定原油的基准价和成品油的零售中间价，原油天然气集团公司和石化集团公司供销双方参照基准价协商确定原油价格，成品油价格则由两大集团公司在 8%的幅度内确定具体的零售价，基准价和中间价根据新加坡、纽约、鹿特丹三地的现货市场价，每月按 6∶3∶1 的权重进行加权平均计算得出。随着我国成品油价格形成机制的调整，我国成品油定价机制不再“盯住”纽约、新加坡和鹿特丹三地成品油价，而以布伦特、迪拜和米纳斯（Minas）三地原油价格为基准，再加上国内平均加工成本和合理利润确定价格。本部分以大庆原油现货价格为研究对象，通过构建 GARCH 族模型，分析国内原油价格的波动特征并与国际原油价格波动进行比较。

（二）数据说明

大庆原油产量约占中国原油产量的 40%，就油气探明储量和平方量而言是我国最大的油区，也是世界最高产的油气产地之一。因此，本节选取大庆原油价格代表我国整体原油价格水平，同时也是国际上采用的中国原油价格的代表。数据时间范围为 2001 年 12 月至 2022 年 9 月的大庆原油现货价格周数据，共计 1080 个样本，计价单位同样为美元。

（三）基于 GARCH 模型的大庆原油现货价格波动模型估计

对大庆原油现货价格取对数得到收益率序列并查看其描述性统计特征，得到表 10-4。

表 10-4　大庆原油收益率序列的统计量描述

分类	大庆
均值	0. 001404
中位数	0. 003460
最大值	0. 306434
最小值	-0. 421481
标准差	0. 048166
偏度	-1. 011576
峰度	14. 99816
J-B 统计量	6656. 030***
P 值	0. 00000
样本数量	1079
ADF 检验	-7. 2413***

与 Brent 原油现货价格对数收益率序列的描述性统计特征相似，大庆原油现货价格的对数收益率分布同样存在尖峰厚尾效应（见图 10-3），并且 J-B 检验表明序列并不是正态分布。ADF 检验验证大庆原油现货价格对数收益率

序列是平稳序列。

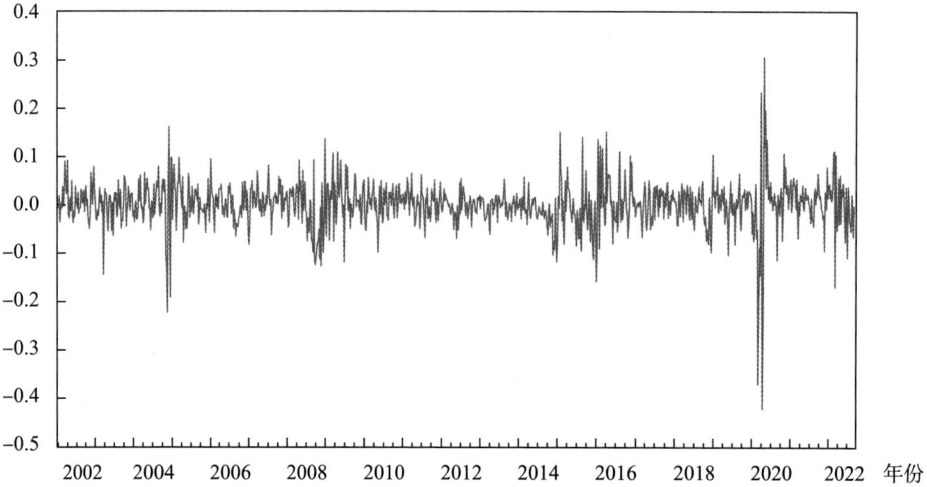

图 10-3　大庆原油对数收益率

同样采用 GARCH 模型估计大庆原油现货对数收益率波动效应。参数估计结果如表 10-5 所示。

表 10-5　大庆原油对数收益率 GARCH（1，1）模型参数估计结果

参数	估计值	标准误	z 值	P 值
b	0.003805	0.0000113	5.550179	0.0008
α	0.195560	0.015223	12.84666	0.0000
β	0.762513	0.018389	41.46603	0.0000
R^2	−0.000294			
GARCH（1，1）模型残差的 ARCH-LM 检验				
F 值	0.030580			0.8612
$n\times R^2$	0.030639			0.8610

可以看到，ARCH 项和 GARCH 项系数均显著不等于 0，且满足条件 $\alpha \geqslant 0$，$\beta \geqslant 0$，$\sum_{i=1}^{p}\alpha_i + \sum_{j=1}^{q}\beta_j < 1$。对模型残差的 ARCH-LM 检验也说明 GARCH

(1，1) 模型已较好地提取了对数收益率序列中的波动信息，由此可得出具体估计结果：

均值方程：

$$r_t = 0.3805 \times 10^{-2} + \xi_t \tag{10-3}$$

方差方程：

$$\sigma_t = 10.1 \times 10^{-5} + 0.195560\xi_{t-1}^2 + 0.762513\sigma_{t-1} \tag{10-4}$$

通过估计 GARCH 模型得到的条件异方差如图 10-4 所示。由图形可以看出，GARCH 模型较好地描述了市场的波动聚集现象。

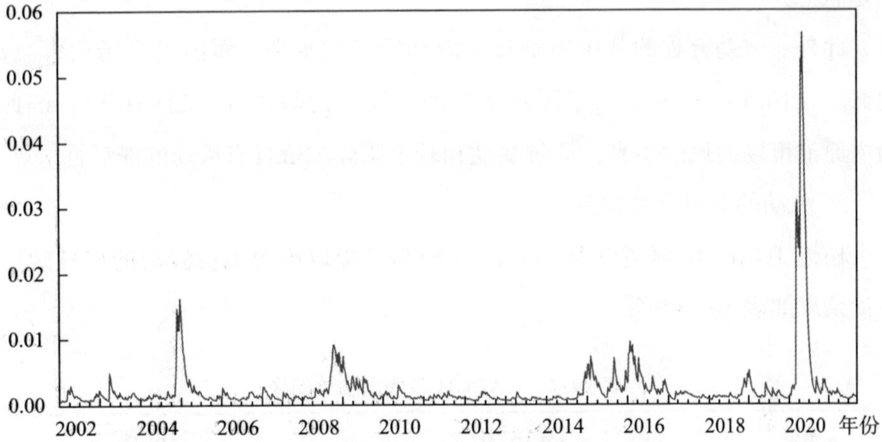

图 10-4　大庆原油对数收益率条件异方差

(四) 波动情况分析

1. 整体波动情况分析

总体来看，由对数收益率的条件方差图可知，相较于国际原油价格的频繁多次周期性波动，国内原油价格波动均由数次小波动聚集而成，而每一次大波动与下一次大波动间隔时间较长，但随着我国原油价格形成机制的不断调整，波动间隔也在逐渐缩短。

由估计得到的 GARCH (1，1) 模型可知，ARCH 项系数 (α) 和 GARCH 项系数 (β) 之和 $\alpha + \beta = 0.96 < 1$，满足参数约束条件且小于 Brent

市场的 $\alpha+\beta=0.98$。其中 $\beta=0.763$，说明波动冲击的 76.3%会在下一期延续。因此，相较于国际原油市场，国内原油市场价格波动聚集和波动的持续更为平缓。对于外部冲击的反应缓慢，表现出较小的价格波幅，并且冲击对下一期影响较弱。而这一表现与我国自 1998 年实行的原油价格逐渐与国际接轨的定价机制相吻合：一方面，国内原油价格需要反映国际油价的变动趋势；另一方面，为了避免国际油价剧烈波动对国内经济发展带来巨大冲击，国内油价需要充分考虑国内市场的真实供求关系，即在保证国内原油供需平衡稳定的前提下，逐渐实现与国际价格的接轨，保持油价的相对稳定状态。

此外，方差方程的截距项解释了波动的平均水平，而国内市场油价波动的截距（10.1×10^{-5}）远大于国际市场油价波动的截距（5.23×10^{-5}），因此，国内原油市场的风险更高，油价变动相较于国际油价具有被动的滞后性。

2. 波动的非对称性检验

构建 TGARCH 模型以及 EGARCH 模型，提取国内油价波动的杠杆效应。估计结果如表 10-6 所示。

表 10-6　GARCH 族模型估计结果

系数	TGARCH	EGARCH
ω	0.000131*** (0.000018)	-0.620327*** (0.073255)
α	0.055610*** (0.020921)	0.264145*** (0.024940)
β	0.765757*** (0.019770)	0.935888*** (0.010332)
γ	0.211028*** (0.026307)	-0.120484*** (0.014503)

可以看到，TGARCH 项系数 γ 显著且大于 0，EGARCH 项系数 γ 显著不等于 0 且取值为负，说明负向冲击带来的波动影响大于正向冲击带来的波动影响。可见，估计结果进一步印证了国内原油价格波动同样具有非对称性。

三、国际原油价格与国内原油价格的联动影响

国际油价的持续震荡会通过原油产业链传导到全球实体经济各个层面，影响各国股市、导致经济发展不确定性增加。在我国对原油维持高度依赖的情形下，国际油价的频繁波动对于我国追求平稳运行的市场环境、严防系统性金融风险发生的目标而言是不利的。在资源约束与环境污染问题的双重困扰下，各国相继开始发展新能源，大力布局新能源产业。新能源与原油的相互替代关系为各国转变经济发展方式指明了方向。本节仍以 Brent 原油现货价格和大庆原油现货价格为研究对象，同时加入对中国新能源市场的考量，探讨国际油价、国内油价以及中国新能源市场三者之间的波动效应和波动特征。

（一）国内外原油价格波动的互动关系

1. Granger 因果关系检验

在前面的分析中，我们已经确定了取对数后的收益率序列 RQ（大庆原油价格对数收益率）和 RB（Brent 原油价格对数收益率）均为平稳序列，因此检验两市场价格的 Granger 因果关系，检验结果如表 10-7 所示。可以看到，两市场的价格收益率存在双向因果关系，即国际油价对国内油价发挥引导作用的同时，国内油价的变动也会引起国际油价的波动，两个市场间存在反馈关系。但从 F 统计量的取值可以看到，国内油价对国际油价的引导作用程度和力度会弱于国际油价对国内油价的影响。总体来看，国内油价变动相较于国际油价处于被动地位。

表 10-7　大庆和 Brent 的 Granger 因果关系检验

原假设 H_0	样本数	F 统计量	P 值
大庆不是 Brent 的 Granger 原因	1079	21. 6423	6. E-10
Brent 不是大庆的 Granger 原因	1079	54. 4289	3. E-23

2. 长期协整关系检验

对国内外油价对数收益率序列 RQ 和 RB 进行 Johansen 协整检验，根据信息准则确定 VAR 模型的最优滞后阶数为 7 并进行协整检验，得到两个市场原

油价格之间存在唯一的协整关系为：

$$\ln(RQ) = 0.097 + 0.898\ln(RB)$$
$$(0.04) \quad (0.02)$$

说明国内原油市场与国际原油市场间存在显著的同向变动关系，国内原油价格对 Brent 原油价格的长期弹性为 0.898。

进一步地，通过对 VAR 模型的方差分解来分析每个结构冲击对内生变量变化的贡献度。图 10-5 和图 10-6 分别为国内油价冲击对国际油价的变化贡献率、国际油价对国内油价变化的贡献率，其中，横轴为滞后期数，纵轴表示某一市场价格冲击对另一市场价格变化的贡献率。图 10-5 和图 10-6 显示，国际油价冲击对国内油价的变化贡献率在当期为 27%，滞后 2 期时升高至 33%，且持续保持在该水平；国内油价对国际油价变化的贡献率较低，当期影响为 0%，滞后 2 期时增加至 10%，可见国际油价对国内油价的变化影响很大，而国内油价变化则相对滞后且影响力较弱。这一表现可由我国原油价格的形成机制解释，即为了避免国际原油价格剧烈波动对国内经济的影响，现行的原油价格调控机制具有较强韧性。因此，当国际油价处于高位时，国内油价才开始触发涨价机制，而当国际油价陡然下降时，国内油价仍将保持一段时间的高位运行，形成油价倒挂，从而熨平波动风险。

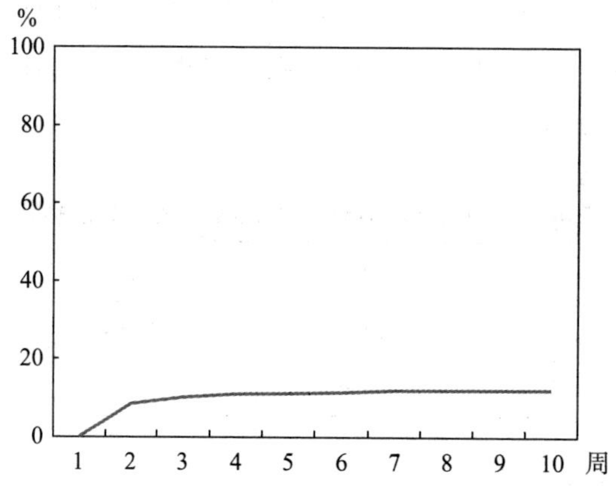

图 10-5　国内油价冲击对国际油价的变化贡献率

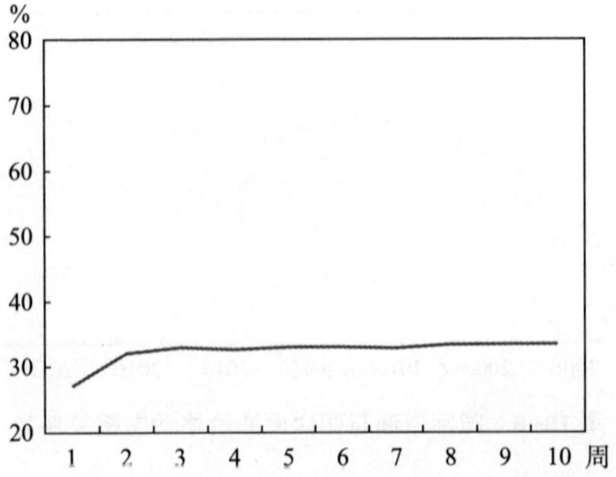

图 10-6　国际油价冲击对国内油价的变化贡献率

3. 动态关联特征分析

考虑到国际原油市场与国内原油市场价格波动的动态关系，采用动态相关系数模型（Dynamic Conditional Correlation，DCC）刻画两个市场价格波动之间的相关程度。图 10-7 和图 10-8 分别为国际与国内原油市场价格序列的时变协方差以及动态相关系数。可以看到，国际油价与国内油价的相关系数始终为正，且保持在［0.73，0.92］区间内。相关程度在 2020 年达到峰值，随后逐渐下落至 0.87 附近，两市场间相关程度仍十分紧密。

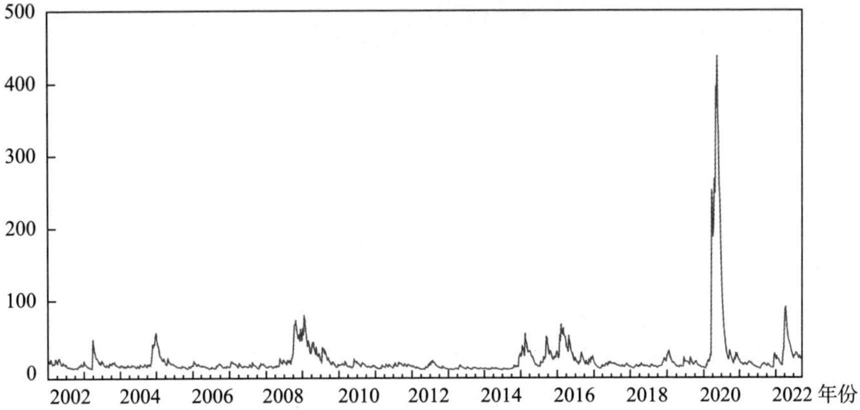

图 10-7　国际原油与国内原油价格时变的协方差

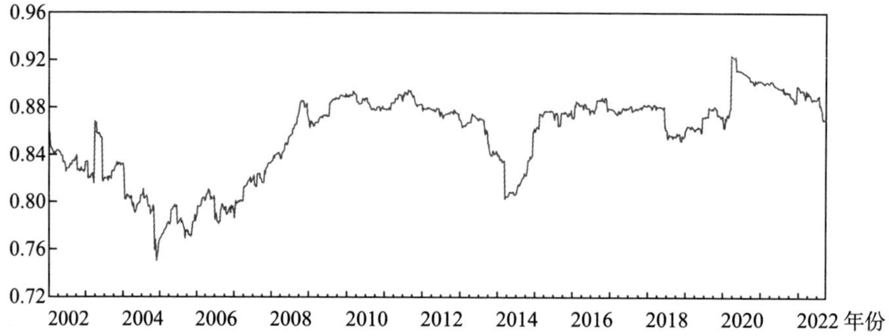

图 10-8　国际原油与国内原油价格动态相关系数

（二）油价变动与新能源价格波动的互动关系

新冠疫情的全球蔓延以及俄乌冲突爆发导致原油市场基本面发生变化，带来原油市场剧烈波动，增加了我国能源市场以及能源转型的不确定性。本小节选用中证新能（399308. SZ）每日收盘价计算得到周平均价格，以评估中国新能源发展水平。分别绘制 Brent 原油现货价格序列、大庆原油现货价格序列与其动态相关系数，分别得到图 10-9 和图 10-10。

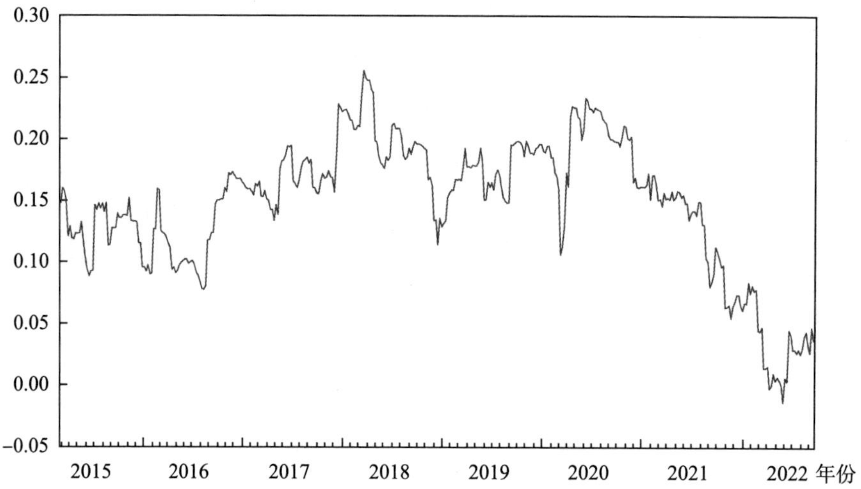

图 10-9　国际原油与新能源行业动态相关系数

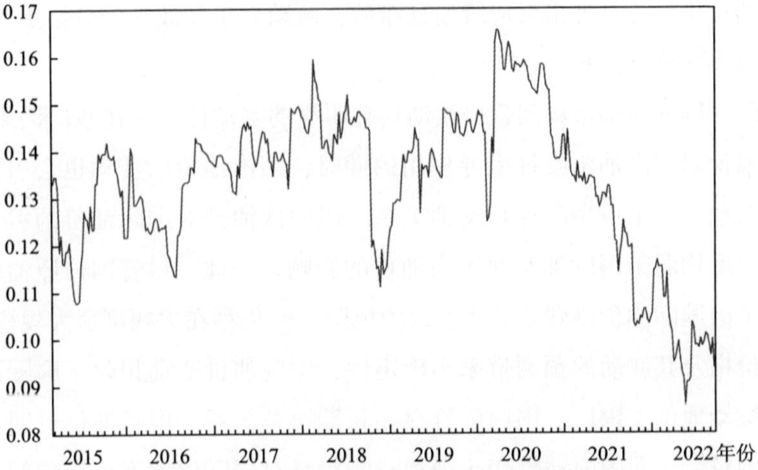

图 10-10　国内原油与新能源行业动态相关系数

从图 10-9 和图 10-10 两幅动态相关系数图可以看到，国际与国内原油价格同国内新能源发展的相关系数均为正值，说明油价的攀升会促进新能源行业的发展。但总体来看，由于国内油价的定价机制影响，国内新能源市场受国际、国内原油市场影响均不大，相关程度较低。

具体来看，国际原油市场与国内新能源市场的动态相关系数取值范围为［0，0.25］，在 2017 年第三季度达到峰值，2022 年第一季度到达谷底，接近负值；国内原油市场与国内新能源市场的动态相关系数取值范围为［0.09，0.165］，在 2020 年第一季度达到峰值，于 2022 年第一季度到达谷底，但仍为正值。比较而言，国内新能源市场受国际原油市场影响更大。

第二节　能源转型背景下的中国能源市场面临挑战

一、原油进口依存度较高，影响能源安全

国内原油进口仍受制于国际市场，受国际原油市场影响较大，且在世界原油市场价格确定中缺乏发言权。国际、国内原油价格波动均存在聚集性、持续性和非对称性。国际原油价格波动幅度更大，对外部冲击反应也更迅速；

国内原油价格对外部冲击反应缓慢且滞后，波动聚集和波动的持续更为平缓，表现出较小的价格波幅。

国际、国内原油市场间价格波动具有明显的互动性，存在双向因果关系。在国际油价对国内油价发挥引导作用的同时，国内油价的变动也会引起国际油价的波动，两个市场间存在反馈关系。但国内油价对国际油价的引导作用程度和力度均弱于国际油价对国内油价的影响。因此，尽管国内原油价格政策熨平了因国际油价剧烈波动所引致的风险，但仍存在大幅度、大规模震荡，给原油价格及其波动的预测带来不确定性，国内油价变动相较于国际油价市场处于被动地位。国际、国内油价存在长期协整关系。国际油价对国内油价变化影响较大，而国内油价变化则相对滞后且对国际原油市场影响较小，可见我国在世界原油市场价格确定中缺乏发言权。

二、新能源发展稳步推进，推动能源转型作用有限

《“十四五”能源领域科技创新规划》对能源新技术、新模式、新业态建设方面提出了更高要求，国内新能源相关行业产业发展稳步推进。中国复杂的能源国情决定了中国的能源转型不会重复西方发达国家煤炭—油气—可再生能源三段式既有路径，而是将从以煤为主转向清洁煤炭、油气、可再生能源和核能并存，并最终实现以可再生能源为主体的能源消费结构。在严格控制能源消费总量和强度的同时，有序推进能源消费结构向清洁绿色低碳转型。

在全球“双碳”和能源转型的大背景下，大力发展新能源行业无可厚非。但从新能源行业与传统化石能源行业的发展关系来看，国内新能源市场受国际、国内原油市场影响均不大，二者关联度不强，新能源行业与传统化石能源行业呈现出的互补效应更强，而替代效应较弱，因此寄希望于依赖新能源行业发展推动能源转型落地的作用十分有限。

第三节　能源转型背景下的原油价格波动趋势预测

能源价格会受到除市场供需外大量经济、社会、政治、自然等因素的影

响。以原油价格为例，短期与长期均会受到多种因素影响，导致原油价格往往会偏离供需基本面，为原油价格预测带来不确定性。本小节先梳理短期以及长期原油价格预测理论和模型，随后沿用 GARCH 族模型以及 DCC-GARCH 模型分别对国际、国内原油现货价格波动趋势以及油价与我国新能源发展相关程度进行预测。

一、短期的原油价格预测

（一）原油需求的短期变动

短期的原油价格预测是基于供给需求平衡框架来实现的。对于原油需求的短期变动，孙天晴和马宪国（2007）运用时间序列季节调整的方法，对原油价格的季节变动进行了分析，发现油价季节性涨幅的规律性较强，而不规则要素的随机性较强，并且不规则要素的波动在逐渐加大。研究发现，由于季节性影响而引起油价规律性上涨的月份主要集中在 3 月、5 月、8 月、9 月，而不规则要素涨幅较大的月份集中在 3 月、8 月、9 月。每年的第一季度末至第二季度是炼油装置检修的时间，原油供应呈现供大于求的状况，引起原油价格下降；而随着春夏季到来，汽油消费进入旺季，价格走高，带动原油价格走强；冬季是取暖油消费高峰，因此在冬季到来之前的 9 月、10 月，油价会走强。另外，还有年末效应，因为投资基金回收结算的行为，导致原油的价格下降。而且这种因为需求而引起的价格波动具有超前波动的特征。本书将影响原油需求的因素总结为产出、油价、汇率和随时间变动的技术。即：

$$DEM_i = \Phi\left(Y_i,\ \frac{POIL}{P_i^D},\ E_i,\ time\right)$$

其中，DEM_i 为国家（地区）i 的原油需求量；Y_i 为不变价格的 GDP；$POIL$ 为以美元计价的原油价格；E_i 为对美元的汇率；P_i^D 为国家（地区）i 的国内物价指数，均取对数的形式。

（二）原油供给

在不同的相关文献中，对于世界原油市场的供给假设都是将原油生产国分为两类：OPEC 卡特尔组织和非 OPEC 生产国。非 OPEC 生产国的行为被认为是竞争性的，但会受到地缘和制度因素的限制。而 OPEC 成员国虽然相互之间意见不一致，但由于沙特阿拉伯的强大作用，总体上表现为一个控制国际原油价格的组织。

1. OPEC 的原油供给

Dees 等（2005）将世界原油市场的供给分为 OPEC 供给和非 OPEC 供给。OPEC 供给在 1986 年之后表现为更加合作的状态。可得：

$$PROD^{opec} = \sum_i DEM_i + \Delta Stocks^{opec} - NGLS - \sum_j PROD^{non-opec} - PG$$

其中，$\Delta Stock^{opec}$ 为 OPEC 国家的原油库存变动；$NGLS$ 为液化天然气；PG 为人造原油（来自页岩油 、重油、煤制油等）。

2. 非 OPEC 成员国的原油生产

Kaufmann 和 Cleveland（2001）证明，虽然非 OPEC 国家是价格接受者，但没有明显的证据证明非 OPEC 国家的原油生产和价格之间存在简单的关系。由于存在资源耗竭、技术进步、经济动机、政治介入等因素，多数模型所预测的非 OPEC 国家原油生产并不准确。

非 OPEC 国家原油生产，既受原油生产的成本和原油价格等经济因素的影响，又受产能的影响，即本国所处的哈伯特曲线位置。运用逻辑斯特曲线来表示特定国家的哈伯特曲线可得：

$$\ln\left(\frac{Q^{\infty}}{Q_t - 1}\right) = \ln(a) + b(t - t_0)$$

其中，Q^{∞} 为一国最终的原油可采量；Q_t 表示在 t 期一国累积的原油生产量。哈伯特运用该模型分析美国的原油生产峰值。Kaufmann 和 Cleveland（2001）的分析则表明，该模型能够成功预测美国原油生产峰值的原因在于，该钟形曲线正好与美国原油生产的非线性长期成本形式相吻合。

原油生产除了受哈伯特理论限制外，还受经济、制度因素的影响，生产本身也具有一定的惯性。于是可将哈伯特曲线得到的原油量 ΔQ_t 作为被解释变量，构建原油生产的协整模型。

$$PROD_t = \alpha + \beta_1 \Delta Q_t + \beta_2 ROIL + \beta_3 Local + \beta_4 Asym + \mu_t$$

其中，$PROD_t$ 为原油生产；$ROIL_t$ 为不变物价衡量的原油价格；$Local$ 为一个连续或离散地影响本地生产的变量，如经济危机、持续的罢工等；*Asym* 为虚拟变量，当某一国家的原油生产已达到峰值并具有非对称性，取值为 1。

3. 短期原油价格

OPEC 对原油价格的影响介于定价卡特尔和价格接受者之间，即其并不能完全控制油价，但又发挥着绝对优势作用，而目前并没有相关理论能够解释这种“中间角色”的行为及其对市场的影响作用。更为常见的分析逻辑是将价格、OPEC 的行为指标以及市场供需平衡指标相联系，借助计量方法估计原油价格变动。

Stock 和 Watson（1993）运用动态最小二乘估计法，运用 1986 年第三季度到 2000 年第三季度的数据估计得到原油价格模型：

$$POIL_t = \alpha + \beta_1 DAYS_t + \beta_2 Quota_t + \beta_3 Cheat_t + \beta_4 Caputil_t + \beta_5 Q_1 + \beta_6 Q_2 + \beta_7 Q_3 + \beta_8 War + \mu$$

其中，*DAYS* 为 OPEC 原油储备的消费日期数；*Quota* 为 OPEC 的原油生产配额；*Cheat* 为 OPEC 的实际生产量与生产配额之间的差额；*Caputil* 为 OPEC 的生产能力使用率；Q_1、Q_2 和 Q_3 分别为第一、第二和第三季度的虚拟变量；*War* 为海湾战争虚拟变量。

该模型基于 1984 年第一季度至 2002 年第一季度的数据，在需求方面分为美国、日本、欧元区、瑞士、其他发达国家、非日本亚洲区、转型经济体、拉丁美洲和世界其他国。供给方分为美国本土、加拿大、墨西哥、巴西、非 OPEC 拉丁美洲、西欧、非 OPEC 非洲和非 OPEC 其他地区。从模型的实际结果来看，能较好地拟合 1995 年第一季度至 2000 年第三季度的油价变动。

二、长期的原油价格预测

长期原油价格开采模型（Long-term Oil Price and Extraction，LOPEX）在哈伯特原油供给理论模型的基础上，加入原油需求对价格内在变动的影响，模型时间跨度为 10 年。Rehrl 和 Friedrich（2006）运用 LOPEX 模型对世界长期原油价格进行预测。

（一）原油需求

模型假设原油需求为一个具有稳定价格弹性的函数：

$$D(t) = d\_\ ref(t)\left[\frac{P(t)}{p\_\ ref(t)}\right]^{\varepsilon}$$

其中，ε 为原油需求的长期价格弹性。模型中假定存在需求和价格的参考路径，而原油需求的参考路径主要基于能源需求模型而定，但并不考虑结构变化或能源需求方面的技术进步等令经济状况发生改变的情形。

（二）原油供给

1. 非 OPEC 国家的原油供给

非 OPEC 原油生产国被认为是完全的价格接受者。按成本分类法将非 OPEC 国家的原油生产分为 26 个类型。各自的哈伯特曲线为：

$$h_k(t) = \frac{Q_{\infty,\ k} b_k e^{-b_k(t-t_{0,\ k})}}{(1 + e^{-b_k(t-t_{0,\ k})})^2}$$

其中，$Q_{\infty,\ k}$ 代表 k 类型的最终可采量；$t_{0,\ k}$ 表示 k 类型的高峰年；b_k 为参数，表明该哈伯特曲线的斜率。对于一种资源进入市场时间选择需要确定一个哈伯特开始点（Hubbert Start，HS），以保证该种资源可以开始有盈利地生产。哈伯特开始点通常由技术进步、成本下降或者价格上升引起，因此可以产量占其生产高峰产量的比例来衡量。在 OPEC 确定了价格路径后，非 OPEC 国家在任意时点所生产的原油总量为：

$$nop(t) = \sum_k h_k(t)$$

其中，$h_k(t)$ 为 t 期 k 类型的哈伯特周期。

2. OPEC 的原油供给

由于 OPEC 巨大的存储比，其生产配额远处于产能之下，因此可认为原油生产不受哈伯特周期的限制，可以同时选择其跨期的最优产量和价格路径。OPEC 的原油产量为利润最大化时的原油产量：

$$\text{Max} \sum_{t,\ k} d(t)\{P(t)X_k(t) - C_k[X_k(t),\ R_k(t-1),\ t]\}$$

其中，$d(t)$ 为折现因子。约束条件：

$$R_k(t) = R_k(t-1) - X_k(t)$$

$$X(t) = \sum_k X_k(t) = D(t) - nop(t)$$

其中，$R_k(t)$ 为在 t 期时 k 类型原油的储量。生产成本由下式确定：

$$C_k[X_k(t), R_k(t-1), t] = tec(t)X_k(t)$$

$$\left[c_{k-1} + (c_k - c_{k-1}) \times \frac{R_k - R_k(t-1) + 1/2X_k(t)}{R_k}\right]$$

其中，$tec(t)$ 为外省的技术进步导致的成本下降；c_k 为 k 类型的供给成本。

3. 价格均衡

当供给等于需求时就可以得到均衡价格。LOPEX 模型的预测思路见图 10-11。由一个确定价格 $p(t)$ 使非 OPEC 原油生产国确定其产量，在该价格下的原油需求不足部分则由 OPEC 原油生产补充，此时的 OPEC 产量与价格正好为其实现利润最大化时的原油产量。

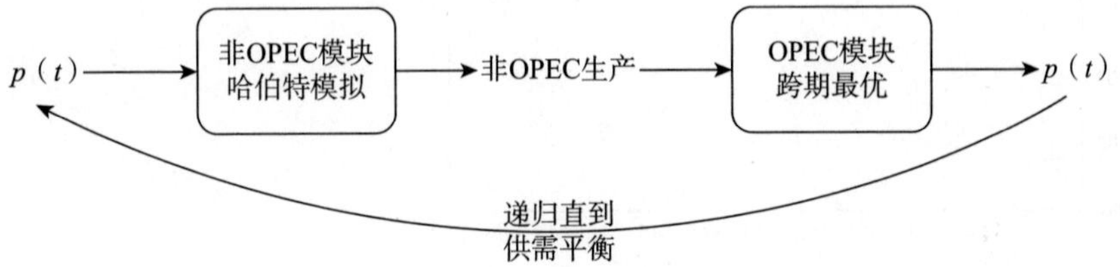

图 10-11　LOPEX 模型预测思路

由于该模型在原油供给方面存在太多假设，各机构运用 LOPEX 模型预测的原油价格发展趋势相互间存在较大差别。因此，这一模型更多地被用于情景分析。

三、国际与国内原油现货价格波动趋势预测

由国际、国内原油现货价格格兰杰因果检验可知，两序列间存在双向因果关系。因此，如果选用滞后项并拟合回归模型的方式预测原油价格效果并不理想，模型存在严重的内生性问题。这里仍然沿用上文的分析方法，选择 GARCH 模型分别对国际、国内原油价格进行预测。Brent 原油价格的样本时间段为 1987 年 5 月 22 日至 2021 年 9 月 3 日，预测时间段为 2021 年 9 月 10

日至2022年9月9日。大庆原油价格的样本时间段为2002年1月5日至2021年9月11日，预测时间段为2021年9月11日至2022年9月17日，分别得到图10-12和图10-13。

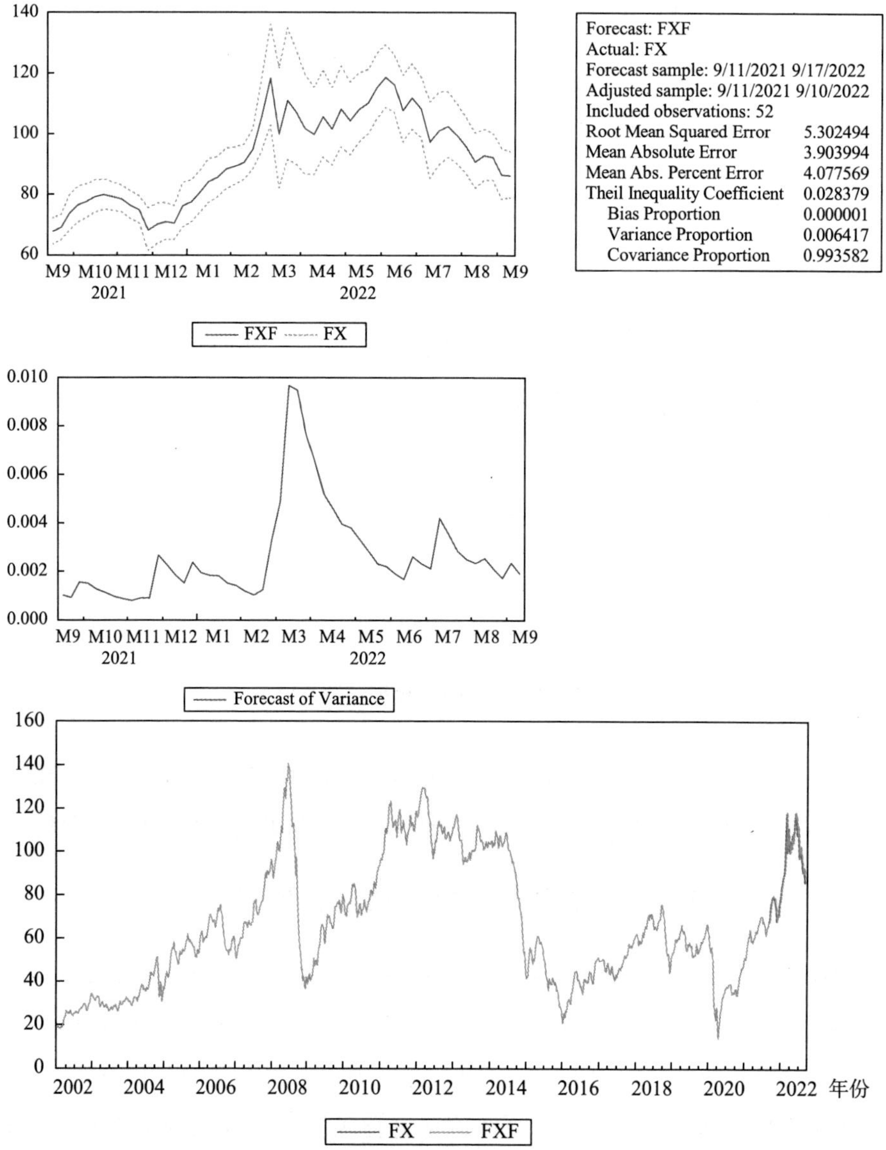

图10-12　大庆原油价格预测

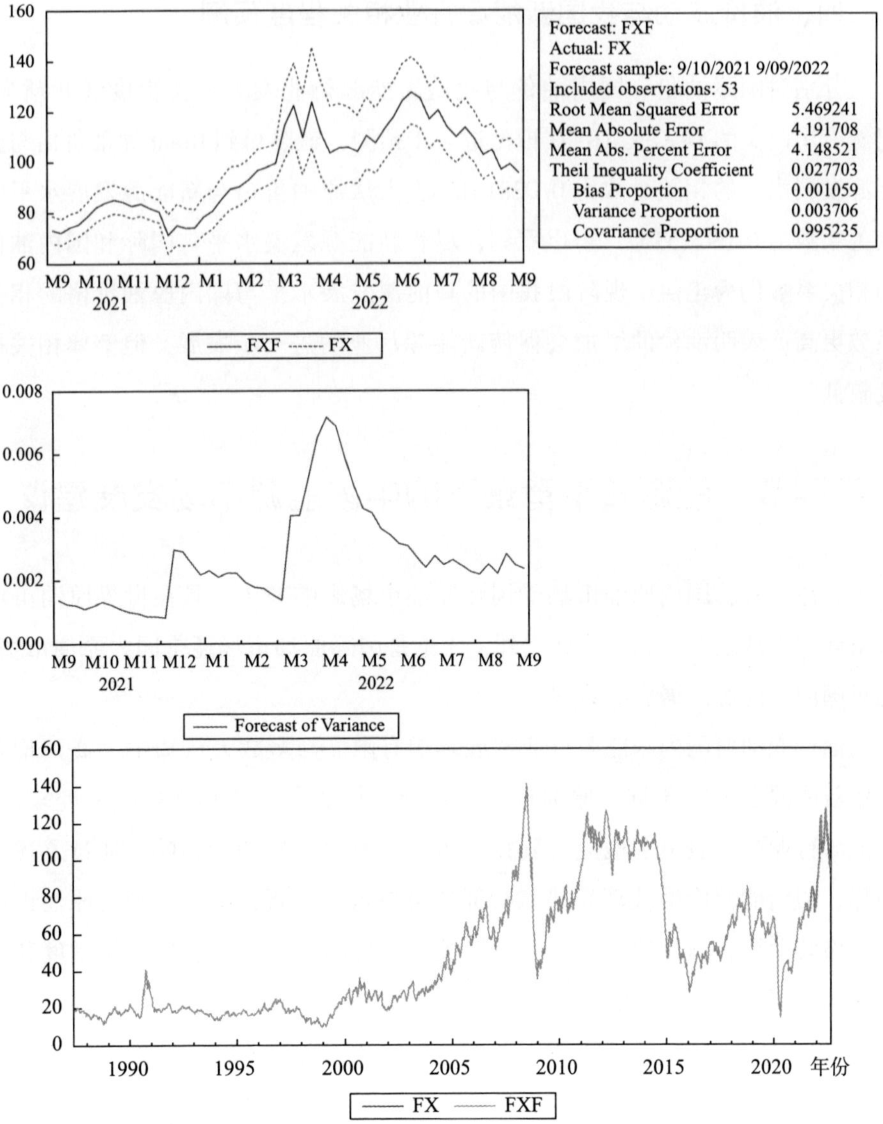

图 10-13　Brent 原油价格预测

可以看到，由于存在内生性问题，模型预测具有一定的预测误差，但仍可以观察出原油价格的波动趋势已落入下降通道，并且将进一步延续现有的下降态势。

四、油价波动与我国新能源行业相关程度预测

分别对国际油价、国内油价与我国新能源行业发展相关程度展开预测。仍然沿用前文的 DCC-GARCH 模型进一步预测，最终得到 Brent 原油价格与新能源发展水平的相关系数为 0.02814176，大庆原油价格与新能源发展水平的相关系数为 0.09225152。可以看到，尽管新能源发展水平与国际和国内油价的相关系数仍为正值，现阶段我国的新能源发展水平与国内原油价格的相关系数更高，表明油价的增加会促使新能源行业的进一步发展，但整体相关程度较低。

第四节　能源转型背景下的中国能源市场发展建议

总体来看，国内原油市场受国际原油市场影响较大，且在世界原油市场价格确定中缺乏发言权。除此之外，无论是国际原油市场还是国内原油市场，均对国内新能源发展影响有限。

油价变动对国内新能源行业发展影响有限。与多数人认知中“高油价会促使新能源发展”不同，原油价格与新能源行业发展的相互影响程度较低，新能源行业的发展更多地会受到技术进步以及政策导向的影响。通过上述对国际、国内能源价格波动趋势和特征的分析可以发现，国际、国内原油市场间价格波动具有明显的互动性和反馈关系，且国际油价的引导作用程度和力度会强于国内油价，国内油价变动相较于国际油价市场处于被动地位。

我国经济多年来的持续快速发展，导致我国对能源需求特别是原油需求不断增长，原油进口依存度接连攀升，由此所引发的能源安全问题则逐渐得到重视。对外，我国经济循环日益融入世界经济体系中，需要不断提高自身化解风险的能力，积极应对国际市场原油价格剧烈波动的不确定性，强化应对国际能源价格波动风险的能力并增强我国在国际能源市场上的影响力；对内，可以通过加快能源转型升级、鼓励创新工艺、强化能源行业产业链并大力发展新能源的形式缩短能源价格的波动周期，稳定能源价格。

一、强化应对国际能源价格波动风险的能力

（一）建立完善原油储备体系

原油储备作为国家战略安全的重要一环，安全、充足、稳定的原油供给能够有效地缓解国际油价波动和原油供给等因素对国内经济系统的冲击。我国应建设政府战略储备、机构储备和民间储备等多层次的原油储备体系。目前国际原油的主要安全风险不是供给中断，而是如何以合理的价格购买原油。原油价格波动复杂，政府储备和民间储备在建设原油储备时需要充分考察、研究采购原油合适的时机和合理的价格，以及制定合理的原油储备规模。

（二）推动生产技术升级

提高应对油价波动冲击的风险能力要求降低以原油为原材料的有机产品的原油消耗。与美国、日本等发达国家相比，我国有机产品加工和成品油生产工艺不够成熟，生产粗放，原油的资源利用效率低下，造成大量资源浪费。粗放型生产技术加剧了国内原油供不应求的现状，国内需求对国际油价缺乏弹性。我国原油需求分为刚性需求和弹性需求。弹性需求是由粗放型生产方式引起的，但这种粗放型生产方式引起的需求可以通过升级生产技术来减少，从而降低我国的原油总需求。因此，政府和原油企业应积极引进先进的生产技术和专业人才，专注原油产品的核心加工技术升级，树立我国相关产品的国际品牌。从依靠大量消耗生产要素的粗放型生产方式向以技术创新为驱动的集约式生产方式转变，不仅能够缓解国内过热的原油需求，也有利于国内原油工业企业加工制成品的出口，改善我国的贸易条件。

（三）推进原油期货市场建设

由于没有国际原油定价权，我国在原油贸易中一直缺乏主动权。这直接降低了我国应对油价冲击的能力，使我国在进出口贸易中处于劣势。为了应对原油风险，国内原油企业多通过国外期货市场开展对冲风险、套期保值操作。然而受地域、交易规则等因素影响，国内企业在交易实践中受到各种限制。因此，积极推进我国原油期货市场建设，为国内原油企业进行期货交易

创造良好的市场环境是十分必要的。我国要健全相应的法律体系、交易规则等配套设施，利用优惠政策吸引更多国际市场投资者参与，逐渐形成以我国为中心的原油期货交易中心，解决国际原油供应与国内原油需求之间的不平衡问题，增强我国在国际原油市场中的主动性，提高应对油价冲击带来的不确定性的能力。

二、充分利用国内国际双循环优势，保障国内能源安全

能源安全是中国总体国家安全体系中的重要一环。原油关乎我国的经济命脉，作为世界较大的原油进口国和原油消费国之一，我国在国际原油定价问题上始终不具备强大的影响力。较高的能源依存度严重影响了我国的能源安全。在能源转型背景下，利用国内、国际的双循环优势解决我国的能源安全问题，是实现能源转型的必由之路。

对外坚定推进能源进口多元化战略，以世界最大能源消费市场的“结构性权力”维护中国能源安全。考虑到国内油气资源相对不足、油气对外依存度较高的现实，如何保障油气供应安全应成为中国能源安全的重要议程，也是中国推进能源供给革命、消费革命需要高度聚焦的领域。随着新能源革命特别是国际石油市场由“卖方市场”向“买方市场”的转变，中国庞大的能源消费市场正在成为我们手中所掌握的重要“结构性权力”，可以成为对外能源合作至关重要的议价工具和保障中国能源安全的重要手段。做好“能源安全”与“商业利益”之间的动态平衡，防止对“安全”问题过度敏感提高中国能源进口的商业成本。

对内一方面从能源供给角度，抢占能源技术制高点，以推进能源科技创新支撑中国能源安全。全球能源转型背景下，能源发展逐步从资源驱动转变为技术驱动，中国要在继续加强“技术长板”的同时，抓紧补齐“技术短板”：在化石能源领域，要在煤炭清洁高效利用方面加大创新开发力度，强化页岩油气和天然气水合物勘探开发技术；在可再生能源领域，在保持水电、风电、光伏发电、生物质能源利用等既有优势的同时，进一步降低成本并抢占可再生能源技术制高点；在核电领域，在已建成世界上最先进的第三代核

电站并在高温气冷堆等第四代核电方面拥有技术优势的基础上，加强可控核聚变研究；在分布式能源领域，大力开发既可自发自用，也可与集中式电网互动的分布式低碳能源网络；在储能领域，努力在高能量密度储能技术方面取得突破，加快研发空气锂电池、石墨烯电池、纳米储能、压缩空气储能、制氢储能等技术；要大力发展碳捕获、移除、利用与封存技术，有效控制温室气体排放；要将新一代信息技术与能源技术深度结合，促进智能电网、能源互联网和能源综合服务系统发展。另一方面，从能源消费角度，建立健全节能增效制度体系，努力降低高污染的煤炭消费。要依靠技术创新推进用能效率提升，进一步创新节能技术，加大新一代数字技术、信息技术与能源行业深度融合，在严格控制能源消费总量和强度的同时，有序推进能源消费结构向清洁绿色低碳转型。

三、支持引导新能源行业稳定、健康发展

近年来，国家能源体制改革深入推进，投资主体更加多元，竞争性环节价格进一步放开，能源治理机制基本形成。今后一个时期，中国能源体系需要持续深化改革，还原能源商品属性，构建有效竞争的市场结构和市场体系，形成主要由市场决定能源价格的机制；要推动经济和能源绿色低碳转型，有序推动碳达峰、碳中和。持续完善碳交易、碳配额等制度，创新绿色低碳转型的金融手段；要转变政府对能源的监管方式，建立健全能源法治体系，有序推进能源结构转型。

中国的能源转型不会重复西方发达国家煤炭—油气—可再生能源三段式既有路径，而是将从以煤为主转向清洁煤炭、油气、可再生能源和核能并存，并最终实现以可再生能源为主体的能源消费结构。中国国内不同地区的经济、社会和能源状况各不相同，这决定了中国在推进能源转型的过程中，必须采取稳妥审慎的态度，不能一哄而上、操之过急，既要确保经济平稳和社会民生，也要确保能源转型持续推进、不断升级。

参考文献

［1］安海忠，陈玉蓉，方伟，等．国际石油贸易网络的演化规律研究：基于复杂网络理论［J］．数学的实践与认识，2013（22）：57－64.

［2］白羽，李富兵，樊大磊，等．哈萨克斯坦局势动荡引发“一带一路”能源合作的思考［J］．中国矿业，2022，31（3）：10－14.

［3］陈耕．石油工业改革开放30年回顾与思考［J］．中国石油和化工，2009（1）：10－17.

［4］陈国平，梁志峰，董昱．基于能源转型的中国特色电力市场建设的分析与思考［J］．中国电机工程学报，2020，40（2）：369－379.

［5］陈嘉茹，燕菲，陈建荣，等．油气体制改革深入推进“双碳”目标推动行业低碳发展：2020年中国油气政策综述［J］．国际石油经济，2021，29（2）：62－67.

［6］陈静．进军拉美“油”前途［J］．中国石油石化，2022（15）：46－47.

［7］陈沫．中国与沙特阿拉伯的石油合作［J］．西亚非洲，2006（9）：47－51.

［8］陈如一．中国原油进口25年：1994—2019年中国原油进口历史数据分析［J］．西安石油大学学报（社会科学版），2021，30（6）：59－70.

［9］丹美涵，车超，陈仕林，等．俄罗斯低碳转型下中俄能源合作新机遇［J］．国际石油经济，2022，30（4）：11－17.

［10］丁佩华．中俄油气合作：基础·权重·策略［J］．世界经济研究，2008（9）：66－71，89.

［11］董宣．中国与中亚地区油气合作的风险分析及建议［J］．世界石油工业，2021，28（3）：72－78.

［12］段英文．中国对拉美油气投资合作面临的障碍及推进对策［J］．对外经贸实务，2017（1）：16-19.

［13］樊瑛，张炜．中国在国际能源合作中的战略定位及策略选择［J］．国际经济合作，2008（7）：47-52.

［14］方虹，王旭．马克·梅利茨对异质性企业贸易理论的贡献：科睿维安“引文桂冠奖”得主学术贡献评介［J］．经济学动态，2018（4）：148-158.

［15］冯保国．国际能源治理的历史经验与启示［J］．中国石油企业，2021（12）：10-13，111.

［16］冯贺，宋伟涛，于秋波．俄罗斯中亚油气投资环境分析［J］．世界石油工业，2020，27（1）：34-40.

［17］冯贺，赵洁，郭瑶，等．2018 年海外油气合作市场环境与投资合作策略研究［J］．国际经济合作，2019（1）：52-60.

［18］干方彬．非洲自贸区启动背景下的中非油气合作前景探析［J］．中国石油企业，2021（3）：58-62，111.

［19］管清友，何帆．中国的能源安全与国际能源合作［J］．世界经济与政治，2007（11）：45-53.

［20］郭鹏，栾海亮，傅雷．特殊产品分成合同模式：以阿尔及利亚对外油气合作为例［J］．国际经济合作，2010（6）：60-62.

［21］郭萍．中非油气合作问题探析［J］．中国集体经济，2009（1）：34-35.

［22］郭铁成．公私合作创新是科技计划体制改革的重要方向［J］．中国科技论坛，2015（6）：5-10.

［23］郭瑶，金焕东，罗继雨，等．拉美油气投资环境新变化与中拉合作机遇［J］．国际经济合作，2018（2）：92-95.

［24］郭瑶，任重远，朱颖超，等．拉美油气投资环境新特点及合作建议［J］．国际经济合作，2017（3）：79-83.

［25］海德．中国和伊拉克的石油合作［J］．阿拉伯世界研究，2015

(1)：106-120.

［26］何则，杨宇，刘毅，等．世界能源贸易网络的演化特征与能源竞合关系［J］．地理科学进展，2019，38（10）：1621-1632.

［27］黄河，Senko Mikhail. 投资俄罗斯油气产业的政治风险分析：兼论中俄油气合作的现状及风险［J］．社会科学，2014（3）：15-23.

［28］黄其励，李全生，李伟起，等．能源革命推动老工业基地转型发展战略研究［J］．中国工程科学，2021，23（1）：79-85.

［29］金博，于海涛．“一带一路”倡议框架下扩大深化中非油气合作的思考与建议［J］．国际石油经济，2018，26（11）：58-64.

［30］荆春宁，高力，马佳鹏，等．“碳达峰、碳中和”背景下能源发展趋势与核能定位研判［J］．核科学与工程，2022，42（1）：1-9.

［31］李百吉，张倩倩．中国区域能源供需结构均衡度及经济影响分析［J］．经济问题探索，2017，417（4）：39-46.

［32］李长胜，王重博，雷仲敏．中国区域能源转型基础与转型绩效的适配性研究［J］．区域经济评论，2022，58（4）：132-144.

［33］李东超．东北亚油气合作的现实选择：来自中国在中亚的成功经验［J］．俄罗斯研究，2010（3）：80-93.

［34］李恩平．“双碳”背景下太阳能和风能弱质资源区的能源转型战略选择：以江西为例［J］．企业经济，2022（12）：22-30.

［35］李嘉，徐海东，迟愚．拉美油气合同模式特点及变化趋势分析［J］．中国石油和化工标准与质量，2011，31（7）：250-252.

［36］李林蔚，朱博，刘秀．核能在我国清洁低碳能源系统中的战略定位研究［J］．产业与科技论坛，2022，21（15）：12-15.

［37］李昕．中俄油气合作新发展的特征、动因及影响探析［J］．国际论坛，2016，18（1）：33-40，80.

［38］李雪松，张雨迪，孙博文．区域一体化促进了经济增长效率吗［J］．中国人口·资源与环境，2017，27（1）：10-19.

［39］李智彪．中非能源合作热的冷思考［J］．西亚非洲，2014（6）：

110-126.

［40］连波．国际能源治理结构“碎片化”探析：兼论中国参与国际能源治理的战略行为［J］．国际经济评论，2021（2）：54-70，5.

［41］廉娇鸽．国际工程建设管理方式综述［J］．科技信息，2011（15）：365-366.

［42］刘芳．中美能源合作探究［J］．合作经济与科技，2022（6）：72-74.

［43］刘立涛，沈镭，刘晓洁，等．基于复杂网络理论的中国石油流动格局及供应安全分析［J］．资源科学，2017，39（8）：1431-1443.

［44］刘明明，李佳奕．构建公平合理的国际能源治理体系：中国的视角［J］．国际经济合作，2016（9）：28-36.

［45］刘卫东．“一带一路”战略的科学内涵与科学问题［J］．地理科学进展，2015，34（5）：538-544.

［46］刘希宋，王辉坡，李玥．石油专用设备投资评价的神经网络模型及实证研究［J］．科技管理研究，2006（11）：159-161.

［47］刘晓龙，崔磊磊，李彬，等．碳中和目标下中国能源高质量发展路径研究［J］．北京理工大学学报（社会科学版），2021，23（3）：1-8.

［48］刘旭．丝绸之路经济带倡议下的俄罗斯中亚油气投资风险［J］．国际石油经济，2015，23（8）：24-28.

［49］陆明，付婧莞，杜江涛．欧洲太阳能城市规划设计的研究进展［J］．国际城市规划，2018（3）：112-117.

［50］马方方，刘长敏．论新格局下的中国多边国际能源合作［J］．太平洋学报，2015，23（6）：83-89.

［51］马海涛，孙湛．“丝绸之路经济带”中亚石油资源开发对中国的保障程度与风险防控建议［J］．中国科学院院刊，2018，33（6）：594-600.

［52］马丽梅，史丹，裴庆冰．国家能源低碳转型与可再生能源发展：限制因素、供给特征与成本竞争力比较［J］．经济社会体制比较，2018（5）：70-79.

[53] 梅冠群. 当前中美油气领域的博弈与合作 [J]. 国际石油经济, 2018, 26 (8): 9-17.

[54] 潘锐, 周云亨. 从石油安全视角考察中美石油竞争关系 [J]. 世界经济研究, 2010 (1): 10-15.

[55] 潘习平, 车长波, 李富兵. 我国与拉美地区国家能源合作展望 [J]. 中国矿业, 2011, 20 (5): 13-15.

[56] 钱学文. 中国与西亚北非国家的能源合作及展望 [J]. 新丝路学刊, 2021 (2): 82-109.

[57] 潜旭明. "一带一路" 战略的支点: 中国与中东能源合作 [J]. 阿拉伯世界研究, 2014 (3): 44-57.

[58] 秦天. 中非油气合作新形势及前景 [J]. 国际资料信息, 2011 (4): 23-27.

[59] 尚艳丽, 张运东, 朱艳芳. 中伊油气合作现状及其前景分析 [J]. 国际经济合作, 2014 (7): 89-95.

[60] 史丹. 全球能源格局变化及对中国能源安全的挑战 [J]. 中外能源, 2013 (2): 1-6.

[61] 史忠生, 石兰亭, 汪望泉, 等. 进一步深化和加强中非油气合作的思考与建议 [J]. 国际石油经济, 2020, 28 (10): 46-50, 72.

[62] 宋杰鲲, 康忠燕, 韩文杰, 等. 中国可再生能源电力生产重心迁移路径及驱动因素分解研究 [J]. 生态经济, 2019, 35 (11): 71-78.

[63] 宋岩, 侯铁珊. 关税同盟理论的发展与福利效应评析 [J]. 首都经济贸易大学学报, 2005 (2): 54-59.

[64] 苏明煜. 我国核能产业的综述与展望 [J]. 电子技术, 2022, 51 (8): 304-305.

[65] 苏欣, 李福泉. 中国与伊朗石油合作探析 [J]. 西安石油大学学报 (社会科学版), 2015, 24 (3): 20-28.

[66] 苏铁娜, 李雪梅. 推进我国参与 "一带一路" 油气合作核心区建设研究 [J]. 经济纵横, 2017 (9): 89-98.

[67] 孙杜芬，周勇，代琤，等. 伊朗新油气合同模式分析：以南帕斯某大型气田为例 [J]. 中国矿业，2017，26（S2）：121-125，131.

[68] 孙洪波. 中国与拉美油气合作：战略融入与业务成长 [J]. 国际石油经济，2011，19（Z1）：72-77，83，173.

[69] 孙洪波. 资源民族主义研究评述：以拉美石油产业为案例的历史考察 [J]. 西南科技大学学报（哲学社会科学版），2021，38（1）：1-7.

[70] 孙俊成，江炫臻. “一带一路”倡议下中国与中东能源合作现状、挑战及策略 [J]. 国际经济合作，2018（10）：67-72.

[71] 孙龙德，钱兴坤，姜学峰，等. 中俄油气合作 20 年 [J]. 国际石油经济，2015，23（11）：1-6.

[72] 孙仁金，谢越. 石油企业海外下游业务布局及合作模式选择 [J]. 国际经济合作，2013（3）：58-62.

[73] 孙天晴，马宪国. 基于经济时间序列季节调整的石油价格波动规律研究 [J]. 商场现代化，2007（7Z）：386-388.

[74] 孙阳昭，蓝虹. 全球能源治理的框架、新挑战与改革趋势 [J]. 经济问题研究，2013（11）：79-83.

[75] 孙玉琴，姜慧，孙倩. 中国与中东地区油气合作的现状及前景 [J]. 国际经济合作，2015（9）：64-69.

[76] 田慧芳. 全球核能发展的现状与趋势 [J]. 世界知识，2022（4）：48-50.

[77] 汪巍. 加快全面推进与中东油气合作 [J]. 中国石化，2017（8）：74-77.

[78] 汪巍. 深化中国与沙特阿拉伯石油合作的对策思考 [J]. 经济师，2013（1）：61-63.

[79] 汪巍. 中非油气合作多元化发展 [J]. 中国石化，2018（9）：57-60.

[80] 汪巍. 中国与拉丁美洲石油合作的特点和趋势 [J]. 经济师，2016（8）：95-97.

［81］王江，张翔．可持续能源转型：模型构建与分析［J］．中国人口·资源与环境，2020，30（3）：74-82.

［82］王珺，曹阳，王玉生，等．能源国际合作保障我国能源安全探讨［J］．中国工程科学，2021，23（1）：118-123.

［83］王礼茂，屈秋实，牟初夫，等．中国参与全球能源治理的总体思路与路径选择［J］．资源科学，2019，41（5）：825-833.

［84］王礼茂，李红强．中国与周边国家在油气领域的竞争与合作及其地缘政治影响［J］．资源科学，2009，31（10）：1633-1639.

［85］王双，周云亨．"逆全球化"风潮下中国在美洲非常规油气投资风险分析［J］．南京工业大学学报（社会科学版），2019，18（4）：94-102，112.

［86］王思聪．政府补贴政策演进对光伏发电产业发展影响研究［J］．价格理论与实践，2018，411（9）：62-65.

［87］王一端，闫建文，李中，等．海外油气合作南美启航［J］．石油知识，2021（5）：5.

［88］王永中，周伊敏．中美油气贸易投资的状况、潜力与挑战［J］．国际经济评论，2019（3）：6-7，101-116.

［89］夏四友，郝丽莎，唐文敏，等．复杂网络视角下世界石油流动的竞合态势演变及对中国石油合作的启示［J］．自然资源学报，2020，35（11）：2655-2673.

［90］谢国辉，李娜娜，汪晓露，等．全球大型光伏电站基地开发潜力分析［J］．智慧电力，2018，46（4）：1-5.

［91］谢文泽．中国与拉美能源合作新机遇［J］．国企管理，2016（14）：18-19.

［92］徐建山，朱颖超．全球格局变化下的"一带一路"油气合作战略研究［J］．国际经济合作，2016（12）：75-80.

［93］许勤华．改革开放40年能源国际合作踏上新征程［J］．中国电力企业管理，2018（25）：87-92.

[94] 许勤华，王思羽．俄属北极地区油气资源与中俄油气合作［J］．俄罗斯东欧中亚研究，2019（4）：111-126，157-158.

[95] 许勤华．中国与中亚国家能源合作影响因素比较分析［J］．理论前沿，2007（9）：14-15.

[96] 闫鸿毅，李世群，徐行．中亚三国石油合同模式研究［J］．俄罗斯中亚东欧市场，2010（5）：17-24.

[97] 杨荣佳，舒先林．论中国与沙特阿拉伯的石油合作关系［J］．北京石油管理干部学院学报，2015，22（5）：44-47.

[98] 叶先灯，郭鹏，冯文康．上下游一体化：开创国际油气合作新篇章［J］．国际经济合作，2009（1）：81-83.

[99] 于宏源．全球能源形势重大变化与中国的国际能源合作［J］．人民论坛·学术前沿，2017（7）：82-90.

[100] 余建华．中国国际能源合作若干问题论析［J］．同济大学学报（社会科学版），2011，22（2）：58-64.

[101] 余晓钟，焦健，高庆欣．“一带一路”倡议下国际能源合作模式创新研究［J］．科学管理研究，2018，36（4）：112-115.

[102] 岳来群．争端下的中美油气会往何处去［J］．中国石油石化，2020（17）：42-44.

[103] 翟立强，韩玉军．后危机时代俄罗斯对外贸易的回顾与展望［J］．价格月刊，2013（4）：92-94.

[104] 张海霞．中美油气贸易的制约因素［J］．中国石油企业，2019（4）：18.

[105] 张金萍，项义军．中国与欧亚经济联盟成员国能源合作风险研究［J］．商业研究，2017（2）：102-107.

[106] 张立哲，周云亨．试析中国与沙特阿拉伯的石油合作［J］．阿拉伯世界研究，2007（5）：34-39.

[107] 张敏．改革开放40年来我国对国际能源治理的理念认知与行动参与［J］．中国能源，2018，40（4）：16-20.

[108] 张绍波．中美油气合作必走的“阳关道”[J]．中国石油企业，2012（12）：74.

[109] 张省，魏慧敏．核能利用公众参与困境及其破解：三种理论路径的阐释[J]．中国发展，2022，22（4）：81-85.

[110] 张勇．拉美能源资源产业发展及中拉合作建议[J]．国际经济合作，2015（8）：89-95.

[111] 赵庆寺．国际能源外交的经验与启示[J]．阿拉伯世界研究，2010（3）：67-74.

[112] 赵亚博，方创琳．中国与中亚地区油气资源合作开发模式与前景分析[J]．世界地理研究，2014，23（1）：29-36.

[113] 钟文新，孙依敏，金焕东，等．拉美地区油气投资环境及合作潜力分析[J]．国际石油经济，2022，30（7）：87-96.

[114] 周小梅，黄淑宏．发达国家研发活动公私合作模式及经验借鉴：以英国和德国为例[J]．全球科技经济瞭望，2020（10）：8-14.

[115] 朱学蕊．中国核能行业协会秘书长张廷克：新投产核电机组安全运行面临挑战[N]．中国能源报，2022-11-21（8）.

[116] 朱颖超，孙依敏，郭瑶，等．美古关系改善背景下推进中古油气合作[J]．国际经济合作，2016（5）：77-80.

[117] 朱颖超，张晶，孙依敏．“一带一路”进程中油气合作先行：思考与建议[J]．国际经济合作，2015（7）：46-51.

[118] Dees S, Karadeloglou P, Kaufmann R K, et al. Modelling the world oil market: assessment of a quarterly econometric model [J]. Energy Policy, 2007, 35 (1): 178-191.

[119] Engle R F. Autoregressive conditional heteroscedasticity with estimates of the variance of United Kingdom inflation [J]. Econometrica: Journal of the Econometric Society, 1982, 50 (4): 987-1007.

[120] Hopenhayn H A. Entry, exit, and firm dynamics in long run equilibrium [J]. Econometrica, 1992, 60 (5): 1127-1150.

[121] Krugman P. Scale economies, product differentiation, and the pattern of trade [J]. American Economic Review, 1980, 70 (5): 950–959.

[122] Nelson D B. Conditional heteroskedasticity in asset returns: a new approach [J]. Econometrica: Journal of the Econometric Society, 1991 (59): 347–370.

[123] Rehrl T, Friedrich R. Modelling long–term oil price and extraction with a Hubbert approach: the LOPEX model [J]. Energy Policy, 2006, 34 (15): 2413–2428.

[124] Yang Y, Poon J P H, Liu Y, et al. Small and flat worlds: a complex network analysis of international trade in crude oil [J]. Energy, 2015 (93): 534–543.

[125] Zakoian J M. Threshold heteroskedastic models [J]. Journal of Economic Dynamics and Control, 1994, 18 (5): 931–955.

后　记

本书是中国（西安）丝绸之路研究院 2023 年科学研究项目研究中心专项课题“能源转型背景下的中国能源国际合作研究”（2023ZD01）的直接研究成果。该项目研究工作启动于 2022 年 6 月，至今历时 1 年。

在项目研究过程中，首先由胡健拟定了项目的研究工作计划，项目组成员进行了认真的理论研讨和广泛的实地调研。在此基础上，胡健起草了本书的写作大纲，并撰写了前言和第四章初稿，赵文琦、焦兵、张文彬和闫艺丹、胡留所、杜欢和冯星源、郝佳馨、印玺、宋振东、曹珂分别撰写了第一章、第二章、第三章、第五章、第六章、第七章、第八章、第九章、第十章。初稿完成后，经项目组集体讨论，各位执笔人根据集体讨论意见对所承担的文稿进行了修改，最后由胡健对全部文稿修改定稿。

本项目的研究工作得到了西安财经大学科研处、中国（西安）丝绸之路研究院、陕西省哲学社会科学重点研究地点——西部能源经济与区域发展协同创新研究中心的大力支持，在此一并致谢。

胡　健

2023 年 6 月